令和6年度版

社会保険のてびき

JN056697

は じ め に

　本書は，健康保険と厚生年金保険を中心に，社会保険のしくみ，うけられる給付の内容，各種の手続を，わかりやすく解説したものですが，とくに事業所に関係のある基礎的な手続や，日常疑問の起こりやすいことがらについては，くわしく解説して完璧を期しています。

　昭和38年に初版を刊行して以来，毎年改訂を行い，そのつど，加筆増補を行い，一層便利なてびきとなるよう工夫してまいりました。幸い大方のご好評を賜わり，社会保険の定本とされています。

　パートタイマーなど短時間労働者の社会保険の加入要件である事業所規模は令和6年10月から拡大されます（従業員101人以上→51人以上）。また，政府は令和5年10月に①社会保険の加入にあたって事業主が手当を支給して労働者の保険料負担を軽減する，②被扶養者の一時的な収入増を事業主が証明すれば引き続き被扶養者認定を可能とするなどの「年収の壁・支援強化パッケージ」を創設，短時間労働者が「年収の壁」を意識せず働ける環境づくりを後押ししています。

　健康保険の被保険者証は，令和6年12月2日に廃止され，マイナンバーカードと一体化した「マイナ保険証」に移行します。ただし，廃止後1年間は今の被保険者証を使用できるなど，マイナンバーカードを持たない人への経過措置があります。

　また，健康保険の給付に関して，6月から入院時食事療養費が改定され，入院した時の食費の自己負担額が引き上げられます（1食460円→490円など）。

　令和6年4月からの年金額は，賃金変動率（プラス3.1%）による改定とマクロ経済スライドによる調整（マイナス0.4%）の結果，2.7%の増額となります。また，在職老齢年金の支給停止調整額は48万円から50万円に変更されます。

　このほか，国民年金保険料の納付について，納付書によらないねんきんネットからの納付や年度途中からの前納を可能とするなどの新たな取組みが始まっています。

　本年度版は，こうした改定内容を盛り込むとともに，全般的な見直しを行い作成しています。

　年金委員，事業主，社会保険の事務を扱う方々のてびきとして，広くご活用いただければ幸いです。

　令和6年4月

編　　者

健康保険・年金関係の届出様式が変更されました

　平成30年3月5日から健康保険や年金の手続きで使用する届出・申請の様式が変更されました。変更の内容は，個人番号（マイナンバー）欄の追加のほか，様式のA4縦判化，複数の様式の統合（被扶養者（異動）届と国民年金第3号被保険者関係届など）などです（改元後に必要な修正が加えられています）。

■様式統合となる届書

	旧届書		新届書
1	・健康保険 厚生年金保険 被保険者資格取得届 ・厚生年金保険70歳以上被用者該当届	→	・健康保険 厚生年金保険 被保険者資格取得届／厚生年金保険70歳以上被用者該当届
2	・健康保険 厚生年金保険 被保険者資格喪失届 ・厚生年金保険70歳以上被用者不該当届	→	・健康保険 厚生年金保険 被保険者資格喪失届／厚生年金保険70歳以上被用者不該当届
3	・厚生年金保険 被保険者資格喪失届 ・厚生年金保険70歳以上被用者該当届	→	・厚生年金保険 被保険者資格喪失届／厚生年金保険70歳以上被用者該当届（70歳到達届）
4	・健康保険 被扶養者（異動）届 ・国民年金 第3号被保険者関係届	→	・健康保険 被扶養者（異動）届／国民年金 第3号被保険者関係届 ※複写様式から単票様式に変更となります。
5	・健康保険 厚生年金保険 被保険者賞与支払届 ・厚生年金保険70歳以上被用者賞与支払届	→	・健康保険 厚生年金保険 被保険者賞与支払届／厚生年金保険70歳以上被用者賞与支払届
6	・健康保険 厚生年金保険 被保険者月額変更届 ・厚生年金保険70歳以上被用者月額変更届	→	・健康保険 厚生年金保険 被保険者報酬月額変更届／厚生年金保険70歳以上被用者月額変更届
7	・健康保険 厚生年金保険 被保険者算定基礎届 ・厚生年金保険70歳以上被用者算定基礎届	→	・健康保険 厚生年金保険 被保険者報酬月額算定基礎届／厚生年金保険70歳以上被用者算定基礎届
8	・健康保険 厚生年金保険 産前産後休業取得者申出書 ・健康保険 厚生年金保険 産前産後休業取得者変更（終了）届	→	・健康保険 厚生年金保険 産前産後休業取得者申出書／変更（終了）届
9	・健康保険 厚生年金保険 産前産後休業終了時報酬月額変更届 ・厚生年金保険70歳以上被用者 産前産後休業終了時報酬月額変更届	→	・健康保険 厚生年金保険 産前産後休業終了時報酬月額変更届／厚生年金保険70歳以上被用者 産前産後休業終了時報酬月額相当額変更届
10	・健康保険 厚生年金保険 育児休業取得者申出書（新規・延長） ・健康保険 厚生年金保険 育児休業取得者終了届	→	・健康保険 厚生年金保険 育児休業等取得者申出書（新規・延長）／終了届
11	・健康保険 厚生年金保険 育児休業等終了時報酬月額変更届 ・厚生年金保険70歳以上被用者 育児休業等終了時報酬月額変更届	→	・健康保険 厚生年金保険 育児休業等終了時報酬月額変更届／厚生年金保険70歳以上被用者育児休業等終了時報酬月額相当額変更届
12	・厚生年金保険 養育期間標準報酬月額特例申出書 ・厚生年金保険 養育期間標準報酬月額特例終了届	→	・厚生年金保険 養育期間標準報酬月額特例申出書・終了届
13	健康保険 厚生年金保険 適用事業所 名称／所在地変更（訂正）届（管轄内） 健康保険 厚生年金保険 適用事業所 名称／所在地変更（訂正）届（管轄外）	→	健康保険 厚生年金保険 適用事業所 名称／所在地 変更（訂正）届

○様式の統合により「1〜3」，「5〜7」，「9」，「11」については，健康保険被保険者分と厚生年金70歳以上被用者分を別々に提出していた届書が1枚で提出できるようになります。

■様式のみ変更となる届書

	届書
14	・健康保険 被保険者適用除外承認申請書（国民健康保険組合被保険者） ※届出の際は，別途，「（国保組合）厚生年金保険 被保険者資格取得届／厚生年金保険70歳以上被用者該当届」が必要です。
15	・厚生年金保険 特例加入被保険者 資格取得申出書
16	・厚生年金保険 特例加入被保険者 資格喪失申出書
17	・健康保険 厚生年金保険 任意適用申請書
18	・健康保険 厚生年金保険 任意適用取消申請書
19	・年金手帳再交付申請書
20	・健康保険 厚生年金保険 被保険者報酬月額算定基礎届 ―総括表―
21	・健康保険 厚生年金保険 被保険者賞与支払届 ―総括表―
22	・国民年金 第3号被保険者関係届

〈マイナンバーが記入された届出書について本人確認等が必要になります〉

　マイナンバーが記入された届出書・申請書が提出された場合，事業主は従業員のマイナンバー確認と本人確認が必要となります。マイナンバーカードがあればマイナンバー確認と本人確認が両方できますが，ない場合は下記書類で確認します。

マイナンバーの確認（次のうちいずれか一つ）
①通知カード
②マイナンバーが記載された住民票の写し，住民票記載事項証明書

本人確認（次のうちいずれか一つ）
①運転免許証
②パスポート
③身体障害者手帳　　　　　　　　　　　　　　　など

目　　次

Ⅲ　年金給付

I
健康保険・厚生年金保険のしくみ

（注）　本書中「法第3条第2項被保険者」とあるのは「健康保険法第3条第2項に
　　　　規定する被保険者」の，「法第3条第8項労働者」とあるのは「健康保険法第
　　　　3条第8項に規定する労働者」の，「法第173条拠出金」とあるのは「健康保険
　　　　法第173条に規定する拠出金」の，それぞれ略称です。

◈ 社会保険の種類

　社会保険は，病気，死亡などの不測の事故や老後の生活にそなえて，働く人たちが収入に応じて保険料を出し合い，これに事業主も負担して，いざというときに医療や介護，年金・一時金の給付を行い，生活の安定をはかるという目的でつくられた社会的制度です。

　社会保険という場合，その主な種類は次のとおりです。

	制　度	被　保　険　者	保険者	給付事由
医療保険	健康保険	健康保険の適用事業所で働く人（民間会社の勤労者）	全国健康保険協会※1，健康保険組合	業務外の病気・けが，出産，死亡
	法第3条第2項被保険者	健康保険の適用事業所や失業対策事業，公共事業を行う事業所で働く法第3条第8項労働者	全国健康保険協会※1	
	船員保険（疾病部門）	船員として船舶所有者に使用される人	全国健康保険協会※1	
	各共済組合等（短期給付）	国家公務員，地方公務員，私学の教職員	各共済組合等	病気・けが，出産，死亡
	国民健康保険※2	健康保険・船員保険・共済組合などに加入している勤労者以外の一般住民	都道府県・市（区）町村，国民健康保険組合	
高齢者医療	後期高齢者医療	75歳以上の高齢者（ねたきりの人は65歳以上）	後期高齢者医療広域連合（窓口は市（区）町村）	病気・けがなど

※1　加入や保険料徴収などの事務は年金事務所が行います。
※2　退職者医療制度は平成27年3月で廃止されています。平成30年4月から，市（区）町村の国民健康保険は都道府県が財政運営の責任主体となり，安定的な財政運営や効率的な事業の確保等の中心的な役割を担っています。市（区）町村は引き続き，資格管理，保険給付，保険料率の決定・徴収，保健事業等の事業を行っています。

	制　度	被　保　険　者	保険者	給付事由
介護保険	介護保険	①65歳以上の住民（第１号被保険者）②40歳以上65歳未満の医療保険加入者（第２号被保険者）	市（区）町村	要介護・要支援
年金保険	厚生年金保険	被用者年金一元化（平成27年10月）により以下の４種別①厚生年金保険の適用事業所で働く民間会社の勤労者（第1号厚生年金被保険者）※3 ②国家公務員（第2号厚生年金被保険者），③地方公務員（第3号厚生年金被保険者），④私学の教職員（第4号厚生年金被保険者）	政府（日本年金機構・各共済組合等が運営）	老齢，障害，死亡
	国民年金	①一般地域住民（第1号被保険者）②被用者年金の被保険者（第2号被保険者）とその被扶養配偶者（第3号被保険者）	政府（日本年金機構が運営）	
労働保険	労災保険	原則としてすべての事業が適用をうけ，そこに働くすべての労働者が給付の対象（船員保険の職務上疾病・年金部門は，平成22年１月から労災保険に統合）	政府（厚生労働省）	業務上・通勤途上の病気・けが，障害，死亡
	雇用保険	原則としてすべての事業が適用をうけ，その従業員が被保険者となる（船員保険の失業部門等は，平成22年１月から雇用保険に統合）		失業,高齢者の賃金低下,育児休業,介護休業

※3　船員保険の職務外年金部門（昭和61年４月），ＪＲ・ＪＴ・ＮＴＴの各共済組合の長期給付事業（平成９年４月），農林共済組合（14年４月）を含みます。

社会保険の特色

1 勤労者の相互扶助を目的

働く人が自分と家族の健康や生活を守ることは自身の責任です。同時に勤労者どうしの相互扶助も欠かせません。

健康保険や厚生年金保険などの社会保険は，この相互扶助の精神を，社会的に制度化したものです。

2 勤労者の福祉をはかる

社会保険は，企業内福祉のワクをこえて，大多数の企業に強制適用されており，事業主は，従業員とともに保険料を負担し，その納付・加入手続などの義務を負っています。

3 国が責任をもって運営

国民の生活を保護し，福祉をはかるために，国は法律で社会保険制度をつくり，保険者となって，費用の一部を負担し責任をもって運営しています。

健康保険組合・厚生年金基金など公法人の運営も，国が最終的な責任を負っています。

4 法律で加入義務

社会保険は，民間の保険とちがい，勤労者個人や事業主が自由に契約し，好きなときに加入するものではなく，法律で加入を義務づけられており，その意志に関係なく，事業所単位で加入しなければなりません。

5 所得に応じて負担，必要に応じて給付する

社会保険は，民間の生命保険・損害保険などと異なり，所得に応じて保険料を負担し，必要に応じて給付をうけるのが原則です。

1 保険者

●健康保険の保険者は全国健康保険協会および健康保険組合，厚生年金保険の保険者は政府（厚生労働省）および厚生年金基金です。なお，厚生年金保険の一連の業務運営は日本年金機構に委任・委託されています。日本年金機構には，本部（東京）と全国の年金事務所（分室等を含む318拠点）があり，加入・保険料・保険給付などの現業事務は年金事務所および全国健康保険協会都道府県支部が窓口になって行っています。

　なお，健康保険組合，厚生年金基金の運営は，国が地方厚生局を通じて指導・監督しています。

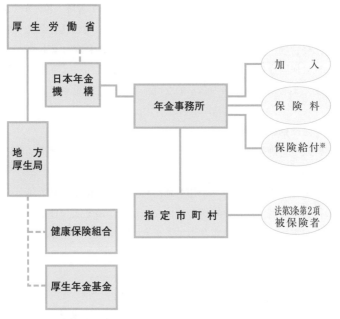

※　健康保険の給付に関する事務は，全国健康保険協会都道府県支部が行っています。

■全国健康保険協会

全国健康保険協会が平成20年10月1日に設立され，従来の政府管掌健康保険は，新たな全国健康保険協会管掌健康保険（以下「協会けんぽ」といいます）として，協会が保険者となって運営されています。

これにより，傷病手当金等の健康保険の給付や任意継続被保険者に関する申請の受付や相談は，協会けんぽの都道府県支部が行っています。地域の実情をふまえ，効率的・効果的にサービスを提供しています。

ただし，健康保険の加入や保険料の納付手続は，勤めている会社（事業所）を通じて年金事務所で行うことになっています。

■日本年金機構

平成22年1月に日本年金機構が設立され，国（厚生労働大臣）から委託・委任をうけ，厚生年金保険など公的年金にかかる一連の運営業務（適用・徴収・記録管理・相談・裁定・給付等）を担うことになりました。これにより，社会保険庁は廃止され，従来の社会保険事務所は「年金事務所」と名称を変えましたが，業務の基本的な流れが大きく変更されることはありません。

＜日本年金機構の位置づけ＞

国が財政や管理運営責任を担いつつ，一連の運営業務は機構に委任・委託されています。

国（厚生労働省）の権限を委任された業務（健康保険・厚生年金保険の資格の得喪の確認，届出・申請の受付など）については，日本年金機構の名で機構が実施し，国から事務の委託をうけた業務（年金の裁定，給付など）については，国（厚生労働大臣）の名で機構が実施することになっています。

＜日本年金機構の組織＞

本部（東京）と年金事務所（分室等を含む318拠点）がおかれています。なお，機構の設立当初は，年金事務所は旧社会保険事務所庁舎をそのまま利用し，所在地・連絡先の変更は行われていません。

＜届出・手続等＞

　旧社会保険事務所で行っていた厚生年金保険の適用・徴収，給付等の手続のほか，健康保険（協会けんぽ）の加入・保険料の納付等の手続も年金事務所で行っています。このため，新しく社員を採用したときの「被保険者資格取得届」など，厚生年金保険と健康保険を兼ねた届書・申請書・通知書などの様式も基本的に従来どおりです。

　届出・申請書等の提出先については，年金事務所のほか，必要に応じて健康保険組合または厚生年金基金となります。ただし，年金事務所に提出する届出・申請書については，都道府県で定める事務センターに郵送することも可能になっています（年金事務所でもうけつけます）ので，管轄の年金事務所等から送付される「お知らせ」などをよく読んで，提出先を確認することが大切です。

●主な申請書・届出書の提出先

健康保険の給付や任意継続等に関する手続	健康保険・厚生年金保険への加入や保険料の納付等に関する手続
○健康保険給付関係（療養費，傷病手当金，出産手当金，出産育児一時金，高額療養費等の申請書） ○任意継続被保険者関係（任意継続被保険者資格取得申出書，任意継続被保険者住所変更届等） ○被保険者証関係（健康保険被保険者証滅失・き損再交付申請書） ※被保険者証の発行は日本年金機構から情報提供をうけて協会が行います。 ○保健事業関係（生活習慣病予防健診の申込書，特定健康診査受診券の申込書等） ○貸付事業関係（高額医療費貸付・出産費貸付の申込書）	○事業所関係（新規適用届，適用事業所所在地・名称変更届等） ○被保険者資格関係（被保険者資格取得届，被保険者資格喪失届，健康保険被扶養者（異動）届，被保険者報酬月額算定基礎届，被保険者報酬月額変更届，被保険者賞与支払届等） ○事業所の保険料納付関係（保険料口座振替納付（変更）申出書等）
全国健康保険協会の都道府県支部	年金事務所（事務センター）

■健康保険組合

おもに中小企業を対象とした，協会けんぽのほかに，健康保険組合という制度があります。

健康保険組合は，単独で常時おおむね700人以上，同じ業種の会社または業種が違っても一定地域の会社が集まって常時おおむね3,000人以上の従業員がいる場合に，厚生労働大臣の認可を得れば設立できます。

この組合管掌健康保険は，①保険料率や保険料の負担割合を法律の範囲内で自主的に決められる，②一部負担金の還元や家族療養費，手当金などの付加給付を行える，③疾病予防・健康増進を図るための独自の保健福祉事業を行えるなど，政府に代わって独自の立場で健康保険の事業を運営できます。なお，平成13年1月から財政窮迫組合に対する指定制度が設けられ，指定をうけた組合は，健全化計画の策定と計画に沿った事業運営が求められます。

＜地域型健康保険組合の創設＞

平成18年10月から，同じ都道府県の中で企業・業種を超えた地域型健康保険組合を設立し，その後5年間は不均一な保険料率を設定することができるようになりました。地域型健保組合は，上記の指定健保組合や小規模組合など事業運営基盤の安定が必要な健保組合を含む合併により設立されることが要件とされています。

■厚生年金基金

政府管掌の厚生年金保険のほかに厚生年金基金という制度があります。

厚生年金基金は，単独の事業所で常時1,000人以上，同一資本系列の企業で常時1,000人以上，同じ業種の会社または業種が違っても一定地域の会社が集まって5,000人以上の従業員がいる場合に，厚生労働大臣の認可を得れば設立できるもので，民間の企業年金と政府が管掌する厚生年金保険の老齢年金給付との調整をはかるため，厚生年金保険の老齢年金給付のうち報酬に比例する部分の年金給付を政府に代わって行います。

なお，厚生年金基金は新たな設立を認めず，他の企業年金制度への移行を促進するための特例的な解散制度が導入されています。

2 被保険者の資格取得

1 適用事業所

●健康保険・厚生年金保険は，民間の事業所に勤めている勤労者を対象としており，これへの加入やその手続・保険料の納入などは，事業所単位で，事業主の責任で行われます。

1．適用事業所

　常時5人以上の従業員が働いている所定の範囲の業種（適用業種）の事業所と5人未満であってもすべての法人事業所は，法律によって，事業主や従業員の意志に関係なく，健康保険・厚生年金保険に加入しなければならないことになっています。このような事業所を強制適用事業所，その従業員を強制加入被保険者といいます。なお，5人未満の個人事業所と，5人以上であってもサービス業の一部や農業・漁業などの個人事業所は強制適用の扱いをうけません。

※令和4年10月から法律・会計業務を行う士業も適用業種となっています。

2．任意適用事業所

　従業員が5人未満の個人事業所等でも，一定の手続をして日本年金機構等の認可をうければ健康保険・厚生年金保険の適用をうけることができます。このような事業所を任意適用事業所といい，その従業員は任意加入の被保険者となります。

■事業所とは

ここで，事業所というのは，工場，商店，事務所など事業が行われる一定の場所をいいます。たとえば，ある会社の本社と工場がはなれて設置されている場合は，それぞれ別の事業所として扱われます。しかし，小規模の出張所のように事業上独立性がないものは，独立の事業所とはしません。

また，同じ敷地内に事務室と工場がわかれているような場合は，一つの事業所となりますが，同じ敷地内でも，関連のないちがった事業が並行して行われている場合は，それぞれ別の事業所として扱うことになります。

ある事業所を独立したものとして扱うかどうかは，そこで働いている人の身分関係，指揮・監督，報酬の支払いなどがそこで扱われているかどうかなどによってきまってきます。

■適用事業所の一括扱い（厚生年金保険）

同じ会社でも，本社と工場がはなれて設置されている場合は，それぞれ別の事業所として扱われますが，人事・給与の管理を本社が一括して行う会社では二重の手数がかかるなどの不合理な面もあります。

このため，厚生年金保険においては二つ以上の事業所の事業主が同一であって，一定の条件を満たす場合には，厚生労働大臣の承認をうければ，一括して一つの適用事業所とすることができます。

〔健康保険の一括適用〕

平成14年10月から，健康保険でも要件を満たせば一括適用の承認をうけることができるようになっています。健康保険組合については，次のように一括適用の承認の基準が定められています。

(1) 管理する事業所において，承認申請にかかる適用事業所に使用されるすべての者の人事・労務および給与に関する事務が，電子計算組織等により集中的に管理されており，これらの者に係る健康保険の適用事業所の事業主が行うべき事務が，所定の期間内に適正に行われること

(2) 一括適用の承認によって健康保険事業の運営が著しく阻害されないこと等

また，政府管掌健康保険（現協会けんぽ）でも平成16年4月から一括適

用の承認申請が可能となっています。協会けんぽの場合，前記(1)(2)に加えて(3)被保険者の資格取得等の届出を磁気媒体または電子申請により行うことが可能であることが一括適用の基準となっています。

一括適用をうけようとする事業主は，事業所の名称や被保険者数などを記載した承認申請書を年金事務所・健保組合に提出します。

■社長1人でも強制適用

5人未満の法人事業所については，昭和61年4月から適用拡大が進められてきましたが，昭和63年4月から従業員が2人以下の法人事業所が新たに強制適用とされ，社長1人（1人法人）でも加入することになります。

■船舶も厚生年金保険の適用事業所に

船員保険は，職務外疾病部門と船員の特性に応じた独自給付を行う制度（平成22年1月から，職務上疾病・年金部門は労災保険に，失業部門等は雇用保険に統合（517頁参照））で，5トン以上の船舶，30トン以上の漁船に乗り組む船員が加入します。昭和61年4月から，船員保険の職務外年金部門は厚生年金保険に統合され，上記の船舶は厚生年金保険の適用事業所とされ，そこに乗り組む船員は厚生年金保険の被保険者となっています。

■任意適用をうけるとき

任意適用をうける場合には，その事業所の従業員の半数以上の同意を得なければなりませんが，半数以上の希望があれば加入を希望しない者もふくめて適用をうけることになっています。つまり，加入する以上，事業所単位で一括加入するわけです。

なお，任意適用の認可にあたっては，その事業所について，①従業員の使用関係が明らかで，安定しているかどうか，②経理状態がよく，保険料滞納のおそれが少ないかどうかが考慮されます。

〔脱　退〕

健康保険，厚生年金保険の強制適用をうけている事業所の場合は当然，脱退することはできません。しかし，任意適用事業所の場合は，被保険者全員の4分の3以上が希望すれば，ひき続いて加入していたい者もふくめて脱退できることになっています。

2 被保険者となる人

1．適用事業所に使用される人が被保険者

　健康保険や厚生年金保険では，国籍，性別，報酬の多少などに関係なく，適用事業所に使用される人が一括して被保険者になります。

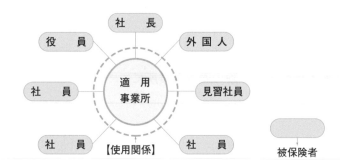

2．適用が除外される人

　適用事業所に働いている人でも，次の右欄に該当する人は被保険者の対象から除かれ，健康保険では法第3条第2項被保険者に，年金制度では国民年金の第1号被保険者(108頁参照)になります。

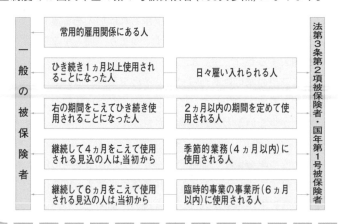

18

3. 厚生年金保険の被保険者とその種類

〈厚生年金保険は70歳（平成14年３月までは65歳）になるまで〉

　適用事業所に使用される人であっても，70歳になると被保険者の資格を喪失します。ただし，70歳になっても老齢基礎年金等の資格期間を満たしていない人は，満たすまでの間は任意加入することができます（高齢任意加入被保険者）。

健 康 保 険		喪失
厚生年金保険	喪失	退職 ・ 後期高齢者医療
	70歳	

　厚生年金保険においては，歴史的な経緯等から，被保険者の性別や職業などによって，保険料の負担や年金をうける資格期間に差が残っているため，被保険者を次の４種類に分けることがあります。

　第１種被保険者――男子の被保険者（第３種・第４種以外の人）

　第２種被保険者――女子の被保険者（第３種・第４種以外の人）

　第３種被保険者――坑内員と船員（医療は船員保険）の被保険者

　第４種被保険者――任意継続被保険者

※以上の他に船員任意継続被保険者（旧船員保険の任意継続被保険者であった人）があります。

※ＪＲ・ＪＴ・ＮＴＴの各共済組合の組合員であった人は平成９年４月に，農林共済組合の組合員であった人は14年４月に，第１種・第２種被保険者として新規に適用となっています（ＪＲ・ＪＴについて一般と異なる保険料率が設定されていましたが，平成21年９月以降は同率です）。

〈被用者年金一元化（平成27年10月）にともなう被保険者の種別〉

　厚生年金保険の被保険者は以下の４種別となり，被保険者期間は種別ごとに計算され，資格得喪の規定も種別ごとに適用されます。

　第１号厚生年金被保険者（一元化前からの厚生年金保険被保険者）

　第２号厚生年金被保険者（国家公務員共済組合の組合員）

　第３号厚生年金被保険者（地方公務員共済組合の組合員）

　第４号厚生年金被保険者（私立学校教職員共済制度の加入者）

■使用される人

適用事業所に使用される人が被保険者となりますが，この「使用される人」とは，事実上その事業主のもとで使用され，労働の対償として給料や賃金をうけとっている人のことをいい，法律上の雇用契約があるかどうかは絶対的な条件にはなりません。たとえば，

(1) 正式採用の前にある期間，見習社員というかたちで勤務する場合は，見習期間中から

(2) 新規採用の自宅待機者でも，雇用関係が成立していて休業手当等が支払われていれば，休業手当等の支払いの対象となった日から

(3) 会社の社長なども，広い意味で法人に使用されるものとして

被保険者となります。

この逆に，名目上は雇用関係があっても，外国の会社に出向したり，労働組合の専従職員になって会社の方は休職扱いで給料が出ないような場合は，事業主との事実上の使用関係がないので，被保険者でなくなります。

＜外国の事業所・外国人従業員＞

日本国内にある事業所は，外国の事業所であっても，適用事業所としての条件をそなえていれば，適用をうけて，その従業員は国籍に関係なく被保険者となります。日本の会社に外国人が使用される場合も同様で，事業所が適用をうけているかぎり，外国人従業員も被保険者となります。

■パートタイマーの適用基準（平成28年10月から）

パートタイマーであっても，事業所と常用的使用関係にある場合は被保険者となりますが，平成28年10月からは，被保険者資格の取得基準が以下のとおりとされています。

(1)被保険者資格の取得の基準（4分の3基準）の明確化

従来の取扱い	平成28年10月1日からの取扱い
1日または1週の所定労働時間および1月の所定労働日数が常時雇用者のおおむね4分の3以上（この基準に該当しない場合でも就労形態や勤務内容等から常用的使用関係にあると認められる場合は被保険者となります。）	1週の所定労働時間および1月の所定労働日数が常時雇用者の4分の3以上

⑵被保険者資格取得の経過措置

施行日（平成28年10月１日）において新たな４分の３基準を満たしていない場合でも，施行日前から被保険者である人は，施行日以降も引き続き同じ事業所に雇用されている間は被保険者となります。

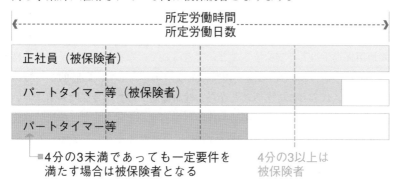

> ■4分の3未満であっても一定要件を満たす場合は被保険者となる

<パートタイマーの適用拡大>

平成28年10月からは，前記「４分の３基準」を満たさなくとも，①週の所定労働時間が20時間以上，②賃金の月額が8.8万円以上（年収106万円以上），③勤務期間が１年以上見込まれる，④学生でない，⑤従業員501人以上の企業（特定適用事業所）を要件に社会保険への適用が拡大されています。これにより，約25万人のパートタイマーが新たに短時間労働者として健康保険・厚生年金保険の被保険者の対象となっています。

なお，適用拡大にともない，厚生年金保険の標準報酬等級下限の引下げ（9.8万円→8.8万円）が行われ，実報酬額が新たに設けられる最低等級に該当する場合は，保険者による標準報酬の改定が行われています。

また，平成29年４月１日からは，500人以下の企業等でも，①労使合意にもとづき申出する法人・個人の事業所（任意特定適用事業所），②地方公共団体に属する事業所に勤務する短時間労働者は被保険者の適用対象となっています（国に属するすべての事業所は平成28年10月から適用拡大を開始しています）。

さらに，令和４年10月からは，⑴上記③の勤務期間要件が撤廃され，フルタイム等の被保険者と同様の２ヵ月超の要件が適用され，⑵上記⑤の企業規模要件が101人以上の規模の企業まで適用が拡大されています。令和

6年10月からは，⑤の企業規模要件が51人以上の規模の企業まで適用が拡大されます。

⑶社会保険適用促進手当は報酬の対象外

令和5年10月から，パートタイマーなど短時間労働者の健康保険・厚生年金保険への加入を促進するため，労働者が健康保険・厚生年金保険に加入するにあたり，事業主が労働者の保険料負担を軽減するために「社会保険適用促進手当」を支給することができることになっています。この手当は，いわゆる「106万円の壁」の時限的な対応策として，臨時的かつ特例的に支給されるものであることから，健康保険・厚生年金保険適用に伴い新たに発生した被保険者負担分の保険料相当額を上限として，保険料算定の基礎となる標準報酬月額（43頁参照）・標準賞与額（83頁参照）の算定に考慮しないことになっています。具体的には，「被保険者資格取得届」(23頁参照）等を作成する際，報酬月額に含めないこととされています（年収の壁・支援強化パッケージ）。

■短時間正社員も被保険者に

一般社員に比べて所定労働時間（日数）が短く，①期間の定めのない労働契約を締結し，かつ，②時間当たり基本給及び賞与・退職金等の算定方法等が同一事業所の同種一般社員と同等の短時間正社員については，労働契約や就業規則・給与規程等に規定があれば被保険者となります。

■法第3条第2項に規定する被保険者

日々雇い入れられる労働者などは，健康保険の法第3条第2項に規定する被保険者として，一定の保険料納付要件を満たすと一般被保険者に準じて健康保険の給付をうけられます。ただし，家庭の主婦や学生アルバイトなどは，適用除外の承認をうけることができます。

3 被保険者資格の取得

1. 資格取得の日

被保険者の資格は，入社の日など使用関係が発生した日に生じますが，具体的には次の日に取得されます。

(1) 適用事業所に使用されるようになった日

(2) 事業所が適用事業所になった日

(3) 臨時雇用などのため適用除外であった人がそうでなくなった日

2. 5日（船員は10日）以内に被保険者資格取得届

被保険者の資格は，届出をして保険者の確認をうけることでその効力が確定しますので，かならずひとりひとりについて5日以内に，「被保険者資格取得届」を提出します。提出先は，健康保険の分は年金事務所または健康保険組合，厚生年金保険の分は年金事務所（厚生年金基金がある場合には基金にも提出）です。

厚生年金保険の船員である被保険者の資格取得届は，10日以内に船員保険を取扱う年金事務所に提出します。

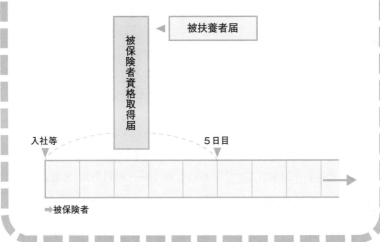

■資格取得届の添付書類

　被扶養者（30頁参照）がある人は「健康保険被扶養者届」を添付します。また，国民年金の第3号被保険者に該当する人（被扶養配偶者）がいる場合は，被扶養者届と一体の「国民年金第3号被保険者届」（111頁参照）で届出します。

　なお，年金手帳（基礎年金番号通知書）については，平成18年10月から，事業主が新規採用者から提出された年金手帳で基礎年金番号や氏名を確認することにより資格取得届への添付が不要となりました。また，平成30年3月5日以後は，個人番号（マイナンバー）で届出を行う場合は，本人確認が必要となっています。

＜ローマ字氏名届を提出＞（平成26年10月から）

　外国籍の方で，個人番号と基礎年金番号が結びついていない方や個人番号制度の対象外の方については，資格取得届等とあわせて「ローマ字氏名届」の提出が必要です。「ローマ字氏名届」の提出は，厚生年金保険被保険者氏名変更届や国民年金第3号被保険者関係届のときにも必要となります。

　届出には，在留カード，住民票の写し等に記載のある氏名を記入します。届出後も，日本年金機構から送付される通知書や健康保険被保険者証はカナ氏名で表示されます。

■資格取得の日

　被保険者の資格を得るのは，「使用されることとなった日」となっていますが，これは，事実上の使用関係に入った日という意味です。たとえば，4月1日に勤務が発令され，4月10日に勤めはじめたという場合は，次のように給料・賃金の支払関係により資格取得日がきめられます。

⑴　1ヵ月分の給料が支払われた場合――4月1日資格取得

⑵　4月の給料が日割計算で支払われた場合――4月10日資格取得

■保険者の確認が必要

　被保険者の資格は，届出をして保険者の確認を得なければ，その効力が

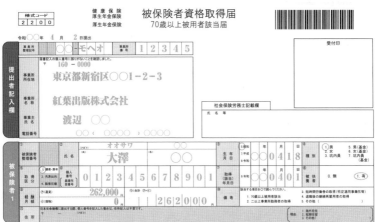

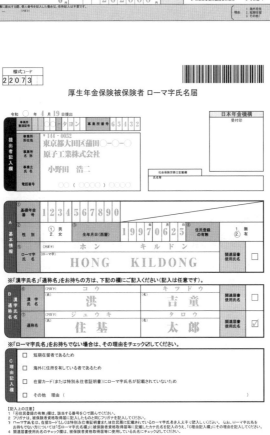

生じませんが，確認した日から被保険者となるわけではありません。

　おくれて届出をした場合でも，事実上被保険者となった日を資格取得年月日とし，その日にさかのぼって給付をうけることができ，保険料も負担しなければなりません。なお，確認は，事業主が提出する資格取得届によって行うほか，被保険者本人の請求や保険者の職権によって行われます。

■他の制度から移った場合

　健康保険・厚生年金保険に加入した人が，前に国民健康保険・国民年金に加入していたり，国家公務員，地方公務員，私学教職員であった場合（医療保険では共済組合等の短期給付の組合員等，年金では厚生年金保険の第2号・第3号・第4号厚生年金被保険者）や船員であった場合（医療保険では船員保険の疾病部門の被保険者，年金では厚生年金保険の第3種被保険者）には，それぞれ前の被保険者または組合員等の資格喪失などの手続をきちんとしておくことが必要です。

　これをいいかげんにしておくと，二重に給付をうけて不正の扱いをうけたり，保険料を余計に負担したりすることがあります。

■資格取得届記入の留意点

　資格取得届は，次のような点に留意して記入します。

　なお，基礎年金番号の導入にともない，厚生年金保険の資格取得に際しては，被保険者の住所と郵便番号，基礎年金番号も届け出ます。

(1)　被保険者整理番号欄には，その事業所で資格を取得した順に追番号がつけられることになっています。つまり，最後に資格を取得した人の番号が71であれば，この届の最初の人は72，以下73……と続きます。氏名にはカタカナで正確にフリガナをつけます。

(2)　個人番号〔基礎年金番号〕欄は，個人番号を記入する際は，本人確認を行います。基礎年金番号を記入する場合は，基礎年金番号通知書（年金手帳）に記載されている10桁の番号を左詰で記入します。

(3)　取得（該当）年月日欄には，採用（入社）の日など資格が発生した日を記入します。届出の日を記入する例がありますが，これは誤りです。

(4)　報酬月額欄には，資格を取得した月以後にうける報酬の額を記入しま

すが，新入社員などは，届出のときにはまだ報酬を支払っていないことが多いので，次の要領で報酬月額を算定します。

(ア) 月給・週給などの場合は，資格取得の日現在できめられた賃金や給料などの報酬の総額を月あたりになおした額を記入します。

　つまり，月給の場合はその額に諸手当を加えた額，週給の場合はその額を7で割って30倍した額です。

　なお，被保険者が入社した日（資格取得の日）によっては，月給の場合でも，最初の月だけは日割計算になることがありますが，この場合でも月給額を報酬月額として届け出ます。

〈月給制の人〉

報　酬（月額）	諸手当

〈週給制の人〉

報　酬（週給）	諸手当	÷7×30

(イ) 日給，時間給，出来高給，請負給については，資格取得の日の前1ヵ月間にその事業所で同じような仕事について同じような給料や賃金をうける人たちがうけた給料や賃金を平均した額を記入します。

(ウ) 上記の(ア)または(イ)の方法で計算できない場合は，資格取得の日の前1ヵ月間に事業所と同じ地域で同じような仕事について同じような給料や賃金をうける人がうけた報酬の額を記入します。

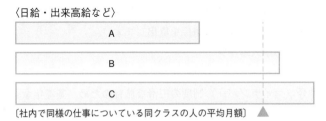

〈日給・出来高給など〉

A

B

C

〔社内で同様の仕事についている同クラスの人の平均月額〕

(エ) 月給のほかに，時間外手当が実績で支給されるような場合は，上記によって計算した額にその見込額を合算した合計額を記入します。

(オ) 標準報酬月額の対象となる賞与（49頁参照）が支給されている事業所の場合は，その事業所で同様の仕事につき同様の賞与をうける人の

1年間の賞与の平均月額を加えます。

　新たに被保険者の資格を得た人については，報酬をうけたことがなくても，上記の方法でほとんど算定できます。しかし，この方法での算定がむずかしいケースや，算定した額が予想される報酬とかけはなれて著しく不当となる場合は，保険者が妥当な方法で報酬月額を決定します。

(5)　被扶養者欄は，健康保険の被扶養者がある場合は「1．有」を，ない場合は「0．無」を〇で囲みます。「1．有」の場合は別途「被扶養者（異動）届」の提出が必要です。

(6)　郵便番号欄には，被保険者の住所の郵便番号を必ず記入します。

(7)　住所欄には，住民票住所を記入し，カタカナでフリガナをつけます。日本国内に住民票（個人番号）を有していない等，住民票住所を記入できない場合は，居所等を記入の上「1．海外在住」「2．短期在留」「3．その他」のいずれか該当する理由を〇で囲み，「3．その他」に〇をした場合は，その理由を記入します。なお，個人番号を記入した場合は，住所欄の記入は不要です。

(8)　備考欄では，被用者が70歳以上の場合は「1」を〇で囲みます。在職中に70歳に到達した場合は，この届書ではなく，『70歳到達届』（資格喪失届・70歳以上該当届）を提出します。二以上の事業所勤務者の取得に該当する場合は「2」を〇で囲んだうえで，資格取得日から10日以内に，被保険者が『被保険者所属選択・二以上事業所勤務届』を提出する必要があります。短時間労働者の資格取得届を提出する場合は「3」を〇で囲みます。退職後の継続再雇用に該当する場合は「4」を〇で囲み，あわせて『被保険者資格喪失届』を提出します。

＜資格取得時の本人確認＞

　日本年金機構では，公的年金にかかるサービスの向上，本人確認の徹底や個人番号（マイナンバー）制度の円滑な施行のため，基礎年金番号と住民票コードとの「結び付け」を行っています。令和5年9月29日からは，個人番号（マイナンバー），基礎年金番号のいずれも記入がない資格取得届については，返戻されることになっていますので，個人番号（マイナンバー）または基礎年金番号を確実に記入するようにします。

　なお，短期在留外国人等，個人番号（マイナンバー）も基礎年金番号も

有していない方の場合は，本人確認が行える書類の送付が必要です。

■決定通知書等が郵送される

資格取得届を提出すると，年金事務所で登録処理され，資格取得確認および標準報酬決定通知書等が後で郵送されます。このとき，「健康保険被保険者証」（70歳以上75歳未満は高齢受給者証も）が送られます（現行の被保険者証は令和6年12月に廃止＝38頁参照）ので，事業主は資格取得年月日や標準報酬月額などを知らせたうえで，被保険者に手渡します。なお，「基礎年金番号通知書」は原則として被保険者あてに送られます。

■任意適用事業所が加入する場合

「任意適用申請書」を，保険者等（年金事務所・健康保険組合）に提出します。添付書類は，「任意適用同意書」です。なお，申請をすると保険者等からいろいろな書類の提出を求められることがありますから，申請しようとするときはまず保険者等に問い合わせた方がよいでしょう。

申請にたいして認可の通知があった場合は，「被保険者資格取得届」を提出します。（認可の申請と同時に出しておく場合もあります。）

■70歳以上被用者の届出（平成19年4月から）

在職中の給与に応じた老齢厚生年金の支給停止（在職老齢年金）は，厚生年金保険の被保険者とならない70歳以上の在職者にも適用されます。このため，事業主は，①過去に厚生年金保険の被保険者期間があり，②常時使用される（適用除外に該当しない）70歳以上の人について，「被保険者資格取得届(厚生年金保険70歳以上被用者該当届)」を提出します。ただし，被用者が在職中に「70歳に到達」した場合には，この届書ではなく「『70歳到達届』（厚生年金保険被保険者資格喪失届　70歳以上被用者該当届)」を提出します（平成31年4月から，70歳到達日以降も引き続き同一の事業所に同一の報酬で使用される被保険者は提出不要）。また，定時決定・随時改定・賞与支払についてもそれぞれ届出が必要です。

	様式コード 2 2 6 9	70歳到達届	厚生年金保険 厚生年金保険	被保険者資格喪失届 70歳以上被用者該当届

この届書は、在職中に70歳に到達した以降も引き続き同一の事業所に勤務され、70歳到達日の標準報酬月額（相当額）が従前額と異なる場合に提出いただくものです。

被保険者欄	① 被保険者 整理番号	4	② 氏 名	中島 ○○	③ 生年 月日	5 ○ ○ 0 2 1 0
	④ 個人番号 [基礎年金番号]	4 3 2 1 0 9 8 7 6 5 4 3		⑤ 備考	該当する項目を○で囲んでください。 1. 二以上事業所勤務者 2. 短時間労働者（特定適用事業所等） 3. その他 [	

資格喪失欄	⑥ 喪失 年月日	令和 ○ ○ 0 2 0 9	⑦ 喪失 原因	⑥ 70歳到達（厚生年金保険のみ喪失）

被用者該当欄	⑧ 該当 年月日	令和 ○ ○ 0 2 0 9	⑨ 報酬 月額	⑦(通貨) 200,000 円 ⑦(現物) 0 円	⑦(合計 ⑦+⑦) 2 0 0 0 0 0 円

■社会保障協定に伴う特例

　平成12年2月から，日本とドイツの両国で就労する人について年金制度の二重加入を調整する協定が実施され，相手国で就労する場合は相手国の年金制度のみに加入することが原則とされました。たとえば日本の厚生年金保険の被保険者がドイツで就労するとき，ドイツの年金制度に加入している期間は，厚生年金保険の資格は喪失します（ドイツで就労する期間が5年以内などの場合は，例外として，厚生年金保険に加入します）。

　同様の協定は，イギリス（平成13年2月），韓国（17年4月），アメリカ（17年10月），ベルギー（19年1月），フランス（19年6月），カナダ（20年3月），オーストラリア（21年1月），オランダ（21年3月），チェコ（21年6月），スペイン・アイルランド（22年12月），ブラジル・スイス（24年3月），ハンガリー（26年1月），インド（28年10月），ルクセンブルク（29年8月），フィリピン（30年8月），スロバキア（令和元年7月），中国（元年9月），フィンランド（4年2月），スウェーデン（4年6月），イタリア（6年4月）との間でも発効しています。

4 健康保険の被扶養者

　健康保険では被保険者の扶養家族（75歳未満）も被扶養者として保険給付を行いますが，被扶養者の範囲は次のようになっています。

(1) 被保険者の父母，祖父母などの直系尊属と配偶者（内縁でもよい），子，孫および兄弟姉妹※で，主として被保険者の収入によって生計を維持している人。（これらの場合は，かならずしも被保険者といっしょに生活していなくてもよいことになっています。）

(2) 被保険者といっしょに生活しており，主として被保険者の収入により生計を維持している次の人。

　① 被保険者の伯叔父母，甥，姪などとその配偶者，被保険者の孫と兄弟姉妹の配偶者，および被保険者の配偶者の父母や子など，(1)以外の三親等内の親族。

　② 被保険者と内縁関係にある配偶者の父母および子。（その配偶者が死んだあと，ひき続きいっしょに生活している場合でもよいことになっています。）

〔三親等内の親族図〕

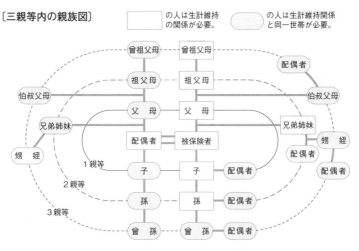

※平成28年10月から，兄姉は「同一世帯」の必要がなくなっています。

■生計維持の基準

　被扶養者として認定されるには，主として被保険者の収入によって生計を維持していることが必要です。これは，おおまかに認定対象者の生活費の半分以上を被保険者の収入によってまかなっている状態をいいますが，この認定は，次の基準により行われます（この取扱いでは生活実態とかけはなれ，妥当性を欠く場合は実情に合わせた認定）。

(1)　**認定対象者が被保険者と同一世帯の場合**

●対象者が同居している場合

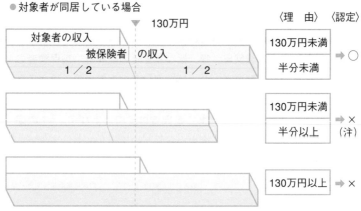

（注）被保険者の収入がその世帯の中心をなしていると認められない場合

●対象者が別居している場合

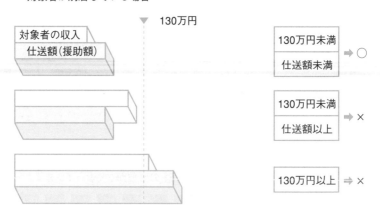

対象者の年収が130万円未満で，かつ被保険者の年収の半分未満であれば被扶養者となります。ただし，年収が被保険者の年収の半分以上であるが130万円未満で，被保険者の年収を上回らない場合には，その世帯の生計状況から総合的に考え，被保険者の収入がその世帯の中心をなしていると認められれば，被扶養者になれます。

(2) 認定対象者が被保険者と同一世帯にない場合

認定対象者の年収が130万円未満で，かつ被保険者からの仕送額（援助額）より少ない場合は，原則として被扶養者とされます。

(3) 60歳以上または障害者は年収180万円未満

認定対象者が60歳以上または障害者（おおむね障害厚生年金をうけられる程度の障害者）の場合は，前記認定基準のうち「130万円未満」は「180万円未満」となっています。年収には年金なども含まれます。

＜130万円の壁への対応＞

令和5年10月から，短時間労働者が繁忙期に労働時間を延ばすなどにより，収入が一時的に上がったとしても，事業主がその旨を「被扶養者の収入確認に当たっての『一時的な収入変動』に係る事業主の証明書」を提出することで，引き続き被扶養者認定が可能（原則として連続2年）となる仕組みが設けられています（年収の壁・支援強化パッケージ）。

■共働き夫婦の場合

(1) 被扶養者となるべき人の人数にかかわりなく，原則として年間収入の多い方の被扶養者となります。

(2) 夫婦双方の年間収入が同程度の場合は，被扶養者の地位の安定を図るため，届出により，主として生計を維持する方の被扶養者になります。

(3) 前記(1)，(2)にかかわらず，共済組合の組合員のようにその扶養家族に関して，扶養手当またはこれに相当する手当が支給されている場合には，その支給をうけている人の被扶養者となります。

■国内居住が要件

令和2年4月1日から，被扶養者の認定要件に新たに国内居住が追加されています。国内居住とは，住民基本台帳に住民登録されている場合（住

民票が日本国内にある場合）をいいます。たとえば，被扶養者が一定の期間を海外で生活している場合も，日本に住民票がある限りは，原則として国内居住要件を満たすことになります。

<国内居住要件の例外（海外に居住しているが被扶養者となる人）>

　日本国内に住所がない場合でも，①外国において留学する学生，②外国に赴任する被保険者に同行する人，③観光・保養・ボランティア活動その他就労以外の目的での一時的な海外渡航者，④被保険者の海外赴任期間中にその被保険者との身分関係が生じた人で②と同等と認められる人など，一時的な海外渡航を行う人等については，日本国内に生活の基盤があると認められる人として，国内居住要件の例外として取り扱われます。

■健康保険の被扶養者の届出

　被扶養者がいる場合は，まず被保険者資格を取得するときに，「被扶養者（異動）届」〔届書は国民年金第３号被保険者関係届と一体（単票）となっています（109頁参照）〕を事業主に提出し，事業主が資格取得届にこれを添えて保険者等に届け出て，確認をうけることになっています。

　被扶養者に異動（死亡，生計維持・同一世帯等の関係の消滅，子の出生など）があったときは，そのつど５日以内に保険者等に届け出ます。

　なお，令和５年９月から，スマートフォン，パソコンで被扶養者（異動）届を電子申請できるようになっています。

　被扶養者の認定に関しては，平成30年10月から，日本国内に在住の家族について，①続柄を確認できる戸籍謄本または戸籍抄本，住民票，②認定をうける人の年収が130万円（180万円）未満であることを確認できる課税証明書等，③認定をうける人が被保険者と別居している場合は，仕送りの事実と仕送り額が確認できる書類（預金通帳等の写しまたは現金書留の控え）の添付が必要となるなど，事務の取扱いが厳格化されています（一定の要件を満たす場合は添付の省略が可能）。

　また，国内居住要件の例外に該当する場合には，査証，在学証明書，海外赴任辞令など，そのことを証明する書類の添付が必要となります。

<被扶養者の資格発生と届出>

　被扶養者としての資格は，その条件にあてはまるようになったときに発

生しますが，届出をしなければ医療の給付はうけられません。ただし，やむを得ない理由で届出がおくれ，その間にうけた診療については，あとで療養費が支給されます。

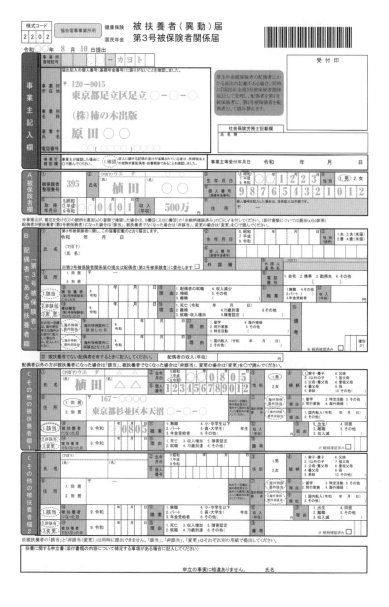

5 被保険者証・基礎年金番号通知書(年金手帳)

1．健康保険の被保険者証

　健康保険の被保険者証（および高齢受給者証）は，適用事業所に新しく使用されるようになったときに，そのつど交付されるものです。また，勤め先をやめたときは，かならず事業主に返し，事業主は被保険者資格喪失届にそえて，保険者に返納します。

　被保険者証は，健康保険の身分証明証にあたります。健康保険で医者にかかるときは，かならず保険医療機関の窓口に提出しなければなりません。これを他人に貸したり，不正使用することは，違法行為として禁止されています。

　なお，マイナンバーカードの被保険者証としての利用（マイナ保険証）が令和３年３月から順次始まり，令和６年12月２日に現行の被保険者証は廃止されます。

2．基礎年金番号通知書（年金手帳）

　平成８年12月に厚生年金保険・国民年金のすべての被保険者・年金受給者に「基礎年金番号通知書」が交付されました。平成９年１月以降にはじめて公的年金に加入した人には，基礎年金番号を記載した年金手帳が交付されています。また，令和４年４月以降にはじめて公的年金に加入する人に対しては，年金手帳を廃止し，基礎年金番号通知書の送付に切り替えられています。

　公的年金の加入の記録は，この基礎年金番号をもとにして日本年金機構で管理されるしくみとなっています。このため，資格取得や喪失などの手続について基礎年金番号を記入し届け出るほか，基礎年金番号が重複している場合に一本化する手続なども必要です。

3．厚生年金保険の住所変更届

　基礎年金番号導入にともない，厚生年金保険の被保険者については，住所変更の届出が必要となっています。

■健康保険の被保険者証

(1) 紛失やき損（汚れた，割れた）等で保険証の再交付が必要な場合

「被保険者証再交付申請書」を保険者（全国健康保険協会都道府県支部または健康保険組合）に提出し，新しく交付をうけます。被保険者証をそえられるときはそえます。

(2) 被扶養者に異動があった場合

こどもが生まれたり，被扶養者が死亡したときなど，被扶養者に異動があった場合は，「被扶養者（異動）届」に被保険者証をそえて，5日以内に保険者に提出します。

(3) 氏名がかわった場合

「氏名変更届」に被保険者証をそえて保険者に提出します。

(4) 遠隔地被保険者証

紙の被保険者証を使用している保険者では，被扶養者が遠く離れて住んでいたり，被保険者が長期間住所地を離れる場合は，必要な書類をそえて保険者に申請すれば「遠隔地被保険者証」が交付されます。

(5) 被保険者の資格を失った場合

すぐに被保険者証の提出を求め，資格喪失届と同時に，5日以内に保険者に提出します。（死亡した場合は，埋葬料請求書にそえて提出。）

(6) 被保険者証の検認・更新

被保険者証の検認・更新のため保険者から被保険者証の提出を求められたときは，かならず提出しなければなりません。

＜70歳以上の高齢受給者証＞

昭和7年10月1日以後生まれの70歳以上75歳未満の被保険者・被扶養者には「健康保険高齢受給者証」が交付されています（被保険者証に患者負担割合等を明記することで，高齢受給者証に代える場合もあります）。なお，70歳以上とは，70歳の誕生日が属する月の翌月初日（誕生日が1日の場合は誕生日が属する月の初日）からをいいます。

＜被保険者証のカード化＞

健康保険被保険者証は，世帯ごとの紙の様式から個人単位のカード様式に切り替えることが可能となっており，準備の整った保険者から順次，対

応することになっています。

　政府管掌健康保険（現協会けんぽ）では，平成15年度の検認・更新にあわせて，従来の紙様式からプラスチックのカード様式に切り替えられ，原則平成16年3月までに全国の被保険者・被扶養者に個人単位で交付されました。これにともない，遠隔地被保険者証は廃止されました。

＜記載事項の変更＞

　協会けんぽでは，平成23年4月以降発行の被保険者証では事業所所在地の表示をなくしています。また，オンライン資格確認（39頁参照）が開始されたことに伴い，令和2年10月19日以降発行の被保険者証には記号番号に2桁の枝番が印字されています。

■被保険者証の返却が必要な場合

　被保険者資格を喪失した場合は，被保険者証が被扶養者にもひとり1枚ずつ交付されていることから，下表のとおり，被保険者は被扶養者分も含めた家族全員の被保険者証を事業主に返却し，事業主はこれを被保険者資格喪失届に添付して年金事務所に提出します。

被保険者の資格がなくなったとき	被保険者と被扶養者全員の被保険者証カードを返却する
被扶養者でなくなったとき	該当する被扶養者の被保険者証カードを返却する
被保険者の氏名が変更になったとき	被保険者と被扶養者全員の被保険者証カードを返却する
被扶養者の氏名が変更になったとき	該当する被扶養者の被保険者証カードを返却する

■現行の被保険者証は令和6年12月に廃止

　現行の被保険者証・高齢受給者証は，令和6年12月2日に発行を終了して廃止され，マイナンバーカードを被保険者証として利用する「マイナ保険証」に移行します。

　ただし，発行済みの被保険者証等については，廃止後，最大1年間，従来通り使用できる経過措置が設けられています。また，マイナンバーカードを持っていない人や，マイナンバーカードを被保険者証として利用登録していない人には，その代わりとなる「資格証明書」が発行されます。

<オンライン資格確認の利用申込>

令和３年10月から，マイナ保険証が本格運営されています。マイナ保険証の利用には，マイナポータルや顔認証付カードリーダーを設置している医療機関・薬局，セブン銀行のＡＴＭ等での利用申込が必要です。

<オンライン資格確認>

令和５年４月から，医療機関・薬局へのオンライン資格確認が原則義務化されています。

マイナ保険証で受診する場合，医療機関等の窓口では，マイナンバーカードをカードリーダーにかざすことでオンライン資格確認を行いますが，加入資格があるにもかかわらず，「資格無効」や「資格情報なし」と表示されることがあります。また，医療機関等の機器不良等によりオンライン資格確認ができない場合もあります。

このような場合には，当面マイナンバーカードにある氏名や生年月日等の情報，連絡先，加入している保険者等に関する事項を「被保険者資格申立書」に記入し，医療機関等の窓口に提出することで，申し立てた患者負担分で保険診療をうけることができます。

■基礎年金番号通知書（年金手帳）・基礎年金番号の手続

⑴　被保険者の資格を取得した場合

事業主は，前に公的年金に加入していた人について，基礎年金番号や氏名などが正しく記入されているかどうか基礎年金番号通知書または年金手帳と照合・確認し，被保険者資格取得届を提出します。

⑵　氏名がかわった場合

事業主は被保険者の申出をうけ，「氏名変更届」に健康保険被保険者証をそえて，年金事務所に提出します（個人番号と基礎年金番号が紐付いている人は届出を省略できます）。

⑶　複数の基礎年金番号を持っている場合

事業主は被保険者の申出をうけ，「基礎年金番号重複取消届」にすべての基礎年金番号通知書または基礎年金番号記載の年金手帳（年金証書）をそえて，年金事務所に提出します。

⑷　基礎年金番号通知書（年金手帳）を紛失，き損した場合

　事業主は被保険者の申出をうけ，「基礎年金番号通知書再交付申請書」を年金事務所に提出します。き損のときは，その基礎年金番号通知書（年金手帳）をそえます。

(5)　年金手帳の記録

　すでに年金手帳を持っている人については，記録欄（被保険者資格の得喪年月日，勤務先の名称など）は，原則として，就・退職などの都度，被保険者が記入することになっていますが，事業主が記入または点検をするなどの協力をして正確を期したいものです。

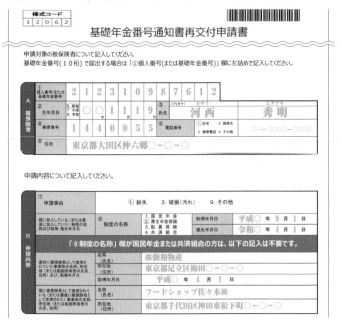

■被保険者の住所変更届

　厚生年金保険の被保険者については平成8年4月から，協会けんぽの被保険者については平成20年10月から，住所についての届出が必要となっています。事業主は，住所を変更した被保険者の申出をうけて，すみやかに「健康保険・厚生年金保険被保険者住所変更届」を年金事務所に提出します（個人番号と基礎年金番号が紐付いている人は届出を省略できます）。新規の資格取得者の場合は，資格取得届の住所欄に記入して届け出ます。

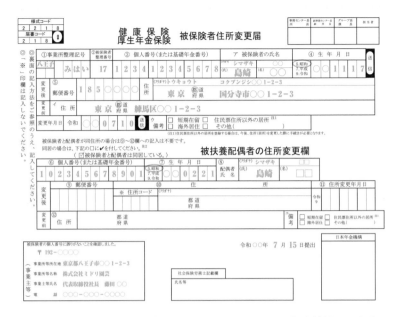

　この届出の特例として，事業主は，申出により日本年金機構から提供される「厚生年金保険被保険者・国民年金第3号被保険者住所一覧表」に変更後の住所等を記載し，簡便に届け出ることができます。

■介護保険適用除外等の届出

　健康保険に加入する40歳以上65歳未満の人は介護保険の第2号被保険者の対象ですが，次の人は適用除外となります。

(1)海外赴任などで国内に住所を有しない人（国内に住民票がない人）

(2)在留資格3カ月以下等の外国人

(3)適用除外施設に入所する人

　該当する被保険者・被扶養者は，氏名や生年月日，第2号被保険者とならなくなった理由などを事業主を通じて年金事務所（健康保険組合）に届け出ます。このとき，①国内に住所を有しない者＝住民票の除票，②在留資格3カ月以下の外国人＝外国人登録証明書（個人が携帯するカード）や雇用契約期間を証する書類（例：雇用契約書等），③適用除外施設入所者＝入所・入院証明などを添付します。

　また，海外赴任から帰国して介護保険第2号被保険者に該当するようになった場合などには，適用除外非該当の届出を行います。

　なお，海外勤務による適用除外とその終了による第2号被保険者該当については，事業主が被保険者にかわって届け出ることができます。

　適用除外施設として次の施設が定められています。

▷障害者支援施設（障害者総合支援法）

▷重症心身障害児施設（児童福祉法）

▷指定医療機関（児童福祉法）

▷独立行政法人国立重度知的障害者総合施設のぞみの園法に規定する福祉施設

▷国立ハンセン病療養所等（ハンセン病問題の解決の促進に関する法律）

▷救護施設（生活保護法）

▷労働者災害補償保険法に規定する被災労働者のうける介護の援護を図るために必要な事業に係る施設（労働者災害補償保険法）

▷指定障害福祉サービス事業者・障害者総合支援法施行規則に定める施設

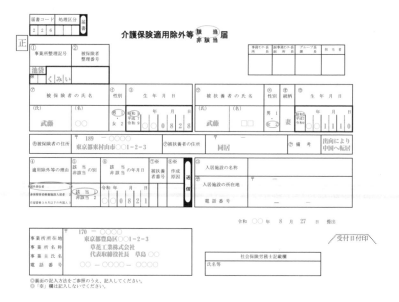

3 標準報酬（月額・賞与額）と保険料

1 標準報酬月額

●健康保険・厚生年金保険では，被保険者がうけるさまざまな報酬（給料など）の月額を，区切りのよい幅で区分した標準報酬月額にあてはめて事務処理をしています。

　この標準報酬月額をもとに毎月の保険料の額がきめられ，年金・手当金などの給付もそれをもとに計算されます。

　なお，厚生年金保険の船員である被保険者の標準報酬月額の決定および改定については，船員保険法の例により行われます。

1．標準報酬月額の区分

　標準報酬月額は，次の区分で定められています。

(1)　健康保険　　　　第1級58,000円～第50級1,390,000円

　　　（平成28年3月まで第1級58,000円～第47級1,210,000円）

(2)　厚生年金保険　　第1級88,000円～第32級650,000円

　　　（令和2年8月まで第1級88,000円～第31級620,000円）

2．きめる時期と有効期間（平成15年度から）

(1)　資格取得時決定──被保険者になったとき「被保険者資格取得届」によりきめられます。

> 1～5月の決定はその年の8月まで使用
> 6～12月の決定は翌年の8月まで使用

(2)　定時決定──毎年7月の「報酬月額算定基礎届」によりきめられます。

> 9月から翌年8月まで使用

(3)　随時改定──報酬が大幅に変動したとき「報酬月額変更届」により改定されます。

> 1～6月の改定はその年の8月まで使用
> 7～12月の改定は翌年の8月まで使用

※上記(1)～(3)の時期のほかに，育児休業等終了時の改定が平成17

年4月から，産前産後休業終了時の改定が平成26年4月から定められています（90頁，92頁参照）。

□平成14年度までは標準報酬（月額）の決定の時期と有効期間が次表のようになっていました。

(1)資格取得時決定	1～6月の決定＝その年の9月まで使用
	7～12月の決定＝翌年の9月まで使用
(2)定時決定	毎年8月基礎届＝10月から翌年9月まで使用
(3)随時改定	1～7月の改定＝その年の9月まで使用
	8～12月の改定＝翌年の9月まで使用

3．報酬の範囲

健康保険・厚生年金保険でいう報酬とは，通貨・現物を問わず，被保険者が労働の対償としてうけるすべてのものをいいます。

(1) 通貨で支払われるもの

給料のほか，超勤手当，家族手当，通勤手当など名称は何であっても労働の対償であれば報酬となります。

ただし，年3回以下支払われるもの（賞与）は，ここでいう報酬の対象になりません。賞与・決算手当などを合わせて年4回以上支払われていれば報酬の対象となります。

※年3回以下の賞与は，特別保険料の対象でしたが，平成15年度から，賞与も保険料の対象とする（年金給付にも反映させる）総報酬制が導入され，特別保険料は廃止されています。

(2) 現物で支給されるもの

食事・住宅やその他衣服・自社製品など報酬の一部が現物で支給される場合がありますが，これも報酬となります。食事・住宅については都道府県ごとの価額を定めており，それにより通貨に換算し，報酬に算入しますが，その他は時価となっています。

＜報酬の対象にならないもの＞

①まったく臨時に支給されるもの（大入袋等）

②労働の対償とならないもの（制服，各種の祝金等）

■標準報酬月額の決定・改定の時期

平成15年度から，標準報酬月額の定時決定の算定対象月は従来の5月・6月・7月から4月・5月・6月に変更され，新たな標準報酬月額はその年の9月から翌年の8月まで（または随時改定が行われるまで）使用することになっています（資格取得時決定・随時改定による有効期間についても，従来から1ヵ月前倒しとなっています）。

算定基礎届は7月1日現在（従来は8月1日）の被保険者について，7月1日〜10日（同8月1日〜10日）に行います。

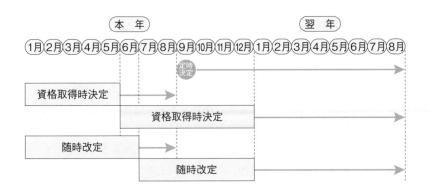

■標準報酬月額上限の改定

健康保険については，標準報酬月額の上限該当者が，3月31日現在で，全被保険者の1.5％（平成19年3月までは3％）をこえ，その状態が継続すると認められる場合は，厚生労働大臣は審議会の意見をきいて，その年の9月1日から政令により上限該当者が0.5％（平成28年3月までは1％）未満にならない限度で標準報酬月額の上限を改定できます（弾力的改定）。なお，平成28年4月からの改定は法改正によるものです（次頁）。

＜厚生年金保険も上限改定＞

従来，厚生年金保険には健康保険のような弾力的改定の規定はありませんでしたが，平成16年の年金改正で，3月31日現在の全被保険者の標準報

酬月額を平均した額の2倍に相当する額が最高等級の標準報酬月額を上回り，その状態が継続すると認められる場合，健康保険の等級区分を参考に，その年の9月1日から政令で上限を改定できるようになっています。

■健康保険と厚年の上限の改定（平成28年4月・令和2年9月）

健康保険では，平成28年4月から標準報酬月額の上限に3等級追加され，1級58,000円～50級1,390,000円の区分に拡大されています。また，厚生年金保険では，令和2年9月から上限に1等級追加され，1級88,000円～32級650,000円の区分となっています。新たな区分に移行する（改定の対象となる）被保険者の標準報酬月額については，保険者が職権により改定しています。

■報酬月額

被保険者がそれぞれうける報酬は，月給，週給，日給，時間給，歩合給などさまざまですが，すべて月額に換算します。換算したものを報酬月額といい，報酬月額を該当する標準報酬月額にあてはめます。

報酬月額がきまれば自動的に標準報酬月額・等級がきまりますので，報酬月額を正確に計算して届け出ることがたいせつです。

【例1】 報酬月額が72,000円の人

厚生年金保険の標準報酬月額は，88,000円が下限となっており，報酬月額93,000円未満はすべて88,000円に格付けされます。しかし，健康保険では，報酬月額93,000円未満はさらに4段階に区分されており，報酬月額が72,000円の場合の標準報酬月額は68,000円になります。

【例2】 報酬月額が261,000円の人

報酬月額が250,000円以上270,000円未満の範囲内にありますから，標準報酬月額は，健康保険・厚生年金保険とも260,000円になります。

【例3】 報酬月額が1,250,000円の人

厚生年金保険の標準報酬月額は，650,000円が上限となっており，報酬月額635,000円以上はすべて650,000円に格づけされます。しかし，健康保険では，報酬月額635,000円以上はさらに16段階に区分されており，報酬月額が1,250,000円の場合の標準報酬月額は1,270,000円になります。

	標準報酬月額等級	標準報酬月額	報酬月額	
健保	厚年		円以上	円未満
〈健保下限〉 1		58,000		63,000
〔例1〕 2		68,000	63,000	73,000
3		78,000	73,000	83,000
〈厚年下限〉 4	1	88,000	83,000	93,000
5	2	98,000	93,000	101,000
19	16	240,000	230,000	250,000
〔例2〕 20	17	260,000	250,000	270,000
21	18	280,000	270,000	290,000
34	31	620,000	605,000	635,000
〈厚年上限〉 35	32	650,000	635,000	665,000
36		680,000	665,000	695,000
46		1,150,000	1,115,000	1,175,000
47		1,210,000	1,175,000	1,235,000
〔例3〕 48		1,270,000	1,235,000	1,295,000
49		1,330,000	1,295,000	1,355,000
〈健保上限〉 50		1,390,000	1,355,000	

＜2以上の事業所に勤める人の標準報酬月額＞

　2以上の事業所から報酬をうけている人は，各事業所でうけた報酬の合算額にもとづき一つの標準報酬月額がきめられ，保険料はそれぞれの事業所での報酬月額に応じて按分されます。

　また，保険者が全国健康保険協会と健康保険組合に分かれている場合や，各事業所を管轄する全国健康保険協会都道府県支部が異なる場合などは，事務センターまたは健康保険組合に届出を行い，任意に一つの保険者をきめます。保険料の徴収や保険給付は，その保険者等を通して行われます。

■報酬の範囲等

<通勤手当も含める>

　通勤手当は，すべて報酬の範囲に入ります。通勤のための定期券・回数券を会社が購入して支給する場合は１月当たりの額を報酬として算入しなければなりません。また，６ヵ月単位で通勤手当が支給される場合がありますが，これは会社の支払い上の便宜にすぎないわけで，賞与などの取扱いとちがい，報酬として扱い，１月当たりの額を報酬に算入します。

　通勤手当は，一定額まで所得税がかかりませんが，健康保険・厚生年金保険では，控除をしないで全額報酬に含めることになっています。

<休職給・休業給なども報酬とする>

　病気休職のための休職給や一時帰休をした場合の休業手当などは，実際の労働に対して支払われる報酬ではありませんが，使用関係が続いており，定期的に報酬が支払われているのであれば，支給方法や名称のいかんにかかわらず，労働の対償としての報酬とみなされます。

<現物給与は都道府県ごとの価額により算入>

　報酬の一部または全部が製品などの現物で支給された場合は，それを通貨に換算した額を報酬として計上しなければなりません。たとえば，１ヵ月の報酬の１割相当額が自社製品で支給されたという場合は，その額も報酬の額とされ，通貨によるものと合わせて報酬月額がきめられます。

　ただし，現物給与のうち，食事・住宅については，その地方の物価などに合わせて都道府県ごとの価額が定められることになっていますので，物価が変われば，その価額もそれに応じて改定されることがあります。現物給与の価額は，算定基礎届の作業をする頃までに年金事務所からの通知に記載されますから，注意してみるようにしておきましょう。

　会社から給食や食券が支給されている場合などは，現物給与の価額によって通貨に換算しますが，その経費の一部を被保険者が負担している場合は，定められた価額から本人負担分をさし引いた額が現物給与の額となります。ただし，食事については現物給与の価額の３分の２以上を被保険者が負担している場合は，報酬に加えません。

　なお，支店等に勤務する被保険者の現物給与は従来，本社の所在地が属する都道府県の価額が適用されていましたが，生活実態に即した価額が望

ましいことから，平成25年４月からは実際の勤務地が属する都道府県の価額が適用されています。

<段落><退職金の前払いは報酬>

退職金は従来から報酬とはみなされず，保険料の賦課対象ではありませんが，被保険者の在職中に退職金相当額の全部または一部が給与や賞与に上乗せして前払いされるときは，原則として報酬または賞与に該当します。支払いが不定期なものについても賞与として扱い，年４回以上支払われていれば報酬として報酬月額に加算することになります。

退職を事由に退職時に支払われる退職金や，事業主の都合で退職前に支払われる一時金などは，従来どおり，報酬や賞与には該当しません。

■年４回以上の賞与の取扱い

年に４回以上支給される賞与（ここでは諸手当等を含み，毎月支給されるもの以外をいう。）は報酬とされますが，その取扱いは次により行います。

なお，年３回以下の賞与等は標準賞与額に係る保険料の対象となります。

<給与規程等で年４回以上支給ならば報酬>

７月１日現在で，賞与の支給が会社の給与規程や賃金協約等により年４回以上支給することが定められている場合は報酬とされ，７月１日前の１年間に支給された賞与の平均月額が報酬の額となります。

<１年間に４回以上支給実績があれば報酬>

給与規程などには定められていないが，７月１日前の１年間に４回以上支給されていれば，その賞与は報酬の対象となり，報酬の額はその１年間

に支給された賞与の平均月額となります。

＜分割分はまとめて１回として数える＞

しかし，例外的に賞与が分割して支給された場合は，分割分をまとめて１回として数えます。たとえば12月の賞与が会社の都合で12月と１月に分割支給された結果，７月１日前１年間に支給回数が４回になったという場合は報酬とされません。

＜賞与と決算手当は合わせて数える＞

賞与と決算手当または期末手当など名称は異なっても同一性質とみなされるものは合わせて支給回数をみます。たとえば，夏・冬の賞与と半期ごとの期末手当の場合は，合わせて４回の支給となり報酬の対象となります。

＜その年に限り支給されたものは除く＞

その年に限り例外的に支給されたものは支給回数に入れません。たとえば，会社の業績により決算手当が支給されたりされなかったりという場合は，支給されても回数に入れません。

＜報酬・賞与の区分の明確化＞（平成31年１月）

諸手当等が「通常の報酬」，「賞与に係る報酬」または「賞与」のいずれに該当するかについて，①諸手当等の名称にかかわらず諸規定または賃金台帳等から同一の性質を有すると認められるものごとに判別する，②諸手当等を新設した場合のように支給実績がないときは翌７月１日までの間「賞与」として取り扱うとされています。

●支給されるものの例と報酬

	通 貨 に よ る も の	現物によるもの
標準報酬月額の対象となるもの	基本給（月給・週給・日給など），能率手当，残業手当，勤務手当，役付手当，精勤手当，家族手当，日・宿直手当，勤務地手当，通勤手当，住宅手当，会社等から支給される私傷病手当金，賞与・決算手当（年４回以上）など	通勤定期券，自社製品，被服（勤務服でないもの），食券・食事，社宅・寮など
標準賞与額の対象となるもの	賞与・決算手当（年３回以下），寒冷地手当など（標準賞与額の項を参照）	現物で支給される賞与など
標準報酬月額・標準賞与額の対象にならないもの	大入袋，見舞金，解雇予告手当，退職金，出張旅費，仕事上の交際費，慶弔費など	制服・作業衣，見舞品，生産施設の一部である住居など

厚生労働大臣が定める現物給与の価額

令和6年4月1日時点

※青字が改定後の数字

(単位：円)

都道府県名	食事で支払われる報酬等					住宅で支払われる報酬等	その他の報酬等	適用年月日
	1人1月あたりの食事の額	1人1日あたりの食事の額	1人1日あたりの朝食のみの額	1人1日あたりの昼食のみの額	1人1日あたりの夕食のみの額	1人1月あたりの住宅の利益の額（畳1畳につき）		
1 北海道	23,100	770	190	270	310	1,110	時価	6. 4. 1
2 青森	22,200	740	190	260	290	1,040	時価	6. 4. 1
3 岩手	22,200	740	190	260	290	1,110	時価	5. 4. 1
4 宮城	22,200	740	190	260	290	1,520	時価	6. 4. 1
5 秋田	22,500	750	190	260	300	1,110	時価	6. 4. 1
6 山形	23,400	780	200	270	310	1,250	時価	6. 4. 1
7 福島	22,500	750	190	260	300	1,200	時価	4. 4. 1
8 茨城	22,200	740	190	260	290	1,340	時価	6. 4. 1
9 栃木	22,500	750	190	260	300	1,320	時価	6. 4. 1
10 群馬	21,900	730	180	260	290	1,280	時価	5. 4. 1
11 埼玉	22,500	750	190	260	300	1,810	時価	6. 4. 1
12 千葉	22,800	760	190	270	300	1,760	時価	6. 4. 1
13 東京	23,400	780	200	270	310	2,830	時価	6. 4. 1
14 神奈川	23,100	770	190	270	310	2,150	時価	6. 4. 1
15 新潟	22,800	760	190	270	300	1,360	時価	6. 4. 1
16 富山	23,100	770	190	270	310	1,290	時価	6. 4. 1
17 石川	23,400	780	200	270	310	1,340	時価	6. 4. 1
18 福井	23,700	790	200	280	310	1,220	時価	6. 4. 1
19 山梨	22,500	750	190	260	300	1,260	時価	6. 4. 1
20 長野	21,600	720	180	250	290	1,250	時価	6. 4. 1
21 岐阜	22,200	740	190	260	290	1,230	時価	6. 4. 1
22 静岡	22,200	740	190	260	290	1,460	時価	4. 4. 1
23 愛知	22,500	750	190	260	300	1,560	時価	6. 4. 1
24 三重	22,800	760	190	270	300	1,260	時価	6. 4. 1
25 滋賀	22,500	750	190	260	300	1,410	時価	6. 4. 1
26 京都	22,800	760	190	270	300	1,810	時価	5. 4. 1
27 大阪	22,500	750	190	260	300	1,780	時価	6. 4. 1
28 兵庫	22,800	760	190	270	300	1,580	時価	6. 4. 1
29 奈良	22,200	740	190	260	290	1,310	時価	6. 4. 1
30 和歌山	22,800	760	190	270	300	1,170	時価	6. 4. 1
31 鳥取	23,100	770	190	270	310	1,190	時価	6. 4. 1
32 島根	23,400	780	200	270	310	1,150	時価	6. 4. 1
33 岡山	22,800	760	190	270	300	1,360	時価	6. 4. 1
34 広島	23,100	770	190	270	310	1,410	時価	6. 4. 1
35 山口	23,400	780	200	270	310	1,140	時価	6. 4. 1
36 徳島	23,100	770	190	270	310	1,160	時価	6. 4. 1
37 香川	22,800	760	190	270	300	1,210	時価	6. 4. 1
38 愛媛	22,800	760	190	270	300	1,130	時価	6. 4. 1
39 高知	22,800	760	190	270	300	1,130	時価	5. 4. 1
40 福岡	22,200	740	190	260	290	1,430	時価	6. 4. 1
41 佐賀	21,900	730	180	260	290	1,170	時価	4. 4. 1
42 長崎	22,800	760	190	270	300	1,150	時価	6. 4. 1
43 熊本	22,800	760	190	270	300	1,150	時価	6. 4. 1
44 大分	22,500	750	190	260	300	1,170	時価	6. 4. 1
45 宮崎	21,900	730	180	260	290	1,080	時価	6. 4. 1
46 鹿児島	22,500	750	190	260	300	1,110	時価	6. 4. 1
47 沖縄	24,000	800	200	280	320	1,290	時価	6. 4. 1

【社会保険における現物給与の価額の主な取扱いについて】

◉ **食事で支払われる報酬等**

　　昭和33年7月5日付け内かんにより、告示額の3分の2以上に相当する額を食費として徴収されている場合には、現物による食事の供与はないものとして取り扱います。

◉ **住宅で支払われる報酬等**

(1) 価額の算出に当たっては、居間、茶の間、寝室、客間、書斎、応接間、仏間、食事室など居住用の室を対象とし、玄関、台所（炊事場）、トイレ、浴室、廊下、農家の土間など居住用以外の室、また、店、事務室、旅館の客室などの営業用の室は含めません。

(2) 同居世帯がある場合には、同居世帯が使用している室数も含め、被保険者数で除して1人分の価格を算定します。

(3) 洋間など畳を敷いていない居住用の室については、1.65平方メートルを1畳に換算し計算します。

(4) 居住用と居住用以外が混在している室（ダイニング・キッチン等）は、居住用以外の空間を除いて算定します。

■ **食事及び住宅以外の報酬等**

(1) 労働協約に定めがある場合は、その価格を「時価」として取り扱います。

(2) 労働協約に定めがない場合は、実際費用を「時価」として取り扱います。

　　ただし、公定小売価格その他これに準ずる統制額（以下「当該額」）の定めがあるものについては、当該額を「時価」とします。

　　また、「時価」の決定に当たっては、税込価格で算定します。

※計算の結果、端数が生じた場合は1円未満を切り捨てます。

2 標準報酬月額の定時決定（算定基礎届）

1．定時決定

　被保険者が実際にうける報酬と標準報酬月額が大きくズレないように，毎年1回，全被保険者の報酬月額を届け出て，標準報酬月額をきめなおしています――定時決定。

2．算定基礎届で届出

　このため，7月1日～10日に「被保険者報酬月額算定基礎届」により，次のとおり4月・5月・6月の報酬月額を届け出ます。

⑴　4・5・6月のうち，給与計算の基礎日数が17日（平成17年度までは20日）未満の月があれば，その月は計算の対象から除く。

⑵　被保険者に支払われた報酬のうち，現物で支給されたものは，標準価額などにより通貨に換算し，各月の報酬を計算する。

⑶　対象となる月の報酬の総額を計算し，その月数で割る。

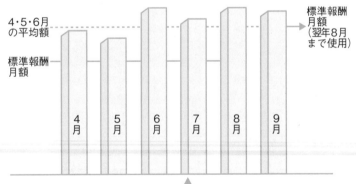

算定基礎届（7月1日～10日）

※平成28年10月から適用拡大の短時間労働者は，給与計算の基礎日数11日未満の月は対象から除く取扱いとなります。随時改定（68頁参照），育児休業等終了時改定等（89頁参照）も同様です。

■届出の対象者

　7月1日現在の被保険者および70歳以上被用者はすべて届出の対象となりますが，次の人は除かれます。

(1)　6月1日以降に資格取得した人（資格取得届で標準報酬月額を決定）

(2)　6月30日以前に退職した人

(3)　7月に標準報酬月額の随時改定が行われる人

(4)　8月または9月に随時改定が予定されている旨の申出を行った人

※(3)・(4)の人の場合，算定基礎届は報酬月額欄を空欄とし，備考欄の「3. 月額変更予定」に〇を付して提出します。

＜7月・8月の退職予定者も届出＞

　その年の7月または8月に被保険者の資格を失う人については，定時決定による9月以降の標準報酬月額は関係ありませんが，算定基礎届の段階ではあくまで予定であり，届出のなかに含めておかなければなりません。

＜5月入社の人は5月・6月分を届出＞

　算定基礎届は，4月・5月・6月の報酬を届け出るものですが，これは現在勤めている事業所での報酬だけを対象としていますので，5月に入社した人は，5月・6月の2ヵ月の報酬を届け出ることになります。また，4月，5月の月の中途に入社した場合でも，現事業所での報酬だけを対象としますので，入社日以降の報酬とその支払の基礎日数を届け出ます。

■報酬月額算定の実際

＜給与計算の基礎日数＞

　給与計算の基礎日数とは，その報酬（給与）支払の基礎となった日数をいいます（以下，支払基礎日数）。日給制の場合は，稼働（出勤）日数が支払基礎日数となります。月給制や週給制の場合は，給料計算の基礎が暦日で，日曜日なども含まれるのがふつうですので，出勤日数に関係なく暦の日数が支払基礎日数となります。ただし，欠勤日数分だけ給料がさし引かれる場合は，就業規則，給与規程等にもとづき事業所が定めた日数から当該欠勤日数を控除した日数が支払基礎日数となります。

　なお，有給休暇は支払基礎日数に含まれます。

〔支払いが１月おくれの場合〕

また，報酬の支払いが１月おくれとなっている場合，つまり３月・４月・５月分の報酬が４月・５月・６月に支払われた場合は，４・５・６月に支払われた報酬により報酬月額を算定し，支払基礎日数の内訳は，３・４・５月の日数とします。

＜17日以上の月で算定＞

平成18年７月から，支払基礎日数は従来の「20日以上」から「17日以上」に変更されています。これにより，平成18年度の算定基礎届からは，４月・５月・６月の３ヵ月のうち，支払基礎日数が17日以上あった月の平均で標準報酬月額を決定することになっています。

同時に，報酬が大幅に変わった場合の月額変更届についても，算定対象月の支払基礎日数はすべて「17日以上」に変更されています。

週休２日制の普及等の実態をふまえた見直しです。

＜一時帰休（レイオフ）による休業手当等の扱い＞

一時帰休（レイオフ）による休業手当等が支給された場合は，その休業手当等を含む３ヵ月で報酬月額を算定します。たとえば，４月，５月に通常の報酬が支払われ，６月に休業手当が支給されたような場合（９月随時改定に該当しない場合）は，４月，５月，６月（休業手当）の報酬にもとづいて，報酬月額を算定します（下図の６）。

ただし，すでに一時帰休が解消され，通常の報酬が支払われている場合は，休業手当等をうけた月を除いて報酬月額を算定します。たとえば，４月に休業手当が支給されたが，５月から一時帰休が解消され，５月，６月とも通常の報酬が支払われた場合は，５・６月の２ヵ月に支払われた報酬にもとづいて，報酬月額を算定します（下図の１）。

●４月～６月に一時帰休による休業手当等が支給された場合の定時決定等の例

	４月	５月	６月	７月	８月	９月	定時決定の 算定対象月	随時改定月
1	●	○	○	☆	○	○	５・６月	
2	●	●	●	☆	○	○	従前等級で決定	
3	●	●	●	★	○	○		７月改定
4	○	●	●	★	○	○	４・５・６月	
5	○	●	●	★	●	○		８月改定
6	○	○	●	★	●	○	４・５・６月	
7	○	○	●	★	●	●		９月改定

○：通常の報酬が支給された月
☆：一時帰休解消
●：一時帰休による休業手当等が支給された月
★：一時帰休未解消

【算定例1】 一般的な例——4月・5月・6月の報酬と平均額を計算し記入

基本給や諸手当の名目とその額はさまざまですが，一般的な例です。

	支払基礎日数	基 本 給	家族手当	住宅手当	通勤手当	残業手当	合　　　計
4月	31日	360,000円	12,600円	8,000円	11,600円	28,500円	420,700円
5月	30日	360,000円	12,600円	8,000円	11,600円	30,500円	422,700円
6月	31日	360,000円	12,600円	8,000円	11,600円	17,300円	409,500円
						総　計	1,252,900円

報酬月額………1,252,900円÷3≒417,633円

標準報酬月額……410千円

※報酬月額の計算上，円未満の端数が出たときは切り捨てた額を記入します。

① 被保険者整理番号	② 被保険者氏名	③ 生年月日	④ 適用年月	⑧ 個人番号［基礎年金番号］ ※70歳以上被用者の場合のみ
20	渡辺　浩輝	5-570918	6　9	

⑤ 従前の標準報酬月額	⑥ 従前改定月	⑦ 昇（降）給	⑨ 遡及支払額	
健 410 厚 410 千円	05　09			1. 70歳以上被用者算定（算定基礎月　月　月）　2. 二以上勤務 3. 月額変更予定　4. 途中入社　5. 病休・育休・休職等 6. 短時間労働者（特定適用事業所等）　7. パート 8. 年間平均　9. その他（　　　　）

給与 支給月	給与計算の 基礎日数	⑪ 通貨によるものの額	⑫ 現物によるものの額	⑬ 合計（⑪+⑫）	総計（一定の基礎日数以上の月のみ）	平均額	修正平均額
4月	31日	420,700円	円	420,700円	1,252,900円		
5月	30日	422,700円	円	422,700円	417,633円		
6月	31日	409,500円	円	409,500円		円	

【算定例2】 支払基礎日数17日未満の月があるとき——その月を除く

たとえば，5月の支払基礎日数が17日未満である場合は，4月と6月だけで報酬月額を算定します。

	支払基礎日数	基 本 給	諸 手 当	合　　　計
4月	31日	213,800円	16,300円	230,100円
5月	15日	106,900円	10,200円	（対象外）
6月	31日	213,800円	16,300円	230,100円
			総　計	460,200円

報酬月額……460,200円（4月分＋6月分）÷2＝230,100円

標準報酬月額……240千円

① 被保険者整理番号	② 被保険者氏名	③ 生年月日	④ 適用年月	⑧ 個人番号［基礎年金番号］ ※70歳以上被用者の場合のみ
32	石渡　三代子	7-120512	6　9	

⑤ 従前の標準報酬月額	⑥ 従前改定月	⑦ 昇（降）給	⑨ 遡及支払額	
健 220 厚 220 千円	05　09			1. 70歳以上被用者算定（算定基礎月　月　月）　2. 二以上勤務 3. 月額変更予定　4. 途中入社　5. 病休・育休・休職等 6. 短時間労働者（特定適用事業所等）　7. パート 8. 年間平均　9. その他（　　　　）

給与 支給月	給与計算の 基礎日数	⑪ 通貨によるものの額	⑫ 現物によるものの額	⑬ 合計（⑪+⑫）	総計（一定の基礎日数以上の月のみ）	平均額	修正平均額
4月	31日	230,100円	円	230,100円	460,200円		
5月	15日	117,100円	円	——	230,100円		
6月	31日	230,100円	円	230,100円		円	

■短時間就労者に係る標準報酬月額の算定（平成18年度から）

短時間就労者（パートタイマー，アルバイト，契約社員，準社員，嘱託社員等の名称を問わず，正規社員より短時間の労働条件で勤務する人）に係る定時決定時の標準報酬月額の算定については，次のいずれかにより行われます。

(1) 4，5，6月の3ヵ月間のうち支払基礎日数が17日以上の月の報酬総額の平均により算定された額により標準報酬月額を決定する。

(2) 4，5，6月の3ヵ月間のうち支払基礎日数がいずれも17日未満の場合は，その3ヵ月のうち支払基礎日数が15日以上17日未満の月の報酬総額の平均により算定された額により標準報酬月額を決定する。

(3) 4，5，6月の3ヵ月間のうち支払基礎日数がいずれも15日未満の場合は，従前の標準報酬月額をもって当該年度の標準報酬月額とする。

なお，短時間就労者に係る随時改定については，継続した3ヵ月のいずれの月も支払基礎日数が17日以上であることが必要です。

●短時間就労者に係る定時決定の算定方法

支払基礎日数	標準報酬月額の決定方法
①3ヵ月とも17日以上ある場合	3ヵ月の報酬月額の平均額により算出
②1ヵ月でも17日以上ある場合	17日以上の月の報酬月額の平均額により算出
③3ヵ月とも15日以上17日未満の場合	3ヵ月の報酬月額の平均額により算出
④1ヵ月または2ヵ月は15日以上17日未満の場合（②の場合を除く）	15日以上17日未満の月の平均額により算出
⑤3ヵ月とも15日未満の場合	従前の標準報酬月額で決定

【短時間就労者算定例A】 3ヵ月とも17日以上──3ヵ月の報酬月額の平均額により算出

支払基礎日数はすべて17日以上なので，4月・5月・6月の平均額で算定します。

【短時間就労者算定例B】 **1ヵ月でも17日以上──17日以上の月の報酬月額の平均額により算出**

6月の支払基礎日数が17日以上なので，6月の報酬月額で算定します。

① 被保険者整理番号	② 被保険者氏名	③ 生年月日	④ 適用年月	⑤ 個人番号［基礎年金番号］※70歳以上被用者の場合のみ	
74	竹内　重郎	5-530719	6 9 月		

| ⑤ 従前の標準報酬月額 | ⑥ 従前改定月 | ⑦昇（降）給 | ⑧遡及支払額 | ⑯備考 | |
| 健 110 千円 厚 110 千円 | 05 09 月 | ⑦昇（降）給 月 | ⑧遡及支払額 月 | 1. 70歳以上被用者算定（算定基礎月：月　月）　2. 二以上勤務
3. 月額変更予定　4. 途中入社　5. 病休・育休・休職等
6. 短時間労働者（特定適用事業所等）　⑦ パート　8. 年間平均　9. その他（ ） | |

⑨給与支給月	給与計算の基礎日数	⑩通貨によるものの額	⑪現物によるものの額	⑫合計（⑩+⑪）	⑬総計（一定の基礎日数以上の月のみ） ⑭平均額 ⑮修正平均額	
4 月	15 日	94,100 円	円	94,100 円	⑬総計 106,700 円	
5 月	15 日	94,100 円	円	94,100 円	⑭平均額 106,700 円	
6 月	17 日	106,700 円	円	106,700 円	⑮修正平均額 円	

【短時間就労者算定例C】 **3ヵ月とも15日以上17日未満──3ヵ月の報酬月額の平均額により算出**

支払基礎日数はすべて15日以上17日未満なので，4月・5月・6月の平均額で算定します。

① 被保険者整理番号	② 被保険者氏名	③ 生年月日	④ 適用年月	⑤ 個人番号［基礎年金番号］※70歳以上被用者の場合のみ	
144	小口　てる代	7-081021	6 9 月		

| ⑤ 従前の標準報酬月額 | ⑥ 従前改定月 | ⑦昇（降）給 | ⑧遡及支払額 | ⑯備考 | |
| 健 088 千円 厚 088 千円 | 05 09 月 | ⑦昇（降）給 月 | ⑧遡及支払額 月 | 1. 70歳以上被用者算定（算定基礎月：月　月）　2. 二以上勤務
3. 月額変更予定　4. 途中入社　5. 病休・育休・休職等
6. 短時間労働者（特定適用事業所等）　⑦ パート　8. 年間平均　9. その他（ ） | |

⑨給与支給月	給与計算の基礎日数	⑩通貨によるものの額	⑪現物によるものの額	⑫合計（⑩+⑪）	⑬総計（一定の基礎日数以上の月のみ） ⑭平均額 ⑮修正平均額	
4 月	16 日	92,000 円	円	92,000 円	⑬総計 270,000 円	
5 月	15 日	86,000 円	円	86,000 円	⑭平均額 90,000 円	
6 月	16 日	92,000 円	円	92,000 円	⑮修正平均額 円	

【短時間就労者算定例D】 **1ヵ月または2ヵ月は15日以上17日未満（Bの場合を除く）──15日以上17日未満の月の平均額により算出**

4月と5月だけで報酬月額を算定します。

① 被保険者整理番号	② 被保険者氏名	③ 生年月日	④ 適用年月	⑤ 個人番号［基礎年金番号］※70歳以上被用者の場合のみ	
201	矢沢　智弘	5-630221	6 9 月		

| ⑤ 従前の標準報酬月額 | ⑥ 従前改定月 | ⑦昇（降）給 | ⑧遡及支払額 | ⑯備考 | |
| 健 098 千円 厚 098 千円 | 05 09 月 | ⑦昇（降）給 月 | ⑧遡及支払額 月 | 1. 70歳以上被用者算定（算定基礎月：月　月）　2. 二以上勤務
3. 月額変更予定　4. 途中入社　5. 病休・育休・休職等
6. 短時間労働者（特定適用事業所等）　⑦ パート　8. 年間平均　9. その他（ ） | |

⑨給与支給月	給与計算の基礎日数	⑩通貨によるものの額	⑪現物によるものの額	⑫合計（⑩+⑪）	⑬総計（一定の基礎日数以上の月のみ） ⑭平均額 ⑮修正平均額	
4 月	16 日	92,000 円	円	92,000 円	⑬総計 184,000 円	
5 月	16 日	92,000 円	円	92,000 円	⑭平均額 92,000 円	
6 月	13 日	74,000 円	円	─ 円	⑮修正平均額 円	

【短時間就労者算定例E】 **3ヵ月とも15日未満──従前の標準報酬月額で決定**

支払基礎日数はすべて15日未満なので，従前の標準報酬月額で決定しま

す。

① 被保険者整理番号		② 被保険者氏名		③ 生年月日		④ 適用年月		⑤ 個人番号【基礎年金番号】 ※70歳以上被用者の場合のみ	
	④ 従前の標準報酬月額		⑥ 従前改定月	⑦ 昇（降）給		⑧ 遡及支払額			
⑨ 給与 支給月	⑩ 給与計算の 基礎日数	報酬月額				⑱ 備考			
		⑪ 通貨によるものの額	⑫ 現物によるものの額	⑬ 合計（⑪+⑫）	⑭ 総計（一定の基礎日数以上の月のみ） ⑮ 平均額 ⑯ 修正平均額				
229		安田 恒子		7-131227		6 年 9 月			
健 078	厚 088	05 年 09 月		⑦昇（降）給 1. 昇給 2. 降給		⑧遡及支払額 月 円		1. 70歳以上被用者算定（算定基礎月： 月 月） 2. 二以上勤務 3. 月額変更予定 4. 途中入社 5. 病休・育休・休職等 6. 短時間労働者（特定適用事業所等） ⑦ パート 8. 年間平均 9. その他（ ）	
4 月	12 日	通貨 73,800 円	円	円					
5 月	13 日	80,000 円	円	円					
6 月	12 日	73,800 円	円	円					

■短時間労働者の定時決定

　短時間労働者（21頁参照）については，4月・5月・6月（いずれも支払基礎日数11日以上）にうけた報酬の総額をその期間の総月数で除して得た額を報酬月額として標準報酬月額を決定します。たとえば，5月の支払基礎日数が11日未満であった場合は，4月と6月の2カ月で算定します。

　また，短時間労働者の要件「賃金の月額が8.8万円以上」には①臨時に支払われる結婚手当等の賃金，②1月をこえる期間ごとに支払われる賞与等の賃金，③時間外や休日，深夜の割増賃金等，④最低賃金法において算入しないことを定める精皆勤手当や家族手当，通勤手当などは算入しません。

　ただし，算定基礎届等の「報酬月額」には労働の対償としてうけるすべてのものを含みますので「賃金の月額」に算入しなかった諸手当等も加えて「報酬月額」を算出します（通常の被保険者の算出方法と同一）。

【短時間労働者算定例1】**支払基礎日数が3カ月とも11日以上の場合—3カ月が対象**

① 被保険者整理番号		② 被保険者氏名		③ 生年月日		④ 適用年月		⑤ 個人番号【基礎年金番号】 ※70歳以上被用者の場合のみ	
	④ 従前の標準報酬月額		⑥ 従前改定月	⑦ 昇（降）給		⑧ 遡及支払額			
⑨ 給与 支給月	⑩ 給与計算の 基礎日数	報酬月額				⑱ 備考			
		⑪ 通貨によるものの額	⑫ 現物によるものの額	⑬ 合計（⑪+⑫）	⑭ 総計（一定の基礎日数以上の月のみ） ⑮ 平均額 ⑯ 修正平均額				
77		三沢 千恵子		5-610921		6 年 9 月			
健 118	厚 118	05 年 09 月		⑦昇（降）給 1. 昇給 2. 降給		⑧遡及支払額 月 円		1. 70歳以上被用者算定（算定基礎月： 月 月） 2. 二以上勤務 3. 月額変更予定 4. 途中入社 5. 病休・育休・休職等 6. 短時間労働者（特定適用事業所等） 7. パート 8. 年間平均 9. その他（ ）	
4 月	11 日	通貨 108,600 円	円	総計 108,600 円	347,400 円				
5 月	12 日	115,800 円	円	115,800 円	平均額 115,800 円				
6 月	13 日	123,000 円	円	123,000 円	修正平均額				

【短時間労働者算定例2】**支払基礎日数に11日未満の月がある場合—支払基礎日数11日以上の月を対象**

①被保険者整理番号	②被保険者氏名	③生年月日	④適用年月	⑥個人番号【基礎年金番号】※70歳以上被用者の場合のみ
⑤従前の標準報酬月額	⑥従前改定月	⑦昇(降)給	⑧遡及支払額	
給与支給月 / 給与計算の基礎日数	⑨報酬月額 ⑩通貨によるものの額 / ⑪現物によるものの額 / ⑫合計(⑩+⑪)	⑬総計(一定の基礎日数以上の月のみ) / ⑭平均額 / ⑮修正平均額		⑯備考

127	牛山　克也	7-040701	6 年 9 月	
健 104 千円 / 厚 104 千円	05 年 09 月	昇(降)給: 昇給 降給	遡及支払額: 円	1. 70歳以上被用者算定 (算定基礎月: 月 月)　2. 二以上勤務
4月 10日 / 通貨 101,400円 / 現物 円 / 合計 — 円	総計 224,400円			3. 月額変更予定　4. 途中入社　5. 病休・育休・休職等
5月 11日 / 通貨 108,600円 / 現物 円 / 合計 108,600円	平均額 112,200円			6. 短時間労働者(特定適用事業所等)　7. パート
6月 12日 / 通貨 115,800円 / 現物 円 / 合計 115,800円	修正平均額 円			8. 年間平均　9. その他( )

【短時間労働者算定例３】短時間労働者である月と短時間労働者でない月が混在している場合—各月の被保険者区分に応じた支払基礎日数で算定対象月を判断

①被保険者整理番号	②被保険者氏名	③生年月日	④適用年月	⑥個人番号【基礎年金番号】※70歳以上被用者の場合のみ
⑤従前の標準報酬月額	⑥従前改定月	⑦昇(降)給	⑧遡及支払額	
給与支給月 / 給与計算の基礎日数	⑨報酬月額 ⑩通貨によるものの額 / ⑪現物によるものの額 / ⑫合計(⑩+⑪)	⑬総計(一定の基礎日数以上の月のみ) / ⑭平均額 / ⑮修正平均額		⑯備考

135	安原　憲雄	7-151121	6 年 9 月	
健 118 千円 / 厚 118 千円	05 年 10 月	昇(降)給: 昇給 降給	遡及支払額: 円	1. 70歳以上被用者算定 (算定基礎月: 月 月)　2. 二以上勤務
4月 11日 / 通貨 108,600円 / 現物 円 / 合計 108,600円	総計 376,200円			3. 月額変更予定　4. 途中入社　5. 病休・育休・休職等
5月 12日 / 通貨 115,800円 / 現物 円 / 合計 115,800円	平均額 125,400円			6. 短時間労働者(特定適用事業所等)　7. パート
6月 17日 / 通貨 151,800円 / 現物 円 / 合計 151,800円	修正平均額 円			8. 年間平均　9. その他(6月　一般)

【短時間労働者算定例４】算定対象となる期間の月の途中に被保険者区分の変更があった場合—報酬の給与計算期間の末日における被保険者区分に応じた支払基礎日数により算定対象月を判断（４月の区分が一般のケース）

①被保険者整理番号	②被保険者氏名	③生年月日	④適用年月	⑥個人番号【基礎年金番号】※70歳以上被用者の場合のみ
⑤従前の標準報酬月額	⑥従前改定月	⑦昇(降)給	⑧遡及支払額	
給与支給月 / 給与計算の基礎日数	⑨報酬月額 ⑩通貨によるものの額 / ⑪現物によるものの額 / ⑫合計(⑩+⑪)	⑬総計(一定の基礎日数以上の月のみ) / ⑭平均額 / ⑮修正平均額		⑯備考

222	坂本　順司	7-140722	6 年 9 月	
健 104 千円 / 厚 104 千円	05 年 09 月	昇(降)給: 昇給 降給	遡及支払額: 円	1. 70歳以上被用者算定 (算定基礎月: 月 月)　2. 二以上勤務
4月 16日 / 通貨 144,600円 / 現物 円 / 合計 — 円	総計 224,400円			3. 月額変更予定　4. 途中入社　5. 病休・育休・休職等
5月 11日 / 通貨 108,600円 / 現物 円 / 合計 108,600円	平均額 112,200円			6. 短時間労働者(特定適用事業所等)　7. パート
6月 12日 / 通貨 115,800円 / 現物 円 / 合計 115,800円	修正平均額 円			8. 年間平均　9. その他(5/1→短時間労働者)

■算定基礎届

(1) 届出用紙は，年金事務所から配付されます。配付された用紙に，すでに健康保険被保険者証の番号，氏名，生年月日，種別，旧月額などが印字されており，これに報酬月額などを記入して届け出ます。

　　したがって，この届出用紙以外のものは使用できません。

⑵　この届書を万一，汚したり，紛失したりした場合の再発行については，
　年金事務所にご相談ください。

＜算定基礎届総括表は廃止（令和３年４月）＞

　従来は，保険者が各事業所の報酬の支払状況や被保険者数などをつかむ
ために，算定基礎届とともに「算定基礎届総括表」を提出することになっ
ていましたが，行政手続のオンライン化，添付書類の省略を進めるため，
令和３年４月から総括表は廃止されています。

■決定通知書がきたとき

　算定基礎届をもとにして，その年の９月１日から，原則として翌年８月
31日までの標準報酬月額がきめられ，その標準報酬月額を記載した「決定
通知書」が保険者から送付されてきます。この標準報酬月額をもとに保険
料や保険給付の額が計算されることになりますから，「決定通知書」がき
たときは，被保険者ひとりひとりに新しい標準報酬月額を通知しなければ
なりません。

■事業主の被保険者への通知様式例

事業主は，厚生労働大臣（日本年金機構）から，次の被保険者資格や標準報酬月額等の決定等の通知があった場合は，その内容をすみやかに被保険者（または被保険者であった人）に通知する必要があります。

(1)　健康保険・厚生年金保険の被保険者資格の取得・喪失（入社・退社等）

(2)　標準報酬月額の決定・改定（資格取得時決定・定時決定，随時改定）

(3)　標準賞与額の決定（賞与支払時）

事業主による通知の方法は任意ですが，明確で確実な通知がもとめられます。このため日本年金機構では，標準報酬月額・標準賞与額等について，次のような「文書での通知様式例」を示しています。

健康保険・厚生年金保険 標準報酬月額及び標準賞与額等の通知書（被保険者用）	氏名		
□ 資格取得時の決定 令和　年　月　日	標 準 報 酬 月 額 （健保）　　　　（厚年）		千円
□ 定　時　決　定 令和　年　月	従前の標準報酬月額 （健保）　（厚年）／決定後の標準報酬月額 （健保）（厚年）		千円
□ 随　時　改　定 令和　年　月	従前の標準報酬月額 （健保）（厚年）／改定後の標準報酬月額 （健保）（厚年）		千円
□ 賞与支払時の決定 令和　年　月　日	標 準 賞 与 額 （健保）　　　　（厚年）		千円
□ 資 格 喪 失 日 令和　年　月　日			

このたび上記チェック項目のとおり、日本年金機構より決定通知されましたのでお知らせします。

※標準報酬月額及び標準賞与額等を決定する時期は…
・資格取得時の決定……資格取得時（入社）し被保険者となった場合
・定　時　決　定……毎年9月（毎年4、5、6月の報酬を基に決定）
・随　時　改　定……報酬が大幅に変動した場合（変動月以後3ヶ月の報酬の平均額が従前の標準報酬月額と比べて2等級以上の差が生じたときに改定）
・賞与支払時の決定……賞与を支払った場合（賞与支払額から1,000円未満の端数を切り捨てて決定）
・資 格 喪 失 日……退職日の翌日

令和　年　月　日　　事 業 所 所 在 地
事 業 所 名 称
事 業 主 氏 名

◇通常の算定方法によらない場合

●次のような場合は，修正平均を算定することになっています。

(1)　ふつうの方法では算定できないとき

①　4月・5月・6月とも支払基礎日数が17日未満のとき

②　病気欠勤でこの3ヵ月に報酬を全くうけないとき

(2)　ふつうの方法で算定するといちじるしく不当な額となるとき

①　4月・5月・6月のいずれかの月に3月以前の給料遅配分の支払いをうけたとき，また，4月・5月・6月のいずれかの月の給料が遅配で7月以降に支払われるとき

②　昇給がさかのぼったため，4月・5月・6月のいずれかの月にその差額をうけたとき

③　4月・5月・6月のいずれか，またはすべての月に低額の休職給またはストライキによる賃金カットがあったとき

④　4月・5月・6月の報酬額がその他の月と比べて著しく変動するとき（平成23年度から）

⑤　給与計算期間の途中で資格取得したため，4月・5月・6月のいずれかに1カ月分の報酬がうけられなかったとき

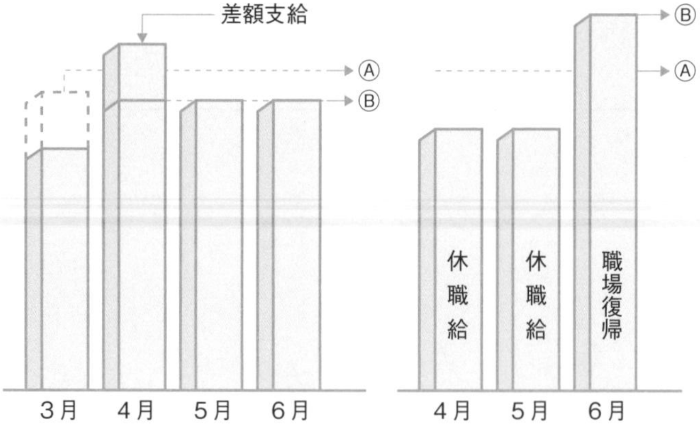

Ⓐは4月・5月・6月の単純平均　　Ⓑは修正平均

■修正平均

　修正平均とは，被保険者が9月以降にうけると予想される額，つまり通常の報酬をうける場合の報酬月額をいいます。

　たとえば，昇給差額が支給された場合は，単純に平均月額を計算すると差額支給分だけ高くなりますので，差額をさし引いた平均月額が修正平均（報酬月額）となります。

　ただし，4月・5月・6月の3ヵ月ともすべて支払基礎日数が17日未満であるとか，3ヵ月ともすべて低額の休職給であるという場合は，9月以降の報酬額を推定できませんので，従来の標準報酬月額をそのまま用います。

【算定例3】 昇給差額が出たとき——差額をさし引いて計算

　差額支給分をさし引いた額の3ヵ月平均が報酬月額となります。たとえば，4月分に3月の昇給差額が20,000円含まれていれば，20,000円をさし引いた額の3ヵ月平均が報酬月額（修正平均）となります。

	支払基礎日数	基本給・諸手当	3月分昇給差額	合　　計
4月	31日	321,300円	20,000円	341,300円
5月	30日	324,300円		324,300円
6月	31日	329,800円		329,800円
			総　　計	995,400円

単純平均……995,400円÷3＝331,800円（標準報酬月額340千円に相当）

修正平均……（995,400円－差額20,000円）÷3≒325,133円（報酬月額）

標準報酬月額……320千円

【算定例4】 休職給・賃金カットをうけたとき——その月を除いて計算

　病気休職などによって通常より低額の休職給をうけている場合は，単純平均を報酬月額とすると不当に低くなりますので，休職給をうけた月を除いて報酬月額を算出します。たとえば，4月が休職給であれば，5月・6月の平均額が報酬月額となります。

　また，ストライキによる賃金カットをうけた場合も，休職給の場合と同じ要領で計算します。

	支払基礎日数	基本給	諸手当	合　　計
4月（休職給）	31日	135,000円	——	135,000円 (6割支給)
5月	30日	225,000円	10,500円	235,500円
6月	31日	225,000円	9,800円	234,800円
			総　　計	605,300円

単純平均……605,300円÷3≒201,766円（標準報酬月額200千円に相当）

修正平均……（5月分235,500円＋6月分234,800円）÷2＝235,150円（報酬月額）

標準報酬月額……240千円

＜2等級差以上の定時決定の取扱いを変更＞

　平成23年度から，業務の性質上，例年4月〜6月の報酬額がその他の月と比べて著しく変動するような場合も，保険者による報酬月額の算定を行うことが可能になっています。具体的には，(1)当年4月〜6月の月平均報酬額から算出した標準報酬月額（通常の定時決定の方法）と，(2)過去1年間（前年7月〜当年6月）の月平均報酬額から算出した標準報酬月額との間に2等級以上の差が生じ，その差が業務の性質上例年発生することが見込まれる場合が対象です。このとき保険者による報酬月額の算定は，(2)の過去1年間の月平均報酬額から算出した報酬月額（等級）によります。

【算定例5】 **4～6月が他の月と著しく変動するとき―年間平均で算定可**

「通常の方法で算出した標準報酬月額」と「年間（前年の7月から当年6月まで）平均で算出した標準報酬月額」の間に2等級以上の差が生じ，その差が業務上例年発生する場合は「年間平均」で算定できます。

このとき，事業主は，当該保険者算定の要件に該当する理由を記載した申立書を提出します（申し立てに関する被保険者の同意書および前年7月から当年6月までの被保険者の報酬額等を記載した書類を添付）。

	基本給	諸手当	合　計
前年7月から当年3月までの各月	245,000円	6,000円	251,000円
4月・5月・6月の各月	245,000円	59,000円	304,000円
	総　計		3,171,000円 （うち4～6月912,000円）

単純平均（通常の方法）……912,000円（4～6月）÷3＝304,000円

修正平均（年間平均）……3,171,000（前年7月～当年6月）÷12＝264,250円

標準報酬月額……260千円

標準報酬月額の定時決定（算定基礎届）

保険者算定申立に係る例年の状況、標準報酬月額の比較及び被保険者の同意等

【申請にあたっての注意事項】
- この用紙は、算定基礎届をお届けいただくにあたって、年間報酬の平均で決定することを申し立てる場合に必ず提出してください。
- この用紙は、定時決定にあたり、4、5、6月の報酬の月平均と年間報酬の月平均に2等級以上差があり、年間報酬の平均で決定することに同意する方のみ記入してください。
- また、被保険者の同意を得ている必要がありますので、同意欄に被保険者の氏名を記入してください。
- なお、標準報酬月額は、年金や傷病手当金など、被保険者が受ける保険給付の額にも影響を及ぼすことにご留意下さい。

事業所整理記号	国分寺たしに	事業所名称	㈱大和ハウジング

被保険者整理番号	被保険者の氏名	生年月日	種別
175	高橋 勝則	平成〇年9月13日	1

【前年7月～当年6月の報酬額等の欄】

算定基礎月の報酬支払基礎日数		通貨によるものの額	現物によるものの額	合計
○ 年 7月	30 日	251,000 円	0 円	251,000 円
○ 年 8月	31 日	251,000 円	0 円	251,000 円
○ 年 9月	31 日	251,000 円	0 円	251,000 円
○ 年 10月	30 日	251,000 円	0 円	251,000 円
○ 年 11月	31 日	251,000 円	0 円	251,000 円
○ 年 12月	31 日	251,000 円	0 円	251,000 円
△ 年 1月	31 日	251,000 円	0 円	251,000 円
△ 年 2月	31 日	251,000 円	0 円	251,000 円
△ 年 3月	28 日	251,000 円	0 円	251,000 円
△ 年 4月	31 日	304,000 円	0 円	304,000 円
△ 年 5月	30 日	304,000 円	0 円	304,000 円
△ 年 6月	31 日	304,000 円	0 円	304,000 円

【標準報酬月額の比較欄】※全て事業主が記載してください。

従前の標準報酬月額	健康保険	厚生年金保険
	260 千円	260 千円

前年7月～本年6月の合計額（※）	前年7月～本年6月の平均額（※）	健康保険		厚生年金保険	
		等級	標準報酬月額	等級	標準報酬月額
3,171,000 円	264,250 円	20	260 千円	17	260 千円

本年4月～6月の合計額（※）	本年4月～6月の平均額（※）	健康保険		厚生年金保険	
		等級	標準報酬月額	等級	標準報酬月額
912,000 円	304,000 円	22	300 千円	19	300 千円

2等級以上（○又は×）	修正平均額（※）	健康保険		厚生年金保険	
		等級	標準報酬月額	等級	標準報酬月額
	264,250 円	20	260 千円	17	260 千円

【標準報酬月額の比較欄】の（※）部分を算出する場合は、以下にご注意ください。
① 支払基礎日数17日未満（短時間労働者は11日未満）の月の報酬額は除く。
② 短時間労働者の場合は、「通常の方法で算出した標準報酬月額」（当年4月～6月）の支払基礎日数を17日以上の月の報酬の平均とした場合には、「年間平均で算出した標準報酬月額」（前年7月～当年6月）も17日以上の月の報酬の平均的する。
　ただし、被保険者区分が短時間労働者で支払基礎日数が17日以上である月があれば、その月も年間平均の算定の対象にする。
　「通常の方法で算出した標準報酬月額」の支払基礎日数が17日以上ないので、15日以上17日未満の月の報酬の平均とした場合には、「年間平均で算出した標準報酬月額」の支払基礎日数が15日以上の月の報酬の平均。
　ただし、被保険者区分が短時間労働者で支払基礎日数が11日以上である月があれば、その月も年間平均の算定の対象とすること。
③ 低額の休職給を受けた月、ストライキによる賃金カットを受けた月及び一時帰休に伴う休業手当等を受けた月を除く。
④ 給与の支払いに遅配がある場合は
　ア　前年6月分以前に支払うべきだった給与の遅配分が前年7月～当年6月までに受けた場合は、その遅配分に当たる報酬の額を除く。
　イ　前年7月～当年6月までに支払うはずの報酬の一部が、当年7月以降に支払われることとなった場合は、その支払いはずだった月を除く。
⑤ この保険者算定の要件に該当する場合は、「修正平均額」には、「前年7月～本年6月の平均額」を記入。
⑥ 上記①～④に該当した場合は、その旨を備考欄に記入。

【被保険者の同意欄】
私は本年の定時決定にあたり、年間報酬額の平均で決定することを希望しますので、当事業所が申立てすることに同意します。

被保険者氏名　高橋　勝則

【備考欄】

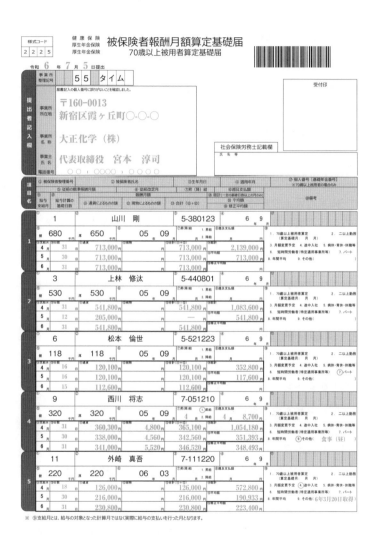

※ ⑨支給月とは、給与の対象となった計算月ではなく実際に給与の支払いを行った月となります。

③ 標準報酬月額の随時改定（月額変更届）

1. 随時改定

　昇給などによって被保険者のうける報酬が大幅にかわったときは，次の定時決定をまたずに標準報酬月額の改定が行われます——随時改定。

2. 随時改定が行われるとき

　次の三つのすべてに該当している人に随時改定が行われます。

(1)　昇（降）給などで固定的賃金に変動があったとき

(2)　固定的賃金の変動月以後ひき続く３ヵ月の報酬の平均月額と現在の標準報酬月額等級との間に２等級以上の差が生じたとき

(3)　３ヵ月とも支払基礎日数が17日（平成18年６月以前の届出については20日）以上あるとき

※育児休業等終了時の改定が平成17年４月から，産前産後休業終了時の改定が平成26年４月から定められています。

3. 月額変更届により届出

　随時改定に該当する人については「被保険者報酬月額変更届」により変動月から３ヵ月の報酬を届け出ます。

　実際に計算する場合は，

(1)　変動月からの３ヵ月，たとえば，４月昇給の場合は，４月，５月，６月の３ヵ月を対象として調べます。

(2)　３ヵ月の報酬月額を算出するときは，固定的賃金だけでなく超勤手当など非固定的賃金も含めます。

　なお，固定給が下がった（上がった）のに超勤手当等が上がった（下がった）ため２等級以上の差が生じたという場合は，随時改定は行われません。

　随時改定に該当すると，その翌月つまり変動月から４ヵ月目に改定が行われます。

〈随時改定〉

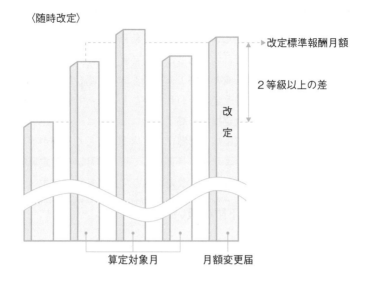

改定標準報酬月額

2等級以上の差

改定

算定対象月　　　　　　　月額変更届

■固定的賃金の変動

　支給額や支給率がきまっているものを固定的賃金といい，その変動には次のようなケースが考えられます。

(1)　昇給（ベースアップ），降給（ベースダウン）

(2)　給与体系の変更（日給から月給への変更など）

(3)　日給や時間給の基礎単価の変更（日当，単価）

(4)　請負給，歩合給などの単価，歩合率の変更

(5)　家族手当，住宅手当，役付手当など固定的な手当が新たについたり，支給額がかわったとき

＜固定的賃金の例示＞

固定的賃金	月給，週給，日給，役付手当，家族手当，住宅手当，勤務地手当，基礎単価，歩合率など	左のような固定的賃金の額に変更があり，3ヵ月の報酬月額で2等級以上の差が生ずれば月額変更届を提出。
非固定的賃金	超勤手当，能率手当，日・宿直手当，皆勤手当，精勤手当など	非固定的賃金も報酬に含めて計算するが，この変動のみでは随時改定は行われない。

＜変動月以後のひき続く３ヵ月＞

変動月の以後のひき続く３ヵ月を算定対象月といい、そのいずれの月も報酬の支払基礎日数が17日以上あることが必要です。そのため、この３ヵ月間に、基礎日数17日未満の月が１ヵ月でもあった場合は、たとえ２等級以上の差ができても随時改定は行われないことになっています。

＜標準報酬月額の特例改定措置を終了＞

新型コロナウイルス感染症の影響による休業で著しく報酬が下がった人の特例（事業主の届出により４ヵ月目からでなく翌月から改定可能）は、令和４年12月までを急減月とする改定をもって終了しています。

■標準報酬の上限・下限の扱い

標準報酬には上限・下限があるため、大幅に報酬がかわっても２等級差ができない場合があります。たとえば、上限より１等級下の人は報酬がど

〔健康保険〕※上限は平成28年４月から変更されています。

現在の標準報酬月額	昇(降)給	報酬月額
49級・1,330,000円の場合	昇　給	1,415,000円以上
1級・58,000円で報酬月額が53,000円未満	昇　給	63,000円以上
50級・1,390,000円で報酬月額が1,415,000円以上	降　給	1,355,000円未満
2級・68,000円の場合	降　給	53,000円未満

〔厚生年金保険〕※上限は令和２年９月から変更されています。

現在の標準報酬月額	昇(降)給	報酬月額
31級・620,000円の場合	昇　給	665,000円以上
1級・88,000円で報酬月額が83,000円未満	昇　給	93,000円以上
32級・650,000円で報酬月額が635,000円以上	降　給	635,000円未満
2級・98,000円の場合	降　給	83,000円未満

んなに上がっても２等級差ができません。そこで前頁の表の左欄に該当する人が，昇給または降給によって，固定的賃金の変動月以後ひき続く３ヵ月の報酬月額が右欄の額に達したときは，随時改定が行われます。

<＜健康保険・厚年の上限該当者の特例＞

　健康保険・厚生年金保険の上限の変更にともない，該当者については保険者が職権で標準報酬月額を改定しています（46頁参照）が，職権改定で標準報酬月額に２等級差が生じないため随時改定の対象とならず，実際にうけている報酬と新たに適用される標準報酬月額に乖離が生じる人に対しては，月額変更届を提出することにより，随時改定が行われています。

■一時帰休のための休業手当等の扱い

　一時帰休のため，通常の報酬より低額の休業手当等をうけるようになった場合は，固定的賃金の変動とみなされ，随時改定の対象となります。この場合，休業手当等が支払われた月以後のひき続く３ヵ月間にうけた休業手当等の平均額を算出して２等級以上の差ができれば，月額変更届を提出します。ただし，一時帰休による場合の随時改定は，その状態がひき続いて３ヵ月をこえる場合に限られています。したがって，休業手当等の支給が３ヵ月以内に限られるときは，２等級以上の差があっても月額変更届の必要はありません。

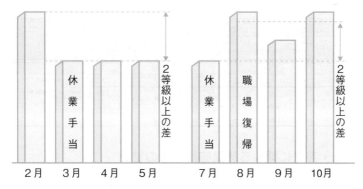

　また，一時帰休のために随時改定が行われた後に，一時帰休の状態が解消して通常の報酬をうけるようになった場合や，新規採用の自宅待機者で低額の休業手当等をうけていた人が，勤務をはじめて通常の報酬をうける

ようになった場合も，解消した月以後の３ヵ月間にうけた報酬の平均額を算出して２等級以上の差ができれば，随時改定が行われます。ただし，病気休職のための休職給については固定的賃金の変動とみなされず，したがって随時改定の対象となりません。

【算定例１】 昇給して２等級以上の差が出たとき

昇給月以後ひき続く３ヵ月間の平均月額で２等級以上の差が出たときに月額変更届を提出しますが，固定的賃金だけでなく，残業手当など非固定的賃金も含めて算出しなければなりません。

(1)従来の標準報酬月額……220千円（健保18級・厚年15級）

(2)昇給の内容……基本給が188,000円のところ４月から208,000円に変更

	基 本 給	住宅手当	通勤手当	残業手当	合　　計
４月	208,000円	9,800円	6,700円	31,800円	256,300円
５月	208,000円	9,800円	6,700円	28,800円	253,300円
６月	208,000円	9,800円	6,700円	21,600円	246,100円
				総　　計	755,700円

報酬月額……755,700円÷３＝251,900円（健保20級・厚年17級相当）→２等級
差が生じる

標準報酬月額……260千円（健保20級・厚年17級）→７月改定

① 被保険者整理番号	② 被保険者氏名		③ 生年月日	④ 改定年月	⑰ 個人番号（基礎年金番号）※70歳以上被用者の場合のみ
⑤ 従前の標準報酬月額	⑥ 従前改定月	⑦ 昇(降)給	⑧ 遡及支払額		
⑨給与支給月	⑩ 給与計算の基礎日数	報酬月額	⑭ 総計		⑱ 備考
	⑪ 通貨によるものの額	⑫ 現物によるものの額	⑬ 合計⑪+⑫	⑮ 平均額 ⑯ 修正平均額	

① 127	② 松倉 広志		③ 5-○○1005	④ 7月	⑰
⑤健 220千円 厚 220千円	⑥ 年 月	⑦昇(降)給 昇給 降給	⑧遡及支払額 円		1. 70歳以上被用者月額変更 2. 二以上勤務 3. 短時間労働者（特定適用事業所等） 4. 昇給・降給の理由（ 基本給の変更 ） 5. 健康保険のみ月額変更 （70歳到達時の契約変更等） 6. その他（ ）
⑨支給月 4 ⑩日数 31	⑪通貨 256,300円 ⑫現物 円	⑬合計 256,300円	⑭総計 755,700		
5 30	253,300	253,300	⑮平均額 251,900		
6 31	246,100	246,100	⑯修正平均額		

■出産・育児に関する休業等終了者の扱い

産前産後休業終了後や育児休業等終了後に短時間勤務などの理由で休業前より低い賃金で働く場合，別に報酬月額変更届を提出することで，保険料負担を軽減する措置が設けられています（詳細は90頁，92頁参照）。

◈ 通常の算定方法によらない場合

● 昇給がさかのぼって発令され，昇給差額が支給された場合は，差額が支給された月を固定的賃金の変動月として，差額支給月とその後の2ヵ月の計3ヵ月で2等級以上の差ができたときに月額変更届を提出します。

この場合，単純に3ヵ月平均を算出すると，差額支給分だけ不当に高くなりますので，差額支給分を除いて報酬月額（修正平均）を算定します。

また，昇給月より前の給料遅払分が，月額変更届の対象月に支給されたような場合も修正平均を算定します。

● 平成30年10月以降，年間の報酬の月平均額との比較により標準報酬月額を算定できるようになっています。

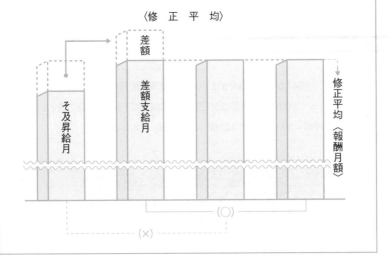

〈修 正 平 均〉

＜単純平均と修正平均＞

　単純平均は，３ヵ月間の報酬合計額を３で割ったものですが，昇給差額が支給されたような場合は，差額支給分だけ単純平均が高くなりますので，差額支給分だけさし引いた平均月額が常態としてうける報酬月額となります。これが修正平均で，都道府県によっては，単純平均と修正平均の両方を算出して届け出ることとなっているところもあります。

【算定例２】　**５月にさかのぼって昇給が発令され，６月にその昇給差額が支給された場合**

⑴従来の標準報酬月額……260千円（健保20級・厚年17級）

⑵昇　　　給…………５月にさかのぼり昇給し，その差額が６月に支給された。

⑶昇給の内容…………基本給260,000円が33,000円上がって293,000円となった。

	基本給・諸手当	５月分昇給差額	合　　計
６月	307,000円	33,000円	340,000円
７月	305,000円		305,000円
８月	302,000円		302,000円
		総　　　計	947,000円

単純平均……947,000円÷３≒315,666円（標準報酬月額320千円に相当）

修正平均……（947,000円−差額33,000円）÷３≒304,666円（これが報酬月額となります）

標準報酬月額＝300千円（健保22級・厚年19級）→本年９月改定

① 被保険者整理番号	② 被保険者氏名	③ 生年月日	④ 改定年月	⑦ 個人番号[基礎年金番号]※70歳以上被用者の場合のみ
⑤ 従前の標準報酬月額	⑥ 従前改定月	⑦ 昇（降）給	⑧ 遡及支払額	
⑨給与支給月 ⑩給与計算の基礎日数	報酬月額 ⑪通貨によるものの額　⑫現物によるものの額　⑬合計(⑪+⑫)	⑭ 総計 ⑮ 平均額 ⑯ 修正平均額	⑱ 備考
91	西村 継男	7-○○0914	○○ 年 9 月	
健 260 千円 厚 260 千円	年 月	1.昇給 2.降給 6 月 33,000	33,000	1. 70歳以上被用者月額変更 2. 二以上勤務 3. 短時間労働者(特定適用事業所等) 4. 昇給・降給の理由（　基本給の変更　） 5. 健康保険のみ月額変更（70歳到達時の契約変更等） 6. その他
6 月 31	通貨 340,000 現物	合計(⑪+⑫) 340,000	総計 947,000	
7 月 30	305,000	305,000	平均額 315,666	
8 月 31	302,000	302,000	修正平均額 304,666	

<年間平均額を用いた随時改定>

定時決定の場合（64頁参照）と同様に，平成30年10月から，随時改定においても年間の報酬の月平均額との比較により保険者による実態に応じた算定が行われています。

具体的には，下記(1)～(4)すべての要件を満たした場合に，被保険者の同意と申立てにより随時改定が行われます。

(1) 現在の標準報酬月額と随時改定の標準報酬月額(Ⓐ)との間に2等級以上の差が生じている

(2) Ⓐと年間平均額の標準報酬月額(Ⓑ)との間に2等級以上の差がある

(3) ⒶとⒷに生じる差が業務の性質上例年発生することが見込まれる

(4) 現在の標準報酬月額とⒷとの間に1等級以上の差がある

【随時改定における年間平均保険者算定イメージ】

■改定通知書がきたとき

月額変更届をもとに，新しい標準報酬月額がきまると，その月額を記載した「標準報酬月額改定通知書」が年金事務所から送付されてきます。この通知書が送付されたときは，該当する被保険者に新しい標準報酬月額を通知しなければなりません。

なお，新しい標準報酬月額は再び改定されることがない限り，改定が6月以前に行われた場合はその年の8月まで，7月以降に行われた場合は翌年の8月まで使われます。

４ 毎月の保険料とその納め方

●健康保険・厚生年金保険の事業は，被保険者と事業主が共同で負担する保険料と国の補助金・負担金で運営されています。

●毎月の保険料は，ひとりひとりについて標準報酬月額に1000分のいくつという下記の保険料率をかけて計算されます。

●協会けんぽ　都道府県別保険料率

　（介護保険第２号被保険者　都道府県別保険料率に1000分の16.0を上乗せ（令和６年３月から））

●厚生年金保険　　　（平成29年８月まで）　（平成29年９月から）

	（平成29年８月まで）	（平成29年９月から）
一般被保険者	1000分の181.82	1000分の183.00
坑内員・船員	1000分の181.84	1000分の183.00
第４種被保険者	1000分の181.82	1000分の183.00

※介護保険の第２号被保険者は健康保険の一般保険料に介護保険料1000分の16.0（令和６年３月から）を上乗せして納めます。なお，一般保険料は基本保険料と特定保険料（1000分の34.2）に区分されています（令和６年度）。

※健康保険・厚生年金保険では，賞与が支給されたとき，被保険者ひとりひとりについて支給された額（標準賞与額）に毎月の保険料と同じ保険料率をかけて保険料を納めます。

※健康保険も厚生年金保険も，保険料は事業主と被保険者が折半で負担しますが，退職後の個人加入の被保険者は全額本人負担です。

※高齢者医療制度への支援金・納付金は，保険料でまかなわれます。

※厚生年金保険の被保険者とその被扶養配偶者は国民年金の被保険者（第２号・第３号）ですが，厚生年金保険でまとめて費用を負担しますので，個別に国民年金の保険料を納める必要はありません。

※厚生年金基金の加入員については，基金の免除保険料率が設定されており，国に納める厚生年金保険の保険料も各基金の免除保険料率に応じてきまっています。

■健康保険の保険料率

協会けんぽの一般保険料率は，平成21年8月までは，旧政管健保の保険料率（1000分の82）が適用されていましたが，平成21年9月から，都道府県別の保険料率に移行しています。

＜協会けんぽの一般保険料率＞

協会けんぽの一般保険料率（都道府県単位保険料率）は，毎事業年度の財政の均衡を保てるよう（平成22年度からは特例），1000分の30から1000分の130の範囲内で協会が決定します。保険料率を変更するときは，都道府県支部長の意見をきいたうえで，協会理事長が運営委員会の議を経て厚生労働大臣の認可をうけます。一般保険料率は平成20年4月から，基本保険料率（医療給付，保健事業に充てるもの）と特定保険料率（後期高齢者支援金，前期高齢納付金，病床転換支援金に充てるもの）の合算となっています。なお，健康保険の保険料率の法定上限は平成28年4月に1000分の120から1000分の130に引き上げられたものです。

＜令和6年3月からの都道府県単位保険料率＞

令和6年3月からの協会けんぽの都道府県単位保険料率は，下表のとおり決定されています。

●都道府県単位保険料率

（単位：1000分の1）

北海道	102.1	東　京	99.8	滋　賀	98.9	香　川	103.3
青　森	94.9	神奈川	100.2	京　都	101.3	愛　媛	100.3
岩　手	96.3	新　潟	93.5	大　阪	103.4	高　知	98.9
宮　城	100.1	富　山	96.2	兵　庫	101.8	福　岡	103.5
秋　田	98.5	石　川	99.4	奈　良	102.2	佐　賀	104.2
山　形	98.4	福　井	100.7	和歌山	100.0	長　崎	101.7
福　島	95.9	山　梨	99.4	鳥　取	96.8	熊　本	103.0
茨　城	96.6	長　野	95.5	島　根	99.2	大　分	102.5
栃　木	97.9	岐　阜	99.1	岡　山	100.2	宮　崎	98.5
群　馬	98.1	静　岡	98.5	広　島	99.5	鹿児島	101.3
埼　玉	97.8	愛　知	100.2	山　口	102.0	沖　縄	95.2
千　葉	97.7	三　重	99.4	徳　島	101.9		

※上表の一般保険料率のうち特定保険料率（後期高齢者支援金，前期高齢者納付金等に充当）は全国一律で1000分の34.2。
※40歳〜64歳の介護保険第2号被保険者は介護保険料率（全国一律で1000分の16.0）を上乗せ。

<＜協会けんぽへの国庫補助＞

国は，運営に必要な事務費をすべて負担します。また，保険給付費，高齢者医療制度の支援金・納付金，介護保険制度の介護納付金に必要な費用について1000分の164〜200の範囲で定める国庫補助率により負担します。ただし，保険給付費については当分の間1000分の130，高齢者医療制度の支援金・納付金・介護納付金については1000分の164となっています。

なお，協会けんぽの財政再建の特例として，平成22年度からは，保険給付費への国庫負担率を1000分の130から本来の1000分の164に引き上げるほか，①単年度収支均衡原則の特例として，準備金の取崩しを可能とする，②後期高齢者支援金について，被用者保険内での負担能力に応じた分担方法（一定部分（平成29年度からは全部）を総報酬割とする）を導入する（276頁参照）という措置がとられています。

＜介護保険第2号被保険者の保険料＞

平成12年4月から40歳以上65歳未満の健康保険の被保険者・被扶養者は介護保険の第2号被保険者として介護保険料を納める対象です（被扶養者の個別の負担はなし）。令和6年3月からの協会けんぽの介護保険料率は1000分の16.0（令和6年2月までは1000分の18.2）で，40歳に達した日（誕生日の前日）の属する月から健康保険の一般保険料に上乗せして納めます。

＜健康保険組合の場合＞

健康保険組合の場合には，一般保険料率は1000分の30から130（平成28年3月までは120）までの範囲内で，その組合の実情に応じてきめることが許されています。事業主と被保険者の負担割合も，やはり組合の実情によっていくらか増減することができます。

また，介護保険第2号被保険者は，一般保険料に介護保険料を上乗せして徴収されますが，介護保険第2号被保険者である被扶養者がいる40歳未満・65歳以上の被保険者からも介護保険料を徴収できるほか，定額の介護保険料（特別介護保険料）を設定することもできます。

＜健康保険組合の財政調整＞

健康保険組合の医療給付に要する費用および拠出金の財政の不均衡を調整するため，健康保険組合連合会は，会員の健康保険組合に交付金を交付します。健康保険組合は，この事業に充てる健保連への拠出金のため，調

整保険料を徴収します。調整保険料の額は，被保険者の標準報酬月額および標準賞与額に政令で定められた調整保険料率を乗じたものです。

■厚生年金保険の保険料率

＜平成16年９月までの保険料＞

厚生年金保険の保険料については従来，個々の被保険者について，将来うける年金額が保険料に見あうようにとの考え方（積立方式）によっていましたが，この方法では保険料が相当高くなるため，実際には段階的に保険料を引き上げ，徐々に積立方式に近づけていく「修正積立方式」により，少なくとも５年に一度の財政再計算にあわせて，保険料率の見直しが行われてきました。

＜平成16年改正の保険料の考え方＞

平成16年の年金改正で，保険料については今後，毎年９月（平成16年度は10月）に1000分の3.54（坑内員・船員については1000分の2.48）ずつ段階的に引き上げ，平成29年９月以降1000分の183で固定する「保険料水準固定方式」がきまりました。なお，基礎年金に対する国庫負担の割合は，平成21年度までに３分の１から２分の１に引き上げることになっていましたが，平成21〜25年度については，臨時財源（財政投融資特別会計の剰余金）や年金特例公債（つなぎ国債）などを活用して国庫負担を２分の１とし，さらに税制の抜本改革により所要の安定財源の確保が図られる平成26年度以降は恒久的に２分の１が維持されることになっています。

＜平成16年10月以降の保険料率＞

上記の考え方にもとづき，平成16年10月から一般保険料率は毎年改定されていましたが，29年９月からは1000分の183となっています（次頁表）。

従来，厚生年金保険の保険料率は，一般被保険者と坑内員・船員とでは異なっていましたが，平成16年の改正で保険料水準固定方式が導入されたことにより，すべての被保険者について最終的には同率の1000分の183となります。また，旧公共企業体共済組合加入事業所のうち日本たばこ産業株式会社（ＪＴ）および旅客鉄道会社等（ＪＲ），農林漁業団体等の加入事業所の保険料率も，一般被保険者の保険料率と同率になります（日本電信電話株式会社の保険料率は一般被保険者と同じ）。

　なお，厚生年金基金の適用事業所の被保険者（基金加入員）は，基金に納める分だけ国（厚生年金保険）に納める保険料が免除されます（免除保険料率の範囲は1000分の24〜50の27段階（1000分の1きざみ））。

●**厚生年金保険の保険料率の段階的引上げ**

（単位・1000分の）

適用年月日	一般	坑内員・船員	ＪＴ	ＪＲ	農林漁業団体
〜平16. 9	135.80	149.60	155.50	156.90	152.20
平16.10〜平17. 8	139.34	152.08	155.50	156.90	147.04
平17. 9〜平18. 8	142.88	154.56	155.50	156.90	150.58
平18. 9〜平19. 8	146.42	157.04	155.50	156.90	154.12
平19. 9〜平20. 8	149.96	159.52	155.50	156.90	157.66
平20. 9〜平21. 8	153.50	162.00	155.50	156.90	153.50※
平21. 9〜平22. 8	157.04	164.48	157.04	157.04	157.04
平22. 9〜平23. 8	160.58	166.96	160.58	160.58	160.58
平23. 9〜平24. 8	164.12	169.44	164.12	164.12	164.12
平24. 9〜平25. 8	167.66	171.92	167.66	167.66	167.66
平25. 9〜平26. 8	171.20	174.40	171.20	171.20	171.20
平26. 9〜平27. 8	174.74	176.88	174.74	174.74	174.74
平27. 9〜平28. 8	178.28	179.36	178.28	178.28	178.28
平28. 9〜平29. 8	181.82	181.84	181.82	181.82	181.82
平29. 9〜	183.00	183.00	183.00	183.00	183.00

※平20.10から153.50，平20.9のみ161.20

■毎月の保険料の納め方

＜保険料は月単位で計算＞

　標準報酬月額に係る保険料は，月単位で計算され，被保険者資格を取得した月は，加入期間が1日でも，1ヵ月分の保険料が徴収されます。被保険者資格を喪失した月（退職または死亡した日の翌日が属する月）は保険料は徴収されません。ただし，同一月に資格を取得・喪失した場合は，その月は1ヵ月分の保険料が徴収されます。

＜保険料の計算と被保険者資格・報酬などの届出＞

　被保険者ひとりひとりの標準報酬月額は，7月に提出する報酬月額算定基礎届によって，その年の9月から翌年8月までの分がきめられ，さらに，昇給などで報酬月額が大幅にかわった場合，月額変更届によってきめなお

されますので，保険料もそれをもとにして計算しなおされます。

　保険料の計算は，このほか，被保険者資格の取得・喪失届などをもとにして保険者等が行い，「保険料納入告知書」が毎月事業所に送られます。

＜事業主の納付義務と給料からの控除＞

　保険料は，事業主が毎月，被保険者負担分と事業主負担分を一括して納付します。事業主は法律によって，保険料の納付義務を負っており，被保険者の当月分の給料から，前月分の保険料（被保険者負担分）を控除してよいことになっています。ただし，被保険者が退職または死亡した場合で当月分の保険料が徴収されるときは，その分も合わせて控除できます。事業主は，被保険者負担分の保険料を控除したときは，控除の計算書をつくり，控除額を被保険者に通知しなければならないことになっています。

　事業主が被保険者の毎月の給料から控除できる保険料は，前月分だけにかぎられていますので，被保険者資格取得届や報酬月額変更届などを出すのが遅れたため，さかのぼって数ヵ月分の保険料を納める場合には，その数ヵ月分の保険料をまとめて控除することはできません。前月分より前の保険料を事業主が納めた場合，被保険者負担分については，事業主と被保険者とが話し合ってその支払方法をきめることになります。

＜納め方と納付期限＞

　保険料の「納入告知書」は，ふつう翌月下旬頃に保険者等（年金事務所または健康保険組合）から事業所に送られてきますから，それに保険料額をそえて，その月の末日までに年金事務所または健康保険組合に納めます。所定の金融機関（ゆうちょ銀行を含む）を経由して納めてもよいことになっています。納入告知書の一部は，領収証書としてもどってきます。

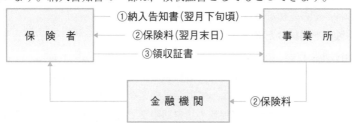

　なお，年金事務所の窓口での現金領収（健康保険料・年金保険料等）は，平成20年５月から原則として廃止されています。

＜オンライン事業所年金情報サービス＞

　令和５年１月から，毎月の保険料等の情報をオンラインで取得できる「オンライン事業所年金情報サービス」が開始されています。これにより，納入告知書等の到着前に毎月の保険料額を確認できるなど，これまでよりも早く各種情報・通知書の受け取り・確認ができます。利用するには，ＧビズＩＤを利用し，e-Govから利用手続きが必要です。

＜口座振替による納付＞

　事業所の取引金融機関の預・貯金口座から自動的に納付する口座振替を希望するときは，年金事務所に用意されている用紙で申し込みます。また，パソコン・スマートフォン・携帯電話を利用したインターネットバンキング等の電子納付も可能です。

　なお，令和６年１月から，口座振替で保険料を納付している場合は，事業主に送付される「保険料納入告知額・領収済額通知書」が電子送付の対象になっています。

＜繰上げ納付などの特例＞

(1)　毎月分の保険料の納付期限は，翌月末日ですが，事業所が廃止されたり，国税・地方税の滞納処分をうけたりして，保険料が徴収できなくなることが予想される場合は，保険料は納期を繰り上げて徴収できます。

(2)　事業主が，「納入告知書」の額よりも多く保険料を納めてしまったり，「納入告知書」の額が本来事業主が納めるべき保険料の額よりも多いことがわかったような場合は，納めた月後６ヵ月間にかかる保険料を繰り上げて納めたものとみなす扱いになっています。いわば，前納で，これは事務簡素化のための扱いですが，事業所を廃止したため将来納めるべき保険料がない場合や，６ヵ月間にかかる保険料にあててもなお余る場合は，その差額を還付してもらうことになります。

＜保険料を滞納した場合＞

　納付期限までに保険料を納めないと，保険者等から期限を指定した督促状により，督促をうけます。その督促状の指定期限がすぎても納めないときは，国税滞納処分の例によって財産差押えなど強制的な徴収が行われることになります。また，督促状の指定期限までに納めないときは，納付期限の翌日から保険料完納または財産差押えの日の前日までの期間について延滞金（令和６年は，納付期限の翌日から３ヵ月を経過する日まで2.4％，その翌日以降8.7％の割合）が課されます。

5 標準賞与額の保険料

● 平成15年度から総報酬制が実施され，賞与が支給されたときは，標準報酬月額の保険料率と同率で賞与に係る保険料を納めます。
● 賞与を支給したとき事業主は，5日以内に，被保険者ごとの賞与額などを記入した賞与支払届を保険者等に提出します。この届出をもとに，賞与に係る保険料が計算され，毎月の保険料と合算され，原則として支給月の翌月に納入告知されます。
● 従来，賞与等支給時に納めていた特別保険料は廃止されています。

■総報酬制の実施（平成15年度から）

　健康保険・厚生年金保険では従来，毎月の給料などに係る保険料のほかに，年3回以下の賞与等については特別保険料を納めることになっていましたが，平成12年の年金改正および14年の健保改正により，平成15年度から総報酬制を導入し，特別保険料は廃止されました。

　総報酬制は，賞与が支給されたとき，被保険者ひとりひとりについて支給された額（標準賞与額）に毎月の保険料と同じ保険料率をかけて保険料を計算・徴収するもので，賃金形態の多様化等に対応して，保険料の賦課基準を月収ベースから年収ベースに切り替えるものです。

＜総報酬制導入の背景＞

　従来の月収ベースの保険料のしくみについては，①月給が多い人ほど年収に占める賞与の比率が大きい傾向があり，同一年収でも，年収に占める賞与の割合の違いにより，保険料負担額に差異が生じている，②年俸制を導入している企業もあり，月給と賞与の区別が不明確になってきている，③年金給付では，標準報酬月額のみを基礎に在職支給停止の額を計算しているため，同一年収の年金受給者でも，年収に占める賞与の割合の違いにより，在職支給停止額に差異が生じている，などの問題点があげられていました。

　総報酬制は，これらの問題点に対応し，事業所間・被保険者間の公平性を維持していくものとして導入されています。

■年3回以下支給の賞与が標準賞与額の対象

　標準賞与額の対象となる賞与とは，賃金，給料，俸給，手当，賞与その他いかなる名称であるかを問わず，労働者が労働の対償としてうけるもののうち，3ヵ月を超える期間ごとにうけるもの（年3回以下支給のもの）で，従来の特別保険料の対象と同じ範囲です。

　通貨でうけるものに限らず，現物でうけるものも含まれ，標準報酬月額と同様にその価額は都道府県ごとに定められます。

　なお，年4回以上支給されるものは標準報酬月額の対象とされるほか，労働の対償とはみなされない結婚祝金などは対象外です。

＜標準賞与額の対象例＞

> 賞与（役員賞与も含む），ボーナス，期末手当，年末手当，夏（冬）期手当，越年手当，勤勉手当，繁忙手当，もち代，年末一時金などの賞与性のもの（年3回以下の支給の場合），その他定期的でなくとも一時的に支給されるもの

■標準賞与額の保険料

　標準賞与額に係る保険料の保険料率は，標準報酬月額に係る保険料率と同じで，協会けんぽは都道府県単位保険料率（介護保険該当者は介護保険料率1000分の16.0をプラス），厚生年金保険が1000分の183です（76頁参照）。賞与（標準賞与額）にこの率をかけて保険料が計算され，事業主と被保険者が折半で負担します。

＜健康保険は年間573万円・厚生年金保険は1回につき150万円が上限＞

　標準賞与額とは，各被保険者の賞与額から千円未満の端数を切り捨てた額ですが，上限が設定されており，健康保険は年間（毎年4月1日から翌年3月31日までの累計額）573万円（平成27年度までは540万円），厚生年金保険は支給1回（同じ月に2回以上支給されたときは合算）につき150万円となっています。なお，転職・転勤等で被保険者期間が継続しない被保険者が健康保険の上限額を超えるときは，「健康保険標準賞与額累計申出書」を提出します。

　標準報酬月額の上限の改定が行われた場合（45頁参照），標準賞与額の上限も政令により改定される場合がありますが，健康保険の上限は平成28年4月に法改正により改定されました。

■賞与支払届の提出

賞与を支給したとき事業主は，支給から5日以内に「被保険者賞与支払届」を保険者等（健康保険組合・厚生年金基金）に提出します。あらかじめ被保険者の氏名などを印字した届書用紙が，登録された賞与支払予定月の前月に事業主に送られますので，支払年月日や賞与額などを記入します。

特別保険料では賞与等の支給総額を届け出ていたのに対し，総報酬制にもとづく賞与支払届では，被保険者個人ごとの賞与額を記入します。

■賞与支払届の記入要領

(1) 「賞与支払年月日」欄には，賞与の支払年月日を記入しますが，欄外（共通）に記入した場合は，支払年月日が同日の被保険者については記入の必要はありません。

(2) 「(通貨)」欄には金銭（通貨）で支払われた賞与額を，「(現物)」欄には食事，住宅，被服など金銭（通貨）以外のもので支払われたものについて都道府県ごとの標準価額により算定した額を，それぞれ記入します。

(3) 「賞与額」欄には，上記(2)の「通貨」と「現物」の合計額から，1,000円未満を切り捨てた額を記入します。

(4)「備考」欄では，70歳以上の被用者に該当する場合は「1」，被保険者が2カ所以上の適用事業所で勤務している場合は「2」，同一月内に2回以上支払われた賞与を合算して届け出る場合は「3」を○で囲みます。

■賞与不支給報告書（令和3年4月から）

賞与の支払いが行われなかった場合，従来は「賞与支払届総括表」で不支給を届け出ることになっていましたが，令和3年4月から総括表は廃止され，「賞与不支給報告書」で不支給を届け出ることになっています。登録されている賞与支払予定月に変更がある場合も，報告書に変更後の賞与支払予定月を記載します。

なお，賞与支払予定月に報告書の提出がない場合，後日，提出勧奨のお知らせが送付されます。

■保険料の納付

賞与支払届により被保険者ごとの標準賞与額に係る保険料が算定されますが，通常は翌月の納入告知書により，その月の標準報酬月額に係る保険料に合算されて請求されますので，あわせて月末までに納入します。

ただし，育児休業等の期間が1ヵ月を超えないため徴収される賞与に係る保険料（89頁参照）のうち，育児休業等終了日の翌日が育児休業等開始日の属する月の翌月になる場合については，当該ケースを反映した保険料計算を行うことに時間を要するため，翌月分の保険料と合わせて告知（保険料計算）されます。

なお，事業主は，被保険者が負担すべき標準賞与額に係る保険料に相当する額を賞与支払時に被保険者の賞与から控除できます。

＜資格取得月・資格喪失月の賞与の取扱い＞

標準報酬月額に係る保険料と同様に，資格取得した月（資格取得日以降）に支給された賞与は保険料賦課の対象となりますが，資格喪失月の賞与は対象となりません。資格取得と同月に資格喪失があった場合は，資格取得日から資格喪失日の前日までに支払われたものであれば対象となります。

＜介護保険料，産前産後休業・育児休業等期間の取扱い＞

介護保険料を納める期間（40歳到達月から65歳到達月の前月まで）に支払われた賞与については，健康保険料の対象である場合には，あわせて介護保険料も徴収されます。ただし，産前産後休業・育児休業等の期間については，申出により，毎月の保険料と同様に賞与の保険料も徴収されません。

■法第3条第2項被保険者の賞与に係る保険料

法第3条第2項の規定による被保険者（日雇特例被保険者）に賞与を支払ったときにも一般の被保険者と同様に保険料を納めます（賞与額は1,000円未満の端数は切り捨て，40万円が上限）。賞与支払届の提出も必要ですが，法第3条第2項被保険者の賞与額等を集計して届け出ますので，届書も一般被保険者の場合とは異なります。

標準賞与額の保険料

<table>
<tr><td colspan="2">様式コード
2 2 6 6</td><td>健康保険
厚生年金保険　賞与不支給報告書</td></tr>
</table>

令和○○ 年 7 月 5 日 提出

<table>
<tr><td rowspan="5">提出者記入欄</td><td>事業所
整理記号</td><td>○○</td><td>ハ キ ア</td><td>事業所
番　号</td><td></td></tr>
<tr><td>事業所
所在地</td><td colspan="4">〒116-○○○○
東京都荒川区○○1-2-3</td></tr>
<tr><td>事業所
名　称</td><td colspan="4">㈱ 橋本交通</td></tr>
<tr><td>事業主
氏　名</td><td colspan="4">橋本 ○ ○</td></tr>
<tr><td>電話番号</td><td colspan="4">○○ （ ○○○○ ） ○○○○</td></tr>
</table>

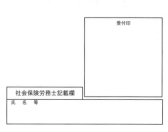

受付印

社会保険労務士記載欄
氏 名 等

・この報告書は、賞与支払予定月に賞与の支給がなかった場合に提出してください。
　（賞与支払予定月に報告書の提出がない場合、後日、提出勧奨のお知らせが送付されます。）

<table>
<tr><td rowspan="3">賞与支払情報</td><td>賞与支払予定年月</td><td>9. 令和</td><td>年</td><td>月</td></tr>
<tr><td>①</td><td>賞与支払年月</td><td>9. 令和</td><td>年
○○</td><td>月
0 7</td></tr>
<tr><td>②</td><td>支給の状況</td><td colspan="2">1. 不支給</td></tr>
</table>

・従前の賞与支払予定月を変更する場合は以下③も記入してください。

<table>
<tr><td rowspan="2">変更</td><td>③</td><td>賞与支払予定月の
変更</td><td>月</td><td>月</td><td>月</td><td>賞与支払予定月
変更前</td><td>月</td><td>月</td><td>月</td></tr>
</table>

6 育児休業等期間中の保険料・標準報酬月額

●育児・介護休業法等にもとづく育児休業等をとっている被保険者については，申出により，保険料は徴収されません。
●育児休業等終了日に３歳未満の子を養育している被保険者については，申出により，標準報酬月額の改定が行われます。

■申出により保険料は徴収しない

　育児・介護休業法等にもとづき，労働者は事業主に申し出て育児休業等をとることができます。この育児休業等期間中の健康保険・厚生年金保険の毎月の保険料・賞与の保険料については，被保険者負担分・事業主負担分とも，事業主の申出により徴収されません。

　育児休業等とは，次の期間をいいます。

(1)　１歳未満の子（両親とも育児休業を取得する場合は１歳２ヵ月未満の子）を養育するための育児休業

(2)　特別な事情（保育所待機等）がある場合の２歳（平成29年９月まで１歳６ヵ月）までの子を養育するための育児休業

(3)　１歳以上３歳未満の子を養育するための育児休業に準ずる休業

　従来は，月末時点で育児休業等をしている場合に当月分の保険料が徴収されませんでしたが，令和４年10月からは，月末時点で復職している場合でも，通算２週間以上の育児休業等をしていればその月の保険料は徴収されません。賞与の保険料は，１ヵ月を超える育児休業等をしている場合に限り徴収されません。

　なお，保険料を徴収されない期間についても，健康保険・厚生年金保険の被保険者の資格に変更はなく，育児休業等取得直前の標準報酬月額が保険給付に用いられます。

＜育児休業等取得者申出書の提出＞

　育児休業等取得者の申出は，事業主が保険者等に「育児休業等取得者申出書」を上記(1)～(3)の期間ごとに提出して行います。保険料を徴収されない期間は，申出書記載の育児休業等開始日の属する月から，申出書記載の

育児休業等終了予定日の翌日が属する月の前月までです。育児休業等終了
予定日の前に育児休業等を終了した場合は，「育児休業等取得者終了届」
を提出します。

※産前産後休業期間（92頁参照）についても，保険料が徴収されない対象
　となっています（平成26年4月から実施）。

■育児休業等を終了した場合の標準報酬月額の改定

　育児休業等終了日に3歳未満の子を養育している被保険者は，育児休業
等終了後に報酬がかわった場合には，随時改定に該当しなくても，事業主
を経由して申し出ることで標準報酬月額の改定が行われます（育児休業等
終了時改定）。育児休業等終了直後の期間は休業前の標準報酬月額がその
まま用いられますが，育児休業等終了時改定により，実際の報酬に応じた
標準報酬月額（保険料負担）となります。

<終了予定日から3ヵ月平均で改定>

　育児休業等終了時改定では，育児休業等終了日の翌日が属する月以後
3ヵ月間にうけた報酬の平均額にもとづき，その翌月から新しい標準報酬
月額がきめられます。

　たとえば，①6月10日に育児休業等を終了した場合は，6月・7月・8
月の報酬月額の平均額により9月からの標準報酬月額がきめられ，②6月
30日に育児休業等を終了した場合は，7月・8月・9月の報酬月額の平均
額により10月からの標準報酬月額がきめられます。

　なお，3ヵ月間のうちに支払基礎日数が17日未満の月がある場合には，
その月を除いた平均額にもとづき改定が行われます。

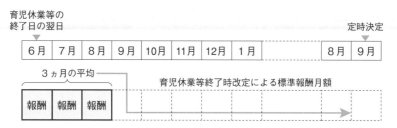

※産前産後休業（92頁参照）を終了した場合の標準報酬月額の改定につい

ても，同様に扱われます（平成26年４月から実施）。

<事業主経由で届を提出>

育児休業等終了時改定の申出は，被保険者が事業主を経由して保険者等に「育児休業等終了時報酬月額変更届」を提出することにより行います。

なお，育児休業等終了時改定できめられた標準報酬月額は，改定が１月～６月に行われた場合はその年の８月まで，７月～12月に行われた場合は翌年の８月まで使用されます。

【算定例】 **５月14日に育児休業等を終了した場合**

(1)休業直前の標準報酬月額……300千円（健保22級・厚年19級）

(2)降給の内容……勤務時間短縮により基本給が260,000円に低下

	支払基礎日数	基 本 給	諸 手 当	合　　計
５月	１日	13,000円	0円	0円
６月	31日	260,000円	26,000円	286,000円
７月	30日	260,000円	26,000円	286,000円
			総　計	572,000円

報酬月額……572,000円（６月分＋７月分）÷２＝286,000円

標準報酬月額……280千円（健保21級・厚年18級）→８月改定

■養育期間の従前標準報酬月額みなし措置

３歳未満の子を養育する期間中の各月の標準報酬月額が，養育開始月の前月の標準報酬月額（従前標準報酬月額）を下回る場合には，従前の標準報酬月額を用いて厚生年金保険の年金額を計算する特例が設けられています。特例をうけるには，被保険者が事業主を通して（退職している人は直接）保険者等に「厚生年金保険養育期間標準報酬月額特例申出書」を提出します。これにより，養育期間の年金給付面での不利はなくなります。

■介護休業期間中の保険料

育児・介護休業法による介護休業期間についても，育児休業等期間と同様に被保険者資格は存続し，標準報酬月額は休業前のものが用いられます。

なお，介護休業については，終了した際の標準報酬月額の改定や従前標準報酬月額みなし措置はありません。また，介護休業期間中も保険料は被保険者負担分・事業主負担分とも徴収されます。

■産前産後休業期間の保険料の免除（平成26年4月から）

平成26年4月30日以降に産前産後休業が終了となる被保険者（平成26年4月分以降の保険料）から，産前産後休業期間（産前42日（多胎妊娠の場合は98日），産後56日のうち妊娠または出産を理由として労務に従事しなかった期間）について，健康保険・厚生年金保険の保険料は，事業主からの届出により被保険者分・事業主分とも徴収されなくなりました。

＜事業主経由で申出・変更（終了）を届出＞

被保険者から産前産後休業取得の申出があったとき事業主は「産前産後休業取得者申出書」を産前産後休業期間中に提出します。保険料の徴収が免除される期間は，産前産後休業開始月から終了予定日の翌日の月の前月（産前産後休業終了日が月の末日の場合は産前産後休業終了月）までです。免除期間中も被保険者資格に変更はなく，将来，年金額を計算する際は保険料を納めた期間として扱われます。

また，被保険者が産前産後休業期間を変更したときや産前産後休業終了予定日の前日までに産前産後休業を終了したときは，事業主は速やかに「産前産後休業取得者変更（終了）届」で届け出ます。

なお，育児休業等の保険料免除期間と産前産後休業の保険料免除期間が重複する場合は，産前産後休業期間中の保険料免除が優先されます。

＜産前産後休業を終了した際の標準報酬の改定＞

産前産後休業終了後に報酬が下がった場合は，休業終了後3カ月間の報酬額をもとに，その翌月から標準報酬月額が改定されます。事業主は被保険者の申出をうけて「産前産後休業終了時報酬月額変更届」を提出します。

なお，産前産後休業終了日の翌日に引き続いて育児休業等を開始した場合は，対象となりません。

＜産前産後休業を開始したときの標準報酬月額特例措置の終了＞

3歳未満の子の養育期間に係る標準報酬月額の特例措置（年金額の計算時に，下回る前の標準報酬月額を養育期間中の標準報酬月額とみなす）は，産前産後休業期間中の保険料免除を開始したときに終了となります。このとき，「養育期間標準報酬月額特例終了届」の提出は不要です。

様式コード
2 7 3

健 康 保 険
厚生年金保険

**産前産後休業取得者
申出書/変更(終了)届**

新規申出の場合は共通記載欄に必要項目を記入してください。

変更・終了の場合は、共通記載欄に産前産後休業取得時に提出いただいた内容を記入のうえ、A変更・B終了の必要項目を記入してください。

共通記載欄（取得申出）

被保険者整理番号	6390	個人番号[基礎年金番号]	9 8 7 6 5 4 3 2 1 0 9 8

| 被保険者氏名 | (フリガナ)スギオカ 杉岡 ○○ | 被保険者生年月日 | 5.昭和 7.平成 9.令和 ○○ 0 8 2 1 |

| 出産予定年月日 | 9.令和 ○○ 0 6 1 1 | 出産種別 | 0. 単胎 1.多胎 | ※出産予定の子の人数が2人(双子)以上の場合は「1.多胎」を○で囲んでください。 |

| 産前産後休業開始年月日 | 9.令和 ○○ 0 5 0 1 | 産前産後休業終了予定年月日 | 9.令和 ○○ 0 8 0 6 |

⑩は、この申出書を出産後に提出する場合のみ記入してください。

| 出産年月日 | 9.令和 ○○ 0 6 1 1 |

| 備考 | |

出産(予定)日・産前産後休業終了(予定)日を変更する場合 ※必ず共通記載欄も記入してください。

A. 変更

| 変更後の出産(予定)年月日 | 9.令和 | 変更後の出産種別 | 0. 単胎 1.多胎 | ※出産予定の子の人数が2人(双子)以上の場合は「1.多胎」を○で囲んでください。 |

| 産前産後休業開始年月日 | 9.令和 | 産前産後休業終了予定年月日 | 9.令和 |

予定より早く産前産後休業を終了した場合 ※必ず共通記載欄も記入してください。

B. 終了

| 産前産後休業終了年月日 | 9.令和 ○○ 0 7 3 1 |

様式コード
2 2 6 3

健 康 保 険
厚生年金保険

**育児休業等取得者
申出書(新規・延長)/終了届**

新規申出の場合は共通記載欄に必要項目を記入してください。

延長・終了の場合は、共通記載欄に育児休業取得時に提出いただいた内容を記入のうえ、A延長 B終了の必要項目を記入してください。

≪「⑨育児休業等開始年月日」と「⑪育児休業等終了(予定)年月日の翌日」が同月内の場合≫

・共通記載欄の⑫育児休業等取得日数欄と⑬就業予定日数欄を必ず記入してください。
・同月内に複数回の育児休業を取得した場合は、⑨育児休業等開始年月日欄に、初回の育児休業開始年月日を記入し、⑪育児休業等終了予定年月日欄に、最終回の育児休業等終了予定年月日を記入のうえ、C.育児休等取得内訳を記入してください。

共通記載欄（新規申出）

| 被保険者整理番号 | 9 | 個人番号[基礎年金番号] | 4 5 6 7 8 9 0 1 2 3 4 5 |

| 被保険者氏名 | (フリガナ)テラハラ 寺原 □□ | 被保険者生年月日 | 5.昭和 7.平成 9.令和 ○○ 1 1 0 9 | 被保険者性別 | 1.男 2.女 |

| 養育する子の氏名 | (フリガナ)テラハラ 寺原 ○○ | 養育する子の生年月日 | 9.令和 ○○ 0 5 1 7 |

| 区分 | 1.実子 2.その他 ※「2.その他」の場合は、⑤育児開始年月日(実子以外)も記入してください。 | 育児開始年月日(実子以外) | 9.令和 |

| 育児休業等開始年月日 | 9.令和 ○○ 0 7 1 3 | 育児休業等終了(予定)年月日 | 9.令和 ○○ 0 3 3 1 |

| 育児休業等取得日数 | | 就業予定日数 | | パパママ育休プラス該当区分 □ 該当 | 備考 |

終了予定日を延長する場合 ※必ず共通記載欄も記入してください。

A. 延長

| 育児休業等終了(予定)年月日(変更後) | 9.令和 | | ※延長後の「⑪育児休業終了(予定)年月日の翌日」が⑨育児休業開始年月日と同月内の場合は、⑫変更後の育児休業等取得日数欄も記入してください。 | 変更後の育児休業等取得日数 | 日 |

予定より早く育児休業を終了した場合 ※必ず共通記載欄も記入してください。

B. 終了

| 育児休業等終了年月日 | 9.令和 ○○ 0 2 1 5 | | ※「⑪育児休業等終了年月日の翌日」が⑨育児休業等開始年月日と同月内の場合は、⑫変更後の育児休業等取得日数欄も記入してください。 | 変更後の育児休業等取得日数 | 日 |

「育児休業等開始年月日」と「育児休業等終了(予定)年月日の翌日」が同月内、かつ複数回育児休業等を取得する場合 ※必ず共通記載欄も記入してください。

C. 育児休等取得内訳

1	育児休業等開始年月日	9.令和	育児休業等終了(予定)年月日	9.令和	育児休業等取得日数	就業予定日数
2	育児休業等開始年月日	9.令和	育児休業等終了(予定)年月日	9.令和	育児休業等取得日数	就業予定日数
3	育児休業等開始年月日	9.令和	育児休業等終了(予定)年月日	9.令和	育児休業等取得日数	就業予定日数
4	育児休業等開始年月日	9.令和	育児休業等終了(予定)年月日	9.令和	育児休業等取得日数	就業予定日数

産前産後休業終了時報酬月額変更届

様式コード				健康保険 厚生年金保険	**産前産後休業終了時報酬月額変更届**
2	2	2	3	厚生年金保険	70歳以上被用者産前産後休業終了時報酬月額相当額変更届

申出者欄

☑ 産前産後休業を終了した際の標準報酬月額の改定について申出します。
（健康保険法施行規則第38条の3及び厚生年金保険法施行規則第10条の2）
※必ず□に✓を付してください。　　　　　　　　　　　令和○○年 2 月 5 日

日本年金機構理事長あて

住所　東京都府中市○○1-2-3

氏名　沢田 ○○　　　　　　　　　　　電話 ○○○（○○○）○○○○

被保険者欄

被保険者整理番号	885	②個人番号[基礎年金番号]	6 1 2 3 4 5 7 8 9 0 9 8			
③被保険者氏名	(フリガナ) サワダ 沢田 ○○	④被保険者生年月日	5.昭和 7.平成 9.令和 ○○ 0619			
⑤子の氏名	(フリガナ) サワダ 沢田 □□	⑥子の生年月日	9.令和 ○○ 0905	⑦産前産後休業終了年月日 9.令和 ○○ 1031		

	支給月	⑧給与計算の基礎日数	⑨通貨	⑩現物	⑪合計		総計	4 8 0 0 0 0
給与支給月及び報酬月額	11 月		0 円	0 円	— 円			
	12 月	30 日	240,000 円	0 円	240,000 円		平均額	2 4 0 0 0 0
	1 月	31 日	240,000 円	0 円	240,000 円			

⑫従前標準報酬月額	260千円 260千円	⑬昇給 降給	⑭昇給 1.昇給 2.降給 月	⑮遡及支払額 月 遡及支払額 円	⑯改定年月 ○○ 年 2 月
⑰締切日 支払日 末日 10日	⑱備考	該当する項目を○で囲んでください。 1. 70歳以上被用者　2. 二以上勤務被保険者　3. 短時間労働者　4. パート　5. その他（　） (特定適用事業所等)			

月変該当の確認	産前産後休業を終了した日の翌日に引き続いて、育児休業等を開始していませんか。	該当する場合は✓してください。 ☑ 開始していません	※ 産前産後休業を終了した日の翌日に引き続いて育児休業等を開始した場合は、この申出はできません。

育児休業等終了時報酬月額変更届

様式コード				健康保険 厚生年金保険	**育児休業等終了時報酬月額変更届**
2	2	2	2	厚生年金保険	70歳以上被用者育児休業等終了時報酬月額相当額変更届

申出者欄

☑ 育児休業等を終了した際の標準報酬月額の改定について申出します。
（健康保険法施行規則第38条の2及び厚生年金保険法施行規則第10条）
※必ず□に✓を付してください。　　　　　　　　　　　令和○○年 5 月 30 日

日本年金機構理事長あて

住所　東京都小平市○○1-2-3

氏名　寺原 □□　　　　　　　　　　　電話 ○○○（○○○）○○○○

被保険者欄

被保険者整理番号	9	②個人番号[基礎年金番号]	4 5 6 7 8 9 0 1 2 3 4 5			
③被保険者氏名	(フリガナ) テラハラ 寺原 □□	④被保険者生年月日	5.昭和 7.平成 9.令和 ○○ 1109			
⑤子の氏名	(フリガナ) テラハラ 寺原 □□	⑥子の生年月日	7.平成 9.令和 ○○ 0517	⑦育児休業等終了年月日 9.令和 ○○ 0215		

	支給月	⑧給与計算の基礎日数	⑨通貨	⑩現物	⑪合計		総計	5 2 6 4 0 0
給与支給月及び報酬月額	2 月	0 日	0 円	0 円	— 円			
	3 月	28 日	263,200 円	0 円	263,200 円		平均額	2 6 3 2 0 0
	4 月	31 日	263,200 円	0 円	263,200 円			

⑫従前標準報酬月額	280千円 280千円	⑬昇給 降給	⑭昇給 1.昇給 2.降給 月	⑮遡及支払額 月 遡及支払額 円	⑯改定年月 ○○ 年 5 月
⑰締切日 支払日 15日 30日	⑱備考	該当する項目を○で囲んでください。 1. 70歳以上被用者　2. 二以上勤務被保険者　3. 短時間労働者　4. パート　5. その他（　） (特定適用事業所等)			

月変該当の確認	育児休業等を終了した日の翌日に引き続いて、産前産後休業を開始していませんか。	該当する場合は✓してください。 ☑ 開始していません	※ 育児休業等を終了した日の翌日に引き続いて産前産後休業を開始した場合は、この申出はできません。

様式コード	厚生年金保険	養育期間標準報酬月額特例
2 2 6 7		申出書・終了届

令和○○年 4 月 25日提出

提出者記入欄

事業所整理記号	○○一コカニ

届書記入の個人番号に誤りがないことを確認しました。

事業所所在地	〒 166 - ○○○○ 東京都杉並区○○1-2-3
事業所名称	株式会社 此花トレーディング商事
事業主氏名	代表取締役社長 稲葉 ○○
電話番号	○○（○○○○）○○○○

受付印

社会保険労務士記載欄

氏 名 等

申出者欄

この申出書(届書)記載のとおり申出(届出)します。 日本年金機構理事長あて

令和○○年 4 月 25 日

住所 東京都小平市○○1-2-3

氏名 寺原 □□

電話 ○○○（○○○）○○○○

共通記載欄に加え、申出の場合は A.申出 、終了の場合は B.終了 の欄にも必要事項を記入してください。
また、上部の申出者欄に記入してください。

共通記載欄

① 被保険者整理番号	9	② 被保険者個人番号[基礎年金番号]	4 5 6 7 8 9 0 1 2 3 4 5

③ 被保険者氏名	(フリガナ) テラハラ (氏) 寺原 (名)	④ 被保険者生年月日	5.昭和 7.平成 9.令和 年○○ 月11 日09	被保険者性別 1.男 2.女

⑤ 養育する子の氏名	(フリガナ) テラハラ (氏) 寺原 (名)	⑥ 養育する子の生年月日	7.平成 9.令和 年○○ 月05 日17

養育する子の個人番号	5 4 3 2 1 0 9 8 7 6 5 4

養育特例の申出をする場合

A.申出

⑦ 過去の申出の確認	⑥の子について、初めて養育特例の申出をします。	1.はい 2.いいえ	⑧ 事業所の確認	現在勤務されている事業所と、⑥の子を養育し始めた月の前月に勤務していた事業所は同じ事業所ですか。	1.はい 2.いいえ

⑨ 該当月に勤務していた事業所	⑧で2.いいえを選択された方 ⑥の子を養育し始めた月の前月に勤務していた事業所を記入してください。 (勤務していなかった場合は、過去1年以内の直近の月に勤務していた事業所を記入してください)	事業所所在地(船舶所有者住所)	〒
		事業所名称(船舶所有者氏名)	

⑬ 養育開始年月日	7.平成 9.令和 年○○ 月05 日17	⑭ 養育特例開始年月日	7.平成 9.令和 年○○ 月02 日16	⑮ 備考

養育特例を終了する場合

B.終了

養育特例開始年月日	7.平成 9.令和 年 月 日	養育特例終了年月日	7.平成 9.令和 年 月 日	備考

○ 養育期間標準報酬月額特例とは

　子どもの3歳誕生日のある月の前月までの養育期間中に標準報酬月額が低下した場合、養育期間中の報酬の低下が将来の年金額に影響しないよう、その子どもを養育する前の標準報酬月額に基づき年金額を受け取ることができる仕組みです。具体的には被保険者の申出に基づき、より高い従前の標準報酬月額をその期間の標準報酬月額とみなして年金額を計算します。従前の標準報酬月額は養育開始月の前月の標準報酬月額を指しますが、養育開始月の前月に厚生年金保険の被保険者でない場合には、その月前1年以内の直近の被保険者であった月の標準報酬月額が従前の報酬月額とみなされます。その月前1年以内に被保険者期間がない場合は、みなし措置は受けられません。

（対象期間 ： 3歳未満の子の養育開始月 ～ 養育する子の3歳誕生日のある月の前月）

※ 特例措置の申出は、勤務している事業所ごとに提出してください。
　また、既に退職している場合は事業所の確認を受けずに、本人から直接提出することができます。

4 被保険者の資格喪失

1 被保険者資格の喪失

1．資格喪失の日

被保険者の資格は下記(1)～(7)の翌日 ((6)(7)は当日) に失います。

(1) 適用事業所の業務に使用されなくなった日

(2) 死亡した日

(3) 雇用形態が変わり，適用除外になった日

(4) 事業所が廃止になった日

(5) 任意適用事業所が任意脱退を認可された日

(6) 厚生年金保険については70歳に達した日 (＝誕生日の前日)

(7) 健康保険については後期高齢者医療の被保険者になった日

※社会保障協定により相手国法令の適用をうける場合も，被保険者資格を喪失します。

2．5日以内に被保険者資格喪失届

資格喪失は，条件がそろえば自動的に行われますが，保険者等の確認をうけなければその効力が生じないので，事業主は，5日以内に，「被保険者資格喪失届」を提出しなければなりません。提出先は，健康保険の分は年金事務所または健康保険組合，厚生年金保険の分は年金事務所となっています。（厚生年金保険の被保険者である船員については10日以内に提出。）

被保険者資格喪失届 ◄ 健康保険被保険者証

退職

5日目

被 保 険 者

喪失

■資格喪失届の添付書類

被扶養者用を含めた家族全員の健康保険の被保険者証（および高齢受給者証）をそえます。そえられないときは，回収不能届などをそえます。また，死亡した場合は，被保険者証を埋葬料（費）請求書にそえます。

■資格喪失の日

被保険者資格を喪失する日は，事実上の使用関係がなくなった日の翌日のことで，休職の場合，給料の支払いをうけているときは被保険者のままですが，名目は休職でも，長期間給料の支払いがとめられ，将来ともそこで働く見込みがないというようなときは，資格を喪失することになります。

また，一つの企業内で本店Ａから支店Ｂへ転勤したようなとき，それぞれが別の適用事業所である場合は，Ａで被保険者資格を喪失し，Ｂで新しく資格を取得することになります。このような場合は，通常，被保険者資格を喪失した日に資格を取得することになり，被保険者期間は継続します。

＜退職後再雇用された人の取扱い＞

雇用契約上いったん退職しひき続き嘱託等として再雇用された場合は，事実上の使用関係が継続しており被保険者資格も原則的に継続します。ただし，退職後継続再雇用（１日の空白もなく同じ会社に再雇用される）の場合はいったん使用関係が中断したとみなし，資格喪失届・資格取得届を提出することで再雇用後の給与にもとづき標準報酬月額が決定されます。

この取扱いは，従来は特別支給（60歳台前半）の老齢厚生年金受給権者の定年後再雇用が対象でしたが，平成22年9月からは定年制の有無や定年退職かどうかにかかわらず対象とされ，さらに平成25年4月からの老齢厚生年金（報酬比例部分）の支給開始年齢引上げにともない，60歳以降に退職後継続して再雇用される者に適用されるようになっています。

＜後期高齢者医療の被保険者＞

高齢者医療制度の実施（平成20年4月）にともない，健康保険の被保険者・被扶養者は75歳の誕生日に後期高齢者医療の被保険者となり，同日，健康保険の資格を喪失します。このとき，年金事務所から事業主に情報がプリントされた資格喪失届（被扶養者異動届）が送付されますので，内容を確認し，必要事項を記入のうえ返送します（被保険者証を添付）。

■資格喪失届の記入要領

(1)「④個人番号（基礎年金番号）欄」：本人確認を行ったうえで，個人番号を記入します。基礎年金番号を記入する場合は，基礎年金番号通知書等に記載されている10桁の番号を左詰めで記します。

(2)「⑤喪失年月日欄」：下表を参照し喪失年月日を記します。

退職等による資格喪失	退職日の翌日・転勤の当日・雇用契約変更の当日
死亡による資格喪失	死亡日の翌日
75歳到達による健康保険の資格喪失	誕生日の当日
障害認定による健康保険の資格喪失	認定日の当日
社会保障協定による資格喪失	協定発効の当日・相手国法令の適用となった日の翌日

(3)「⑥喪失（不該当）原因欄」：下表を参照し該当する番号を〇で囲みます。退職・死亡の場合は，その当日の年月日を（ ）内に記入します。

4. 退職等	退職した場合，雇用契約の変更等により被保険者の適用対象外となった場合，退職後に継続して再雇用した場合
5. 死亡	死亡した場合
7. 75歳到達	75歳に到達したことで後期高齢者医療に該当し，健康保険の被保険者資格を喪失する場合
9. 障害認定	65歳以上75歳未満の方で，障害認定により後期高齢者医療に該当し，健康保険の被保険者資格を喪失する場合
11. 社会保障協定	社会保障協定により，相手国法令の適用を受け，被保険者資格を喪失する場合

(4)「⑦備考欄」：「1．二以上事業所勤務者の喪失」は，2カ所以上の適用事業所で勤務している被保険者が喪失する場合に〇で囲みます。60歳以上の者で，退職した者が1日の空白もなく引き続き再雇用された場合，「2．退職後の継続再雇用者の喪失」を〇で囲み，この届書とあわせて『被保険者資格取得届』を提出します。転勤により資格喪失する場合は，「3．その他」を〇で囲み，（ ）内に「〇〇年〇〇月〇〇日転勤」と記入します。「保険証回収」欄は，回収した枚数を「添付」，回収できなかった枚数を「返不能」に記入します。なお，返不能の場合は，『被保険者証回収不能届』を提出します。

(5)「⑧70歳不該当欄」：70歳以上の方で資格喪失理由が退職，死亡である

場合は，「□70歳以上被用者不該当」にチェックを入れます。また，「不該当年月日」に退職または死亡した当日の年月日を記入します。在職中に70歳に到達された方の厚生年金保険被保険者資格喪失届は，この用紙ではなく『70歳到達届』を提出します（29頁参照）。

■任意適用事業所が脱退する場合

「任意適用取消申請書」に，被保険者の４分の３以上が脱退に同意したという「同意書」をそえて，保険者等（年金事務所・健康保険組合）に提出します。申請にたいして認可の通知のあったときは，「被保険者資格喪失届」に，健康保険の被保険者証をそえて提出します。

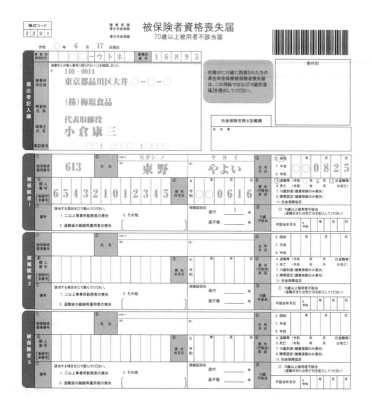

2 退職後の健康保険任意加入

1．2ヵ月以上の加入期間が要件

　退職すると自動的に健康保険の被保険者の資格を失いますが，被保険者期間が2ヵ月以上あった場合には，ひき続き2年間は，個人で被保険者になることができます。これを健康保険の任意継続被保険者といいます。

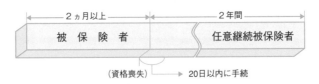

※任意継続被保険者は，一般の被保険者とほぼ同様の保険給付がうけられますが，平成19年4月から，出産手当金・傷病手当金の支給は廃止されています。

※後期高齢者医療の被保険者となった場合は，2年を経過していなくても任意継続被保険者の資格を喪失します。

2．協会けんぽは協会けんぽに，健保組合は健保組合に加入

　在職中に協会けんぽに加入していた場合は退職後も協会けんぽに，在職中健康保険組合に加入していた場合は退職後もひき続きその健康保険組合に加入することになっています。

3．資格取得

　「健康保険任意継続被保険者資格取得申出書」を，資格喪失日から20日以内に，保険者（住所地の全国健康保険協会都道府県支部または所属していた健康保険組合）に提出します。任意継続被保険者になることが認められると，被保険者証が交付されます。

■任意継続被保険者と一般被保険者の違い

任意継続被保険者は，次の点でふつうの被保険者と違います。

(1)　標準報酬月額は，退職時の標準報酬月額か，その人の属している保険グループの標準報酬月額の平均額（協会けんぽに加入している人は協会けんぽの標準報酬月額の平均額（令和6年度は300,000円），健康保険組合に加入している人はその健康保険組合の標準報酬月額の平均額）のうちいずれか低い方の額になります。ただし，令和4年1月から，健康保険組合では，退職時の標準報酬月額が健康保険組合の標準報酬月額の平均額を超える場合は，規約により，退職時の標準報酬月額とすることができることになっています。

(2)　保険料は，全額が自己負担となります。介護保険の第2号被保険者は介護保険料を含めた合算額を納めることになり，健康保険の一般保険料だけを納めるといった一部納付は認められていません。

(3)　任意継続被保険者となれるのは2年間で，2年をすぎるとその翌日に資格を失い，さらにくり返すことはできません。なお，令和4年1月から，被保険者からの申出で資格喪失が可能となっています。

(4)　正当な理由がなく，初回の保険料を保険者が指定した納付期日までに納めなかった場合は，任意継続被保険者とならなかったとみなされます。また，毎月の保険料を納付期限までに納めないと，その翌日に資格を失います。任意継続被保険者の保険料の納付期限は，その月の10日となっており，その日までに納めないと11日に資格を失いますが，天災地変とか交通機関のストライキなどにより期間内に納められないことにつき正当な事由があると認められるときは，被保険者の資格を失いません。

　　また，一定期間（原則として半年または1年間）の保険料を一括前納（前納期間に応じて割引）することもでき，前納した場合は，前納期間の各月の初日にその月の保険料が納められたものとみなされます。

(5)　任意継続被保険者にたいしては，保険料の納入告知書は送られませんから，納付書によって納付します。また，全国健康保険協会都道府県支部に申出書を提出すれば，口座振替をすることもできます。

■保険料の前納制度

　任意継続被保険者の保険料前納は，原則として４月から９月までまたは10月から翌年３月までの６ヵ月間，あるいは４月から翌年３月までの12ヵ月間を単位として，前納期間の最初の月の前月末日までに納めますが，納付単位である６ヵ月または12ヵ月の途中で任意継続被保険者になったときは，その翌月分から納付期間単位の末月分までを納めることができます。

　たとえば，４月に任意継続被保険者になった場合は，５月分から９月分までの５ヵ月分（図Ａ）または翌年３月までの11ヵ月分（図Ｂ）を前納することができます。

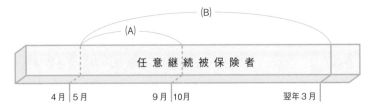

<前納期間中に保険料率が変更になったとき等>

　前納保険料は，直近の月から順に充当されますので，途中で料率の変更があった場合は，前納期間の最後の方に過不足が生じます。不足する場合は不足分を納めますが，余った分については次の期間に充当されます。前納期間を残したまま任意継続被保険者の資格を失ったときは，本人の請求によりその分の保険料の払いもどしをうけることができます。

<特定受給資格者等である任意継続被保険者の前納の取扱い>

　平成22年４月から，雇用保険の特定受給資格者・特定理由離職者（527頁参照）の国民健康保険料（税）を軽減する制度（離職の翌日からその翌年度までの間，前年給与所得を100分の30として算定）が開始されています。このため，保険料を前納した後に軽減制度を知った任意継続被保険者については，保険者に申し出れば，保険料の前納が初めからなかったものとして取り扱われ，前納保険料の還付が行われます。

■資格喪失など

　前頁の(3)〜(4)により，または死亡して資格を失ったときは，５日以内に被保険者証を保険者に返納します。

　また，氏名，住所がかわったときは，５日以内にその旨を届け出ます。

■退職者医療制度は廃止

　健康保険の被保険者が定年退職すると，その多くが国民健康保険の被保険者になりますが，そのうち厚生年金保険など被用者年金の老齢（退職）年金をうけられるような人は，国民健康保険において退職被保険者として退職者医療をうけることができました（平成20年4月に廃止。平成26年度までの65歳未満退職者を対象に経過的に存続）。

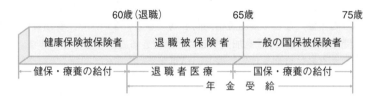

■健康保険組合の特例退職被保険者

　一定の要件に該当するものとして厚生労働大臣の認可をうけた健康保険組合（特定健康保険組合）の退職者で任意継続被保険者以外の人は，申請によりそれが受理された日からその組合の特例退職被保険者となることができます。特例退職被保険者については，次の取扱いが定められています。

⑴　給付は，一般被保険者に準じてうけられますが，傷病手当金は支給されません。また，医療給付をうけた場合の一部負担金は，医療費の3割および入院時の食事・生活療養の標準負担額となります。

⑵　本人の標準報酬月額は，その組合の前年度9月の特例退職被保険者以外の全被保険者の標準報酬月額の平均額の範囲内で定められます。

⑶　保険料は，本人の標準報酬月額にその組合の保険料率をかけて算出され，その全額（介護保険の第2号被保険者は介護保険料もあわせて）を本人が負担します。当月分の保険料はその月の10日までに納めますが，前納（前納期間に応じて割引）することもできます。

　なお，任意継続被保険者と同様に，特例退職被保険者についても平成18年10月から，保険料を期日までに納付しなかったときは資格喪失することになっています。

③ 資格喪失後の年金制度への加入

1. 高齢任意加入被保険者

　厚生年金保険では，70歳（平成14年3月までは65歳）に達すると被保険者の資格を喪失します。

　ただし，70歳以上になっても老齢年金（老齢厚生年金または老齢基礎年金）などの受給資格期間を満たしていない人は，受給資格期間を満たすまで，任意加入することができることになっています。これを高齢任意加入被保険者といいます。

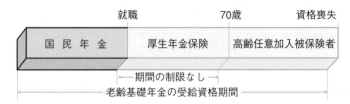

※厚生年金保険の加入期間の延長に伴い，適用事業所に使用される65歳以上70歳未満の人は，平成14年4月に改めて被保険者資格を取得しています。

2. 第4種被保険者

　厚生年金保険の老齢（厚生）年金の資格期間を満たせないまま被保険者資格を喪失する人については，昭和16年4月1日以前生まれで条件を満たした場合に限り，退職後も，個人で加入を続けられる第4種被保険者制度があります（経過的に存続している制度ですが，実質的に終了しています）。

■高齢任意加入被保険者

高齢任意加入被保険者の資格は，年金事務所に資格取得の申出をして，申出が受理された日に取得し，老齢基礎年金等の受給権が発生するまで任意加入できます。受給権が発生すると自動的に資格を失います。

ただし，ある月分の保険料を滞納して督促状に指定された期限までに納めなかったときは，その月の末日に被保険者の資格を喪失します。

なお，適用事業所以外の事業所に使用される人は，年金事務所に申請して，認可されれば高齢任意単独加入被保険者になることができます。

保険料は，原則として，本人が自分の責任で全額負担しますが，事業主が同意すれば，事業主が保険料の半額を負担し，一般の被保険者と同様に本人の半額負担分を給料から控除して納めることができます。

＜資格取得の手続＞

加入しようとするときは，「高齢任意加入被保険者資格取得申出・申請書」に，①年金手帳または基礎年金番号通知書，②履歴書，③戸籍抄本または住民票の写し，④共済組合の期間がある場合は年金加入期間確認通知書（共済用），⑤事業主が保険料の半額の負担・納付に同意している場合は同意を証する書類，⑥適用事業所以外に使用されている人は資格取得の申請についての事業主の同意を証する書類をそえて，勤務先の事業所を管轄する年金事務所に提出します。

■第4種被保険者

次の要件にすべて該当する人が，第4種被保険者として退職後も個人で厚生年金保険に加入できましたが，実質的に終了しています。

(1) 被保険者期間が20年または中高齢者の特例による老齢厚生年金の受給資格期間15年を満たす前に退職していること。

(2) 10年以上の被保険者期間があること。

(3) 昭和16年4月1日以前に生まれていること。

(4) 昭和61年4月1日に厚生年金保険の被保険者であること。

(5) 昭和61年4月から退職するまでのすべての期間，厚生年金保険または共済組合に加入していること。

◈ その他の基礎的な手続

1 被保険者に関すること

(1) 被保険者の氏名がかわった場合

「被保険者氏名変更届」に，健康保険の被保険者証をそえて，できるだけはやく保険者等に提出します（個人番号と基礎年金番号が紐付いている人は省略できます）。

(2) 被保険者が2以上の事業所に使用される場合

「二以上事業所勤務届」を保険者等に提出します。

この場合，保険者（一全国健康保険協会都道府県支部を一保険者として扱います。）が二つ以上あるときは，「所属選択届」を，10日以内に，選択しようとする保険者等〔事務センター（令和2年1月までは年金事務所）または健康保険組合〕に提出します。

(3) 健康保険被保険者が刑務所や留置場に留置されたり，戻ってきた場合

「健康保険法第118条第1項該当（不該当）届」を，5日以内に保険者等に提出します。上記に該当している期間については，本人に対して保険給付が行われず，保険料も徴収されないことになっています。

(4) 65歳以上75歳未満の人が障害者に該当（不該当）したとき

65歳以上75歳未満の被保険者・被扶養者が，後期高齢者医療広域連合から障害認定をうけたときは，後期高齢者医療の被保険者となるため，保険者に資格喪失届または被扶養者異動届を提出します。

また，障害認定基準に該当しなくなったときや，障害認定の申請を撤回したときは，健康保険の被保険者・被扶養者となるため，資格取得届または被扶養者異動届を提出します。

2 事業主に関すること

以上のように，健康保険，厚生年金保険への加入，被保険者証・年金手帳の再交付・かきかえ，保険料の納入などの手続は，すべて事業主を通じて行われます。このため，①事業主がかわった場合，②事業主の氏名や事業所の名称がかわった場合，③事業主の行う事務につき代理人を選任または解任した場合，④事業主が移転した場合などは，保険者等に届け出ます。

なお，事業所が扱う健康保険・厚生年金保険関係の書類（被保険者資格や保険料の算定・納入など）は，2年以上保管することになっています。

健康保険　被保険者氏名変更（訂正）届
厚生年金保険

様式コード
2 2 0 7
届書コード
2 0 7

事業センター長　所長　副事業センター長・副所長　課長　グループ長　担当者

① 事業所整理記号　あ　はい

② 被保険者整理番号　18

③ 個人番号（または基礎年金番号）　4 3 2 1 0 9 8 7 6 5 4 3

④ 生年月日　昭和 5・平成 7・令和 9　年 0 1 0 月 0 4 日 0 9

⑤ 被保険者の氏名（変更後）
（フリガナ）ヨネクラ　○○
（氏）米倉　（名）○○

⑦ 変更前の氏名
（氏）鈴木　（名）○○

⑥ 健康保険被保険者証不要　※要・不要　0・1

令和 ○○ 年 8 月 5 日　提出

届書記入の個人番号に誤りがないことを確認しました。

事業所所在地　〒192-○○○○
東京都八王子市○○1-2-3

事業所名称　株式会社ミドリ商会

事業主氏名　代表取締役社長　藤田　○○

電話　（　○○○　）　○○○　（　○○○○　）

⑧ 備考

受付日付印

社会保険労務士記載欄
氏名等

◎ 裏面の記入方法をご参照のうえ、記入してください。
◎ 「※」印欄は記入しないでください。

107

◈ 国民年金への加入と第３号被保険者の手続

■国民年金の被保険者は３種類

　厚生年金保険の加入者およびその配偶者も，国民年金の被保険者となり，国民年金は全国民共通の給付として基礎年金を支給することになっています。

●このため，厚生年金保険の被保険者は同時に国民年金の第２号被保険者，その被扶養配偶者は国民年金の第３号被保険者です。

●第３号被保険者には，健康保険など被用者保険の被扶養配偶者(31頁参照) がなりますが，平成14年４月から，第３号被保険者に該当したときは配偶者が使用される事業主経由で年金事務所に届出を行います（従来は本人が市町村に届出）。また，第３号被保険者が第１号被保険者となったとき，第３号被保険者の配偶者が加入している年金制度がかわったときなどは，そのつど届出が必要です。

第１号被保険者	農業，自営業者，無職，学生など日本国内に住んでいる20歳以上60歳未満の人（被用者年金の老齢年金給付をうけている人は任意加入）
第２号被保険者	厚生年金保険の加入者本人（65歳以上で老齢基礎年金等の受給権者を除く）
第３号被保険者	厚生年金保険の加入者（第２号被保険者）の被扶養配偶者で20歳以上60歳未満の人 ※令和２年４月から原則として国内居住が要件

＜65歳以上70歳未満の厚生年金被保険者と被扶養配偶者の扱い＞

　厚生年金保険の加入年齢の上限は70歳未満であるため，65歳以上70歳未満の人も厚生年金保険の被保険者となりますが，老齢基礎年金等の受給権者であれば国民年金の第２号被保険者とはなりません。したがって，その被扶養配偶者は，20歳以上60歳未満であっても国民年金の第３号被保険者には該当せず，第１号被保険者として国民年金に加入します。

■国民年金の第3号被保険者の届出

国民年金の第3号被保険者の届出は，配偶者である第2号被保険者（健康保険の被保険者）が使用される事業主を経由して，届書を年金事務所に提出するという方法で行います。

「国民年金第3号被保険者関係届」は，「健康保険被扶養者（異動）届」と一体化された届書となっています。事業主は，第2号被保険者からの届出をうけて内容を確認し，年金事務所に提出します。このとき，必要に応じて被扶養配偶者であることを確認できる書類などを提出します。

＜事業主経由の届出が必要なとき＞

健康保険の被保険者（国民年金の第2号被保険者）の，被扶養者である配偶者について，次の場合に届出が必要となります。

(1)第3号に該当した場合（資格取得・種別変更・種別確認）

　　①入社等により国民年金の第2号被保険者（健康保険の被保険者）となった人に，被扶養配偶者がいる場合

　　②第2号被保険者が結婚し，配偶者が被扶養配偶者となる場合

　　③被扶養配偶者が20歳になった場合

　　④配偶者が，収入の減少などで被扶養配偶者になった場合

(2)第3号被保険者が，①国民年金の任意加入対象者該当，②死亡により，第3号に該当しなくなった場合（資格喪失・死亡）

(3)第3号被保険者について，①氏名変更があった場合，②氏名，生年月日，種別の訂正がある場合，③住所変更の場合（届書は別）

　また，平成26年12月からは第3号被保険者が，①収入が基準額以上となり扶養から外れた場合，②離婚した場合は，「被扶養配偶者非該当届」を提出します。ただし，協会けんぽ適用事業所の第2号被保険者の被扶養配偶者は届出不要です。

　なお，第3号被保険者に該当しなくなった配偶者が，①国民年金の第1号被保険者となる場合は配偶者自身が市町村に届出を行い，

②就職等により第２号被保険者となる場合は，その就職先の事業主等が届出を行います（第３号被保険者についての，事業主を経由した届出は不要です）。

＜第３号被保険者の未届期間の特例届出＞

第３号被保険者の期間は，届出を行うことで国民年金の保険料納付済期間となります。届出が遅れた場合は２年前までさかのぼって保険料納付済期間となりますが，平成16年の年金改正で，平成17年４月からは，特例により２年を超えた期間についてもさかのぼって保険料納付済期間に算入されることになりました。

⑴　平成17年３月以前の未届期間がある場合は，届出により保険料納付済期間となります。すでに年金をうけている場合には，届出日の属する月の翌月分から年金額が改定されます。

⑵　平成17年４月以降についても，届出が遅れたことについてやむを得ない事由がある場合には，２年を超えた期間も保険料納付済期間に算入されます。

この特例届出は，第３号被保険者または第３号被保険者だった人が「国民年金第３号被保険者届」と「国民年金第３号被保険者特例措置該当期間登録届書」に，年金手帳または年金証書をそえて，住所地の年金事務所に提出することで行われます。なお，平成17年４月以降の期間について特例届出を行う場合には，「遅延理由書」の添付も必要となります。

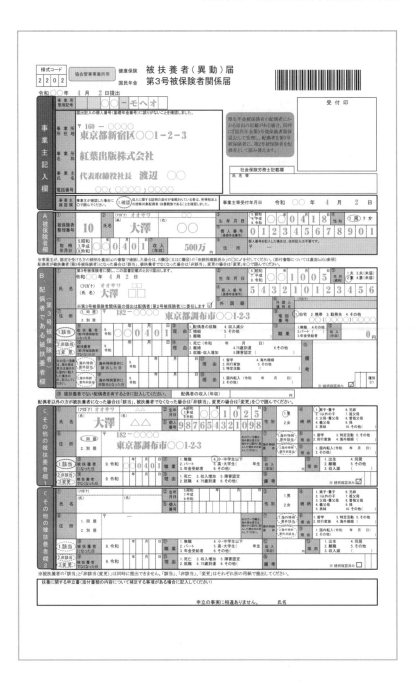

国民年金への加入と第３号被保険者の手続

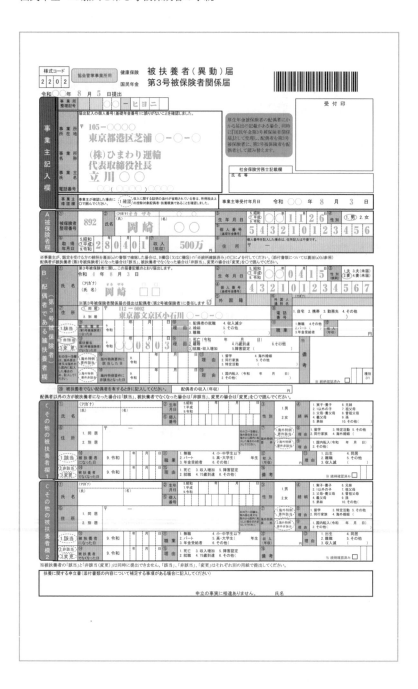

112

■被保険者の資格を得るとき

国民年金の被保険者の資格は，次のいずれかに該当するようになった日に取得します。

(1)　20歳に達したとき

(2)　日本国内に住所を有するようになったとき

(3)　適用除外の扱いをうけていた人が，そうでなくなったとき

なお，20歳未満の人または60歳以上の人が，厚生年金保険の被保険者または共済組合の組合員になったときは，その日に，国民年金の被保険者の資格を取得します。

また，20歳以上60歳未満でも適用除外の扱いをうけている人が，厚生年金保険の被保険者（第2号被保険者）の被扶養配偶者になったときは，その日から国民年金の被保険者になります。

＜第1号被保険者の資格取得の届出＞

第1号被保険者に該当した場合は，14日以内に，住所地の市区役所・町村役場に「国民年金被保険者資格取得届（申出）書・種別変更（第1号被保険者）届書」を提出しなければなりません。

学生の資格取得届の提出先は，実際に住んでいる場所が住民票地と異なる場合でも，住民票地の市区町村役場となっています。この場合，本人が直接，届出を行うほかに，親などの代理人による届出もできます。

■任意加入被保険者

国民年金の適用から除外されている人のうち，次に該当する人は，+本人の希望によって国民年金に任意加入することができます。

(1)　日本国内に住所を有する20歳以上60歳未満の人であって，老齢（退職）年金受給権者など適用除外の扱いをうけている人

(2)　日本国内に住所を有する60歳以上65歳未満の人

(3)　日本国籍があって外国に居住している20歳以上65歳未満の人

　任意加入被保険者の資格は，市区町村の窓口で申し出た日に取得し，さらに申し出れば，いつでも資格を喪失することができます。

<高齢任意加入の特例>

　国民年金の強制加入期間は60歳に達するまでですが，老齢基礎年金の資格期間を満たすことができない場合は，前頁(2)のように65歳になるまで任意加入することができます。

　また，それでも資格期間を満たすことができない人のために，65歳以上70歳未満の間についても特例で任意加入することができます（高齢任意加入）。対象者の年齢は当初，昭和30年4月1日以前生まれの人でしたが，平成16年の年金改正で適用の範囲が拡大され，昭和30年4月2日から昭和40年4月1日までに生まれた人も対象者とされています。

　なお，高齢任意加入は老齢基礎年金の資格期間を満たしていない人に限られるほか，60歳以上65歳未満の任意加入とちがって老齢基礎年金の資格期間を満たすことになった段階で任意加入をやめることととなります。

■基礎年金の費用と保険料

　基礎年金の給付に要する費用は，国民年金の保険料・被用者年金制度からの拠出金および国庫負担金でまかなわれます。

　自営業者など第1号被保険者は，個別に保険料を負担します。

　厚生労働大臣（国），各共済組合等の厚生年金保険の実施機関（303頁参照）は，その加入者（第2号被保険者）およびその被扶養配偶者（第3号被保険者）の数に応じた拠出金を負担します。

　国庫負担として，基礎年金給付費の2分の1相当額が繰り入れられます。

<保険料の額>

　国民年金の第1号被保険者が納める保険料の額は，右表のように法定額に毎年度改定される「保険料改定率」を乗じて得た額を10円

で四捨五入された額とされ，令和6年度は月額16,980円，令和7年度は月額17,510円です。

　この法定額は，平成17年度から毎年度引き上げられてきましたが，平成31（令和元）年度以後は17,000円のまま引上げが行われず，保険料改定率の改定によって保険料額が決められます。

保険料を納付する月分	保 険 料 額
平成17年4月分～平成18年3月分	13,580円×保険料改定率
平成18年4月分～平成19年3月分	13,860円×保険料改定率
平成19年4月分～平成20年3月分	14,140円×保険料改定率
平成20年4月分～平成21年3月分	14,420円×保険料改定率
平成21年4月分～平成22年3月分	14,700円×保険料改定率
平成22年4月分～平成23年3月分	14,980円×保険料改定率
平成23年4月分～平成24年3月分	15,260円×保険料改定率
平成24年4月分～平成25年3月分	15,540円×保険料改定率
平成25年4月分～平成26年3月分	15,820円×保険料改定率
平成26年4月分～平成27年3月分	16,100円×保険料改定率
平成27年4月分～平成28年3月分	16,380円×保険料改定率
平成28年4月分～平成29年3月分	16,660円×保険料改定率
平成29年4月分～平成31年3月分	16,900円×保険料改定率
平成31年4月分以後	17,000円×保険料改定率

※保険料改定率は，毎年度，その年度の前年度の保険料改定率に物価変動率および実質賃金変動率を乗じて得た率を基準として改定されます（令和6年度の保険料改定率は「0.999」，令和7年度は「1.030」となっています）。

　なお，付加保険料（1月400円）を納めることができるのは第1号被保険者だけ（国民年金基金加入員を除く）となっています。

■保険料の納め方

　国民年金の第1号被保険者には，毎年度，日本年金機構から納付書が送られてきます。第1号被保険者は，納付書に通知されている各月分の保険料の額，納期限，納付場所などを確認して，納付書で保険料を納めます。

　保険料の納付方法には，(1)納付書を使用した①金融機関，郵便局，コンビニ，電子納付（ＡＴＭ，インターネットバンキング，テレフォンバンキング，スマートフォン決済）での納付，②Pay-easy（ペイジー）での画面入力による納付，③口座振替（被保険者の預貯金口座からの自動引き落とし），④クレジットカードでの支払い，(2)納付書によらないねんきんネットからの納付があります。

＜保険料の前納＞

　1年単位または6ヵ月単位で保険料を前納できるしくみに加えて，平成26年度からは2年前納ができるようになっています（口座振替に加え，29年度からは現金・クレジットカード納付も可）。前納保険料は，前納期間に応じて割引された額となります。また，口座振替についても，1年単位・6ヵ月単位の前納，月々の振替の場合でも，早期に納付することで割引が適用されます。なお，令和6年3月から，年度の途中からでも口座振替またはクレジットカード納付による前納が可能となっています。また，保険料を前納した人が，第2号被保険者または第3号被保険者になったときは，第1号被保険者でなくなった月以降の保険料は還付されます。

＜保険料の後納＞

　保険料は納付期限から2年を経過すると時効により納付できなくなりますが，平成24年10月1日～27年9月30日は過去10年間について，平成27年10月1日～30年9月30日は過去5年間について，厚生労働大臣の承認をうけて，時効により納付できなかった期間の保険料を納付することができました。

　また，第3号被保険者が第1号被保険者になった場合の届出（110頁参照）が2年以上遅れて保険料未納期間が発生している人については，届出（平成25年7月から受付）により未納期間が年金受給資格期間に算入されます。また，平成27年4月からは，この期間について保険料の特例追納（最大10年分）が可能となっています。

■保険料の免除と納付特例

<保険料の免除>

　保険料を納めることが困難な第1号被保険者については，保険料の納付が全額または半額免除される制度があります。免除されるのは，①国民年金法に定める要件に該当する(法定免除)期間か，②所得が低いこと，災害や失業等により納付が困難であることなどを理由に申請して承認された（申請免除）期間ですが，あとで生活に余裕ができたときは10年以内の期間について保険料をさかのぼって納める（追納）ことができます（学生には申請免除は適用されず，代わりに学生納付特例制度が適用されます）。

　また，平成18年7月からは，従来の全額免除・半額免除の2段階に加えて4分の1免除・4分の3免除が追加され，4段階の免除制度となっています。老齢基礎年金の年金額は，下表のように免除区分に応じて計算されます。平成21年4月から基礎年金への国庫負担の割合が引き上げられたことにより，21年3月以前と21年4月以後の計算では年金額が異なります。

免除区分	免除期間分の老齢基礎年金の年金額
4分の1免除	納付した月の8分の7　（平成21年3月までは6分の5）
半額免除	納付した月の4分の3　（平成21年3月までは3分の2）
4分の3免除	納付した月の8分の5　（平成21年3月までは2分の1）
全額免除	納付した月の2分の1　（平成21年3月までは3分の1）

<学生納付特例制度>

　20歳以上の学生は，第1号被保険者として国民年金に加入することになっていますが，学生時代に所得がなくても卒業後には稼働能力が生じるのが一般的であることから，本人の所得状況により保険料を後払いできる「学生納付特例制度」が設けられています。本人の所得が一定以下であれば申請により保険料納付が猶予され，社会人になってから保険料を追納できるしくみです（平成20年4月から

は，大学等が学生の委託をうけて申請を代行するしくみなども導入されています）。なお，学生納付特例制度では，親元世帯の所得は判断の対象外で，本人の所得状況のみにより判断されます。

学生納付特例期間は，次のように取り扱われます。

(1) 老齢基礎年金の受給資格期間には反映されますが，老齢基礎年金の年金額の計算には反映されません。

(2) 10年以内に保険料を追納すれば，老齢基礎年金の年金額に反映される保険料納付済期間となります。

(3) 障害基礎年金・遺族基礎年金の保険料納付要件の対象期間となります（適用をうけている間の障害・死亡についても障害基礎年金・遺族基礎年金が満額支給されます）。

＜納付猶予制度＞

平成17年４月～令和12年６月に50歳（平成28年６月まで30歳）に達する日の属する月の前月までの第１号被保険者期間がある人（学生を除く）については，本人と配偶者の所得が一定以下であれば申請により保険料納付が猶予され，生活に余裕ができたときに保険料を追納することができるしくみです。納付猶予制度では，同居している世帯主の所得は判断の対象外で，本人と配偶者の所得状況のみにより判断されます。

なお，納付猶予制度の適用をうけた期間の取扱いは，前記の学生納付特例制度の(1)，(2)，(3)と同様です。

＜申請免除・学生納付特例・納付猶予の免除・猶予期間＞

平成26年４月からは，申請免除・学生納付特例・納付猶予により保険料が免除・猶予される期間は，保険料の納付期限から２年を経過していない期間（申請月から２年１ヵ月前までの期間）以降となっています（１枚の申請書で申請できるのは，７月から翌年６月（学生納付特例は４月から翌年３月）の１年度分です）。

なお，２年１ヵ月前までさかのぼって保険料が免除・猶予されますが，申請が遅れると，障害が残ったり死亡した際に，障害基礎年

金や遺族基礎年金をうけられないおそれがありますので，申請はすみやかに行ってください。また，申請が遅れると，申請できる過去分の期間が短くなりますので，すみやかに申請してください。

＜申請手続の簡素化＞

平成18年度から，全額免除または納付猶予の承認をうけた被保険者があらかじめ希望した場合には，翌年度以降，申請書の提出を省略できるしくみが導入されています。また，平成21年９月からは，市町村の所得情報を活用したターンアラウンド方式の免除等申請も行われています。

＜特定事由による保険料等の納付特例＞

平成28年４月から，特定事由（法律で定められた正しい事務の処理が行われなかったり，その処理が著しく不当であることなどをいいます）により，国民年金の保険料の納付の機会を失った人などは，その旨を厚生労働大臣に申し出て承認されれば，事後的に保険料や付加保険料を納めたり，保険料の追納をすることができます。

＜第１号被保険者の産前産後期間の保険料の免除＞

平成31年４月から，第１号被保険者の産前産後期間〔出産予定日または出産日が属する月の前月（多胎妊娠の場合は３月前）から４ヵ月（同６ヵ月）〕の保険料が免除され，免除期間は保険料を納めた期間として扱われます〔平成31（令和元）年度以降の保険料月額17,000円にはその財源として100円が含まれています〕。

■中国残留邦人等の特例

中国残留邦人等（明治44年４月２日以後生まれ）で，永住帰国し１年以上日本に住所を有した人については，①昭和36年４月１日から永住帰国日の前日までで，②20歳以上60歳未満の期間が，国民年金（第１号被保険者）の保険料免除期間とみなされます。

また，年金額改善のため，この期間については永住帰国日から６年が経過するまでの間に，希望する月数分の保険料を追納することができ，追納保険料額は永住帰国日の年度ごとにきめられます。

◈ 主な事務手続一覧（健保・厚年（船員を除く））

項目	ケ　ー　ス	届・申　請　書
加入・資格喪失	従業員を採用したとき	被保険者資格取得届*
	事業所が強制適用をうけるようになったとき	被保険者資格取得届*（全員について）
	5人未満の個人事業所などが任意適用をうけようとするとき	任意適用申請書（認可の通知があったときは全員について被保険者資格取得届）
	被保険者が退職または死亡したとき	被保険者資格喪失届*
	被保険者が70歳になったとき	厚生年金保険被保険者資格喪失届*
	被保険者が後期高齢者医療の被保険者になったとき	健康保険被保険者資格喪失届
	65歳以上75歳未満の被保険者が広域連合から障害認定をうけた（認定基準に該当しなくなった）とき	健康保険被保険者資格喪失（取得）届
	任意適用事業所が脱退する場合	任意適用取消申請書（認可の通知があったときは被保険者資格喪失届）
	退職後個人で加入を続けるとき	健康保険任意継続被保険者資格取得申出書，厚生年金保険第4種被保険者資格取得申出書，厚生年金保険高齢任意加入被保険者資格取得申出・申請書
標準報酬月額	定時決定（毎年，標準報酬月額をきめなおす）のとき	被保険者報酬月額算定基礎届*
	随時改定（給料が大幅にかわったとき）のとき	被保険者報酬月額変更届*
	育児休業等終了時改定（3歳未満の子を養育している人の給料がかわったとき）のとき	育児休業等終了時報酬月額変更届*
	産前産後休業終了時改定（産前産後休業を終了した人の給料がかわったとき）のとき	産前産後休業終了時報酬月額変更届*

120

添　付　書　類	提出期限	提　出　者	本書の頁
被扶養者届（被扶養者がある人）など	5日以内	事　業　主	23頁 25頁
同　　　　　上	5日以内	事　業　主	15頁 25頁
任意被保険者資格取得同意書（被保険者の半数以上の同意書）	そのつど	事　業　主	17頁 29頁
健康保険被保険者証，死亡した場合は埋葬料（費）請求書	5日以内	事　業　主	96頁 99頁
	5日以内	事　業　主	96頁
健康保険被保険者証	5日以内	事　業　主	96頁 97頁
同　　　　　上	できるだけはやく	事　業　主	106頁
被保険者の4分の3以上の同意書。認可の通知があったときは健康保険の被保険者証	そのつど	事　業　主	17頁 98頁
厚生年金の場合は，基礎年金番号通知書，年金手帳または厚生年金保険被保険者証	20日以内厚生年金は6ヵ月以内（高齢任意加入は期限なし）	被保険者だった人	100頁 104頁
	7月1日〜10日	事　業　主	52頁 67頁
	できるだけはやく	事　業　主	68頁 75頁
	できるだけはやく	被保険者（事業主経由）	90頁
	できるだけはやく	被保険者（事業主経由）	92頁

項目	ケース	届・申請書
標準賞与額	賞与，期末手当など標準報酬月額の対象以外の報酬が支給されたとき	被保険者賞与支払届*
被保険者証・基礎年金番号通知書	被保険者証または基礎年金番号通知書（年金手帳）をなくしたり，破ってしまったとき	健康保険被保険者証滅失・き損再交付申請書，基礎年金番号通知書再交付申請書
	基礎年金番号を複数もっているとき	基礎年金番号重複取消届
被扶養者（健）	被扶養者に異動があったとき	被扶養者（異動）届
	被保険者と被扶養者が遠く離れて住んでいるとき	遠隔地被保険者証交付申請書（紙の被保険者証の場合のみ）
被保険者	被保険者の氏名がかわったとき	被保険者氏名変更届（個人番号と基礎年金番号が紐付いている人は届出を省略できます）
	被保険者の住所がかわったとき	健康保険・厚生年金保険被保険者住所変更届（同上）
	介護保険の第2号被保険者とならないとき等	介護保険適用除外等該当（非該当）届
	被保険者が2つ以上の事業所に勤務する場合	所属選択・2以上事業所勤務届（提出先は事務センター）
	被保険者が育児休業等を取得（終了）したとき	育児休業等取得者申出書（育児休業等取得者終了届）*
	被保険者が産前産後休業を取得（変更・終了）したとき	産前産後休業取得者申出書（産前産後休業取得者変更（終了）届）*
	被保険者が服役（出所）した場合	健康保険法第118条第1項該当（不該当）届
その他	事業主の氏名・住所がかわったとき	事業所関係変更届（新旧事業主の連署）
	事業所の名称・所在地がかわったとき	事業所名称・所在地変更届
	届書に訂正事項があるとき	各種届書訂正届（該当の届書を使用）
	事業主が行う事務の代理人を選任または解約した場合	事業所関係変更届

添　付　書　類	提出期限	提　出　者	本書の頁
	5日以内	事　業　主	83頁 87頁
そえられるときは健康保険被保険者証，基礎年金番号通知書・年金手帳	できるだけはやく	被 保 険 者 （事業主経由）	37頁 39頁
すべての基礎年金番号通知書，基礎年金番号記載の年金手帳（年金証書）	できるだけはやく	被 保 険 者 （事業主経由）	39頁
健康保険被保険者証	5日以内	被 保 険 者 （事業主経由）	37頁
健康保険被保険者証，住民票の写	そのつど	被 保 険 者 （事業主経由）	37頁
健康保険被保険者証	できるだけはやく	事　業　主	37頁 39頁 106頁
	できるだけはやく	事　業　主	40頁 41頁
住民票の除票，外国人登録証明書・雇用契約書等，適用除外施設入所・入院証明	できるだけはやく	被 保 険 者 （事業主経由）	41頁 42頁
	10日以内	被 保 険 者	47頁 106頁
	できるだけはやく	事　業　主	93頁
	できるだけはやく	事　業　主	93頁
	5日以内	事　業　主	106頁
	5日以内	事　業　主	106頁
健康保険被保険者証などの提出が必要な場合がある	5日以内	事　業　主	106頁
被保険者に関する訂正は被保険者証や基礎年金番号通知書・年金手帳	できるだけはやく	事　業　主	
	5日以内	事　業　主	106頁

＜その他＞

項目	ケース	届　書　等	本書の頁
短時間労働者	通常の労働者から短時間労働者または短時間労働者から通常の労働者に変更したとき	被保険者区分変更届／厚生年金保険70歳以上被用者区分変更届	20頁
	特定適用事業所に該当または不該当になったとき	特定適用事業所該当／不該当届	20頁
国民年金（第3号被保険者）	第3号被保険者に該当したとき 死亡等のとき 氏名変更等のとき （住所変更の場合は別に届出） 被扶養配偶者でなくなったとき	国民年金第3号被保険者届（資格取得・種別変更・種別確認（3号該当），資格喪失・死亡，氏名・生年月日・種別変更（訂正），被扶養配偶者非該当） ＜届出先＞事業主経由で年金事務所（健康保険の被扶養者届と一体）	109頁
	第3号から第1号にかわったとき	国民年金被保険者種別変更（第1号被保険者該当）届書 ＜届出先＞本人が市町村へ	109頁

＊届・申請書の様式は平成30年3月5日から変更され（4頁参照），短時間労働者や厚生年金保険70歳以上被用者に関する届出が統合されています。

届書等の署名・押印の取扱い

平成11年1月から，各種届書等において，個人（被保険者など）に求められている押印については，氏名を本人自らが署名した場合には不要となりました（本人の自署以外の場合は本人の押印が必要）。

平成16年9月17日からは，届出手続の負担を軽減するため，事業主または船舶所有者に求められている押印についても，同様の取扱いとなりました。

ただし，市区町村長の印，社会保険労務士の提出代行者印，金融機関の証明印，医師等の第三者の証明印，給付に関する届書等に係る委任者及び受領代理人の印，扶養親族等申告書に係る申請者印，現金の受領印等については，従来どおり押印が必要となりました。

令和元年5月からは，「健康保険被扶養者（異動）届・国民年金第3号被保険者関係届」，「年金手帳再交付申請書」，「厚生年金保険養育期間標準報酬月額特例申出書・終了届」について，事業主が，被保険者本人の届出の意思を確認し，届書の備考欄に「届出意思確認済み」と記載した場合は，被保険者本人の署名または押印を省略できることになりました。

令和2年12月25日からは，健保・年金手続の申請・届出様式の押印が原則廃止されています。ただし，公的年金等の受給者の扶養親族等申告書，委任状（年金分割の合意書請求用），保険料口座振替納付に関する申出書・通知書など，金融機関への届印，実印による手続きが必要なもの等については，引き続き押印が必要となります。

◈ 電子申請による届出

■パソコンで届書データを作成

電子申請による届出は，大量または定期的な届出となる届書について，届出方法の選択肢を追加し，利便性の向上を図ることを目的として導入されています。

＜電子申請による届出のメリット＞

(1) 事業所のパソコンにより届書データを保存・管理できるので，同様の届出で容易に届書を作成することができます。

(2) 事業所内の人事・給与等のシステムですでに作成されている，個人別の電子データを活用することができます。

(3) 届書作成に必要な仕様書やプログラムは日本年金機構ホームページから取得することができます。

(4) 事前に作成した届書を機械的にチェックすることができ，また提出時のエラーが発生しません。

■届書作成プログラムの設定

事業主が容易に届書データを作成することができるように，「届書作成プログラム」が日本年金機構ホームページ（電子申請・電子媒体申請）で提供されています【https://www.nenkin.go.jp/denshibenri/program/】。

なお，健康保険組合・厚生年金基金への電子申請での届出については，電子申請による受付が可能であるか，それぞれの組合・基金に確認する必要があります。

＜動作環境＞

CPU・メモリ	OSの動作環境に準じる。
ハードディスク	最小必要空きディスク容量50MB以上を推奨

125

画面	解像度1024ドット×768ドット以上を推奨 フォントサイズは小さいフォント（設定で変更可能） カラー表示可能なディスプレイを推奨
OS	以下のOSについては動作確認済み。 Windows® 10 Pro　Windows® 11 Pro
プリンタ	A4用紙が出力できるもの。
CD・DVD	CD-R，CD-RW，DVD+R，DVD-R，DVD+RW，DVD-RW ・書込み方式はディスクアットワンス方式 ・フォーマット形式はISO9660形式

＜対象となる届出＞

　対象となる届出は，①資格取得届，②資格喪失届，③被扶養者（異動）届，④算定基礎届，⑤月額変更届，⑥賞与支払届，⑦産前産後休業取得者申出書/変更（終了）届※，⑧育児休業等取得者申出書（新規・延長）/終了届※，⑨国民年金第3号被保険者関係届です。

　なお，雇用保険4手続（⑩資格取得届，⑪資格喪失届，⑫転勤届，⑬個人番号登録届）についても利用できます。

※⑦，⑧は届書作成プログラムでの届書の作成はできません。市販の労務管理ソフト等を使用して届書を作成し，届書作成プログラムの届書申請機能からマイナポータルを経由して届出を行うことは可能です。

＜自社システム，市販の労務管理ソフトによる作成＞

　届書データを，届書作成プログラムではなく，届書作成仕様書にもとづいた自社システムや市販の労務管理ソフトによって作成することも可能です。その場合には，届書作成プログラムのなかにある仕様チェック機能により，申請データをチェックする必要があります。

＜電子媒体（CD，DVD）による届出に利用することも可能＞

　届書作成プログラムで作成した届書データは，電子申請用ファイルに出力するだけでなく，電子媒体（CD，DVD）に出力することも可能です。

■初期設定

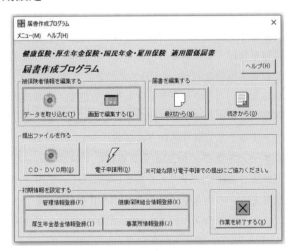

(1) 管理情報(F)を登録します（初回のみの初期設定）。

(2) 健康保険組合情報(K)および厚生年金基金情報(I)を登録します（初回のみの初期設定で，健康保険組合または厚生年金基金加入事業所のみ）。

(3) 事業所情報(J)を登録します（初回のみの初期設定）。

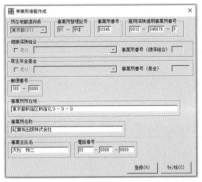

※届書作成プログラムを初めて起動させると，「初期設定ウィザード」画面が表示され，以上の初期設定から届書入力までの一連の作業をスムーズに行うことができます。

<被保険者情報の登録（必要に応じて）>

　あらかじめ被保険者情報を登録しておくと，資格取得届を除く届書の入力時に呼び出して，入力作業を軽減することができます。被保険者情報を登録する便利な方法として，①被保険者の氏名・生年月日などの基本情報を収録したCD（ターンアラウンドCD）を年金事務所から入手し，そのデータを取り込む方法や，②事業所内の人事・給与等のシステムですでに作成されている個人別の電子データをCSVファイルとして取り込む方法があります。

　また，ターンアラウンドCDから届書作成プログラムに取り込んだ登録被保険者情報をCSVファイルとして出力し，これを事業所が独自に使用するシステムやプログラムで活用することもできます。

　なお，ターンアラウンドFDは，平成23年11月年金事務所から送付分よりFDからCDへ変更されました。

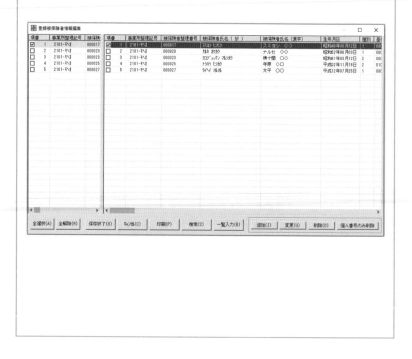

■届書データの作成

<資格取得届の入力例>

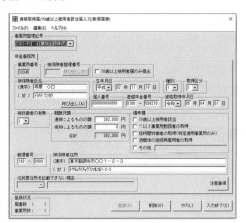

※被扶養者がある場合には,「健康保険被扶養者（異動）届」（および「国民年金第3号被保険者」届）の届出を行います。

<健康保険被扶養者（異動）届の入力例>

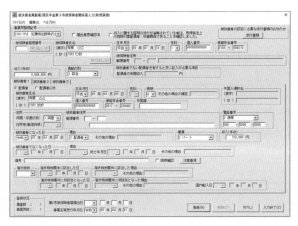

※協会けんぽの届出が対象となります。
※健康保険組合,厚生年金基金へは国民年金第3号被保険者関係届の提出は不要です。

＜資格喪失届＞

※健康保険被保険者証を返納します（70歳喪失を除く）。

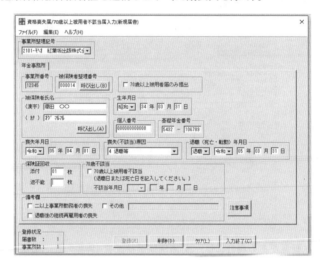

＜算定基礎届の入力例＞

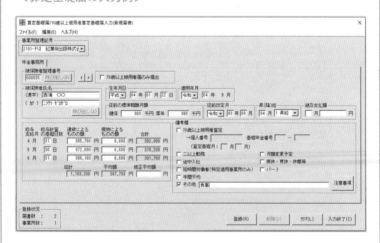

※届書データの登録が正常に終了すると，次の被保険者整理番号の被保険者情報を自動的に呼び出す連続作成機能が使えます。

＜月額変更届の入力例＞

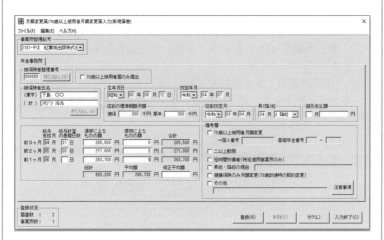

＜賞与支払届の入力例＞

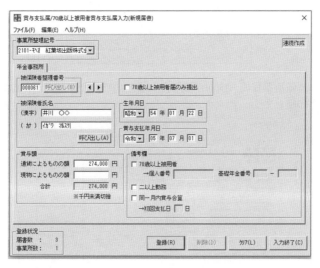

※連続作成機能については，算定基礎届と同じです。

<**電子申請用ファイルの作成**>

届書データを作成し登録・保存した後，以下の作業を行います。

(1) 届書作成プログラムの初期画面の「提出ファイルを作る」欄で「電子申請用（D）」をクリックし，作成した届書ファイルを開きます。

(2) 「電子申請用ファイル作成」画面が表示されますので，「OK(O)」をクリックすると，電子申請用のフォルダが作成されます。

(3) 「総括票作成」画面が表示されますので，CSV形式届書総括票を印刷します。

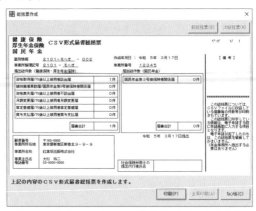

(4) e-Gov電子申請（次々頁参照）にアクセスして，トップページでログイン後に表示されるマイページから申請する届書を検索し，申請書入力画面で申請者情報や連絡先情報を入力します。(3)のCSV形式届書総括票を入力し，届出データを添付します。電子証明書を利用して申請する場合は選択画面が表示されるため使用する電子証明書を選択して提出します。

　申請した届書の確認状況等は，マイページの直近の案件や申請案件の一覧から確認することができます。

　また，ＧビズＩＤ（137頁参照）を利用して申請する場合，電子証明書は不要です。

■提出用CD，DVDに利用する場合

(1) 届書データの登録・保存終了後，届書作成プログラムの初期画面の「提出ファイルを作る」欄で「CD・DVD用（Q）」のボタンをクリックし，作成した届書ファイルを開きます。

(2) 作成年月日と提出年月日，媒体通番などを確認し，「OK(O)」をクリックします。

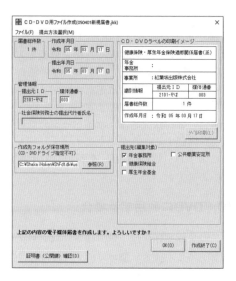

　CD，DVDの場合は，パソコンの保存先に媒体通番名のフォルダが作成されますので，使用するパソコンの書込み機能によりフォルダ内にある提出用ファイル（CSV形式）を書込み，CD，DVDを作成します（届書作成プログラムでは，直接CD，DVDへの書込みはできません）。

　また，CD，DVDに書込む提出用ファイルは，媒体データパスワード設定プログラムでパスワード設定をする必要があります。

＜提出用CD，DVDのケースなどへのラベル貼り付けと総括票の印刷＞

　CD，DVDへの出力が正常に終了したら，CD，DVDを取り出して，必要事項を記載したラベル（「CD・DVD用ファイル作成」の作成画面で「ラベル印刷（L）」をクリックして印刷することが可能）をケースに貼り付けます（CD，DVDはケースに収納）。

　また，「総括票作成」画面が表示されますので，電子媒体届書総括票を印刷します。出来上がったCD，DVDと電子媒体届書総括票を年金事務所へ直接あるいは郵送で提出して，完了となります。

◈ e-Govを利用した電子申請

＜e-Gov電子申請＞

- e-Gov（イーガブ）は，デジタル庁が運営する総合的な行政ポータルサイトです。e-Govで申請可能な届書等は約270種類あります。
- e-Gov電子申請では24時間いつでも申請することが可能になります。夜間や休日でも手続ができます。
- 自宅や職場，遠隔地からでも，インターネット経由で申請することができます。
- 申請した手続は，マイページ上に一覧で管理され，処理状況や提出先機関からの通知等をいつでも，どこからでも確認できます。状況の確認はパソコンのほか，スマートフォンからも可能です。

■事前準備

＜パソコン＞

インターネットが利用可能で，表に示す動作環境が必要です。

CPU	1 GHz以上	
メモリ	2 GB以上	
使用可能ディスク領域	20MB以上	
基本ソフトウェア・ブラウザ	Windows11	Chrome，Edge，Firefox
	Windows10	Chrome，Edge，Firefox
	macOS10.15	Chrome，Firefox，Safari13
	iOS13	Safari
	Android9	Chrome

※上記以外のOS，Webブラウザの組合せにおいてもe-Govドメインの各Webサイトを利用することは可能ですが，全ての利用環境において最適な表示を保証するものではありません。
※開発・提供元によるサポートが終了したOS，Webブラウザについては，e-Govによる表示確認テスト対象から除外されます。
※IPv6環境において，外部オープンIDプロバイダによるログインが利用できない場合があります。
＊Microsoft Edge logo，Microsoft Internet Explorer logo，Microsoft，Windows，Microsoft Edge，Internet Explorerは米国Microsoft Corporationの米国およびその他の国における登録商標または商標です。
＊Macintosh，Mac，macOSおよびSafariは，米国およびその他の国で登録されてい

るApple, Inc.の商標です。App Storeは，Apple, Inc.のサービスマークです。
＊Android，Google，Googleロゴ，Google Play，Google Playロゴ，Chromeおよび
　ChromeロゴはGoogle LLCの商標です。
＊その他，記載されている会社名，製品名等は，各社の登録商標または商標です。

＜利用準備＞

　e-Govポータル【https://www.e-gov.go.jp】から「e-Govのサービス」→「電子申請」にアクセスし，①e-Govアカウントを登録，②ブラウザの設定を確認して（必要な場合は設定を行う），③e-Gov電子申請アプリケーションをインストールします。アカウントの登録には，e-Govアカウントの他，ＧビズＩＤまたはMicrosoftアカウントを利用することもできます。

＜電子証明書＞

　電子証明書とは，インターネットにおいて手続き等を行ったのが本人であることを証明するための，第三者機関（認証局）が発行する電子的な証明書です。電子証明書を用いることで安全に通信を行うことができます。社会保険の電子申請では，この電子証明書を用い，電子署名をして手続きを行うことになっています。
　電子証明書は，所定の認証局から取得します。社会保険関係の認証局は次のとおりです。

	商業登記に基づく電子認証制度（電子認証登記所）※〔法人のみ〕
	AOSignサービス（日本電子認証株式会社）
	TOiNX電子入札対応電子証明書発行サービス（東北電力グループ株式会社トインクス）※〔法人のみ〕
法人・個人	TDB電子認証局サービス TypeA（株式会社帝国データバンク）
	セコムパスポート for G-ID®（セコムトラストシステムズ株式会社）
	DIACERTサービス（三菱電機インフォメーションネットワーク株式会社）
	DIACERT-PLUSサービス（三菱電機インフォメーションネットワーク株式会社）
	e-Probatio PS2サービス（NTTビジネスソリューションズ株式会社）〔法人・個人・社会保険労務士等士業者〕
	公的個人認証サービス（地方公共団体）〔個人のみ〕

※年金加入記録照会・年金見込額試算には使用できません。
※1電子申請を行う場合，提出代行を行う社会保険労務士の電子証明書があれば，事業主の電子署名は不要です。この場合社会保険労務士が事業主の提出

代行者であることを証明できるものを申請書と併せて送信します。
※2 被保険者が事業主を経由して電子申請により届出するすべての手続きについて，事業主や社会保険労務士が電子申請を行う場合，被保険者本人が作成した委任状を届書等と併せて電子データとして送信することで，被保険者の電子署名が省略可能です。

■電子申請の手順

e-Gov電子申請では，届書データを作成し，電子署名をしたうえで送信する手順となっています。前述したCSV形式届書総括票を添付して申請する他，直接画面に入力して申請することも可能です。

(1)手続検索	マイページ※の「手続検索」をクリックして，電子申請する行政手続を検索します。e-Govでは，次の4通りの検索方法があります。 ①状況から探す，②手続名称から探す，③手続分野分類から探す，④所管行政機関から探す
(2)手続検索結果一覧から手続を選択	手続検索すると，e-Govを利用して電子申請できる行政手続の一覧が表示されます。 一覧から電子申請する行政手続をクリックして，手続に関する詳細情報を確認します。
(3)手続の詳細情報	手続概要などの詳細情報を表示します。目的の手続であることを確認して，[申請書入力へ]をクリックします。
(4)申請書の入力	目的とする手続を選択すると，申請書入力画面が表示されます。基本情報や，申請・届出様式に必要な情報を入力します。
(5)内容を確認して提出	手数料などの納付が必要な手続で，電子納付を行う場合，振込者・氏名・カナを入力します。

※マイページは，e-Govアカウント登録後，各行政手続の申請状況や基本情報管理ができるユーザー別専用ページです。申請案件に関する通知や手続に関する案内を受け取ったり，申請案件のステータスや一時保存した申請案件を一覧で確認することができます。よく利用する手続をブックマークできる便利な機能もあります。

＜Ｇビズ ＩＤのアカウントを利用した電子申請＞

「ＧビズＩＤ」とは，１つのアカウントで複数の行政サービスにアクセスできる，法人・個人事業主向け共通認証システムです。無料で取得できて，ＧビズＩＤのアカウントでe-Govにログインした

場合は，電子証明書がなくても電子申請が可能になります。

○アカウントの取得

(1)「ＧビズＩＤ」のホームページから「gBizIDプライム作成※」のボタンをクリックして，申請書を作成・ダウンロードします。
(2)必要事項を入力して，作成した申請書と印鑑証明書を「ＧビズＩＤ運用センター」に送付します。
(3)申請が承認されると，メールが送られてきます（審査に２週間程度要します）。
(4)メールに記載されたＵＲＬをクリックして，パスワードを設定したら手続き完了です。

※「ＧビズＩＤ」には３種類のアカウントがありますが，社会保険の手続きには，「gBizIDプライム」のアカウントが必要です。

　アカウント取得後，「届書作成プログラム」，自社システムまたは市販の労務管理ソフトで申請データの作成を行い，電子申請をします。「ＧビズＩＤ」を用いた社会保険の電子申請において，届書作成プログラムで申請可能な届書は以下の通りです。

令和6年3月現在

資格取得届，資格喪失届，算定基礎届，月額変更届，賞与支払届，被扶養者（異動）届，国民年金第３号被保険者関係届

　この他，届書作成プログラムの届書申請機能からマイナポータル（政府が運営するオンラインサービス）を経由して電子申請を行うこともできます。

＜電子申請の義務化＞

　令和２年４月より，資本金１億円を超える等の特定の法人は算定基礎届，月額変更届，賞与支払届について電子申請による手続きが義務化されています。

Ⅱ
健康保険の給付　目次

◈ 給付の種類 （令和6年4月現在）

療養の給付 **（被保険者本人）**	健康保険を扱う病院・診療所に被保険者証を提示して，必要な医療をうけます。処方箋が発行されたときは，保険薬局で調剤してもらいます。医療費の7割が給付され，あとの3割は自己負担となります。
家族療養費 **（被扶養者）**	医療費の7割が給付され，あとの3割は自己負担となります。ただし，義務教育就学前は8割が給付され，あとの2割は自己負担となります。
入院時食事療養費	入院時に療養の給付とあわせて食事の提供をうけたときは，食事療養の費用額から食事療養標準負担額（患者が支払う金額）を除いた部分が入院時食事療養費として給付されます。食事療養標準負担額は1食460円〈490円〉（低所得者は減額）です。被扶養者には，家族療養費として給付されます。
入院時生活療養費	療養病床に入院する65歳以上の人が療養の給付とあわせて生活療養（食事療養，温度・照明・給水に関する適切な療養環境の形成である療養）をうけたときは，生活療養の費用額から生活療養標準負担額（患者が支払う金額）を除いた部分が入院時生活療養費として給付されます。生活療養標準負担額は1日1,750円〈1,840円〉（難病患者は減額）です。被扶養者には，家族療養費として給付されます。
保険外併用療養費	評価療養（先進医療，医薬品・医療機器・再生医療等製品の治験にかかる診療，保険収載前医薬品・医療機器・再生医療等製品の投与・使用，保険収載医薬品の適応外投与，医療機器・再生医療等製品の適応外使用），選定療養（特別療養環境室への入院，予約診察・時間外診察，前歯・総義歯の材料差額，200床以上病院での初診・再診，180日超の長期入院，制限回数超の医療行為，小児のう蝕治療後の継続管理，水晶体再建に使用する多焦点眼内レンズ，後発品上市後5年を経過した長期収載品〔※〕），患者申出療養（平成28年度から実施）については，その基礎部分は保険外併用療養費として保険給付され，評価療養・選定療養・患者申出療養についての特別料金を患者が自費負担します。被扶養者には，家族療養費として給付されます。
訪問看護療養費 **家族訪問看護療養費**	在宅で継続して療養する難病患者等が医師の指示にもとづき訪問看護ステーションからの訪問看護サービスをうけた場合は，その費用の7割（義務教育就学前は8割）が給付され，あとの3割（義務教育就学前は2割）は基本利用料として自己負担になります。

●70歳以上の高齢受給者は，8割〔現役並み所得者は7割〕が給付され，あとの2割〔3割〕が自己負担。〈 〉内は令和6年6月から，〔※〕は同10月から。

療養費	やむを得ない事情で非保険医にかかったときや被保険者証を提示できないとき，国外で医療をうけたとき，コルセット代などは，いったん全額を自費で支払いますが，保険者の承認を得れば，一定部分があとで払いもどされます。
高額療養費	1ヵ月の自己負担額が一つの医療機関ごとに自己負担限度額をこえたときはこえた分が払いもどされ，認定証を提出した場合は窓口負担が自己負担限度額までとなります。また，世帯合算・多数該当の特例もあります。
高額介護・高額医療合算療養費	12ヵ月間の健康保険の自己負担額と介護保険の利用者負担額を合計した額が自己負担限度額をこえると，こえた分が払い戻されます。
移 送 費 家族移送費	緊急時などに病気・けがで移動が困難なため移送されたときは，実費または保険者が認めた額をあとでうけられます。
傷病手当金	療養のため仕事を4日以上休んで給料をもらえないときは，1日につき直近12ヵ月の標準報酬月額の平均額の30分の1の3分の2が，4日目から通算して1年6ヵ月までうけられます。
出産育児一時金 家族出産育児一時金	被保険者本人・家族とも妊娠4ヵ月（85日）以上で出産したときは，1児ごとに500,000円（在胎週数が22週に達していないなど産科医療補償制度加算対象出産でない場合488,000円）がうけられます。
出産手当金	出産で仕事を休み給料をもらえないときは，出産日（出産が予定日よりおくれた場合は出産予定日）以前42日（多胎妊娠の場合は98日）から出産日後56日までの期間，1日につき直近12ヵ月の標準報酬月額の平均額の30分の1の3分の2がうけられます。
埋葬料（費） 家族埋葬料	被保険者本人が死亡したときは50,000円（家族以外の人が埋葬を行ったときはこの範囲内の実費）が支給されます。被扶養者が死亡したときは50,000円が支給されます。

※**法定給付と附加給付**　以上の保険給付の支給をうける条件，支給金額などは，いずれも法律できめられているもので，これを「法定給付」といいますが，組合管掌健康保険では，個々の健康保険組合の実情に応じて，プラスアルファの給付を法定給付に併せて支給できることになっています。これを「附加給付」といい，主な附加給付に一部負担還元金，家族療養附加金，合算高額療養附加金，傷病手当附加金，埋葬附加金，出産育児附加金，出産手当附加金，訪問看護療養附加金等があります。

※**協会けんぽの附加的給付**　厚生労働大臣の承認をうけた法人が，協会の同意を得て被保険者本人の一部負担金の範囲内で附加的な給付を行うことができます。

＊本書に掲載している高額療養費等の健康保険給付の申請書様式は，原則，令和6年4月段階のものですが，変更される場合がありますので，協会けんぽ（または加入している健康保険組合等）のホームページ等でご確認ください。

1 保険による診療

1 療養の給付

●被保険者が病気・けがをしたとき，健康保険を扱っている病院・診療所（保険医療機関）へ被保険者証をもっていけば，一部負担金を支払うことにより，診察・投薬・処置・手術・入院（食事療養の費用・65歳以上の高齢者の生活療養の費用を除く）など必要な医療を治るまでうけることができます（療養の給付）。

●医者から処方箋をもらった場合は，保険薬局で調剤してもらうことができます。

●ただし，業務上または通勤災害による病気・けがは健康保険では取扱われません。

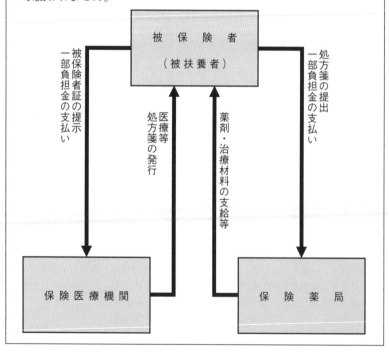

■保険医療機関・保険医にかかる

　健康保険では地方厚生（支）局長の指定をうけた病院・診療所が，保険者にかわって療養の給付を行うというしくみになっています。このような病院・診療所を保険医療機関といいますが，健康保険では被保険者証があればどの医師にでもかかれるというものではなく，この保険医療機関の医師（保険医といいます）にかかることになっています。

　なお，保険医療機関であれば，全国どこの病院・診療所でも健康保険による診療がうけられます。

　薬局の場合も，健康保険で調剤してもらえるところは，地方厚生（支）局長の指定をうけた薬局（保険薬局といいます）に限られています。

　健康保険を扱っている病院・診療所や薬局には，①一般の保険医療機関または保険薬局以外に，②保険者が指定する病院・診療所，薬局（いわゆる事業主医局），③健康保険組合の直営病院・診療所，薬局があります。

■被保険者証を提示する

　被保険者が健康保険で診療をうけようとするときは，保険医療機関などの窓口に被保険者証（70歳以上75歳未満は高齢受給者証も）を提示しなければなりません。これによって保険医療機関などは，その人が保険診療をうける資格があることや一部負担金の割合などを確かめることになっています。やむを得ない理由で提示できないときは，たとえば，勤務先の名称・所在地，被保険者証の記号番号などを申し出て，受給資格のあることを認めてもらえれば，保険診療をうけられる場合があります。この場合には，その後できるだけ早く被保険者証を提示します。

　かかりつけの医者がある場合，被保険者証をもっていかなかったり，預けたままにしておく人がありますが，これは規則に違反し，あとでまちがいを起こすもとになります。

■マイナ保険証とオンライン資格確認

　令和3年10月20日から，マイナンバーカードの被保険者証としての利用（マイナ保険証）が本格的に運用開始され，令和5年4月からは保険医療

機関・保険薬局において，オンライン資格確認の導入が原則義務化されました。これにより，オンラインで資格情報の確認ができるほか，高齢受給者証（148頁参照）や高額療養費の限度額適用認定証などの書類（160頁参照）の持参が原則不要となります。なお，健康保険証は令和6年12月2日に廃止され，マイナ保険証に一本化（マイナ保険証を持たない人には保険者が「資格確認書」を交付）されます。

■75歳以上の人は後期高齢者医療の被保険者

健康保険の適用事業所に使用される人のうち，75歳以上の人および65歳以上75歳未満のねたきりの人等（障害認定をうけた人）は，健康保険の被保険者から除外され，後期高齢者医療の被保険者となり，後期高齢者医療の保険給付をうけることになっています。

＜平成20年3月までは老人保健＞

平成20年3月までは，75歳以上（昭和7年9月30日以前生まれの人は70歳以上）の人および65歳以上75歳未満のねたきりの人等は，健康保険の被保険者のままで，老人保健の医療をうけることになっていました。

■退職者医療は廃止

健康保険の被保険者が退職して厚生年金保険など被用者年金の老齢（退職）年金給付をうけられることになった場合は，65歳になるまで，国民健康保険の退職被保険者として退職者医療をうけることができましたが，平成20年4月から原則廃止されています。

※平成27年3月までの経過措置として，65歳未満の退職者を対象に経過的に存続し，平成27年3月までに退職被保険者となった人は，平成27年4月以降も，65歳になるまで退職者医療をうけられることになっていました。

■介護保険と健康保険の給付の調整

　要介護者等に対する医療系のサービスは，介護保険からの給付が優先されます。たとえば，訪問看護や訪問リハビリなどの在宅サービス，介護老人保健施設や療養病床等への入所・入院などがこれにあたります。ただし，要介護者等であっても，急性期や別の新たな病気で保険医療機関に受診したときは健康保険の療養の給付の対象となるなど，健康保険と介護保険との間で給付の調整が行われます。

■業務上の病気・けがと健康保険の給付

　健康保険では，業務上または通勤災害による病気・けがに対して保険給付は行いません。この場合，「業務」とは「人が職業その他社会生活上の地位にもとづいて，継続して行う事務または事業の総称」と解釈されていることから，請負業務，インターンシップまたはシルバー人材センターの会員が業務を行っているときに負傷した場合は，健康保険から保険給付は行われず，また労災保険からも保険給付が行われないケースが生じていました。このようなケースを解消するため，平成25年10月から，健康保険では，被保険者または被扶養者の労災保険の業務災害以外の病気・けが，死亡，出産に対して保険給付を行うこととされました。

　被保険者または被扶養者が法人の代表者・業務執行者（代表者等）である場合であって，その代表者等の業務に起因する病気・けが，死亡に対しては，従来どおり健康保険の給付は行われず，また，代表者等は労働基準法上の労働者でないため，労災保険にもとづく給付も受けられません。ただし，平成15年7月から，被保険者が5人未満の小規模な適用事業所の代表者等で，一般の従業員と著しく異ならない労務に従事している場合，業務に起因して生じた病気・けがについては健康保険の給付の対象とされています。なお，労災保険の特別加入者や労働者の地位をあわせもつなど，労災保険による給付がうけられるときは，健康保険の給付は行われません。

2 一部負担金

- 70歳未満の被保険者はかかった医療費の3割を，70歳以上75歳未満の被保険者のうち，一般の人は2割を，現役並み所得者は3割を一部負担金として医療機関の窓口で支払います（10円未満四捨五入）。
- 保険薬局で調剤をうける場合も同様の一部負担金を支払います。
- 平成18年度から，保険医療機関には，医療費の内容の分かる領収証の交付を無償で行うことが義務づけられています。また，平成22年度からは，レセプト電子請求を行っている保険医療機関には，詳細な個別の点数項目までわかる明細書の発行を無償で行うことが義務づけられています。

■窓口負担は原則3割

保険医療機関で診療をうけたとき，保険薬局で調剤をうけたときなどは，診療報酬点数表などにもとづいて計算された医療費のうち一定割合を，一部負担金として窓口で支払います。

この一部負担金の割合は，従来，加入する医療保険制度や被保険者本人と被扶養者で異なっていましたが，平成15年4月から，すべての医療保険制度の加入者は，通院・入院とも3割負担で統一されています。

ただし，高齢受給者（70歳以上75歳未満の被保険者・被扶養者）のうち，一般の人は2割負担（平成31年3月まで昭和19年4月1日以前生まれの人は1割負担），現役並み所得者は3割負担となっています。また，少子高齢化対策の一環として，義務教育就学前（平成20年3月までは3歳未満）の乳幼児については2割負担に軽減されています。

なお，75歳（障害認定をうけた人は65歳）以上の後期高齢者医療の被保険者（平成20年3月までは老人医療受給対象者）については，一般の人は1割（令和4年10月から一定以上所得者は2割）負担，現役並み所得者は3割負担となっています。

<一般の高齢受給者の負担割合の見直し>

　高齢受給者のうち，一般の人（現役並み所得者以外の人）については，法律上は平成20年4月から，1割負担が2割負担に引き上げられることになっていましたが，激変緩和措置として引上げが凍結され1割負担に据え置かれていました（一部負担金等の軽減特例措置）。平成26年4月からは，世代間の公平の観点から次のように見直されています。

(1)　平成26年4月1日以降に70歳に達する被保険者（昭和19年4月2日以後生まれの人）については，70歳に達する日の属する月の翌月診療分から，一部負担金の割合を2割とします。

※平成26年4月中に70歳に達する被保険者は，同年5月診療分から2割負担となります。

(2)　平成26年3月31日以前に70歳に達した被保険者（昭和14年4月2日～昭和19年4月1日生まれの人）については，ひき続き軽減特例措置の対象とし（特例措置対象被保険者等），平成26年4月1日以後の療養にかかる一部負担金の割合を1割とし，差額の1割は，国による「指定公費負担医療」として公費で負担されていました（医療機関等に直接支払）。

平15.4～平18.9		平18.10～平20.3		平20.4～	
年　齢	負担割合	年　齢	負担割合	年　　齢	負担割合
75歳以上	現：2割	75歳以上	現：3割	75　歳　以　上	現：3割
	一：1割		一：1割		一：1割※1
70歳以上 75歳未満	現：2割	70歳以上 75歳未満	現：3割	70　歳　以　上 75　歳　未　満	現：3割
	一：1割		一：1割		一：2割※2
3歳以上 70歳未満	：3割	3歳以上 70歳未満	：3割	義務教育就学後 70　歳　未　満	：3割
3歳未満	：2割	3歳未満	：2割	義務教育就学前	：2割

現は「現役並み所得者」，一は「一般」。
※1 令和4年10月から一定以上所得者は2割。
※2 平成26年3月までは1割。同年4月から平成31年3月までは，昭和19年4月1日以前生まれの人に限り1割。

<現役並み所得者の判定基準>

　健康保険の場合，現役並み所得者とは，①高齢受給者である被保険者で標準報酬月額が28万円（21等級）以上の人，②①の被保険者（平成20年3

月までは①の被保険者または老人医療受給対象者である被保険者）の被扶養者である高齢受給者です。被保険者が70歳未満の場合は，標準報酬月額が28万円以上でも，その被扶養者は現役並み所得者とはなりません。

ただし，前記①②に該当する場合でも，高齢受給者である被保険者・被扶養者の収入合計額が520万円（高齢受給者である被扶養者がいない場合は383万円）に満たないときは，申請により，現役並み所得者となりません。また，平成21年1月からは，高齢受給者である被扶養者がいない場合でも，被扶養者であった人（後期高齢者医療の被保険者となったため被扶養者でなくなった人で，被扶養者でなくなった日の属する月以後5年を経過する月までの間に限り，同日以後ひき続き後期高齢者医療の被保険者である人）がいれば，高齢受給者である被保険者・被扶養者であった人の収入合計額が520万円に満たないときは，申請により，現役並み所得者となりません。

＜定期的な所得の判定＞

毎年の定時決定（4・5・6月の報酬月額を届出）により，標準報酬月額が，①28万円未満から28万円以上，②28万円以上から28万円未満になった人には，新しい標準報酬月額が適用される9月1日から負担割合が変更されます。随時改定による変更も同様に行われ，改定後の標準報酬月額が適用される月から負担割合が変わります。

一方，3割負担とされた現役並み所得者には毎年7月または8月頃に事業主を通じて「健康保険高齢受給者基準収入額適用申請書」が送られてきますので，条件に該当する人は，申請書に前年の収入を記載し，収入額を証明する書類を添えて保険者に提出します。そして，毎年9月1日現在で基準収入額適用の判定が行われ，前記の基準に該当すれば，その後は2割負担の扱いになります。

なお，任意継続被保険者や特例退職被保険者についても標準報酬月額により2割か3割かの判定が行われますが，法第3条第2項に規定する被保険者（日雇特例被保険者）については一律2割負担となっています。

＜高齢受給者証の交付＞

負担割合を保険医療機関・保険薬局の窓口で確認するため，70歳以上75歳未満の被保険者・被扶養者には負担割合（3割または2割）を記載した「健康保険高齢受給者証」が事業主を通じて交付されます。ただし，健康

保険の被保険者証に高齢受給者証を兼ねる旨および負担割合等を明示することで，高齢受給者証の交付に代えることも可能とされています。

令和5年4月からは，保険医療機関・保険薬局にオンライン資格確認の導入が原則義務化されたため，高齢受給者証がなくても原則，負担割合がわかります。

なお，法第3条第2項に規定する被保険者等に高齢受給者証は交付されませんので，保険医療機関では生年月日により判断します。

■一部負担金の減額・免除・猶予

平成18年10月から，被保険者が，震災・風水害・火災その他これらに類する災害により，住宅・家財・またはその他の財産について著しい損害をうけ，一部負担金を支払うことが困難な場合には，保険者が次のような措置をとることができることになっています。

(1) 一部負担金を減額する。

(2) 一部負担金の支払いを免除する。

(3) 保険医療機関・保険薬局に対する支払いに代えて，一部負担金を保険者が直接徴収することにし，その徴収を猶予する。

■健康保険組合における一部負担金の特例

保険者の指定医療機関や直営医療機関では，一部負担金について，次のように特別の取扱いができることになっています。

(1) 保険者が指定する病院・診療所・薬局——原則として一部負担金を徴収することになっていますが，健康保険組合では，組合規約で一部負担金を減額したりすることができます。

(2) 健康保険組合の直営病院・診療所・薬局——一部負担金を徴収しないことになっていますが，規約によって，徴収することもできます。

＜一部負担還元金＞

健康保険組合の場合には，規約によって，被保険者が支払った一部負担金の一部を保険者が払いもどしすることができるようになっています。

■協会けんぽにおける附加的給付事業

政府管掌健康保険（現協会けんぽ）では，被保険者本人について附加的な給付を行う附加的給付事業が昭和60年４月から導入されています。

これは，事業主と被保険者で組織する法人で厚生労働大臣の承認をうけたもの（承認法人等）が，被保険者本人についてその一部負担金の範囲で附加的な給付を行うことができるものです。

■未払一部負担金の保険者徴収

保険医療機関などが，被保険者から適正な方法・手続等により一部負担金を徴収しようとしたにもかかわらず，被保険者が支払わなかった場合は，保険医療機関などの請求により，保険者が徴収処分を行います。

■領収証・明細書交付の義務化

平成18年度から，保険医療機関には，注射・投薬などの部ごとにその費用が分かる「領収証」を無償で交付することが義務づけられています。また，平成22年度からは，レセプト電子請求を行っている保険医療機関には，詳細な個別の点数項目まで分かる「明細書」を無償で交付することが義務づけられています。明細書の無償発行は，平成26年４月からは400床以上の病院（平成28年４月からはすべての病院）で義務化され，その他の医療機関は，当分の間，正当な理由がある場合は，①患者からもとめられたとき，②有償で発行することが認められます。

③ 入院時食事療養費

●療養の給付と併せてうけた入院時の食事については，患者が定額の食事療養標準負担額を支払い，残りは健康保険から入院時食事療養費として現物給付されます。

●食事療養標準負担額は，被保険者本人・被扶養者とも同じ定額で，1食当たり460円（令和6年6月から490円）となっています。市区町村民税非課税など低所得の人については軽減措置があります。

入院時の療養の費用	診療等（療養の給付，保険外併用療養費，家族療養費）	一部負担金（自己負担）
	食事（入院時食事療養費）	食事療養標準負担額

健康保険で現物給付 ←————→ 患者が負担

■入院時食事療養費の額

　入院時食事療養費の額は，食事療養の費用額算定表により算定した額から，患者が負担する食事療養標準負担額を控除した額となります。食事療養の費用額算定表は，療養の給付についての「診療報酬点数表」に当たるもので，食事療養にかかる平均的な費用をもとにして，厚生労働大臣が中央社会保険医療協議会への諮問を経て定めることになっています。

　なお，被扶養者については家族療養費として給付されます。

■食事療養標準負担額

　食事療養標準負担額は，平均的な家計の食費をふまえて厚生労働大臣が定めます。平成28年4月から，従来の食材費に加えて調理費の負担ももとめることになり，平成30年度からの標準負担額は1食あたり460円（1日3食を限度。平成27年度までは260円，28・29年度は360円，令和6年6月から490円）で，低所得者や難病患者等については減額されます。

　なお，通常のメニューにない特別メニューを希望した場合は，その分の特別料金は自費で負担します。食事療養標準負担額など食事療養に関する

自己負担は高額療養費の算定対象外です。

■低所得者等の軽減措置

　低所得者等の食事療養標準負担額については，所得その他の状況により軽減措置がとられることになっています。低所得者等の範囲および軽減された負担額は次のとおり（〈　〉内は令和6年6月から）で，(3)は70歳以上の高齢受給者にのみ適用されています。

(1)	①市区町村民税非課税者（または免除者）②特例（軽減）の適用により生活保護による保護を要しないようになる人	1食につき210円〈230円〉
(2)	上記(1)の人の直近1年間の入院日数が90日をこえた場合	1食につき160円〈180円〉
(3)	上記(1)(2)のうち，被保険者およびすべての被扶養者の所得が一定の基準額に満たない場合等に該当する高齢受給者	1食につき100円〈110円〉

※指定難病患者・小児慢性特定疾病児童等は1食につき260円〈280円〉（または上表）。

<軽減をうけるとき>

　食事療養標準負担額の軽減をうける低所得の区分は，高額療養費の低所得の区分と同様で，70歳未満の人については上表の(1)(2)が低所得者に，高齢受給者については(1)(2)が低所得Ⅱ，(3)が低所得Ⅰにあたります（157頁・164頁参照）。また，下記の認定証を提出すると，自己負担限度額をこえる部分は高額療養費として現物給付となります（70歳未満の人の入院医療については平成19年4月から，外来診療については平成24年4月から実施）。

　したがって，低所得者については，所得区分により軽減された自己負担限度額と食事療養標準負担額が適用されることになります。

　軽減をうけるときは，申請書に被保険者証（高齢受給者証）と低所得の証明書を添付して保険者に提出します。また，上表(2)の長期入院に該当した場合は，再度申請を行います。申請が認められると認定証（健康保険限度額適用・標準負担額減額認定証）が交付され，これを被保険者証（高齢受給者証）とともに保険医療機関の窓口に提示することになります。

　なお，やむを得ず申請書を提出できなかった場合は，あとで「療養費支給申請書」を提出して，減額分の払いもどしをうけることができます。

④ 入院時生活療養費

> ● 65歳（平成20年３月までは70歳）以上の被保険者・被扶養者が療養の給付とあわせてうけた療養病床入院時の食費・居住費については，患者が定額の生活療養標準負担額を支払い，残りは健康保険から入院時生活療養費として現物給付されます。
>
> ● 生活療養標準負担額は，被保険者本人・被扶養者とも同じ定額で，１日当たり1,750円（令和６年６月から1,840円）となっています。ただし，難病患者については軽減措置があります。

■食費・居住費を自費負担

　従来，療養病床に入院した場合の患者負担は一部負担金（自己負担）と食事療養標準負担額だけでした。しかし，平成17年10月から介護保険の施設サービスの食費と居住費が利用者負担になっているため，健康保険でも平成18年10月から，65歳（平成20年３月までは70歳）以上の被保険者・被扶養者が療養の給付とあわせてうけた療養病床入院時の食費（食材料費＋調理コスト相当額）と居住費（光熱水費相当額）については，生活療養標準負担額を負担し，残りは健康保険から入院時生活療養費（被扶養者については家族療養費）として現物給付されることになっています。

＜療養病床＞

　主として長期にわたり療養を必要とする患者を入院させるための病床です。このため，人的・物的両面において長期にわたり療養を必要とする患者にふさわしい療養環境を有し，看護・介護に重点を置いています。

■入院時生活療養費の額

　入院時生活療養費の額は，生活療養（食事療養，温度・照明・給水に関する適切な療養環境の形成である療養）に要する平均的な費用の額を勘案して厚生労働大臣が定める額から，患者が負担する生活療養標準負担額を控除した額となります。

■生活療養標準負担額 〈　〉内は令和6年6月から)

　生活療養標準負担額は，平均的な家計の食費・光熱水費の状況等を勘案して厚生労働大臣が定める額で，医療機関が入院時生活療養Ⅰを算定している場合1日につき1,750円〈1,840円〉（1食460円〈490円〉＋居住費370円），入院時生活療養Ⅱを算定している場合1日1,630円〈1,720円〉（1食420円〈450円〉＋居住費370円）です。

※居住費については平成29年9月まで320円。

<所得の状況による軽減措置>

　住民税非課税である低所得者の生活療養標準負担額については，所得区分に応じて下表のような軽減措置がとられています。なお，低所得者と低所得Ⅱ・低所得Ⅰは高額療養費の所得区分の低所得Ⅱ・Ⅰと同様です（164頁参照）。

所得区分	生活療養標準負担額（1日につき）
低所得者（70歳未満）	1,000円 〈1,060円〉
低所得Ⅱ（70歳以上）	〔1食210円 〈230円〉・居住費分370円〕
低所得Ⅰ（70歳以上）	760円 〈790円〉〔1食130円 〈140円〉・居住費分370円〕

※居住費については平成29年9月まで320円。

　なお，①人工呼吸器・中心静脈栄養等を必要とする状態や脊髄損傷（四肢麻痺がみられる状態），難病等など，入院医療の必要性が高い状態が継続する患者，②回復期リハビリテーション病棟に入院している患者の生活療養標準負担額については，従来，居住費の負担はなく，入院時食事療養費と同額の負担額に軽減されていました（151・152頁参照）。

　しかし，平成29年10月からは，上記の状態等の患者（難病患者等を除く）も居住費1日200円を負担することになり，平成30年4月からは1日370円に引き上げられています。

<軽減をうけるとき>

　軽減をうけるときには，入院時食事療養費の食事療養標準負担額の場合と同様に，保険者に申請して認定証の交付をうけ，これを被保険者証（高齢受給者証）とともに保険医療機関の窓口に提示します（152頁参照）。

5 家族の医療費

●被扶養者である家族が病気・けがをしたときも，保険医療機関などで被保険者証（70歳以上は高齢受給者証も）を提示すれば，必要な医療をうけられ，また，医師からの処方箋により，保険薬局で調剤してもらえます（家族療養費）。

●家族療養費の給付率は原則7割で，残りの3割は患者の自己負担となります。ただし，70歳以上の被扶養者のうち，①一般の人は8割※，②現役並み所得者の被扶養者は7割，義務教育就学前（平成20年3月までは3歳未満）の乳幼児は8割の給付率となり，残りは自己負担となっています（自己負担額の10円未満の端数は四捨五入）。

※昭和19年4月1日以前生まれの人は9割（自己負担1割）となっていました（平成31年3月まで）。

●入院時の食事療養については食事療養標準負担額（被保険者本人と同額）を，65歳（平成20年3月までは70歳）以上の人の療養病床入院時の生活療養については生活療養標準負担額（被保険者本人と同額）を，それぞれ控除した額が，家族療養費として給付されます。

■75歳以上の人等は後期高齢者医療の被保険者

　健康保険の被保険者に扶養されている人でも，75歳以上の人および65歳以上75歳未満のねたきりの人等は，健康保険の被扶養者から除かれ，後期高齢者医療の被保険者となり，後期高齢者医療の保険給付をうけることになっています（平成20年3月までは，75歳以上の人等は健康保険の被扶養者のままで，老人保健の医療をうけることになっていました）。

　なお，健康保険の被保険者が後期高齢者医療の被保険者になったときは，その扶養家族は健康保険の被扶養者でなくなりますので，後期高齢者医療の被保険者になるまで，原則として国民健康保険の被保険者になります。

6 高額療養費/高額介護・高額医療合算療養費

●被保険者本人・被扶養者とも，1ヵ月の窓口負担額が自己負担限度額（高額療養費算定基準額）をこえたときは，こえた分が被保険者の請求により払いもどされます（高額療養費）。

←──── 窓口負担額 ────→		
高額療養費	自己負担限度額	療養の給付（家族療養費）
払いもどされる額		

←──────────── かかった医療費 ────────────→

●70歳未満の自己負担限度額は，次のように設定されています。

所得区分	自己負担限度額（高額療養費算定基準額）
標準報酬月額83万円以上	252,600円＋（医療費－842,000円）×1％
同53万円〜79万円	167,100円＋（医療費－558,000円）×1％
同28万円〜50万円	80,100円＋（医療費－267,000円）×1％
同26万円以下	57,600円
低所得者	35,400円

　また，同一世帯で同一月に21,000円以上の窓口負担が二つ以上ある場合は，世帯ごとに合算し，合算額が上記の自己負担限度額をこえたとき，こえた分が払いもどされます。さらに，同一世帯で1年間に3ヵ月以上高額療養費が支給されている場合は，4ヵ月目からの自己負担限度額が軽減されます。

●70歳以上の高齢受給者については別に自己負担限度額が設定され，70歳未満と70歳以上のいる世帯で世帯合算が行われます。

●認定証を提出すると，同一月・同一医療機関での窓口負担額が自己負担限度額までとなります（高額療養費の現物給付化）。

●12ヵ月間の健康保険の窓口負担額と介護保険の利用者負担額を合計した額が，別に設定されている自己負担限度額をこえたときは，こえた分が被保険者の請求により払いもどされます（高額介護・高額医療合算療養費）。

■窓口負担額が定められた限度額をこえると支給対象に

　被保険者本人・被扶養者ともに同一の医療機関での1人1ヵ月の窓口負担額が自己負担限度額（高額療養費算定基準額）をこえたときは，こえた分が被保険者の請求により高額療養費として払いもどされます。

　また，認定証を医療機関の窓口に提出すれば，被保険者本人・被扶養者ともに同一の医療機関での1人1ヵ月の窓口負担額自体が自己負担限度額（高額療養費算定基準額）までとなり，これをこえる分は高額療養費として現物給付されます。なお，マイナンバーカードを被保険者証として利用する場合は，認定証がなくても高額療養費の現物給付をうけられます（160・165・171頁参照）。

＜窓口負担額に含まれるもの＞

　このときの窓口負担には，療養の給付・家族療養費の一部負担金・自己負担額をはじめ，保険外併用療養費の自己負担額，療養費の一部負担金・自己負担額相当額，訪問看護療養費・家族訪問看護療養費の基本利用料が含まれます。ただし，保険外併用療養費についての特別料金，入院時食事療養費の食事療養標準負担額，入院時生活療養費の生活療養標準負担額は対象となりません。

■70歳未満の被保険者等の自己負担限度額

　従来の自己負担限度額は，上位所得者，一般，低所得者の区分で次頁の表のとおり設定されていました（一般と上位所得者についてはそれぞれ平均月収に対応した「一定の限度額」に「一定の限度額に対応する分を除いた医療費の1％」を加えた額として計算）。平成27年1月からは，一般と上位所得者について，所得区分と自己負担限度額がさらに細かく見直されました。なお，低所得者については，据え置かれています。

＜70歳未満の所得区分＞

　平成26年12月までは，被保険者または被扶養者が療養をうけた月における被保険者の標準報酬月額が53万円以上である場合に上位所得者とされていました。

　また，被保険者または被扶養者が療養をうけた月の属する年度（療養を

157

うけた月が4月から7月までであれば前年度)において被保険者が市(区)町村民税の非課税者である場合，もしくは被保険者または被扶養者が療養をうけた月において生活保護の要保護者で，低所得の特例による高額療養費の支給があれば生活保護の要保護者とならない場合に，低所得者として扱われます。

平成26年12月まで		平成27年1月から	
所得区分	自己負担限度額	所得区分	自己負担限度額
上位所得者	150,000円＋ (医療費−500,000円)×1% 〈83,400円〉	❶標準報酬 月額83万円 以上	252,600円＋ (医療費−842,000円)×1% 〈140,100円〉
		❷標準報酬 月額53万円 〜79万円	167,400円＋ (医療費−558,000円)×1% 〈93,000円〉
一般	80,100円＋ (医療費−267,000円)×1% 〈44,400円〉	❸標準報酬 月額28万円 〜50万円	80,100円＋ (医療費−267,000円)×1% 〈44,400円〉
		❹標準報酬 月額26万円 以下	57,600円 〈44,400円〉
低所得者	35,400円　〈24,600円〉	低所得者	⇒据え置き

※〈　〉内は多数該当（次頁参照）。

＜21,000円以上の窓口負担は世帯合算＞

　同一世帯で同一月に複数の窓口負担がある場合は，世帯で合算して自己負担限度額をこえる額が高額療養費として払いもどされます（160・161頁の現物給付が行われた場合には，高額療養費の償還額は支給額から現物給付額をさしひいた額となります）。このとき世帯合算の対象となるのは

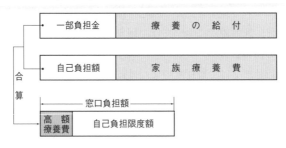

21,000円（合算対象基準額）以上の窓口負担で，所得区分に関係なく同額となっています。

この取扱いは，同一人が同一月に二つ以上の医療機関にかかり，それぞれの窓口負担が21,000円以上になった場合にも適用されます。

なお，「同一世帯」とは，「1人の被保険者＋その被扶養者」のまとまりに限られます。また，後期高齢者医療対象者と医療保険対象者との間では合算は行われません。

＜多数該当（4ヵ月目以降）の自己負担限度額＞

同一世帯で直近12ヵ月間に高額療養費が支給された月が3ヵ月以上になった場合は，4ヵ月目からの自己負担限度額は軽減された定額となります（多数該当）。このときの軽減された自己負担限度額（多数該当の高額療養費算定基準額）は次の表のとおりで，高額療養費の要件に該当したとき，つねに直近12ヵ月の支給（該当）月数をみて4ヵ月以降であれば，保険者が確認して軽減されることになります。

平成26年12月まで		平成27年1月から	
所得区分	自己負担限度額	所得区分	自己負担限度額
上位所得者	83,400円	前頁の❶	140,100円
		前頁の❷	93,000円
一般	44,400円	前頁の❸	44,400円
		前頁の❹	44,400円
低所得者	24,600円	低所得者	同左

（❸標準報酬月額28万～50万円の場合）

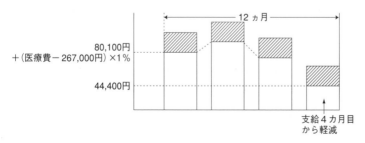

＜70歳未満の入院にかかる高額療養費の現物給付化（平成19年４月実施）**＞**

　平成19年４月からは，70歳未満の被保険者または被扶養者の入院にかか
る高額療養費が，70歳以上の場合の取扱いと同様に現物給付化されていま
す。これにより，同一月・同一医療機関で自己負担限度額（158頁）をこ
えたときは，こえた分は高額療養費として現物給付されることになります
ので，窓口負担は自己負担限度額までとなります。

　なお，平成24年３月までは，入院以外であっても，総合的かつ計画的な
医学管理のもとに行われる在宅時医学総合管理料（在医総管），在宅末期
医療総合診療料（在医総）などが算定される療養については，入院の場合
に準じて高額療養費の現物給付の対象となっていましたが，平成24年４月
からは，在医総管，在医総などが算定される療養を含む外来診療にかかる
高額療養費が現物給付化されています。

＜70歳未満の外来にかかる高額療養費の現物給付化（平成24年４月実施）**＞**

　平成24年４月からは，70歳未満の被保険者または被扶養者が外来診療（薬
局での調剤，訪問看護ステーションの訪問看護を含む）をうけたときの高
額療養費についても，入院の場合と同様に現物給付化されています。これ
により，同一月・同一医療機関等で自己負担限度額（158頁）をこえたと
きは，こえた分は高額療養費として現物給付されることになりますので，
窓口負担は自己負担限度額までとなります。

＜認定証等を窓口に提示＞

　高額療養費の自己負担限度額には所得による複数の区分がありますの
で，被保険者が保険者に対して申請することにより，所得区分を明らかに
する認定証（健康保険限度額適用認定証。低所得者に対しては，健康保険
限度額適用・標準負担額減額認定証）が個人ごとに交付されます。この認
定証を医療機関の窓口に提出して，高額療養費の現物給付（低所得者は同
時に標準負担額の減額）をうけることになります。

　認定証を提出しないと，窓口負担が自己負担限度額をこえても高額療養
費の現物給付の対象となりませんので，いったん３割（２割）の負担額を
支払い，あとで保険者に高額療養費の支給申請をして払いもどしをうけま
す。

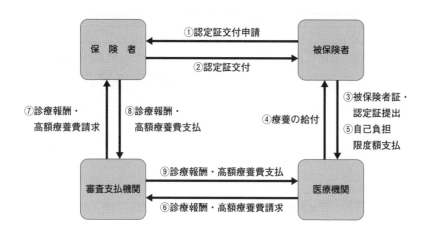

＜オンライン資格確認による限度額情報等の提供＞

　令和5年4月から，保険医療機関・保険薬局にオンライン資格確認の導入が原則義務化され，患者の同意のもと，オンライン資格確認による限度額情報等の提供が可能となっています。この場合，認定証は不要ですが，オンライン資格確認で限度額情報等を取得できない低所得者に該当する人は，引き続き認定証の提出が必要です。

●認定証を提出して高額療養費の現物給付をうけた場合の例（標準報酬月額28万～50万円）

・被保険者の療養

　医療費：1,000,000円

　窓口負担（自己負担限度額）：80,100円＋（1,000,000円－267,000円）

　　×1％＝87,430円

　現物給付：1,000,000円×0.3－87,430円＝212,570円

・被扶養者の療養

　医療費：800,000円

　窓口負担（自己負担限度額）：80,100円＋（800,000円－267,000円）

　　×1％＝85,430円

　現物給付：800,000円×0.3－85,430円＝154,570円

・窓口負担計

　87,430円＋85,430円＝172,860円

医療費　1,800,000円		
療養の給付 〜〜〜 家族療養費	現物給付 367,140円	窓口負担計　172,860円
		払いもどし 77,430円 / 自己負担額 95,430円

・世帯合算の自己負担限度額

　80,100円＋(1,800,000円－267,000円)×1％＝95,430円

・払いもどし

　172,860円－95,430円＝77,430円

＜多数該当・世帯合算の取扱い＞

　高額療養費を現物給付でうける場合の多数該当については，医療機関等が，被保険者または被扶養者が多数該当に当てはまることが確認できた場合に限り，窓口徴収額を軽減します。多数該当にもかかわらず，医療機関等で確認できず通常の自己負担限度額まで窓口負担額を支払った場合は，被保険者が後日，保険者に高額療養費の支給申請を行い，多数該当との差額分の支給をうけるようにします。

　また，次のように世帯合算で高額療養費が支給される場合も，保険者に高額療養費の支給申請を行い，差額分の支給をうけるようにします。

①同一月で，複数の医療機関から高額療養費の現物給付をうけた場合

②同一月で，世帯内の複数の人が高額療養費の現物給付をうけた場合

③同一月で，現物給付をうけた入院等以外にも21,000円以上を負担した医療をうけた場合　など

■70歳以上75歳未満の被保険者等の自己負担限度額

　70歳以上75歳未満の被保険者・被扶養者（健康保険の高齢受給者）の自己負担限度額は，従来，現役並み所得者，一般，低所得Ⅱ，低所得Ⅰの区分で，「個人単位（外来）」（次頁の表のA），「入院・世帯単位」（次頁の表のB）の別に設定されていました。

　平成30年8月からは，現役並み所得者について，所得区分と自己負担限度額がさらに細かく見直され，A，B別の設定がなくなりました。また，一般のAの自己負担限度額14,000円が18,000円に引き上げられています。

なお，低所得Ⅱ・Ⅰの自己負担限度額は据え置かれています。

　一般，低所得Ⅱ・Ⅰについては，①外来の1人1ヵ月の窓口負担額が次頁の表のAの自己負担限度額をこえたとき，②同一世帯のすべての窓口負担額を合計して次頁の表のBの自己負担限度額をこえたとき，③同一の医療機関に入院したときの1人1ヵ月の窓口負担額が次頁の表のBの自己負担限度額をこえたときに，こえた分が高額療養費として支給されます。

　現役並みⅢ・Ⅱ・Ⅰについては，同一の医療機関での1人1ヵ月の窓口負担額が下表の自己負担限度額をこえたときに，こえた分が高額療養費として支給されます。

平成30年7月まで			平成30年8月から		
所得区分	A	B	所得区分	A	B
現役並み 所得者	57,600円	80,100円＋ （医療費－ 267,000円）× 1％ 〈44,400円〉※	❶現役並 みⅢ	252,600円＋（医療費－842,000 円）×1％	〈140,100円〉※
			❷現役並 みⅡ	167,400円＋（医療費－558,000 円）×1％	〈93,000円〉※
			❸現役並 みⅠ	80,100円＋（医療費－267,000円） ×1％	〈44,400円〉※
一般	14,000円 （年間上限* 144,000円）	57,600円 〈44,400円〉※	一般	18,000円 （年間上限* 144,000円）	57,600円 〈44,400円〉※
低所得Ⅱ	8,000円	24,600円	低所得Ⅱ	8,000円	24,600円
低所得Ⅰ	8,000円	15,000円	低所得Ⅰ	8,000円	15,000円

※〈　〉内は多数該当（159頁参照）
＊年間上限は，前年8月～翌年7月にかかるもので，個人の外来，次に世帯合算を計算した後，なお残る個人の外来負担額を合算して計算します。

　なお，同一世帯で健康保険の医療をうける高齢受給者と70歳未満の被保険者等がいる場合は世帯合算が行われますが，後期高齢者医療の被保険者と健康保険で医療をうける人との世帯合算は行われません。

＜指定公費負担医療＞

　平成31年3月までは，健康保険の高齢受給者のうち，特例措置対象被保

険者等（147頁参照）について，原則として，対象者がうけた療養（他の公費負担医療の対象となる療養を除く）にかかる医療費の1割相当の額が現物給付されていました。

＜高齢受給者の所得区分＞

平成30年7月までは，被保険者または被扶養者が療養をうけた月における被保険者の標準報酬月額が28万円以上である場合に現役並み所得者とされていました。平成30年8月からは，現役並み所得者が3区分に細分化され，標準報酬月額83万円以上が現役並みⅢ，標準報酬月額53万円〜79万円が現役並みⅡ，標準報酬月額28万円〜50万円が現役並みⅠとされています。なお，標準報酬月額26万円以下（低所得Ⅱ・Ⅰを除く）は，従来と同じく一般の区分になります。

低所得者については，70歳未満の基準に準じていますが，とくに低所得の人に配慮して，高齢受給者に限定した「低所得Ⅰ」の区分が設けられています。高齢受給者の低所得の範囲は表のとおりです。

低所得Ⅱ	(1)療養をうける月の属する年度（療養をうける月が4月から7月の場合は前年度）分の市町村民税非課税者である被保険者またはその被扶養者 (2)療養のあった月に生活保護法の要保護者である被保険者であって，低所得Ⅱの適用をうけることにより生活保護の被保護者とならない被保険者またはその被扶養者
低所得Ⅰ	(1)被保険者およびその被扶養者の全員が療養をうける月の属する年度（療養をうける月が4月から7月の場合は前年度）分の市町村民税非課税者で，収入から必要経費・控除額を引いた後の所得（判定基準所得）がない被保険者およびその被扶養者 (2)療養をうける月に生活保護法の要保護者であって，低所得Ⅰの特例をうければ生活保護の被保護者とならないもの

＜外来は個人ごとに定額の限度額を適用＞

一般，低所得Ⅱ・Ⅰについて，外来の限度額が適用される自己負担額とは，医療機関や金額を問わず，同一月・個人単位で外来の自己負担すべてを合算した額で，訪問看護の基本利用料や療養費の自己負担相当額も含みます。たとえば，夫婦がともに外来診療をうけた場合，夫と妻それぞれに

ついて自己負担額を計算し，所得区分ごとの限度額をこえた分が高額療養費として支給されます。

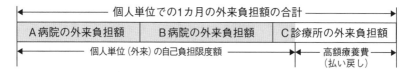

＜世帯では入院・外来すべての自己負担を合算＞

　同一世帯の高齢受給者の自己負担額は，入院を含む同一月のすべての自己負担額を世帯で合算して，所得区分ごとの限度額をこえた分が高額療養費として支給されます。このときの合算対象は，70歳未満のような基準額（21,000円以上）はなく，同一月のすべての自己負担で，一般・低所得Ⅱ・Ⅰでの外来分は個人単位の外来の限度額を適用した後になお残る自己負担額について適用します（現物給付が行われた場合には，高額療養費の償還額は支給額から現物給付額をさしひいた額となります）。

　なお，高齢受給者の多数該当については，外来の限度額の適用によって高額療養費をうけた月は算入しないこととされています。

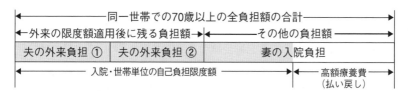

＜高額療養費の現物給付化＞

　入院の自己負担額が同一月・同一医療機関で入院・世帯単位の限度額をこえたときは，こえた分は高額療養費として現物給付されますので，限度額をこえる窓口負担はありません。なお，平成24年3月までは，入院以外であっても，総合的かつ計画的な医学管理のもとに行われる在宅時医学総合管理料（在医総管），在宅末期医療総合診療料（在医総）などが算定される療養については，入院の場合に準じて高額療養費の現物給付の対象となっていました（窓口負担は個人単位（外来）の限度額まで）が，平成24年4月からはすべての外来診療（薬局での調剤，訪問看護ステーションの訪問看護を含む）で自己負担額が同一月・同一医療機関等で個人単位（外

来）の限度額をこえたときも，こえた分は高額療養費として現物給付され
ますので，限度額をこえる窓口負担はありません。

　高額療養費の自己負担限度額には所得による複数の区分がありますの
で，申請することにより，所得区分を明らかにする認定証（現役並みⅡ・
Ⅰに該当する人については「健康保険限度額適用認定証」，低所得Ⅱ・Ⅰ
に該当する人については「健康保険限度額適用・標準負担額減額認定証」）
が個人ごとに交付されます。高額療養費の現物給付をうける際には，この
認定証を医療機関等の窓口に提示します（低所得Ⅱ・Ⅰに該当する人が入
院した場合には標準負担額の減額も同時にうけられます）。なお，現役並
みⅢ，一般に該当する人については，高齢受給者証で所得区分が明らかに
なりますので，認定証の申請・提出は不要です（オンライン資格確認によ
る限度額情報等の提供については160頁参照）。

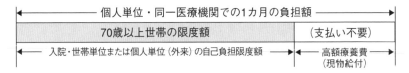

■高齢受給者と70歳未満の人がいる世帯の限度額

　健康保険で医療をうける高齢受給者と70歳未満の人のいる世帯では，同
一月にそれぞれの負担がある場合に世帯合算が行われます。この場合，世
帯全体の自己負担額に対しては70歳未満の療養についての限度額（158頁
の表）を適用することになりますが，世帯全体の限度額については高齢受
給者の療養についての世帯単位の限度額（163頁の表のＢ）を適用した後
になお残る自己負担額について適用します。

　なお，高齢受給者はすべての負担額が，70歳未満は合算対象基準額であ
る21,000円以上の負担が世帯合算の対象になります。

■後期高齢者医療に移行した月の高額療養費

　平成21年1月から，次の療養（75歳到達時特例対象療養）については，
世帯合算または高齢受給者の世帯合算の高額療養費の支給額を算出する前
に，個人単位で高額療養費の支給額を算出することになっています。

(1)　月の初日以外の日に75歳に到達し後期高齢者医療の被保険者になった
　　ことにより健康保険の被保険者でなくなった人が，75歳に到達した月に
　　うけた療養

(2)　月の初日以外の日に75歳に到達し後期高齢者医療の被保険者になった
　　ことにより健康保険の被扶養者でなくなった人が，75歳に到達した月に
　　うけた療養

(3)　(1)の被保険者の被扶養者が，その被保険者が75歳に到達した月にうけ
　　た療養

　75歳到達時特例対象療養についての高額療養費の自己負担限度額（高齢
受給者の外来の自己負担限度額を含む）は，その療養をうけた人の年齢・
所得区分に応じて，通常の自己負担限度額の2分の1に相当する額になり
ます。また，70歳未満の合算対象基準額も2分の1の10,500円になります。

　つまり，月の途中（2日～末日）に健康保険の被保険者または被扶養者
が後期高齢者医療の被保険者になった場合は，その月にうけた療養につい
ては，健康保険・後期高齢者医療の高額療養費の自己負担限度額を2分の
1として，それぞれ高額療養費の支給要件に該当するかどうかをみること
になります。また，月の途中（2日～末日）に健康保険の被保険者が後期
高齢者医療の被保険者になったことにより，健康保険の被扶養者でなくな
り国民健康保険の被保険者になった人についても，同様に扱われます。

■保険優先の公費負担医療が行われる場合

　医療保険の自己負担分を対象とする保険優先の公費負担医療が行われた
療養については，医療機関での患者の所得区分の確認が困難であるため，
自己負担限度額は，所得区分にかかわらず，年齢に応じて次のように定め
られています。

①70歳未満　80,100円 ＋（医療費 － 267,000円）× 1％

②高齢受給者　入院57,600円・外来18,000円

　この公費負担医療には，原爆被爆者の一般疾病医療，児童福祉法による
療育の給付，精神保健福祉法による措置入院，感染症法による医療（結核
の適正医療を含む），母子保健法による養育医療などがあります。高額療
養費は原則として現物給付の取扱いとなりますので，公費での費用徴収が

行われる場合を除き，窓口での負担は必要ありません。

　これらの療養に係る自己負担分については，世帯合算の対象から除外し，単独で前記の自己負担限度額をこえる部分が高額療養費として支給されます（この部分は多数該当の月数にはカウントしません）。ただし，費用徴収が行われる場合は，その療養に係る医療保険の自己負担分が合算対象基準額以上であれば費用徴収額が合算の対象となります。

＜特定疾病給付対象療養＞

　特定疾病給付対象療養（指定難病，児童福祉法による小児慢性特定疾病，特定疾患治療研究事業，肝がん・重度肝硬変治療研究促進事業に係る療養）については，公費実施機関で所得が把握されている（所得に応じた公費の限度額が設定されている）ことから，現物給付は所得区分に応じた自己負担限度額（158・163頁参照）が適用されるとともに，多数該当の場合には，限度額の軽減（159・162頁参照）が行われます。多数該当は，個人単位・医療機関単位（レセプト単位）での特定疾病給付対象療養についての高額療養費支給回数のうち，入院のみをカウントの対象とします。したがって，外来，調剤，訪問看護はカウントの対象とはなりません。

　特定疾病給付対象療養の対象者は，保険者の認定をうけて公費実施機関から交付された医療受給者証等を医療機関に提示することで，所得区分に応じた限度額により高額療養費の現物給付をうけます。

■高額長期疾病（特定疾病）の特例

　長期にわたって高額な医療費が必要となる特定疾病については，負担の軽減を図るため，特例により健康保険の自己負担限度額が10,000円（下記①のうち70歳未満で標準報酬月額53万円以上の人とその被扶養者は20,000円）となっており，限度額をこえる分は高額療養費が現物給付されます。

　特定疾病として，①人工腎臓を実施している慢性腎不全，②血漿分画製剤を投与している先天性血液凝固第Ⅷ因子障害または第Ⅸ因子障害，③抗ウイルス剤を投与している後天性免疫不全症候群（HIV感染を含み，血液凝固因子製剤の投与に起因するHIV感染症に関する医療をうけている者に限る）が定められています。特例の扱いをうけるためには，保険者に申請して「健康保険特定疾病療養受療証」の交付をうけ，被保険者証とともに

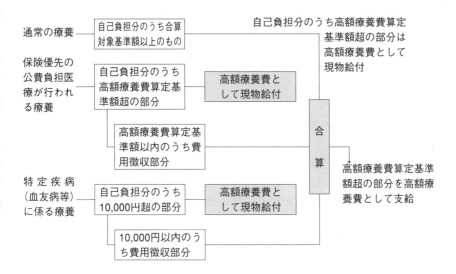

医療機関の窓口に提示します。

＜オンライン資格確認による特定疾病療養受療証情報の提供＞

　マイナンバーカードによるオンライン資格確認により，保険医療機関などに特定疾病療養受療証情報（認定疾病名，自己負担限度額）を提供することも可能です。その場合，マイナンバーカードを被保険者証として利用する「マイナ保険証」の手続きが済んでおり，保険者が特定疾病療養受療証情報を登録していれば，窓口での被保険者証および特定疾病療養受療証なしに，窓口での支払いは自己負担限度額までとなります。

　患者は，マイナ保険証を顔認証付きカードリーダーにおいて本人確認を行い，「提供する情報」の中から「特定疾病療養受療証」を選択します。

＜慢性腎不全の場合＞

　前記①の疾病については，最大10,000円（70歳未満で標準報酬月額53万円以上の人とその被扶養者は20,000円）の自己負担が公費の対象です。費用徴収が行われる場合は，費用徴収部分（なお残る負担額）は世帯合算の対象となります。ただし，70歳未満の場合には，一部負担金相当額（高額療養費適用前の額）が合算対象基準額以上であることが条件です。

＜先天性血液凝固因子障害，後天性免疫不全症候群の場合＞

　前記②③の疾病については，先天性血液凝固因子障害等治療研究事業の

対象として，高額療養費適用後の負担額10,000円全額が公費の対象となります。申請により交付される公費の「先天性血液凝固因子障害等医療受給者証」と健康保険の「特定疾病療養受療証」および被保険者証を提示することで，窓口負担はありません（オンライン資格確認による特定疾病療養受療証情報の提供については168頁参照）。

■レセプトにもとづき支給

　高額療養費は，医療機関等が診療月の翌月に診療報酬支払基金などに提出する診療報酬明細書（レセプト）等にもとづきます。レセプトは1月ごとに，①同一医療機関でも医科と歯科は別々に，②入院と通院は別々に，③同一月内に健康保険組合から協会けんぽに移ったという場合はそれぞれについて，作成されます。なお，旧総合病院（平成10年4月1日段階で改正前の医療法により総合病院の承認をうけている病院）では，平成22年3月までは，外来では各科ごとに作成されていました。

　ここでいう1月とは医療をうけた月ごとという意味で，たとえば6月18日から7月9日まで同一の病院で健康保険による医療をうけた場合は，6月18日から6月30日までと7月1日から7月9日までがそれぞれ1月となり，それぞれの月ごとに要件をみることになります。

＜保険者ごとに通算，協会けんぽはまとめて通算＞

　支給月数は，転職などで管轄の全国健康保険協会都道府県支部がかわった場合でも，協会けんぽの被保険者であれば通算されます。しかし，組合健保から協会けんぽに移るなど保険者がかわった場合には，支給月数は通算されません。

■支給をうける手続

＜高額療養費支給申請書を提出＞

(1)　支給要件に該当した場合は，「高額療養費支給申請書」（全国健康保険協会都道府県支部などにあります）に必要なことがらを記入して保険者（協会けんぽは全国健康保険協会都道府県支部，組合健保は健康保険組合）に提出します。保険者は，この請求にもとづきレセプトで確認したうえで高額療養費を支給します。

〈高額療養費支給制度における事務の流れ〉

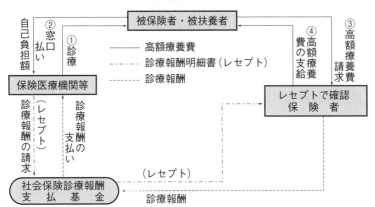

なお，世帯合算などの場合も，特別の手続をするのではなく，この申請書の所定の欄に正確に記入して提出することになります。

また，保険者が必要事項をあらかじめ記載した申請書を被保険者に送付・通知する（ターンアラウンド方式）など，支給申請手続の簡素化が進められています。

(2) 低所得（市（区）町村民税の非課税など）の人については，住所地の市区役所または町村役場等で市（区）町村民税の非課税証明等をうけます（マイナンバーを利用した情報照会を希望する場合は不要）。

(3) 高額療養費の現物給付をうける場合には，保険者に申請して認定証の交付うけを，これを被保険者証（高齢受給者は高齢受給者証も）とともに医療機関の窓口に提出します（高齢受給者のうち現役並みⅢ，一般に該当する人には認定証は発行されません）。

(4) 血友病（第Ⅷ因子と第Ⅸ因子障害），腎透析患者等については，その旨の医師の意見書等をつけて保険者に申請をし，受療証（健康保険特定疾病療養受療証）をうけます。

※オンライン資格確認による限度額情報等の提供については160頁参照。

＜附加給付との関係＞

健康保険組合の附加給付で一部負担還元金や家族療養附加金，合算高額療養附加金が支給される場合でも，法定給付である高額療養費が優先しま

すので，自己負担額が限度額をこえる分については高額療養費の支給をうけ，自己負担限度額の範囲内で附加給付をうけることになります。

　この場合は，高額療養費の支給方法については，必ずしも受給者の請求方式によらないで，附加給付と同様な方法で償還する取扱いもできることになっています。

■高額医療費貸付制度

　高額療養費は，請求してから保険者の確認をうけ支払いをうけるまである程度の時間がかかります。このため，医療費が高額になった場合，医療機関に一部負担金を支払ってから高額療養費の支給をうけるまでの間家計のやりくりがたいへんな世帯も少なくありません。そこで，高額療養費が支給されるまでの間，医療費の窓口支払いにあてるため，その資金を保険者が貸し付ける高額医療費貸付制度があります。

　貸付けをうけられるのは被保険者であって，本人または被扶養者について高額療養費が支給される見込みの人です。なお，法第3条第2項被保険者，任意継続被保険者も貸付けがうけられます。

　また健康保険組合では，具体的な運用は組合規約によりきめられます。

＜申込方法＞

　「高額医療費貸付金貸付申込書」の被保険者記入欄に必要事項を記入し，次の書類を添えて全国健康保険協会都道府県支部に提出します。

　(1)　医療機関の発行した保険点数（保険診療対象総点数）のわかる医療費請求書

　(2)　被保険者証，受給資格者票（郵送の場合は写）

　(3)　高額医療費貸付金借用書

　(4)　高額療養費支給申請書

＜貸付額・利子，返済と精算＞

　貸付額は高額療養費支給見込額の8割相当額（100円未満切捨て）で，無利子です。貸付額が決定しますと被保険者が指定した金融機関の口座に振り込まれます。なお，振込手数料は不要です。

　返済は，高額療養費が被保険者の委任にもとづいて直接全国健康保険協会都道府県支部に支払われますので，この高額療養費と貸付金との間で精

算が行われます。精算の結果，通例としては高額療養費の2割相当の残余が生じますので，その精算金は被保険者が指定した金融機関の口座に振り込まれ，貸付金の返済完了，精算金振込みの通知とともに借用書が返還されます。なお，高額療養費が不支給となったなどの理由で，貸付金が返済されなかったときや不足額が生じたときは，貸付金精算不足金返済請求の通知が行われますので，期日までに返還しなければなりません。

また，貸付けをうけた後，精算されるまでの間に住所，氏名，金融機関・口座を変更したとき，申込者が死亡したときは，申込先の全国健康保険協会都道府県支部に届け出ます（死亡の場合は家族が行います）。

健康保険 限度額適用認定 申請書 （限）

入院等で医療費が自己負担限度額を超えそうな場合にご使用ください。なお、記入方法および添付書類等については「記入の手引き」をご確認ください。

1 被保険者証の記号・番号を左づめで記入してください。枝番は記入不要です。

2 被保険者の氏名を記入してください。機械（OCR）処理をするので、必ず氏名（カタカナ）も記入してください。姓と名の間は1マス空けて記入してください。濁点（ ゛ ）、半濁点（ ゜ ）は1字として記入してください。

3 療養する方の氏名（カタカナ）、生年月日を記入してください。

4 入院され自宅で認定証の受け取りができない場合などに、その送付先を記入してください。なお、記入の不備等により書類をお返しする場合もこの送付先にお送りしますので、十分注意してください。

5 被保険者以外の方が申請する場合に記入してください。なお、申請を代行された場合でも、認定証は上の欄に記入された送付先にお送りしますので、十分注意してください。

添付書類

添付書類はありません。

※平成30年8月から70歳以上の方について、所得区分が細分化されたことによる（70歳未満と同様）事前の申請のしくみが取り入れられており、現役並み所得Ⅱ・Ⅰの限度額により現物給付を受ける場合は、「限度額適用認定証」の提示が必要です（Ⅲおよび一般は不要）。ただし、オンライン資格確認を導入している保険医療機関等においてマイナンバーカードを被保険者証として利用する場合は、所得区分に関係なく提示が不要です。

※低所得者の方が窓口での負担の軽減を受ける場合は、年齢にかかわらず、「限度額適用・標準負担額減額認定申請書」（次頁）を提出します。

※「限度額適用認定証」による保険医療機関、保険薬局等の窓口での負担軽減は、保険医療機関、保険薬局等ごとの取扱いになります。同一月に複数の保険医療機関で入院したり、外来で診察を受けたことによりそれぞれ21,000円以上の自己負担があった場合には、「高額療養費支給申請書」（176頁）を提出してください。

※診療月以前1年間に3回以上の高額療養費の支給を受けた（受けられる）場合は、多数該当となり4回目から自己負担限度額が軽減されますが、「限度額適用認定証」による保険医療機関、保険薬局等の窓口での負担は、軽減前の自己負担限度額が適用される場合があります。この場合には「高額療養費支給申請書」（176頁）を提出してください。

健康保険 限度額適用・標準負担額減額認定 申請書

1 2 ページ （減）

市区町村非課税証明などの証所番号等

低所得（住民税非課税用）に該当される方が、入院等で医療費が自己負担限度額を超えそうな場合にご使用ください。なお、記入方法および添付書類等については、「記入の手引き」をご確認ください。

被保険者証
記号（左づめ）| 3 6 2 4 3 8 0 5 | 番号（左づめ） 1 2 3 | 生年月日 2 . 04 . 04 . 20

氏名（カタカナ） ケンホ 1 タロウ
姓と名の間は1マス空けてご記入ください。濁点（゛）、半濁点（゜）は1字としてご記入ください。

氏名 健保 太郎

郵便番号（ハイフン除く） 1 7 3 0 0 0 0
電話番号（左づめハイフン除く） 0 3

住所 東京 都 △△区××○-○-○

氏名（フリガナ） 2 ケンホ 1 タロウ
姓と名の間は1マス空けてご記入ください。濁点（゛）、半濁点（゜）は1字としてご記入ください。

生年月日 2 . 04 . 04 . 20

認定対象者は、長期入院されましたか。 3 1

住所 4 . 1 2 0 0 0 0 0 東京 都 千代田区△△1-1

宛名 （株）けんぽ商会 ○○ ○○
電話番号（左づめハイフン除く） 0 3

5 氏名
電話番号（左づめハイフン除く）
被保険者との関係
申請代行の理由

被保険者 郵便番号 1 7 3 0 0 0 0 6
7

1ページ目の認定対象者欄「認定対象者は、長期入院されましたか。」の質問に対し、「1.はい」と回答された方のみご記入ください。

被保険者氏名 健保 太郎

8

申請以前1年間の入院日数合計 9 2 日

申請を行った月以前1年間の入院期間（日以）
○○ . 08 . 06 ～ ○○ . 09 . 26 52 日

① 入院した医療機関等
名称 ○○総合病院
所在地 東京都□□区△△1-1

申請を行った月以前1年間の入院期間（日以）
○○ . 11 . 06 ～ ○○ . 12 . 15 40 日

② 入院した医療機関等
名称 ○○総合病院
所在地 東京都□□区△△1-1

※申請月の初日（健康保険加入月に申請した場合は資格取得日）から初めて到来する7月末日が有効期間となります。

添付書類

(1)低所得の適用により生活保護を必要としない人⇒「限度額適用・標準負担額減額認定該当」と記載の保護申請却下通知書または保護廃止決定通知書等
(2)長期入院に該当する人⇒入院期間を証明する書類

---

1 被保険者証の記号・番号を左づめで記入してください。枝番は記入不要です。

2 療養する方の氏名（カタカナ），生年月日を記入してください。

3 申請を行った月以前1年間で，市区町村民税が課されていない期間中の入院期間が90日を超える場合には，「1.はい」と回答して，2ページの長期入院欄に記入します。

4 入院され自宅で認定証の受け取りができない場合などに，その送付先を記入してください。不備等により書類をお返しする場合もこの送付先にお送りします。

5 被保険者以外の方が申請する場合に記入してください。申請を代行された場合でも，減額認定証は上の欄に記入された送付先にお送りします。

6 マイナンバーを利用した情報照会を希望する場合は郵便番号を記入してください。申請する月によって記入する郵便番号が異なります。

(例) 令和5年8月～令和6年7月診療分
→令和5年1月1日時点の住民票住所の郵便番号
令和6年8月～令和7年7月診療分
→令和6年1月1日時点の住民票住所の郵便番号

7 マイナンバーを利用した情報照会を希望しない場合は，☑を入れ，(1)市区町村民税が非課税の方は，（非）課税証明書を添付してください。(2)被保険者および被扶養者すべてが，収入から必要経費・控除額を引いた後の所得がない方は，所得証明書等所得額がわかる書類を添付してください。

(例) 令和5年8月～令和6年7月診療分
→令和5年度（令和4年中収入）の（非）課税証明書
令和6年8月～令和7年7月診療分
→令和6年度（令和5年中収入）の（非）課税証明書

8 申請を行った月以前1年間で，市区町村民税が課されていない期間中の入院期間が90日を超える場合には，その入院期間を記入してください。この場合は，入院期間を証明する書類（入院期間が記載されている領収証など）を添付してください。

2ページ目は，1ページ目の認定対象者欄の質問に対し，「1.はい」と回答した場合のみ記入してください。

1 被保険者証の記号・番号を左づめで記入してください。枝番は記入不要です。

2 被保険者の氏名を記入してください。被保険者が亡くなられて，相続人の方が申請する場合は，申請者の氏名を記入してください。住所・振込先指定口座も同様です。ただし，生年月日は被保険者が亡くなられた場合でも，被保険者の生年月日を記入してください。

3 ご希望の振込金融機関口座の銀行・支店名等を記入してください。ゆうちょ銀行の口座へお振込みを希望される場合は，振込専用の店名（漢数字3文字）を必ず記入してください。

4 口座番号欄は左づめで，大きくはっきりと記入してください。ゆうちょ銀行の口座へお振込みを希望される場合は，従来の口座番号（記号・番号（13桁））ではなく，振込専用の口座番号（7桁）を記入してください。

※療養費払いに係る高額療養費の支給申請については，その療養費に係る支給申請と併せて行います。なお，健康保険が適用された柔道整復師，あんまマッサージ指圧師，はり師，きゅう師の施術で支払った自己負担相当額も高額療養費による払い戻しの対象に該当します。
※公的制度から医療費の助成を受け，窓口負担が軽減されている場合，助成を受けた診療についての，医療機関からの領収書のコピーの添付が必要です。
※被保険者が亡くなられ，相続人が請求する場合，被保険者との続柄がわかる「戸籍謄本」等を添付します。

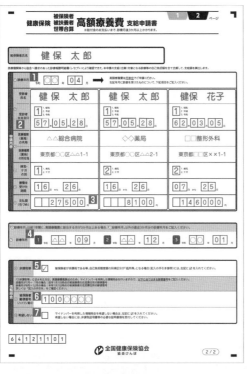

❶高額療養費の申請について，月（1日から末日）を単位に記入してください。月をまたいだり，複数月を記入しての申請はできません。

❷受診者ごとに，医療機関，薬局別に記入してください。医療機関を4か所以上受診している場合，続紙として白紙の高額療養費支給申請用紙（2ページ目）を用意して，記入してください。

　なお，医療機関等から協会へ請求のあった診療報酬明細書（レセプト）により確認できた，本申請の支給（合算）対象となる診療等の自己負担額を全て合算して，支給額を算出します（支給決定後に合算対象となる診療報酬明細書（レセプト）が確認できた場合は，追加で支給されます）。

❸医療機関等で支払った額のうち保険診療分の金額（差額ベッド代などの保険外負担額や入院時の食事負担額などを除いた額）を記入してください。

❹今回申請の診療月以前1年間に3回以上高額療養費の支給を受けた（申請中を含む）場合に，直近の3回分についてそれぞれ記入してください。

❺低所得者に該当する場合は，☑を入れてください。

❻❺「非課税等」に☑をした場合，マイナンバーを利用した情報照会を行うので郵便番号を記入してください。診療年月によって記入する郵便番号が異なる場合があります（→175頁❻の例参照。マイナンバーを利用した情報照会を希望しない場合，記入は不要です）。

❼低所得者に該当し，マイナンバーを利用した情報照会を希望しない場合，（非）課税証明書類の添付が必要となります（→175頁❼の例参照）。

177

1 被保険者証の記号・番号を左づめで記入してください。枝番は記入不要です。

2 療養を受ける人の氏名（カタカナ）および生年月日を記入し、疾病名を1～3から選んでその番号を記入します。

3 入院され自宅で受療証の受け取りができない場合などに記入してください。記入の不備等により書類をお返しする場合もこの送付先に送付します。

4 医師の証明欄記入の際には、日付も忘れずに記入してください。

添付書類

申請書に医師の証明を受けるか、特定疾病に関する意見書または特定疾病にかかったことを証明する書類（診断書など）を添付してください。

■特定疾病にかかる保険医療機関等窓口での負担の軽減

長期にわたって高額な医療費が必要となる特定疾病については、事前に「特定疾病療養受療証交付申請書」を申請することにより、保険者の認定を受けると交付される「特定疾病療養受療証」と被保険者証を併せて保険医療機関等窓口へ提示することで、窓口での負担は自己負担限度額までとなります。ただし、オンライン資格確認を導入している保険医療機関等においてマイナンバーカードを被保険者証として利用する場合、受療証の提示は不要となります。

＜対象の特定疾病＞

①血漿分画製剤を投与している先天性血液凝固第Ⅷ因子障害または先天性血液凝固第Ⅸ因子障害

②人工腎臓を実施している慢性腎不全

③抗ウイルス剤を投与している後天性免疫不全症候群（HIV感染を含み、厚生労働大臣の定める者に係るものに限る。）

■特定疾病にかかる自己負担限度額

特定疾病にかかる自己負担限度額は1万円です。ただし、人工腎臓を実施している慢性腎不全の方のうち、70歳未満で標準報酬月額53万円以上の方とその70歳未満の被扶養者は、自己負担限度額が2万円となります。

※特定疾病の高額療養費の特例は、保険者の認定を受けることにより該当し、発効日から有効となります。発効日は、申請月の初日（健康保険加入月に申請された場合は、資格取得日）となります。

■高額介護・高額医療合算療養費（平成20年4月実施）

　高額療養費の算定対象世帯に介護保険受給者がいる場合，毎年8月から翌年7月までの12ヵ月間（平成20年度は，原則として，平成20年4月から平成21年7月までの16ヵ月間）に，健康保険の自己負担額と介護保険の利用者負担額（高額療養費または高額介護（介護予防）サービス費が支給される場合は，それを控除した額）を合計した額が，下表の自己負担限度額（健

●高額介護・高額医療合算療養費の自己負担限度額

70歳未満の限度額	
所　得　区　分	限　度　額
❶標準報酬月額83万円以上	2,120,000円
❷同53万円〜79万円	1,410,000円
❸同28万円〜50万円	670,000円
❹同26万円以下	600,000円
低所得者	340,000円

70歳以上（高齢受給者）の限度額			
平成30年7月まで		平成30年8月から	
所得区分	限度額	所得区分	限度額
現役並み所得者	670,000円	現役並みⅢ（上記❶と同じ）	2,120,000円
		現役並みⅡ（上記❷と同じ）	1,410,000円
		現役並みⅠ（上記❸と同じ）	670,000円
一般	560,000円	一般（上記❹と同じ）	560,000円
低所得Ⅱ	310,000円	低所得Ⅱ	310,000円
低所得Ⅰ	190,000円※	低所得Ⅰ	190,000円※

※　低所得Ⅰで介護サービス利用者が複数いる場合，高額介護・高額医療合算療養費の自己負担限度額が高額介護（介護予防）サービス費の自己負担限度額（年間約300,000円）を下回る事態が生じますので，この場合には，健康保険で原則どおり低所得Ⅰの自己負担限度額で支給額を計算した後，介護保険で低所得Ⅱの自己負担限度額（310,000円）により介護保険分の支給額を決定することになります。

康保険では介護合算算定基準額，介護保険では医療合算算定基準額）をこえると，こえた分（500円を上回る場合に限る）が被保険者からの請求により払い戻されます（健康保険では高額介護合算療養費，介護保険では高額医療合算介護(介護予防)サービス費）。

　平成27年8月以降の70歳未満の自己負担限度額は前頁表のとおり所得区分を細分化したものに変更されています。また，高齢受給者の現役並み所得者については，平成30年8月以降70歳未満と同様の所得区分・限度額となっています（一般と低所得Ⅱ・Ⅰは据置き）。

＜高額介護・高額医療合算療養費の支給の流れ＞

　高額介護・高額医療合算療養費の支給要件に該当した場合は，まず介護保険（市町村）に「高額介護合算療養費等支給申請書兼自己負担額証明書交付申請書」を提出して「介護保険自己負担額証明書」の交付をうけ，この証明書を「高額介護合算療養費等支給申請書」に添えて健康保険に支給申請を行います。

　被保険者からの申請にもとづき，健康保険では，レセプトおよび証明書で確認のうえ支給額を決定し，「高額介護合算療養費等支給計算結果連絡票」により計算結果を介護保険に連絡します。

　そして，実際の支給は，健康保険・介護保険双方で自己負担した額に応じて，それぞれの保険者から行われることになっています。

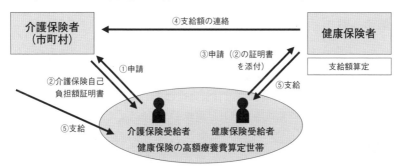

※協会けんぽでは，平成29年度分（平成29年8月から平成30年7月診療分）以降を対象として，マイナンバーを利用することで「介護保険自己負担額証明書」の添付〔上図の①・②・③（　）内〕を省略することができます。

7 うけられる診療の範囲

●保険でうけられる診療（療養の給付）の範囲は，病気・けがを治療するために必要な①診察，②薬剤または治療材料の支給，③処置，手術その他の治療，④居宅における療養上の管理およびその療養にともなう世話その他の看護，⑤病院または診療所への入院およびその療養にともなう世話その他の看護となっています。

●保険でうけられる診療は，原則としてすべて保険医療機関で現物給付としてうけるしくみとなっています。

■診　察

　からだに異常があれば，いつでも健康保険で医師の診察と必要な検査等がうけられます。また，必要があれば往診してもらうこともできます。ただし，往診のさいの交通費は患者が負担します。自家用車で往診してもらっても，医師から請求をうければ実費を支払わなくてはなりません。

■薬剤等の支給

　治療のために必要な薬が支給されます。しかし，いま売られている薬が全部健康保険で使えるわけではなく，厚生労働大臣が定める「薬価基準」にのっている約15,000種の薬に限られます。

　医師に処方箋を書いてもらったときは，保険薬局で調剤してもらえます。処方箋（電子処方箋を含む）の使用期間は，特別の場合を除いて，交付の日を含めて4日以内で，一部負担金等は診療などの場合と同じです。なお，医師・医療機関は，処方箋の交付に際し，特定の保険薬局で調剤をうけるよう指示を行ってはならないことになっています。

＜治療材料の支給＞

　直接の治療に用いるガーゼ，ほう帯，眼帯などは現物給付されます。療養の過程で用いるコルセットや義手・義足などは療養費として支給されますが，松葉杖や歩行補助器などは原則として医療機関が貸与することに

なっています。眼鏡や補聴器，症状固定後の義手・義足などは給付外です。ただし，小児弱視等の治療用眼鏡等は支給対象となっています。

■処置・手術などの治療

ほう帯・ガーゼのとりかえ，薬の塗布，患部の洗浄，点眼，点鼻，点耳，酸素吸入，浣腸，異物除去，人工呼吸などの処置や患部の切開・切除・縫合などの手術はもちろん，注射，放射線治療，精神科専門療法，慢性病の医学管理などもうけられます。ただし，医学界一般に認められていないような特殊な治療は健康保険ではうけられません。

また，処置や手術にともなう麻酔も健康保険でうけられますが，最低必要と認められる以上のもの，たとえば，腹部の部分的な手術のときの全身麻酔などは，健康保険では認められません。

■在宅療養の管理など

健康保険を扱っている医師が必要と認めれば，在宅自己注射などの在宅療養の指導管理がうけられます。また，在宅の悪性腫瘍患者や寝たきり患者への療養指導や，通院が困難な患者への医療機関の看護師等による訪問看護・指導なども行われています。

■入院と看護

健康保険を扱っている医師が必要と認めれば，一部負担金や標準負担額を負担し，必要な入院医療と看護がうけられます。健康保険では，通常の場合は病室は一般室です。入院時の看護については，すべて医療機関の看護師等が行います。

8 保険外併用療養費

●評価療養（先進医療など，将来的に保険給付の対象として認めるかどうかについて評価が必要な療養），選定療養（特別療養室への入院など，保険導入を前提としない患者の選定による療養）は，その基礎部分が保険外併用療養費として現物給付され，評価療養・選定療養についての特別料金を患者が自費で支払います。

●平成28年4月から，新たな保険外併用療養費のしくみとして患者申出療養（国内未承認薬の使用など）が実施されています。

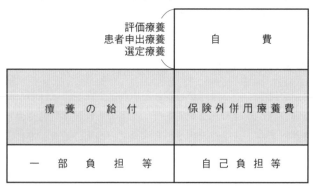

※保険外併用療養費制度は，従来の特定療養費制度を再編したもので，平成18年10月から実施されています。

■評価療養の種類

評価療養とは，厚生労働大臣が定める高度の医療技術を用いた療養その他の療養であって，将来的に保険給付の対象として認めるかどうかについて，適正な医療の効率的な提供を図る観点から評価を行うことが必要な療養として厚生労働大臣が定めるものをいいます。

＜医療技術にかかるもの＞

●先進医療

厚生労働大臣が定める先進医療をうけた場合，先進医療部分は患者の自

費となりますが，診察・検査・投薬・入院料などの基礎部分は，自己負担額を除いて，保険外併用療養費の対象になります。これにより，先進医療をうけた場合には，一般の診療報酬により支払われる費用との差額を特別料金として負担すればよいことになります。

なお，先進医療は，先進医療ごとに定められる施設基準に適合する病院または診療所で行われる場合に限られます。

＜医薬品・医療機器等にかかるもの＞

●医薬品・医療機器等法上の治験にかかる診療

新薬等の臨床試験（治験）については，診療のうち検査・画像診断や治験と関連する投薬・注射等の費用は治験依頼者が負担します。

医療機器・再生医療等製品の治験についても，これらを用いた処置・手術の前後に行われた検査・画像診断等の費用は治験依頼者が負担します。

ただし，医師主導で行われる治験の場合には，検査・画像診断等は保険給付の対象になります。

●薬価基準収載前医薬品の投与

医薬品・医療機器等法上の承認をうけ薬価基準への収載を希望している医薬品の投与（承認後90日以内に行われたものに限る）をうけた場合，その保険医療機関・保険薬局が定める特別料金（薬剤料などを基準とした額）を患者が負担します。

●保険適用前医療機器・再生医療等製品の使用

医薬品・医療機器等法上の承認をうけ保険適用を希望している医療機器（体外診断用医薬品）・再生医療等製品については，その使用・支給を適切に行う保険医療機関・保険薬局でその医療機器・再生医療等製品の使用・支給（保険適用を希望してから一定の期間以内に限る）をうけた場合，保険医療機関・保険薬局が定める特別料金を患者が負担します。

●薬価基準収載医薬品の適応外使用

医薬品・医療機器等法上の承認内容以外に適応を拡大させる際，治験を省略できる一部の医薬品の投与をうけた場合，その保険医療機関・保険薬局が定める特別料金（薬剤料などを基準とした額）を患者が負担します。

●保険適用医療機器・再生医療等製品の適応外使用

医薬品・医療機器等法上の承認内容以外に適応を拡大させる際，治験を

省略できる一部の医療機器・再生医療等製品の使用・支給をうけた場合，その保険医療機関・保険薬局が定める特別料金を患者が負担します。

●医薬品医療機器等法承認プログラム医療機器の使用等（令和6年6月）

■選定療養の種類

選定療養とは，被保険者・被扶養者の選定による特別の病室の提供，その他厚生労働大臣が定める療養をいいます。選定療養については，保険導入を前提としていません。

＜快適性・利便性にかかるもの＞

●特別療養環境室への入院

特別療養環境室（4人以下の病室で，一定以上の広さでプライバシーの確保の設備があるなどの条件を満たす病室）への入院を希望した場合は，その保険医療機関が定める特別料金（室料差額）を患者が負担します。

●予約診察

予約にもとづく診察を希望した場合は，その保険医療機関が定めた予約料を患者が負担します。

●時間外診察

時間外（医療機関の表示する診療時間以外の時間）に診察を希望した場合は，診療報酬の時間外加算相当額を標準として保険医療機関が定めた特別料金を患者が負担します。

●歯科の材料差額

歯科の治療をうける場合で，①前歯の金属歯冠修復に金合金または白金加金の材料を希望したとき，②金属床による総義歯を希望したときは，健康保険で認められている材料との差額を患者が負担します。

●水晶体再建に使用する多焦点眼内レンズの支給

白内障患者に対する水晶体再建術で多焦点眼内レンズを使用した場合は，眼鏡装用率の軽減に係る部分を患者が負担します。

＜医療機関の選択にかかるもの＞

●200床以上病院での初診

他の保険医療機関等からの文書での紹介なしに，200床以上の病院で初診をうけたときに，その病院が定める特別料金の支払いを求められた場合

は，患者が全額を負担します。

　ただし，他の保険医療機関等からの文書での紹介をうけたときや，緊急などやむを得ない事情があるときは，通常の初診と同様に一部負担金のみを支払えばよいことになっています。

●200床以上病院での再診

　他の病院または診療所に対して文書による紹介を行う旨の申し出が文書により患者側に行われたにもかかわらず，200床以上の病院で再診をうけたときに，病院が定める特別料金の支払いを求められた場合は，患者が全額を負担します。

　ただし，緊急などやむを得ない事情があるときは，通常の再診と同様に一部負担金のみを支払えばよいことになっています。

※平成28年4月からは，紹介状なしで特定機能病院と500床（平成30年4月から400床，令和2年4月から200床）以上の地域医療支援病院（令和4年10月から紹介受診重点医療機関にも拡大）を受診した場合，初診5,000円（令和4年10月から7,000円）＜歯科は3,000円（同5,000円）＞以上，再診（そのつど）2,500円（同3,000円）＜同1,500円（同1,900円）＞以上の定額負担が義務化されています。

＜医療行為等の選択にかかるもの＞

●180日超の長期入院

　入院医療の必要性が低いのに180日をこえて入院している場合は，特別料金（診療報酬で定められている入院料等の15％相当額を標準とした額）を患者が負担します。

　ただし，入院の必要性が高い難病等の患者は，対象外となっています。

●制限回数をこえてうけた診療

　保険給付を行ううえで制限回数が設けられている医療行為（検査，リハビリ等）を制限回数をこえてうけたときは，こえた分の検査料等の費用を患者が負担します。

●小児のう蝕治療後の継続管理

　むし歯（う蝕）の数が少ない13歳未満の小児で継続的な管理が必要な場合，むし歯治療後にうけた指導管理のうちむし歯再発抑制の処置（フッ化物局所応用と小窩裂溝填塞）の費用を患者が負担します。なお，13歳未満でう蝕多発傾向にある患者は，一般保険診療の対象です。

●保険適用期間終了後に患者が操作等を行うプログラム医療機器の使用等
（令和6年6月）
●間歇スキャン式持続血糖測定器の使用（令和6年6月）
●医療上必要があると認められない，患者の都合による精子の凍結又は融
解（令和6年6月）
●後発医薬品のある長期収載品（令和6年10月）

　患者の選択による長期収載の医薬品について，後発医薬品の上市後5年
以上経過したものや後発医薬品の置換率が50％以上となったものを対象
に，該当する後発医薬品の最高価格帯との価格差の4分の3までを保険給
付の対象とし，残り4分の1は患者負担となります。ただし，医療上の必
要性があると認められる場合等は、これまで通り全額（長期収載品の薬価
部分）が保険給付の対象です。

■患者申出療養の対象となる医療

　平成28年4月からの患者申出療養は，患者の申出にもとづき厚生労働大
臣が定める高度の医療技術を用いた療養とされています。先進医療の対象
にならないが一定の安全性・有効性が確認された医療で，①すでに実施さ
れている先進医療を身近な医療機関で実施することを希望する患者に対す
る療養，②先進医療の実施計画（適格基準）対象外の患者に対する療養（対
象年齢外の患者や病期の進んだ患者，合併症を有する患者等），③先進医
療として実施されていない療養（一部の国内未承認・海外承認医薬品等の
使用や実施計画作成が進まなかった技術等），④現行の治験の対象となら
ない治験などが対象となります。

■説明と同意

　保険外併用療養費の対象となる評価療養・患者申出療養・選定療養につ
いては，医療機関等はあらかじめ患者にその内容と費用の説明を行い，同
意を得なければなりません。また，医療機関等の見やすい場所に，その療
養の内容と費用に関する事項を患者にわかりやすく掲示するとともに，令
和6年6月からは，同内容等を原則ウェブサイトにも掲載することが求め
られます。

9 健康保険による歯の治療

●ふつう，歯の治療は，ほとんど健康保険でうけられますが，次のような場合には，健康保険で使える材料の種類がきまっていて，それ以外の金属を使うときなどには，自由診療（健康保険によらない診療）となります。ただし，前歯部の金属歯冠修復，有床義歯については材料差額方式がとり入れられており，健康保険で認められている歯科材料分が保険外併用療養費として支給されます。

●また，治験医療機器（治験に係る器具機械）を使用した歯科診療のうち，一定の範囲が保険外併用療養費とされています。

■充てん

むし歯の穴に材料をつめて，穴が大きくなるのを防ぐ治療をいい，健康保険で使用できる材料は，光重合型複合レジン，光重合型充填用レジン強化グラスアイオノマー，初期う蝕小窩裂溝填塞材，グラスアイオノマーセメント，複合レジン，歯科用硅酸セメント，硅燐酸セメント，歯科充填用即時硬化レジンです。

■金属歯冠修復（インレー等）

むし歯の部分をけずって形をととのえ，その型をとって金属で鋳造し，歯を修復するインレーや歯面全面をけずって修復する全部金属冠のほか，4分の3冠(前歯)，5分の4冠(小臼歯)があり，14カラット金合金(ブリッジの支台となる前歯に使用するときだけ)，金銀パラジウム合金と銀合金が健康保険で認められています。また，審美的修復を主眼として唇側面を歯冠色レジンでおおった前装金属冠もあります。

保険で認められていない金合金，白金加金を使用する場合は，前歯部(上下各6本)に限り，保険給付される歯科材料（金銀パラジウム合金）との差額を自費負担すれば，あとは保険で治療をうけられます（保険外併用療養費）。

■ブリッジ

歯のぬけた数が比較的少なく，その両側に支えになる丈夫な歯が残っているとき，両側の歯を橋げたのようにして，その間に人工歯を入れ，両方をつなぎ合わせてはめ込んだものです。使用する人工歯には，レジン歯，硬質レジン歯，陶歯，金属材料には，金銀パラジウム合金，銀合金，硬質レジン（前装金属冠）などがあって，これらは健康保険でできます。

■入れ歯（有床義歯）

とりはずしできる入れ歯には，残った歯に鉤(こう)をかけて動かないようにする入れ歯と総入れ歯があり，人工歯にはレジン歯，陶歯，スルフォン樹脂レジン歯など，義歯床の材料にはアクリリック樹脂，熱可塑性樹脂（義歯床用スルフォン樹脂），鉤の材料には14カラット金合金（2歯欠損までの義歯への使用に限る），金銀パラジウム合金，鋳造用コバルトクロム合金，ステンレス鋼，バーの材料には金銀パラジウム合金，コバルトクロム合金，ステンレス鋼などが健康保険で使用できます。

なお，総義歯の義歯床に健康保険で認められていない金属床を使用する場合は，保険給付される歯科材料（熱可塑性樹脂）との差額を特別料金として自費負担すれば，あとは保険で治療をうけられます（保険外併用療養費）。

10 訪問看護療養費・家族訪問看護療養費

●居宅で療養している人が，訪問看護ステーションの看護師などから療養上の世話や必要な診療の補助をうける場合は，その費用が訪問看護療養費（被扶養者は家族訪問看護療養費）として現物給付されます。費用の一部は基本利用料として患者負担となります。
●基本利用料は費用の一定割合（療養の給付・家族療養費の一部負担金・自己負担額と同じ割合）です。

■訪問看護のしくみ

訪問看護療養費にかかる訪問看護の対象者は，病状が安定した状態にあり居宅で看護師などの療養上の世話や診療の補助を必要とすると医師が認めた患者で，介護保険の要介護者等であっても，難病などの患者には健康保険から訪問看護が行われます。

これらの患者について，指定をうけた訪問看護ステーション（指定訪問看護事業者）の保健師，助産師，看護師，准看護師，理学療法士，作業療法士，言語聴覚士が，医師の指示により訪問看護を行います。

■訪問看護療養費の額と基本利用料

訪問看護療養費の額は，厚生労働大臣告示「指定訪問看護の費用の額の算定方法」により算定した額から，患者が負担する基本利用料を控除した額です。基本利用料は，義務教育就学前は看護費用の2割，義務教育就学後70歳未満は3割，70歳以上の一般は2割，現役並み所得者は3割です（10円未満四捨五入）。

患者はこの他，交通費・おむつ代などの実費を支払うとともに，営業日外・営業時間外の訪問看護や1時間30分をこえる長時間の訪問看護を希望した場合は，その分の特別料金を負担します。なお，基本利用料は高額療養費の対象となります。訪問看護ステーションは，基本利用料とその他の料金について区別した領収証を発行することになっています。

⑪ 医療費支払いのしくみ

●健康保険では，地方厚生（支）局長の指定をうけた病院や診療所（保険医療機関）が，保険者にかわって「療養の給付」などを行い，その費用を１月ごとにまとめて保険者に請求し，支払いをうけるたてまえになっています。

●しかし，実際には保険者の数は全国に何千もあって，病院や診療所が個々の保険者に直接請求したのでは事務がはん雑になるため，第三者的な機関として社会保険診療報酬支払基金等が設けられ，病院，診療所は厚生労働大臣が定めた計算方法によって診療報酬などの請求を支払基金等に行い，支払いをうけるしくみになっています。

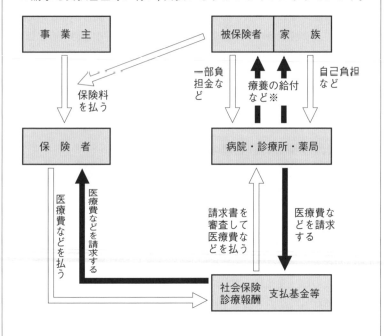

※療養の給付，入院時食事療養費，入院時生活療養費，保険外併用療養費，家族療養費など

■支払基金が審査・支払いを行う

一般的に，保険診療を行った医療機関では，診療報酬点数表にもとづいて計算した医療費（診療報酬）と入院時食事療養費・入院時生活療養費を，保険者からうけとることになりますが，この医療費の請求は，保険者に直接行うわけではありません。請求者（医療機関）と支払側（保険者）との間に第三者的な機関が設けられており，医療費の請求は，この第三者機関に対して行うことになっています。

健康保険などの職域保険の患者の医療費については，社会保険診療報酬支払基金がそれぞれの保険者から委任をうけて（平成19年4月からは，都道府県国民健康保険連合会も委任をうけられます），医療機関から提出された診療報酬の請求内容の審査と，医療費の支払いを行います。

なお，訪問看護療養費にかかる指定訪問看護の費用についても，同じしくみで審査・支払いが行われます。

＜診療報酬明細書の開示＞

診療報酬の請求内容について保険者は，被保険者・被扶養者本人や遺族等からの求めに応じて開示することとされています。開示を求める者が本人または開示を依頼できる人であることを確認し，本人については診療上支障がないことを医療機関等に確認のうえ開示されます。

■医療費などの計算方法

厚生労働大臣がきめる診療報酬の計算方法は，初診料何点，〇〇検査料何点というふうに点数（1点単価10円）で表わされているので，「診療報酬点数表」とよばれています。点数表は，医科と歯科の診療についてそれぞれ別にきめられています。処方箋による保険薬局の薬剤調製料等は，「調剤報酬点数表」によります。

また，使用した薬の価格は厚生労働大臣がきめる「薬価基準」によって，ペースメーカーなど特に定める治療材料（特定保険医療材料）の価格は厚生労働大臣がきめる「材料価格基準」によって計算されています。

なお，入院時食事療養費・入院時生活療養費・訪問看護療養費の額も，厚生労働大臣によりきめられます。

2 療養費の支給

1 療養費

> ● 健康保険では，医療機関の窓口に被保険者証を提示して診療をうける現物給付が原則になっていますが，やむを得ない事情で現物給付をうけることが困難な場合は，本人がかかった費用を一時たてかえ払いしておいて，あとで請求することにより保険者から払いもどしをうけることになっています。
> ● 国外で医療をうけたときも，国内で保険診療をうけた場合に準じて，療養費が支払われます。

■療養費が支給される場合

＜療養の給付をすることが困難であると認められたとき＞

　これは，①山間へき地などで，近くに保険医療機関がないときとか，あっても専門科がちがうところだったり，天災地変のため利用できないというようなときや，②就職したとき，被保険者証の交付をうける前に病気になって，被保険者資格があることを証明できないため，自費で診療をうけたというような場合です。

＜やむを得ずに保険医療機関以外で診療をうけたとき＞

　これは，たとえば，けがをしてとりあえずかつぎこまれたところが，保険医療機関でなかった場合などです。

＜国外で医療をうけたとき＞（海外療養費）

　これは，海外出張などで国外にいる被保険者と被扶養者についても保険給付を行うもので，国内で保険診療をうけた場合に準じて療養費が支払われます。

＜標準負担額の減額申請書を提出できなかったとき＞

　標準負担額の軽減措置をうける場合は，減額の申請書を保険者に提出します。しかし，条件を満たしながら，やむを得ず申請書を提出できず軽減

措置をうけられなかった場合は，その減額分が療養費として支払われます（152頁参照）。

■支給される金額

療養費が支給される場合でも，医者に支払った全額が払いもどされるわけではありません。保険者は，保険医にかかった場合を標準として審査し，実際に支払った額が大きいときにはその標準額，実際に支払った額の方が小さいときはその実費額が払いもどされます。この場合，一部負担金相当額（医療費の3割等）や入院時の食事療養・生活療養についての標準負担額相当額がさし引かれて支払われます。

なお，標準負担額減額の申請書を提出できなかった場合については，減額分（実際に支払った負担額と軽減措置をうけたときの負担額の差額）が支給金額となります。

■支給をうける手続

「療養費支給申請書」に，医師の領収（診療）明細書など必要な書類をそえて，保険者（全国健康保険協会都道府県支部または健康保険組合）に提出します。

＜海外療養費の手続＞

海外療養費の申請手続等も基本的には同様ですが，領収明細書などが外国語で書かれている場合は，日本語の翻訳文を添付することとされています。翻訳文には翻訳者の氏名，住所を記載することになっています。

現に海外にある被保険者からの支給申請は，原則として事業主を経由して行い，療養費は事業主が代理して受領し，保険者から外国への送金は行われないことになっています。

支給額の算定に用いる邦貨換算率はその支給決定日における外国為替換算率（売レート）が用いられます。

なお，海外療養費の不正請求対策として，①パスポート等の写し，②海外の医療機関等に対して照会を行うことの同意書の提出が求められることになっています。

② 治療用装具など

●コルセット・サポーター・治療用眼鏡などを必要とする場合は，本人が料金を支払い，あとで健康保険から標準料金の払いもどしをうけます。
●輸血の血液代も，あとで払いもどしがうけられます。
●はり・きゅう，あんま・マッサージをうけたときや，柔道整復師の治療についても，療養費としての取扱いがきめられています。

■コルセット・サポーター・治療用眼鏡・義眼代

治療上必要であると認められれば，コルセット，サポーターなどの治療用装具の費用は，療養費として支給されます。また，9歳未満の小児の弱視・斜視・先天白内障術後の屈折矯正の治療用として用いる眼鏡・コンタクトレンズの費用も，療養費として支給されます。支給額は，障害者総合支援法にもとづき定められた額を参考としてきめられ，ぜいたくに作った場合は，支給額と実費との差額は本人の負担となります。

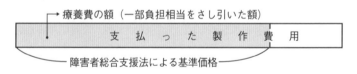

義眼を必要とする場合も，本人が料金を支払い，あとで保険者から標準価格の支払いをうけます。

＜支給をうける手続＞

「療養費支給申請書」に，代金領収書，保険医の理由書などをそえて，保険者に提出します。

■輸血の血液代

輸血のとき，病院を通じて血液（生血）を買って輸血をしてもらった場合には，本人が血液代を支払って，あとで払いもどしをうけます。

＜支給をうける手続＞

「療養費支給申請書」に，生血代領収書，医師の輸血証明書をそえて保険者に提出します。

■はり・きゅう，あんま・マッサージをうけたとき

はり・きゅうについて健康保険では，神経痛，リウマチ，腰痛症，五十肩，頸腕症候群，頸椎捻挫後遺症などで慢性的な疼痛がある場合に限って認められています。しかし，これらの病気ではり・きゅうの治療をうけたからすべて認められるというのではなく，支給要件に合い，その必要性を保険者が認めた場合に限って療養費が支給されます。

通常のマッサージは保険医療機関で療養の給付として行われますが，保険医療機関以外で行うマッサージ（あんま・指圧）師による施術は，麻痺，関節運動の障害等で担当医が治療上その効果が期待できると判断し，保険者が認めた場合に限って療養費が支給されます。

なお，契約の締結など一定の要件を満たせば，受領委任の取扱いができるようになっています。

＜支給をうける手続＞

「療養費支給申請書（はり・きゅう，あんま・マッサージ）」に，保険医の施術同意書をそえて，保険者に提出します。

■柔道整復師の治療をうけるとき

骨折，不全骨折（ひび），打ぼく，ねんざ，脱臼などのときに柔道整復師の施術をうけた場合には，算定基準にもとづいて療養費が支給されますが，柔道整復師会などと保険者が契約（受領委任形式）を結んでいる場合は，健康保険被保険者証を提出すれば，保険医療機関に受診するときと同様に施術をうけられます。ただし，現に医師が診療中の骨折（不全骨折を含む）または脱臼の場合には，応急手当を除いて，保険医の同意を得る必要があります。

＜療養費の支給を受ける場合の手続＞

「柔道整復施術療養費支給申請書」に，保険医の施術同意書をそえて，保険者に提出します。

療養費の支給

1 被保険者証の記号・番号を左づめで記入してください。枝番は記入不要です。

2 被保険者の氏名を記入してください。被保険者が亡くなられて，相続人の方が申請する場合は，申請者の氏名（カタカナ）を記入してください。住所・振込先指定口座も同様です。ただし，生年月日は被保険者が亡くなられた場合でも，被保険者の生年月日を記入してください。

3 ご希望の振込金融機関口座の銀行・支店名等を記入してください。ゆうちょ銀行の口座へお振込みを希望される場合は，振込専用の店名（漢数字3文字）を必ず記入してください。

4 口座番号欄は左づめで，大きくはっきりと記入してください。ゆうちょ銀行の口座へお振込みを希望される場合は，従来の口座番号（記号・番号（13桁））ではなく，振込専用の口座番号（7桁）を記入してください。

198

1 療養を受けた人が被保険者の場合は「1」、家族（被扶養者）の場合は「2」を記入し、その氏名（カタカナ）および生年月日を記入します。

2 発症または負傷年月日が不明の場合は、以下の例を参照して記入してください。

（例）令和6年4月頃に発症または負傷した場合

| 発病または
負傷年月日 | 2. 平成
3. 令和 | 2 | ● | 0 6 | ● | 0 4 | ● | 0 0 | 日 |

（例）令和6年頃に発症または負傷した場合

| 発病または
負傷年月日 | 2. 平成
3. 令和 | 2 | ● | 0 6 | ● | 0 0 | ● | 0 0 | 日 |

3 仕事中（業務上）や通勤途中の原因による病気やケガについては、原則労災保険給付の対象となります（※）。

4 第三者による傷病の場合は、第三者行為による傷病届の提出が必要です（→248頁）。

5 診療を受けた病院等の名称、所在地、診療した医師氏名を記入してください。なお、処方箋により薬局で調剤された薬剤を受けた場合は、その薬局の名称、所在地、薬剤師氏名も併せて記入してください。なお、医師氏名、薬剤師氏名が不明の場合は空欄としてください。

6 自費で診療を受けた期間の初めと終わりの日を記入してください。

7 領収書（領収明細書）に記載されている金額を記入してください。

8 やむを得ない事情により自費で受診した理由を選んで記入してください。

添付書類

195頁を参照してください。

■入院時の標準負担額の軽減分を療養費として支給を受ける場合（低所得の方）

限度額適用・標準負担額減額認定証を提示しなかったことにより、入院時に標準負担額を減額されない金額で支払ったときは、領収書の原本（食事療養について支払った費用を証明した領収書）を添付してください。また、マイナンバーによる情報照会を希望しない場合は、（非）課税証明書も添付してください。

※4について

○労災保険給付を「3.未請求」の場合は、労災保険給付に請求してください。

○労災保険給付に該当するかどうかわからない場合は、労働基準監督署に相談してください。

○法人の役員であって、健康保険からの給付が行われる場合は、「負傷原因届」（→247頁）を添付してください。

○労災保険給付の請求と並行して療養費を請求する場合は「労働基準監督署への照会に関する同意書」を添付してください。

○労災保険給付の支給が決定された後、給付内容が重複した場合は、健康保険により給付した全額または一部を返納することになります。

3 健康保険でうけられない診療

1 業務上・通勤途上の病気・けが

●勤務先の仕事（業務上）が原因となって起きた病気・けがは，健康保険の給付対象外です。また，通勤途上の事故が原因となって起きた病気・けがについて労災保険から給付をうけられる場合，健康保険の給付は行われません。

■業務上の病気・けが

業務上とは，仕事についている場合のけががふつうで，次のような場合にも，業務上と認められますが，実際には，個々のケースに応じて判断されます。

①作業の準備中，後始末中，待機中，休憩時間中などの場合，②用便，飲水など生理的に必要な行為によって作業を中断している場合，③事業主の命令はなくても，自分の判断で業務に必要な行為を行ったり，火災，天災のとき事業場施設の防護作業，同僚労働者の救出作業などをしている場合，④出張途上の場合

業務上の病気については，その判断が難しいものがあるので，労働基準法では特定の病気を掲げて，これにかかったときは業務上としています。

■通勤災害

通勤災害とは，労働者の「通勤による」負傷，疾病，障害または死亡のことです。「通勤による」傷病とは，「通勤がもとになって」生じた傷病をいいます。したがって，ふつう，通勤中に被った災害は通勤災害として保護されますが，すべての通勤中の災害が保護されるわけではありません。

この場合，通勤とは，労働者が勤務先の仕事につくため，または仕事を終えたことにより，住居と就業場所との間を，合理的な経路・方法で往復することをいいます。

　通勤の途中で，その経路を外れたり途中下車したときなどは，その時点から通勤とみなされませんが，途中下車などが夕食のおかずとか日用品の購入など日常生活上必要なことであれば，その間を除き乗車したときから通勤扱いとなります。

　通勤の途中で下車したり通勤経路を変更した間に起きた事故は，労災保険の対象とならず健康保険で給付をうけることになります。

＜仕事との関連＞

　ここでいう通勤とは，仕事につくため，または仕事が終わったために行う往復をいい，業務との関連性が必要とされます。したがって，任意参加の会社の運動会やサークル活動に出席するための往復などは通勤とされません。

　しかし，勤務時間終了後，会社で同僚と囲碁・マージャン・サークル活動などを（長時間にわたらないで）行って帰宅するという場合は，ふつう，その帰途は通勤とみなされます。

＜住　居＞

　日常住んでいるところ，つまり自宅ですが，早出，残業あるいは交通機関のストなどのため旅館に泊った場合は，一時的にそこが住居とみなされ，そこと就業場所との往復が通勤とされます。

＜合理的な経路・方法＞

　一般的には勤務先に最短の道順・方法ということになりますが，勤務先に届け出てあるもの，あるいは定期乗車券に表示されている経路などがあたります。

＜途中下車や経路から外れたとき＞

　経路から外れたときなどは，その時点から通勤とみなされなくなりますが，通勤途上でのパチンコ・マージャン，あるいは酒をのみに行くとか，

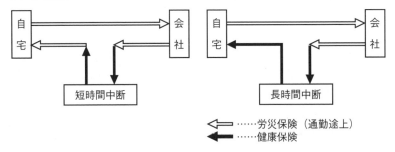

長時間のデート・喫茶などがこれに該当します。しかし，通勤経路上のどこかで短時間お茶やビールを飲むなど通常通勤の途中で行うようなささいな短時間の行為は，とくに通勤を中断したものとみなされません。

　また，通勤途中で日常生活上の用を足すために通勤を中断した場合は，その中断の間を除いて通勤扱いをうけますが，このような例として，通勤の途中でクリーニング店に立ち寄るとか，病院・診療所で治療をうける，あるいは選挙の投票に立ち寄るなどの場合があります。

＜単身赴任先との移動は労災＞

　単身赴任先の住居と赴任前の住居との移動途中の災害について，労災保険法の改正により平成18年4月から，労災保険が適用されています。

　また，複数事業所に勤務する人が，ある事業所から別の事業所に移動する間についても同様に，労災保険の対象となっています。

② 病気とみなされないもの

●健康保険は治療を目的としており，単なる疲労やけん怠，美容整形，正常な妊娠・出産など病気とみなされないものは，保険による診療をうけられません。

●また，健康診断やそのための検査，予防注射なども健康保険ではうけることはできません。

■単なる疲労やけん怠

　次のような場合には，健康保険では病気とみなされないので，診療をうけられません。

　①単なる疲労やけん怠，②隆鼻術，二重まぶたの手術，ホクロ・ソバカスとりなどの美容整形，近眼の手術，③アザなどの先天的な皮膚の病気，④正常な妊娠・出産

　これらの場合でも，とくに仕事や日常生活に支障のあるもの，たとえば，斜視で仕事に支障をきたすもの，他人にいちじるしい不快感を与えるワキ

ガや後天的な女子の顔のシミ，口唇・口蓋の先天奇形，つわりがひどい場合などは，健康保険で診療をうけられます。

■健康診断やそのための検査

現在，協会けんぽや健保組合が行っている健診や人間ドックなどは保健福祉事業として行われているもので，療養の給付（家族療養費）の対象となりません。なお，平成20年度からは，特定健康診査と特定保健指導が保険者の義務となっています。

■予防注射など

予防注射は原則として健康保険ではうけられませんが，例外として，ハシカおよび百日ぜきが流行し，同じ家庭内にまだかかったことのない人がいる場合は，その人に対してハシカ，百日ぜきの予防注射が認められます。

また，狂犬にかまれた場合には狂犬病予防注射が，破傷風のおそれがあると医師が認めた場合には破傷風の予防注射がうけられます。

なお，Ｂ型肝炎母子感染防止のためのＨＢs抗原検査陽性妊婦に対するＨＢe抗原検査，ＨＢs抗原陽性妊婦から生まれた乳児に対する抗ＨＢs人免疫グロブリン注射，沈降Ｂ型肝炎ワクチン注射及びＨＢs抗原抗体検査も健康保険の給付の対象となります。

■経済上の理由による妊娠中絶

母体保護法では，母体が弱っている場合，暴行による場合，経済上の理由による場合の妊娠中絶を認めています。このうち経済上の理由による妊娠中絶は，健康保険ではできません。

③ その他の制限

> ●故意に事故を起こしたり，不正な行為で給付をうけようとした場合には，健康保険による診療はうけられません。
> ●医学界で認められていない特殊な薬の使用や特殊な治療法は，健康保険で認められません。

■不正または不当な行為に対する制限

　次のような場合には，健康保険による診療がうけられなくなります。

(1) 故意の犯罪行為または故意に事故を起こしたとき（たとえば，自殺し損ねて入院した場合）。ただし，精神病など精神異常の状態で行われた場合は，故意とはいえないので健康保険でかかれます。

(2) けんか，よっぱらい，麻薬中毒などで事故を起こしたとき。

(3) 正当な理由もなく療養に関する指示に従わなかったり，保険者の診断を拒んだとき。

(4) 詐欺または不正な行為で給付をうけようとしたとき。

■特殊な薬の使用や特殊な治療法

　病気・けがを治すために必要な薬の使用や治療はすべて健康保険で認められますが，医学界でまだ有効適切と認められていないような特殊な薬の使用，特殊な治療法は健康保険で認められません（182頁以下参照）。

4 公費負担医療との関係

1 一類・二類感染症などの公費医療

●一定の感染症（結核を含む）などのように，とくに公衆衛生的な立場から予防と治療を行う必要のある病気については，特別な法律により公費で治療予防が行われています。これらの公費医療と健康保険の費用の負担については，調整が行われています。

●一類感染症・二類感染症（結核を含む）の患者や精神障害者等にかかる公費負担医療については，保険優先で行われます。また，新感染症の患者にかかる公費負担医療や公害健康被害補償法による医療は，公費優先で行われます。

■感染症法

感染症の予防及び感染症の患者に対する医療に関する法律（感染症法）では，一類感染症・二類感染症（結核を含む）の患者について，公費負担医療を行うことを定めています。入院勧告等によって入院した一類感染症・二類感染症患者の医療費について，健康保険で給付した残りの自己負担分を申請にもとづき公費負担します。このとき患者や扶養義務者に費用負担の能力があるときはその限度で公費負担は行われません。

＜従来の結核の命令入所患者に対する医療＞

平成19年4月から，結核についての規定が感染症法に統合されましたが，公費負担医療関係の規定は従来の結核予防法とほぼ同様です（結核予防法は廃止）。従来の結核予防法上の命令入所患者についても，上述のしくみによる公費負担医療が行われます。

＜結核の一般患者に対する医療（適正医療）＞

従来，結核予防法で定められていた適正医療の規定が感染症法に移されています。

一般の結核患者に対して行われた化学療法・外科的療法などの厚生労働

省令で定める医療の費用については，患者の申請により都道府県がその100分の95を負担できることになっています（ただし，健康保険等から医療に関する給付をうけられる場合は，その限度までは公費負担は行われませんので，実際は100分の95と健康保険の給付との差が公費負担となります）。したがって，患者負担は100分の5となります。

ただし，厚生労働省令で定める以外の医療を同時にうけた場合は，その分については健康保険で給付されますので，通常と同様の自己負担となります。

＜一類感染症＞エボラ出血熱，クリミア・コンゴ出血熱，痘そう，南米出血熱，ペスト，マールブルグ病，ラッサ熱＜二類感染症＞急性灰白髄炎（ポリオ），結核，ジフテリア，重症急性呼吸器症候群（病原体がベータコロナウイルス属ＳＡＲＳコロナウイルスであるものに限る），中東呼吸器症候群（病原体がベータコロナウイルス属ＭＥＲＳコロナウイルスであるものに限る），鳥インフルエンザ（Ｈ５Ｎ１），鳥インフルエンザ（Ｈ７Ｎ９）（参考）＜三類感染症＞コレラ，細菌性赤痢，腸管出血性大腸菌感染症，腸チフス，パラチフス

＜新感染症の患者に対する医療＞

新感染症（未知の重い感染症）の所見があるとして特定感染症指定医療機関等への入院勧告・入院措置をうけた患者（またはその保護者）からの申請にもとづき，都道府県が医療費を全額，公費負担します。健康保険の給付は行われません（公費優先）。

ただし，患者や扶養義務者に一定の費用負担の能力があるときは，その限度で公費負担は行われません。

■精神保健福祉法

精神保健及び精神障害者福祉に関する法律（精神保健福祉法）では，入院措置をとった精神障害者の医療について，その費用を都道府県が負担す

ることを定めています。なお，精神障害者の通院医療は，平成18年4月から，障害者自立支援法（平成25年4月から障害者総合支援法）にもとづく自立支援医療に移行しています。

＜措置入院＞

医療や保護のために，とくに入院させる必要のある精神障害者については，都道府県知事は強制的に入院させることができます。この入院医療費は，公費で負担されます（ただし，健康保険等から医療に関する給付をうけられる場合は，その限度までは公費負担は行われません）。

このとき，患者と扶養義務者の負担能力によっては費用徴収される場合がありますが，徴収額が健康保険の自己負担をこえることはありません。

なお，麻薬及び向精神薬取締法による措置入院も同様の扱いです。

■公害健康被害の補償等に関する法律

企業の事業活動等に伴い，水質の汚濁等によって病気になった場合は，この制度により被害者に療養の給付・療養費など必要な補償が行われることになっています。この補償の対象となる疾病は，中央環境審議会などの意見をきいて政令で定められることになっており，実際の認定にあたっては公害健康被害認定審査会の意見をきき，都道府県知事が認定するものとされています（特定地域での慢性気管支炎・気管支ぜんそく・ぜんそく性気管支炎および肺気しゅ並びにこれらの続発症（これら大気汚染によるものは昭和63年3月から新たに認定されません）および水俣病・イタイイタイ病・慢性ヒ素中毒症が対象疾病となっています）。

この法律による療養の給付・療養費の支給が行われたときは，健康保険の給付は行われません。また，他に障害補償費，遺族補償費，遺族補償一時金，児童補償手当，療養手当および葬祭料を支給する規定もあります。

② 医療扶助・自立支援医療など

> ● 国は生活に困っている人に最低生活を保障し，戦傷病者，原爆被爆者など，とくに保護をする必要がある人たちのために，特別の法律をつくって福祉の向上をはかっています。
> ● これらの法律でも，それぞれの目的にしたがって国や地方公共団体が医療費を負担する制度があり，これと健康保険の費用の負担について調整が行われます。
> ● 指定訪問看護が認められている制度については，基本利用料は公費で負担されます。ただし，入院医療のみを給付の対象としている制度では，訪問看護療養は認められていません。

■生活保護法による医療扶助

　あらゆる努力をしてもなお生活に困る場合に，生活保護法による医療扶助をうけることができます。ただし，健康保険の給付が優先し，自己負担分が医療扶助の対象になります。高額療養費については現物給付されることになっていますので，窓口での負担は必要ありません。

■母子保健法による養育医療など

　未熟児を入院させて養育するための費用，カリエスなどの児童を知事が指定するサナトリウムや病院に入院させて療育する費用については，健康保険で給付した残りの自己負担分を，母子保健法・児童福祉法で都道府県が負担することになっています。しかし，この規定は扶養義務者が費用を支払う能力があるときはその限度で適用されません。

　健康保険の給付が行われる場合は，高額療養費については，医療扶助と同様に現物給付されることになっています。このため，費用徴収が行われる場合を除き窓口負担は必要ありません。

■戦傷病者特別援護法

戦傷病者に対しては，戦傷病者特別援護法で戦争中の公務による傷病について全額国費で医療がうけられ，必要な補装具が支給されます。この法律の規定は健康保険に優先しますので，戦傷病についてはこの制度の給付をうけ，その他の病気については健康保険の給付をうけます。

■原爆の被爆者（原子爆弾被爆者に対する援護に関する法律）

原爆の被爆者には，被爆者健康手帳が交付され，厚生労働大臣が認定した原爆症にかかった場合は全額国費で医療をうけられます。ただしこの場合，原爆症は優先的に国費でうけられますが，その他一般の医療等については健康保険が優先し，自己負担分についてだけこの制度の医療給付の対象になります。

健康保険の給付が行われる場合は，高額療養費については，現物給付されることになっていますので，窓口負担は必要ありません。

■障害者総合支援法による自立支援医療

平成18年4月から，①精神通院医療（精神保健福祉法），②更生医療（身体障害者福祉法），③育成医療（児童福祉法）は，障害者自立支援法（平成25年4月から障害者総合支援法）にもとづく自立支援医療に移行しています。自立支援医療制度では，支給認定の手続きや利用者負担のしくみが共通化されましたが，それぞれの医療の内容（対象患者）や実施主体についてはこれまでと変更はありません。

自立支援医療の利用者は，かかった医療費について，家計の負担能力に応じた負担を行うことになります。また，入院時の食事療養・生活療養標準負担額相当については，入院と通院の公平を図る観点から原則，自己負担となっています。

■難病法等の医療

難病対策をさらに充実させ，難病患者に対する良質・適切な医療の確保と療養生活の質の維持向上を図っていくものとして，難病法が平成27年1

月から施行されています。難病法では，指定難病を医療費助成（特定医療費の支給）の対象として患者の医療費の一部を公費で負担することになっています。

難病対策は従来，特定疾患治療研究事業（予算事業）において健康保険の自己負担分を公費の対象としていました。

難病法では，都道府県の支給認定をうけた指定難病患者が，交付された医療受給者証を提示して指定医療機関から医療をうけた場合，特定医療費が現物給付されるしくみです。

特定医療費の額は，医療保険の自己負担相当額から患者の負担上限月額を差し引いた額となります。患者は，世帯の所得に応じた負担上限月額か医療費の２割（75歳以上は１割）のいずれか低い方を負担します。

＜小児慢性特定疾病医療費＞

児童福祉法にもとづく小児慢性特定疾病の児童等に対する新たな医療費助成（小児慢性特定疾病医療費の支給）が難病法と同じく平成27年１月から実施されています。対象医療のうけかたや公費負担のしくみはおおむね難病患者に対する助成制度と同様のものとなっています。

■独立行政法人日本スポーツ振興センターによる給付

児童，生徒が学校などでけがをしたりして，独立行政法人日本スポーツ振興センターから医療費が支給された場合でも，健康保険の家族療養費は支給されます。

5 移送費・家族移送費

●病気・けがで移動が困難な患者が，医師の指示で一時的・緊急的
必要があり移送された場合は，移送費（家族は家族移送費）が現金
給付として支給されます。
●移送費は，保険者が支給要件を満たすと認めた場合に，保険者が
基準にもとづき算定した額の範囲内であれば，かかった費用の全額
が支給されます。

■支給要件

　移送費の支給は，保険者が，①移送の目的である療養が保険診療として
適切であること，②患者が療養の原因である病気・けがにより移動が困難
であること，③緊急その他やむを得ないことという条件の，いずれにも該
当すると認めた場合に行われます。したがって，通院など一時的，緊急的
と認められない場合は，支給の対象となりません。

■支給される金額

　移送費の額は，最も経済的な通常の経路・方法により移送された場合の
旅費にもとづき算定した額の範囲内での実費です（実際にかかった額が移
送費として算定した額をこえた場合，差額分は患者負担となります）。
　具体的には，患者の状態に応じて，①必要な医療を行いうるもよりの医
療機関まで最も経済的な経路で，②最も経済的な交通機関の運賃を算定し
ます。医師などのつきそい人については，医師が医学的管理の必要がある
と判断した場合に限り，原則として1人分の交通費が算定されます。

＜支給をうける手続＞

　「移送費支給申請書」にかかった費用の領収書をそえて，保険者（全国
健康保険協会都道府県支部または健康保険組合）に提出します。

6 傷病手当金

　被保険者が療養のため仕事を休み，給料をうけられないときは，傷病手当金が支給されます。なお，平成19年4月からは，資格喪失後の給付として支給される場合を除き，任意継続被保険者に対しては支給されません（235頁参照）。

1　支給をうける条件

　次の四つの条件がそろったときに支給されます。

⑴　療養中であること

⑵　仕事につけないこと（労務不能）

⑶　4日以上仕事を休むこと（ひき続く3日間の待期をおき，4日以上休んだ場合に，その4日目から支給）

⑷　給料（報酬）の支払いがないこと（給料をうけても，傷病手当金の額よりも少ないときは，その差額を支給）

2　支給される金額

　1日につき，直近12ヵ月の標準報酬月額の平均額の30分の1の3分の2（平成28年3月までは標準報酬日額の3分の2）が支給されます。

3　支給される期間

　通算して1年6ヵ月まで支給されます。

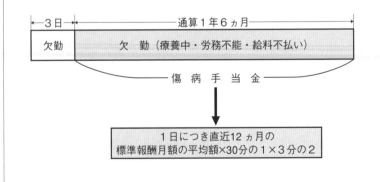

■支給をうける条件

傷病手当金は，次の四つの条件がそろったときに支給されます。

1．療養中であること

病気やけがの療養のためであれば，健康保険でなく自費で診療をうけてもかまいません。ただし，健康保険で診療をうけられないことになっているもの（200頁参照）については，傷病手当金も支給されません。

2．仕事につけないこと（労務不能）

仕事につけないこととは，今までやっていた仕事につけないということで，ほかの軽い仕事ができても，もとの仕事につけない場合をいいます。同じ会社で，今までよりやや軽い仕事についたり，医師の指示で半日出勤し，今までと同じ仕事をするような場合は，労務不能とは認められません。

3．4日以上仕事を休むこと

療養のため仕事を休んだ日から継続した3日間の期間をおき，4日以上休んだ場合，4日目から支給されます。この3日間の期間を待期といいます。

3日間の待期は，たとえば，休休出休休というような場合は待期が完成せず，①休休休出休，②休休休休出休という場合は，いずれも待期が完成していますので，①は5日目から，②は4日目から支給されます。また，休休出休休休休……というような場合は，ふたたび休み始めた日から3日間が待期となり，最初に休みはじめた日より7日目から支給されることになります。

なお，待期の起算は，その日に報酬の支払いをうけたかどうかには関係なく，仕事を休んだ（労務不能）ことだけが条件です。勤務時間後に労務

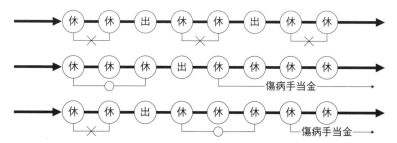

不能になった場合は，翌日が待期の起算日になります。

4．給料（報酬）の支払いがないこと

　生活保障のためのものですから，会社が給料を支払っている間は，傷病手当金は支給されません。

　給料が支払われても，傷病手当金より少ないときは，その差額が傷病手当金として支給されます。給料の支払いがうち切られたときは，全額が支給されます。

　ここで給料（報酬）というのは，標準報酬月額のもとになる報酬の範囲と同じです。

　見舞金という名目でも，就業規則や労働協約にもとづいて支払われたものは報酬とみなされますが，慣例上事業主がだすいわゆる病気見舞金は，労働の対償としての報酬とは認められません。

　なお，給料（報酬）を支払っている間は支給されないというのは，そもそも支給をうける権利がないということではなく，支給が停止されるという意味ですから，たとえば3日間の待期が完成していないとか，時効による失権のため支給をうけられないという場合とはちがいます。つまり，前記の1．～3．の条件を満たしていれば，給料（報酬）をうけなくなった日または報酬の額が傷病手当金の額より少なくなった日から，支給されることになります。

＜退職後もうけられる＞

　被保険者資格を失ったときも，被保険者期間が継続して1年以上あり，資格喪失のとき傷病手当金の支給をうけているか，前記1．～4．の条件を満たしていれば，被保険者期間中と同様に支給をうけることができます。

　ただし，老齢厚生年金などの老齢退職年金給付との間で支給の調整が行われます。（235頁参照）

■支給される金額

　傷病手当金の額は，平成28年4月から，1日につき直近12ヵ月の標準報酬月額の平均額の30分の1（被保険者期間が1年間に満たない場合は，被保険者期間の標準報酬月額の平均額かその保険者の前年度9月30日の全被保険者の平均標準報酬月額のいずれか低い額の30分の1）の3分の2に変

更されています（平成27年度までは１日につき標準報酬日額の３分の２）。不正受給防止等を目的に，支給の基礎となる標準報酬の算定を見直したもので，28年４月より前から傷病手当金を受給している人も28年４月１日支給分からは新しい計算方法で支給金額が計算されます。

【平成28年４月１日からの支給金額（１日あたり）】

$$\left[\begin{array}{l} \text{支給開始日（一番最初に支給を始めた日）以前の継続} \\ \text{した12ヵ月間の各月の標準報酬月額を平均した額} \end{array}\right] \div 30日 \times \frac{2}{3}$$

なお傷病手当金の額が３分の２だから，残りの３分の１を会社で支払うというようなことをすると，この３分の１相当額は給料（報酬）としてさし引かれ，傷病手当金の額は３分の１ということになります。

■支給期間

傷病手当金が支給されるのは１年６ヵ月で，現実に支給を開始した日がその起算日となります。傷病手当金は，療養のため仕事を休んだときに４日目から支給されますから，休みはじめてから３日間の待期を完成して４日目も仕事を休んだ場合は４日目から支給され，その日が起算日となりますが，仮に３日間の待期を完成して４日目には就労し，５日目にふたたび仕事を休んだときには，５日目から傷病手当金の支給が開始されますので，その日が起算日となります。

ここで病気・けがというのは，同一の病気・けがという意味です。ある病気で仕事を休み傷病手当金の支給をうけている間に，これと関係ない病気・けがをして，ひき続き仕事を休む場合は支給期間はそれぞれについて計算されます。ただし，重複しては支給されません。

＜令和４年１月から通算化＞

従来傷病手当金は，支給をはじめた日から１年６ヵ月の支給期間が経過すれば，その間の出勤欠勤の日数にかかわりなくうち切られていましたが，令和４年１月からは，支給期間中に就労するなどして傷病手当金が支給されない期間について，その分を延長して１年６ヵ月に達するまで支給されることになっています。この取扱いは，令和３年12月31日時点で，支給開始日から起算して１年６ヵ月を経過していない傷病手当金（令和２年７月２日以降に支給が開始された傷病手当金）が対象となります。

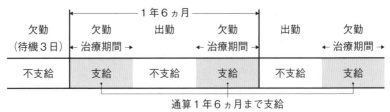

通算１年６ヵ月まで支給

■傷病手当金と出産手当金の関係

従来，傷病手当金と出産手当金を同時にうけられるときは出産手当金が優先し，傷病手当金は支給されませんでした（傷病手当金が支給されてしまったときは，その額だけ出産手当金を調整）。しかし，平成28年４月から，傷病手当金の額が出産手当金の額よりも多ければその差額が支給されることになっています。

■障害厚生年金をうけるようになったとき

傷病手当金をうけられる期間が残っていても，厚生年金保険の障害厚生年金か障害手当金をうけるようになったときはうち切られます。

傷病手当金は，一つの傷病につき支給開始から通算して１年６ヵ月まで支給されますが，厚生年金保険の障害厚生年金または障害手当金が支給されるようになるとうち切られることになっています。

障害厚生年金・手当金は，初診日から１年６ヵ月経過した日（その間に治ったときは治った日）の障害の程度により支給されますが，受給権の裁定までの間に傷病手当金をうけていた場合は，障害厚生年金・手当金をうけられることとなった日からの分を返還しなければなりません。

ただし，同一の傷病により傷病手当金の支給要件を満たした期間と障害厚生年金の受給期間が重複した場合で，障害厚生年金の額（同一支給事由の障害基礎年金が支給されるときはその合算額）が傷病手当金の額より少ない場合は，その差額が健康保険から支給されます。

なお，障害手当金の場合は，傷病手当金を仮にうけるとした場合の傷病手当金の額の合計額が障害手当金の額に達するまでの間に限り，傷病手当金が支給されません。

<手　続>

　傷病手当金の受給者が，障害厚生年金または障害手当金をうけられるようになったときは，速やかにその旨を所定の申請書により保険者に届け出ます。

　この場合，障害厚生年金（障害基礎年金）証書の写，直近の障害厚生年金（障害基礎年金）の額を証明する書類等を添付します。（障害手当金の場合は，その支給を証明する書類を添付します。）

■労災保険の休業補償などとの関係

　労災保険から休業補償給付をうけている間に，業務外の病気になったときは，傷病手当金は合わせては支給されません。休業補償給付の額が傷病手当金の額に達しない場合は，その差額が支給されます。

■支給をうける手続

　「傷病手当金支給申請書」に，事業主の証明と医師の意見をつけて，保険者（全国健康保険協会都道府県支部または健康保険組合）に提出します。

　事業主の証明は，仕事（労務）につけなかった期間，報酬の支払い（うけられなかった報酬の額・期間など）についてのものですが，証明に誤りがあると，不支給とされたり，後で返還をもとめられたりすることがありますので，注意が必要です。医師の意見は，病気・けがの経過などと労務不能の期間についてのものですが，たとえば，「今後〇ヵ月間の療養を要す」という診断をうけた場合でも，実際につけなかった期間について請求し，不確定な先の分までは請求できません。

　傷病手当金は生活保障のためのものですから，ふつう1ヵ月とか，10日ごとに区切って請求します。

傷病手当金

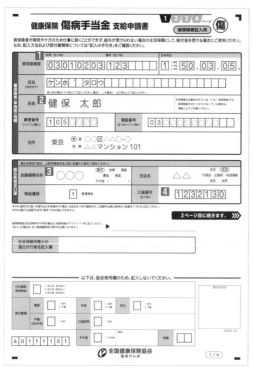

1 被保険者証の記号・番号を左づめで記入してください。枝番は記入不要です。

退職後の申請の場合は，在職時の記号と番号を記入してください。

2 被保険者の氏名を記入してください。被保険者が亡くなられて，相続人の方が申請する場合は，申請者の氏名（カタカナ）を記入してください。住所・振込先指定口座も同様です。

ただし，生年月日は被保険者が亡くなられた場合でも，被保険者の生年月日を記入してください。

3 ご希望の振込金融機関口座の銀行・支店名等を記入してください。ゆうちょ銀行の口座へお振込みを希望する場合は，振込専用の店名（漢数字3文字）を必ず記入してください。

4 口座番号欄は左づめで，大きくはっきりと記入してください。ゆうちょ銀行の口座へお振込みを希望される場合は，従来の口座番号（記号・番号（13桁））ではなく，振込専用の口座番号（7桁）を記入してください。

健康保険 **傷病手当金** 支給申請書　１２３４ページ　被保険者記入用

被保険者氏名　**健保　太郎**

1 申請期間（療養のために休んだ期間）	令和 １１ 年 １１ 月 １４ 日 から　令和 １２ 年 ３１ 月 ３１ 日 まで
2 被保険者の仕事の内容（退職後の申請の場合は、退職前の仕事の内容）	**経理担当事務**
3 傷病名	☑ 療養担当者が意見を記入したところと同じ傷病名を左記に記入する場合は、左記に記入してください。なお、記入した傷病名に対する療養担当者の証明を受けてください。
4 発病・負傷年月日	1.平成 2.令和 １１ 年 １１ 月 １３ 日

1 傷病のため労務に服することができなかった期間を記入してください。この申請書は、申請期間が経過する前に提出することはできません（申請期間が経過した後に提出してください）。

2 仕事の内容は、「経理担当事務」「自動車組立」「プログラマー」など具体的に記入してください。法人の役員である場合は、「法人役員」と記入してください。なお、退職後の申請の場合には、在職時の仕事の内容を記入してください。

3 申請の傷病名が療養担当者記入欄（4頁目）に記入されている傷病名と同じ場合には、☑してください。相違する場合には、その傷病に対する療養担当者の証明を受けてください。

4 仕事中（業務上）や通勤途中の原因による病気やケガについては、原則労災保険給付の対象となります（※）。

5 第三者による傷病の場合は、第三者行為による傷病届の提出が必要です（→248頁）。

※4について
○労災保険給付を「3.未請求」の場合は、労災保険給付に請求してください。
○労災保険給付に該当するかどうかわからない場合は、労働基準監督署に相談してください。
○法人の役員であって、健康保険からの給付が行われる場合は、「負傷原因届」（→247頁）を添付してください。
○労災保険給付の請求と並行して傷病手当金を請求する場合は「2.請求中」を選択してください。
○労災保険給付の支給が決定された後、給付内容が重複した場合は、健康保険により給付した全額または一部を返納することになります。

全国健康保険協会　協会けんぽ　（2/4）

添付書類

(1)支給開始日以前の12ヵ月以内で事業所に変更があった人⇒以前の各事業所の名称、所在地および各事業所に使用されていた期間がわかる書類
★(2)障害厚生年金を受けている人⇒①年金証書またはこれに準ずる書類のコピー、②年金の直近の額を証明する書類（年金額改定通知書等）のコピー
　※障害手当金の場合は、障害手当金の支給を証明する書類のコピー
★(3)老齢退職年金を受けている人⇒①年金証書またはこれに準ずる書類のコピー、②年金の直近の額を証明する書類（年金額改定通知書等）のコピー
(4)労災の休業補償給付を受けている人⇒休業補償給付支給決定通知書のコピー
(5)第三者による傷病の場合⇒第三者行為による傷病届
(6)被保険者が亡くなられ、相続人が請求する場合⇒被保険者との続柄がわかる「戸籍謄本」等
(7)証明書等が外国語で記載されている場合⇒翻訳文（翻訳文には、翻訳者が署名し、住所および電話番号を明記）
★マイナンバーを利用した情報照会を希望する場合は、添付不要

傷病手当金

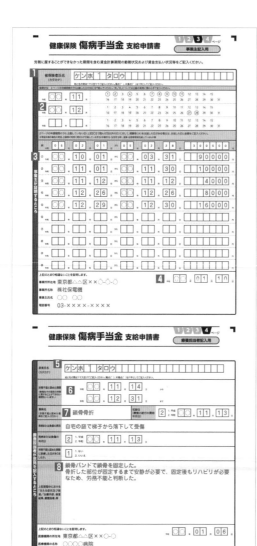

〈被保険者の方へ〉

1 お勤め先の事業所に証明を受けてください。資格喪失日以降の期間に関する申請については，空欄で提出してください。

〈事業主の方へ〉

2 勤務状況について，出勤した日付を「○」で表示してください。なお出勤した日付は，所定労働時間の一部労務に服した日も含みます。

※有給休暇や公休日の記入は不要です。有給休暇は下段の①～⑩に支給した日と金額を記入してください。

3 出勤していない日に対して，報酬等を支給した日がある場合には，支給した日と金額を記入してください。

4 証明は，申請期間経過後の日付を記入してください。

※申請時の事務効率化のため，出勤簿や賃金台帳の写し等の書類は，添付しないでください。

※1枚の証明で勤務状況や賃金支給状況を記載できない場合は，事業主証明のみ複数枚ご記入ください。

〈被保険者の方へ〉

5 療養担当者（医師等）の意見を受けてください。

〈療養担当者の方へ〉

6 治療期間でなく，療養のため就労できなかったと認められる期間の始期と終期を記入してください。期間のうち，労務不能と認められる期間が一部の場合は，右側の余白に労務不能と認められる日を記入してください。

7 労務不能と認められる傷病名を記入してください。

8 症状および経過，労務不能と認められた医学的な所見を詳しく記入してください。

220

7 出産をしたときの給付

●女子被保険者が出産をしたときは出産育児一時金が，被扶養者である家族が出産をしたときは家族出産育児一時金が，それぞれ支給されます。

●女子被保険者が出産のため会社を休み，給料の支払いをうけなかった場合は，出産手当金が支給されます。ただし，平成19年4月からは，資格喪失後の給付として支給される場合を除き，任意継続被保険者に対しては支給されません（235頁参照）。

	本人の出産	家族の出産
出産育児一時金 （家族出産育児一時金）	1児につき500,000円 （産科医療補償制度の対象とならない出産の場合488,000円）	
出 産 手 当 金	出産日（出産が予定日よりおくれた場合は出産予定日）以前42日（多胎妊娠の場合は98日）から出産日後56日までの期間，欠勤1日につき直近12ヵ月の標準報酬月額の平均額の30分の1の3分の2（平成28年3月までは標準報酬日額の3分の2）	

■出産育児一時金・家族出産育児一時金

被保険者・被扶養者である家族が出産したときは，出産育児一時金・家族出産育児一時金が支給されます。

出産育児一時金・家族出産育児一時金の額は，平成21年1月からの産科医療補償制度の創設にともない従来の1児につき350,000円から380,000円となり，緊急の少子化対策の一環として平成21年10月からは1児につき420,000円（在胎週数が22週に達していないなど，産科医療補償制度の対象とならない出産の場合は390,000円）となりました。さらに，産科医療補償制度の見直しにともない対象外出産の場合の390,000円は平成27年1月から404,000円に，令和4年1月から408,000円に変更され，令和5年4

月からは平均的な出産費用を全て賄えるよう488,000円に引き上げられています。

＜出産とは＞

⑴　健康保険でいう出産とは，妊娠85日（4ヵ月）以後の生産（早産），死産（流産），人工妊娠中絶をいいます。出産にかんする給付は，主に母体を保護するために行われるものですから，父の不明な子の出産も対象になります。また，正常な出産，経済上の理由による人工妊娠中絶は，健康保険による診療（療養の給付）の対象からは除かれますが，出産育児一時金の対象にはなります。

⑵　被保険者の資格を失ってから6ヵ月以内に出産したときも，被保険者期間が継続して1年以上あれば，出産育児一時金が支払われます（237頁参照）。

⑶　女子被保険者が妊娠中（85日以後），業務上または通勤災害でけがをし早産したような場合，労災保険で補償をうけたとしても，出産にかんする給付は行われます。

　なお，被保険者が出産をした場合で，夫に収入があるときは，ふつう，生まれた子は収入の多い方の被扶養者になります。

＜産科医療補償制度＞

　平成21年1月からの産科医療補償制度は，①通常の妊娠・分べんにもかかわらず，分べんに関連して重度脳性麻痺になった新生児に対し速やかに補償を行い，②重度脳性麻痺の発症原因を分析し再発防止に役立てることによって，産科医療の質の向上を図り安心して出産できる環境を整備することを目的としています。

　補償が行われるのは，制度に加入している医療機関等において，「在胎週数28週以上」（令和3年12月31日までに出産した場合は，「出生体重1,400ｇ以上かつ在胎週数32週以上」，または「在胎週数28週以上で所定の低酸素状況の要件を満たした場合」）で出生し，身体障害者障害程度等級1級・2級相当の重度脳性麻痺となった新生児です（先天性の要因等については補償の対象外となります）。補償の内容は，看護・介護のための補償金として，一時金600万円＋分割金総額2,400万円（20年間）の合計3,000万円となっています。

この制度では，在胎週数が22週以降の分べん1件につき，医療機関等が掛金12,000円（同16,000円）を負担します。

＜直接支払制度・受取代理制度＞

被保険者等が医療機関等の窓口で出産費用（異常分べんなどで療養の給付等をうけた場合の一部負担金等を含む）をできるだけ現金で支払わなくても済むように，出産育児一時金等の請求とうけ取りを被保険者等に代わって医療機関等が行う「直接支払制度」が設けられています。

また，「受取代理」のしくみが平成23年4月から制度化されています（平成21年9月にいったん廃止されましたが，直接支払制度では資金繰り等の面で対応が困難な小規模な医療機関等に配慮したものです）。これは，被保険者等が保険者に出産育児一時金等の請求を行う際，出産する医療機関等にそのうけ取りを委任するもので，被保険者等にとっては窓口負担が軽減されることになります。

直接支払制度（または受取代理制度）を導入する医療機関等で出産する場合でも，その制度を利用するか，保険者に直接請求して支給をうけるかは，被保険者等の側で選択できます。

[直接支払制度]

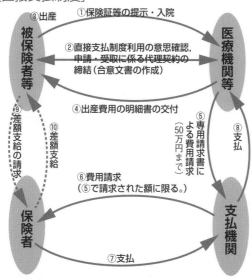

[受取代理制度]

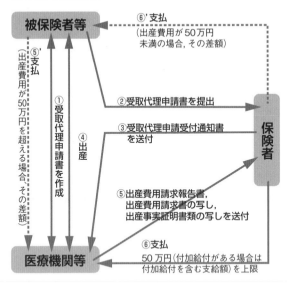

<.手　続.>

　直接支払制度を利用するときは，退院等までの間に医療機関等と利用について書面で契約します。また，実際にかかった出産費用が出産育児一時金の額を下回った場合は，その差額の支払いをうけます。

　また，受取代理制度を利用する場合は，出産育児一時金等支給申請書（受取代理用）に，受取代理人である医療機関等の記載をうけ，出産前に保険者に提出します。

　直接支払制度や受取代理制度を利用しなかった被保険者等にかかる出産育児一時金等については，「被保険者・家族出産育児一時金支給申請書」に，医師・助産師による出産証明または市町村長による出生届出日等の証明をうけ，保険者に提出して一時金の支給をうけます。

■出産手当金

　被保険者が出産のため会社を休み，給料の支払いをうけなかった場合は，出産日（出産が予定日よりおくれた場合は出産予定日）以前42日（多胎妊娠の場合は98日）から出産日後56日までの期間，傷病手当金と同様に平成28年４月からは１日につき直近12ヵ月の標準報酬月額の平均額の30分の１

の3分の2（平成27年度までは1日につき標準報酬日額の3分の2）が支給されます。出産手当金の額より少ない給料をうけている場合は，差額が支給されます。

＜出産が予定よりおくれた場合＞

予定日よりおくれて出産した場合は支給期間が，出産予定日以前42日（多胎妊娠98日）から出産日後56日の範囲内となっていますので，実際に出産した日までの期間も支給されます。たとえば，実際の出産が予定より4日おくれた場合は，その4日分についても出産手当金が支給されます。

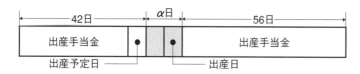

＜手　続＞

「出産手当金支給申請書」に，欠勤中の給料の支払いにかんする事業主の証明と医師等の意見・証明をうけて，保険者（全国健康保険協会都道府県支部または健康保険組合）に提出します。

■傷病手当金と出産手当金の関係

従来，傷病手当金と出産手当金を同時にうけられるときは出産手当金が優先し，傷病手当金は支給されませんでした（傷病手当金が支給されてしまったときは，その額だけ出産手当金を調整）。しかし，平成28年4月から，傷病手当金の額が出産手当金の額よりも多ければその差額が支給されることになっています。

■出産費貸付制度

出産に係る当座の費用に充てるため，出産育児一時金（家族出産育児一時金）の支給までの間，出産育児一時金等の8割相当額を限度に資金を無利子で貸し付ける出産費貸付制度が実施されています（申込み先は全国健康保険協会都道府県支部）。この貸付を利用した被保険者等は，出産育児一時金等の直接支払制度や受取代理制度の対象となりません。

出産をしたときの給付

1 被保険者証の記号・番号を左づめで記入してください。枝番は記入不要です。

2 生年月日は被保険者が亡くなられた場合でも、被保険者の生年月日を記入してください。

3 家族（被扶養者）が出産した場合でも、被保険者の氏名を記入してください。被保険者が亡くなられて、相続人の方が申請する場合は、申請者の氏名を記入してください。住所・振込先指定口座も同様です。

4 ご希望の振込金融機関口座の銀行・支店名等を記入してください。ゆうちょ銀行の口座へお振込みを希望される場合は、振込専用の店名（漢数字3文字）を必ず記入してください。

5 口座番号欄は左づめで、大きくはっきりと記入してください。ゆうちょ銀行の口座へお振込みを希望される場合は、従来の口座番号（記号・番号（13桁））ではなく、振込専用の口座番号（7桁）を記入してください。

添付書類

(1) 医療機関等から交付される直接支払制度を利用していないことを証明する書類のコピー（領収・明細書に「直接支払制度を利用していない旨」が記載されている場合は、領収・明細書のコピーで可）
※産科医療補償制度の対象分娩である場合には、そのことが明記されている領収・明細書のコピー
(2) 医師・助産師または市区町村長の証明を受けられない場合⇒次頁 **4** 参照
(3) 証明書等が外国語で記載されている場合⇒翻訳文（翻訳文には、翻訳者が署名し、住所および電話番号を明記）

■産科医療補償制度
　産科医療補償制度は、通常の妊娠・分娩にもかかわらず分娩に関連して重度脳性麻痺になった新生児に対する、すみやかな補償などを目的とした制度です。妊娠週数が22週以降の分娩1件につき、医療機関等が掛金を負担します。平成27年1月および令和4年1月から掛金が引き下げられましたが、出産育児一時金の総額（令和5年4月より50万円）は維持されています。

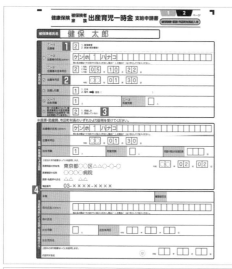

■被保険者が出産した場合には「1」を，家族（被扶養者）が出産した場合には「2」を記入し，家族（被扶養者）の場合には氏名・生年月日を記入してください。

■出産年月日を記入してください。

■「1．受給した」場合は，出産育児一時金の支給は受けられません。

■医師・助産師による出産証明，または市区町村長による出生に関して記載した事項等の証明を受けてください。
証明を受けられない場合は，(1)出産（死産）を担当した医療機関等の医師・助産師の証明書または(2)①出産が確認できる書類（戸籍謄（抄）本，戸籍記載事項証明書，出生届受理証明書など），②死産が確認できる書類（死産証書（死胎検案書）など）を添付してください。

■医療機関などにおける受取代理制度
医療機関などが被保険者などに代わって，合意に基づき，保険者から出産育児一時金等の受け取りを行う制度です。
受取代理制度は，直接支払制度（→223頁）の実施による負担が大きいと考えられる小規模の医療機関など（①年間平均分娩取扱い件数が100件以下，もしくは②正常分娩に係る収入の割合が50％以上の診療所・助産所を目安とし，厚生労働省に届出を行った機関）でも，被保険者などの経済的負担の軽減を図ることができるよう設けられた制度です。

■必要な申請手続きなど
この制度を利用するには，被保険者などが，出産予定の2ヵ月前以降に，出産育児一時金等を支給する保険者に対し，左の様式に必要事項を記載の上，申請を行う必要があります。この必要事項には，受取代理人となる医療機関などによる記名その他必要事項の記載も含まれます。
なお，出産後であっても，退院までになされた申請であり，医療機関等から被保険者などへの出産費用の請求がまだなされていない場合などには，受取代理制度に準じて取り扱って差し支えありません。

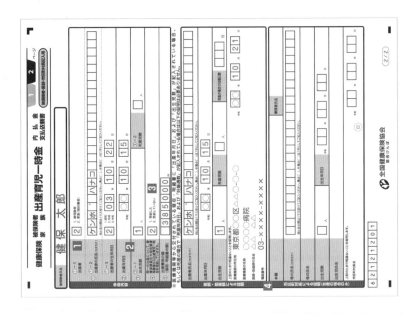

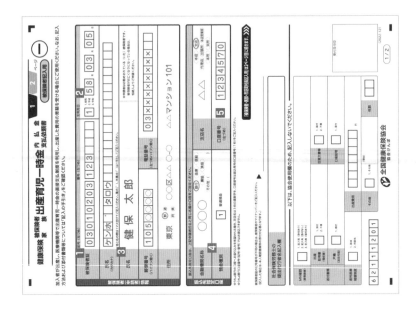

228

1 被保険者証の記号・番号を左づめで記入してください。枝番は記入不要です。

退職後の申請の場合は，在職時の記号と番号を記入してください。

2 生年月日は被保険者が亡くなられた場合でも，被保険者の生年月日を記入してください。

3 被保険者の氏名を記入してください。被保険者が亡くなられて，相続人の方が申請する場合は，申請者の氏名を記入してください。住所・振込先指定口座も同様です。

4 ご希望の振込金融機関口座の銀行・支店名等を記入してください。ゆうちょ銀行の口座へお振込みを希望される場合は，振込専用の店名（漢数字3文字）を必ず記入してください。

金融機関名称	ゆうちょ		口座番号	一二三	
預金種別	1			1234567	

5 口座番号欄は左づめで，大きくはっきりと記入してください。ゆうちょ銀行の口座へお振込みを希望される場合は，従来の口座番号（記号・番号（13桁））ではなく，振込専用の口座番号（7桁）を記入してください。

添 付 書 類

(1)支給開始日以前の12ヵ月以内で事業所に変更があった人⇒以前の各事業所の名称，所在地および各事業所に使用されていた期間がわかる書類

(2)被保険者が亡くなり相続人が請求する場合⇒被保険者との続柄がわかる「戸籍謄本」等

※証明書等が外国語で記載されている場合は翻訳文（翻訳者が署名し，住所および電話番号を明記）

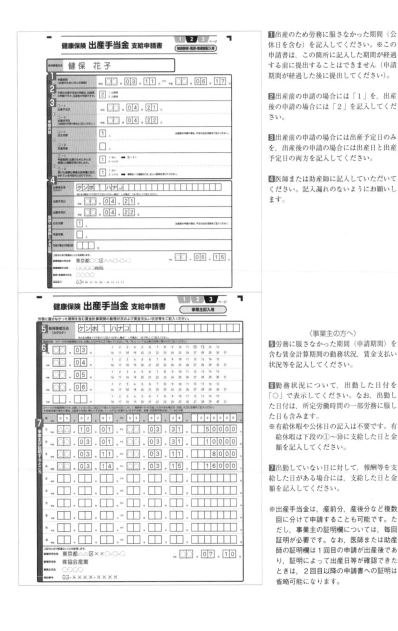

1 出産のため労務に服さなかった期間（公休日を含む）を記入してください。※この申請書は、この箇所に記入した期間が経過する前に提出することはできません（申請期間が経過した後に提出してください）。

2 出産前の申請の場合には「1」を、出産後の申請の場合には「2」を記入してください。

3 出産前の申請の場合には出産予定日のみを、出産後の申請の場合には出産日と出産予定日の両方を記入してください。

4 医師または助産師に記入していただいてください。記入漏れのないようにお願いします。

〈事業主の方へ〉

5 労務に服さなかった期間（申請期間）を含む賃金計算期間の勤務状況、賃金支払い状況等を記入してください。

6 勤務状況について、出勤した日付を「○」で表示してください。なお、出勤した日付は、所定労働時間の一部労務に服した日も含みます。
※有給休暇や公休日の記入は不要です。有給休暇は下段の①～⑩に支給した日と金額を記入してください。

7 出勤していない日に対して、報酬等を支給した日がある場合には、支給した日と金額を記入してください。

※出産手当金は、産前分、産後分など複数回に分けて申請することも可能です。ただし、事業主の証明欄については、毎回証明が必要です。なお、医師または助産師の証明欄は1回目の申請が出産後であり、証明によって出産日等が確認できたときは、2回目以降の申請書への証明は省略可能になります。

8 死亡したときの給付

●被保険者が死亡したときは，50,000円が埋葬料として支給されます。家族以外の人が埋葬を行ったときは，この範囲で埋葬にかかった額が埋葬費として支給されます。
●家族が死亡したときは家族埋葬料として50,000円が支給されます。

■埋葬料

被保険者が死亡したときは，埋葬を行った家族に50,000円の埋葬料が支給されます。

＜埋葬費＞

死亡した被保険者に家族がいないときは，埋葬を行った人に埋葬料の範囲内で，埋葬にかかった費用が埋葬費として支給されます。

埋葬にかかった費用とは，埋葬に直接必要とした実費額をいいますが，具体的には霊柩代，霊柩車代，霊柩運搬人夫費，火葬料または埋葬料，葬式のさいの供物代，僧侶の謝礼，葬壇一式料などです。ただし，葬儀のさいの飲食などの接待費用は認められません。

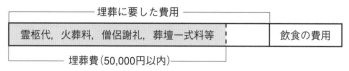

■家族埋葬料

被扶養者となっている家族が死亡したときは，50,000円の家族埋葬料が支給されます。

■死亡・埋葬・家族とは

(1) ここで死亡というのは，法律上死亡とみなされる場合（船が沈没した後，生死が1年以上わからない場合など）を含み，死亡の事実またはそ

の確認があればよいことになっています。

(2) 被保険者が死亡したときに埋葬料をうけられる「家族」とは，「被保険者によって生計を維持されていた者」という意味ですが，その範囲は被扶養者の範囲よりも広く，生計費の一部を維持されていた人も含まれます。また，民法上の親族であるとか，いっしょに生活していることは必ずしも必要ではありません。親族でも，生計維持関係がまったくない場合は，埋葬料は支給されません。ただし，この場合でも，現に埋葬を行ったときは，埋葬費の支給をうけられます。

(3) 埋葬料は，死亡の事実またはその確認があれば，仮埋葬のときでも，葬儀を行わない場合でも支給されます。ただし，埋葬費は，埋葬が行われなければ支給されません。

＜資格喪失後３ヵ月以内に死亡した場合＞

資格喪失後３ヵ月以内に死亡した場合も支給されます。(238頁参照)

＜自殺などの場合＞

自殺やけんかなどでの死亡の場合は，故意の事故として，その負傷に対する給付は制限されますが，埋葬料（費）はふつうに支給されます。

＜業務上の原因で死亡したとき＞

被保険者が業務上の原因または通勤途上の災害による病気・けがで死亡したときは，健康保険の埋葬料（費）は支給されず，労働基準法，労災保険法にもとづいて補償されます。

■支給をうける手続

＜埋葬料・家族埋葬料＞

「埋葬料（費）支給申請書」に，死亡にかんする証明書類（市（区）町村長の埋葬・火葬許可証の写し・死亡診断書・死体検案書・検視調書の写しなど）をそえて（または事業主の証明をうけて），保険者（全国健康保険協会都道府県支部または健康保険組合）に提出します。

＜埋葬費＞

「埋葬費支給申請書」に，埋葬料の場合と同じ書類のほか，埋葬にかかった費用の領収書をそえて提出します。

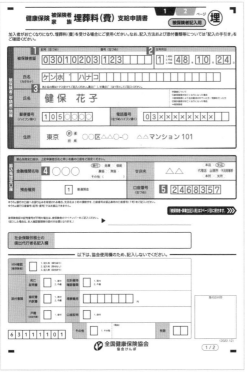

① 被保険者証の記号・番号を左づめで記入してください。枝番は記入不要です。

② 亡くなられた被保険者の生年月日を記入してください。

③ 被保険者（申請者）の氏名を記入してください。住所欄等も同様です。

④ ご希望の振込金融機関口座の銀行・支店名等を記入してください。ゆうちょ銀行の口座へお振込みを希望される場合は、振込専用の店名（漢数字3文字）を必ず記入してください。

⑤ 口座番号欄は左づめで、大きくはっきりと記入してください。ゆうちょ銀行の口座へお振込みを希望される場合は、従来の口座番号（記号・番号（13桁））ではなく、振込専用の口座番号（7桁）を記入してください。

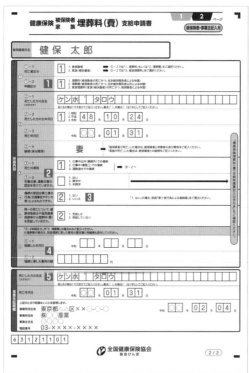

1 被保険者が亡くなった場合は1または2を，被扶養者が亡くなった場合は3を記入してください。

2 仕事中（業務上），通勤途中の原因による死亡については，原則労災保険給付の対象となります（※）。

3 「はい」と答えた場合は，「第三者行為による傷病届」の提出が必要です。詳しくは248頁を参照のほか，協会けんぽ都道府県支部にお問い合わせください。

4 被保険者の①被扶養者または②被扶養者以外で被保険者により生計維持されていた方が申請する場合は記入の必要はありません。上記以外で実際に埋葬を行った方が埋葬費の支給申請をする場合は，必ず記入してください。

5 事業主の証明を受けてください。証明が受けられない場合（任意継続被保険者が亡くなった場合を含む）は，死亡が確認できる次のいずれかを添付してください。①埋葬許可証または火葬許可証のコピー，②死亡診断書，死体検案書または検死調書のコピー，③亡くなった方の戸籍（除籍）謄（抄）本，④住民票。
　証明書等が外国語で記載されている場合は，翻訳文を添付してください。（翻訳文は，翻訳者が署名し，住所および電話番号を明記してください。）

※**2**について
○労災保険給付を「3. 未請求」の場合は，労災保険給付に請求してください。
○労災保険給付に該当するかどうかわからない場合は，労働基準監督署に相談してください。
○法人の役員であって，健康保険からの給付が行われる場合は，「負傷原因届」（→247頁）を添付してください。
○労災保険給付の請求と並行して埋葬料（費）を請求する場合は「労働基準監督署への照会に関する同意書」を添付してください。
○労災保険給付の支給が決定された後，給付内容が重複した場合は，健康保険により給付した全額を返納することになります。

添付書類

(1)被扶養者の申請の場合⇒事業主による死亡の証明**5**があれば添付書類不要
(2)被扶養者以外で被保険者により生計維持されていた方の申請の場合⇒生計維持を確認できる書類（住民票〔亡くなった被保険者と申請者が記載されているもの〕。住居が別の場合は，定期的な仕送りの事実のわかる預貯金通帳や現金書留封筒のコピー，申請者の公共料金等を支払ったことがわかる領収書のコピーなど）
(3)上記(1)(2)の人がいない場合で，実際に埋葬を行った方が埋葬費を申請する場合⇒埋葬に要した費用額が記載された領収書（支払った方のフルネームが記載されているもの），埋葬に要した費用の明細書（費用の内訳がわかるもの）

9 資格喪失後の給付

1 傷病手当金・出産手当金の継続支給

> ● 1年以上継続して被保険者だった人が被保険者の資格を失ったとき，傷病手当金または出産手当金をうけているか，うける条件を満たしている場合は，資格喪失後も期間が満了するまで続けてうけられます。

■傷病手当金

　資格喪失の日の前日まで被保険者期間が継続して1年以上あり，被保険者の資格を失ったときに現に傷病手当金の支給をうけているか，支給をうける条件を満たしている場合は，被保険者であったときと同様，傷病手当金が支給されます。

　支給をうける条件を満たしている場合とは，たとえば，療養のため仕事につけず，ひき続き3日間の待期をこえて会社を休んでいたが，在職中は給料をうけていたため傷病手当金の支給を停止されていた人が，退職して給料の支払いがなくなったというような場合です。

被 保 険 者	傷 病 手 当 金
療養・休業・賃金支払い	退職・受給要件そろう

　支給金額，支給期間，支給をうける手続は，在職中の場合と同じ（212頁参照）ですが，事業主の証明はいりません。

　なお，出産手当金を同時にうけられるときや，同一傷病により障害厚生年金・障害手当金がうけられるときの取扱いは，在職中の場合と同じです。

＜老齢厚生年金等との調整＞

　退職後に傷病手当金の継続給付をうけている人が，老齢厚生年金等の老齢退職年金給付をうけることができるときは，傷病手当金は支給されませ

ん（法第3条第2項被保険者および法第3条第2項被保険者であった人を除く）。

ただし，うけられる老齢退職年金給付の額（2つ以上の老齢退職年金給付をうけられるときはその合算額）が，傷病手当金の額を下回る場合には，その差額が傷病手当金として支給されます。

なお，老齢退職年金給付とは，①国民年金の老齢基礎年金・旧令共済組合員期間を合算することにより受給資格期間を満たす人の老齢年金，②厚生年金保険の老齢厚生年金・特例老齢年金，③共済組合の退職共済年金，④旧厚生年金保険・船員保険の老齢年金・通算老齢年金・特例老齢年金，⑤旧国民年金の老齢年金・通算老齢年金，⑥旧共済組合の退職年金・減額退職年金・通算退職年金，⑦旧厚生年金保険の指定共済組合員の退職給付，⑧旧令共済組合の退職給付などです。ただし，その全額が支給停止されているものは除きます。

■出産手当金

資格喪失の日の前日まで被保険者期間が継続して1年以上あり，被保険者の資格を失ったとき現に出産手当金の支給をうけているか，支給をうける条件を満たしている場合は，在職中と同様，出産手当金が支給されます。

支給をうける条件を満たしている場合とは，たとえば，出産の日から30日後に退職して給料の支払いがなくなったというような場合で，この場合は26日間について出産手当金が支給されることになります。

支給金額，支給期間，支給をうける手続は，在職中の場合と同じ（224頁参照）ですが，事業主の証明はいりません。

■任意継続被保険者に対する取扱い（平成19年4月から）

従来は，任意継続被保険者である期間中に支給事由が生じた場合でも，

傷病手当金・出産手当金が支給されていましたが，平成19年4月からは，傷病または産休中により労務に服せない期間の所得保障という本来の目的等をふまえ，任意継続被保険者に対しては傷病手当金・出産手当金を支給しないことになりました。

ただし，一般の被保険者の資格喪失後の継続給付として手当金をうける人が，任意継続被保険者であることは差し支えありません。また，任意継続被保険者の資格を喪失した場合でも，任意継続被保険者の資格を取得した日の前日まで継続して1年以上被保険者期間があれば，資格喪失の際にうけていた手当金は継続して支給されます。

② 資格喪失後6ヵ月以内に出産をしたとき

● 1年以上継続して被保険者だった人が被保険者の資格を失い，資格喪失後6ヵ月以内に出産をしたときは，出産育児一時金をうけられます。

資格喪失の日の前日まで被保険者期間が継続して1年以上ある人が，被保険者の資格を失ってから6ヵ月以内に出産をしたときは，出産育児一時金が支給されます（平成19年3月までは，出産手当金も支給されていましたが，任意継続被保険者に対する給付と同様の趣旨により平成19年4月から廃止されています）。

また，任意継続被保険者の資格を失った人についても，任意継続被保険者の資格を取得した日の前日まで継続して1年以上被保険者期間があれば，同様に出産育児一時金が支給されます。

なお，女子被保険者が資格喪失後，配偶者である被保険者の被扶養者となった場合，資格喪失後の出産育児一時金をうけるか，家族出産育児一時金をうけるかは，選択によることになっており，重複しては支給されません。また，被保険者の資格喪失後には，被扶養者だった家族が出産をしても家族出産育児一時金はありません。

支給される出産育児一時金の額，支給をうける手続は，在職中の場合と

同じ（221頁参照）ですが，事業主の証明はいりません。

3 資格喪失後死亡したとき

●被保険者の資格を失ってから3ヵ月以内に死亡したときなどは，埋葬料が支給されます。

(1)　被保険者の資格を失ってから3ヵ月以内に死亡したとき

(2)　被保険者の資格を失った後，傷病手当金・出産手当金の支給をうけている間に死亡したとき

(3)　被保険者が，(2)の給付をうけなくなった日から3ヵ月以内に死亡したとき

　以上のときには，埋葬を行った家族に対して，埋葬料として50,000円が支給されます。

　埋葬料をうける人がいない場合には，実際に埋葬を行った人に対して，埋葬料の範囲内で埋葬費が支給されます（231頁参照）。

　なお，被保険者の資格喪失後には被扶養者が死亡したときの給付（家族埋葬料）はありません。

　支給をうける手続は，「埋葬料（費）支給申請書」に死亡診断書など必要な書類をそえて，保険者(全国健康保険協会都道府県支部または健康保険組合)に提出します。

4 継続療養給付の原則廃止（平成15年4月から）

　1年以上継続して被保険者だった人などが被保険者の資格を失っても，保険診療をうけていた場合，本人も家族も初診の日から5年の範囲内で，ひき続き療養（入院時食事療養費などを含む）をうけられる継続療養の給付は，医療保険制度間の給付率の統一にともない平成15年4月から原則，廃止されています。ただし，被保険者資格を失って法第3条第2項の規定による被保険者等（日雇特例被保険者・被扶養者）となったときは，6ヵ月に限って継続療養の給付がうけられます（特別療養給付）。

10 給付の制限・権利の保護など

● けんかやよっぱらい，故意の事故などによる病気・けがについて
は，健康保険の給付が制限されます。
● 健康保険の給付をうける権利の時効は，2年間となっています。

1 給付の制限

次のような場合には，健康保険の給付の全部または一部が制限されます。

(1) 故意の犯罪行為または故意に事故（病気・けが・死亡など）を起こしたとき	埋葬料以外は全部
(2) けんか，よっぱらい，著しい不行跡により事故を起こしたとき	全部または一部
(3) 正当な理由がなくて医師などの療養に関する指示に従わなかったとき	一部
(4) 偽りその他不正な行為で保険給付をうけまたはうけようとしたとき	将来支給すべき傷病手当金または出産手当金を支給しないことがある。ただし，制限する期間は6ヵ月以内にかぎり，行為から1年たてば制限できない。
(5) 正当な理由がなくて保険者が行う文書の提出命令や質問に応じなかったり受診を拒んだとき	全部または一部
(6) 被保険者が刑務所などにいるとき	埋葬料以外は全部。ただし被扶養者に対する給付は行われる。

② 時　効

　健康保険の給付をうける権利は，２年間の時効で消滅します。

　傷病手当金の場合は，療養のため仕事につけなかった日ごとにその翌日から進行し，療養費については費用を支払った翌日から進行します。

③ 未支給の保険給付

　傷病手当金，療養費，出産育児一時金，移送費など金銭で支給される保険給付で，受給権者が死亡したときにまだうけとっていないものについては，民法上の遺産相続人が請求してうけとることができます。この場合は，保険給付の種類に応じてそれぞれの請求書を保険者に提出します。

④ 受給権の保護

　健康保険の給付をうける権利は，公法上の債権とされており，他人に譲り渡したり，担保にしたり，差し押えたりすることはできません。

　また，租税その他の公課の対象とはされず，印紙税も免除されることになっています。

⑤ 不服の申立て

　被保険者の資格，標準報酬または保険給付に関する処分に不服がある人は，社会保険審査官に対して審査請求をし，その決定に不服がある場合には，社会保険審査会に対して再審査請求をすることができます。

　上記の審査請求をした日から２ヵ月以内に決定がないときは，審査請求人は，社会保険審査官が審査請求を棄却したものとみなすことができます。

　保険料等の賦課もしくは徴収の処分または保険料の督促や滞納処分に不服がある場合は，社会保険審査会に対して審査請求をすることができます。

　なお，処分の取消しの裁判所への訴えは，その処分についての審査請求に対する社会保険審査官の決定を経た後でなければ，提起することができません。

＜書面による教示＞

　平成17年４月から，行政庁の行う処分については，処分の相手方に対し，

不服申立てができる旨やその期間などを書面で教示しなければならないことになっています。これに伴い，健康保険に関する処分についても同様に，社会保険審査官および社会保険審査会への審査請求等に関して書面で教示することが必要となっています。

11 自動車事故と社会保険

●自動車事故など第三者の行為でけがをしたり，そのけががもとで病気になったり死亡したときは，被害をうけた人は加害者に損害賠償を請求する権利があります。一方，被害者が社会保険の被保険者（被扶養者を含む）である場合は，社会保険の給付をうけることができます。このため，損害賠償と保険給付との間に損害賠償請求権の移動（保険者の代位取得）等による調整が行われています。

1 損害賠償の考えかた

　第三者行為の被害者は加害者に対して損害賠償の請求権があり，加害者は被害者に対して損害賠償をする責任があります。この損害賠償の責任は，民法で規定されており，けがの治療費，会社を休んでいる間の生活補償，持ちものや建物など直接の損害に対する賠償はもちろん，精神的苦痛に対する慰謝料，死亡した場合や後遺障害を残した場合の将来の損害（逸失利益）に対する賠償など，すべての損害に対して賠償する責任があることになっています。

　損害賠償の額は，当事者が話し合ってきめ（示談），示談によっても解決できないときは，簡易裁判所の調停または裁判によってきめます。このさい，被害者にも過失がある場合は，一般に，過失相殺の原則で損害賠償の額はその程度に応じて相殺されます。

　自賠法では，車の保有者がその運行によって他人の生命または身体を害したときは，その損害について賠償する責任があるわけですが，夫婦間，親子間にも，それぞれ損害賠償請求権を認めています。

　ただし，たとえば夫と同乗していた妻が夫の運転により損害をうけたとき，妻が主にその車を運転する者であったり，夫の運転補助者であった場合などは「他人」とみなされないことがあります。つまり単なる同乗者であった場合に損害賠償請求権が認められることになります。実際には個々のケースに応じて判断されます。

2 自動車事故の損害賠償

　自動車事故によって他人に傷害を与えた場合は，自動車損害賠償保障法によって，自動車の保有者が賠償をする責任があり，保有者に事実上過失がなくても，盗難車による事故とか飛込自殺のような特別の事情がないかぎり，損害賠償の責任を負うことになっています。そして，賠償金の支払いを確保するために，自動車の保有者はすべて強制的に適用をうける「自動車損害賠償責任保険」の制度がつくられています。（農協・消費生活協同組合・事業協同組合の組合員が保有する自動車については，組合および同連合会が行う「自動車損害賠償責任共済」の制度もありますが，責任共済でも責任保険と同様な損害てん補を行うことになっています。）

＜責任保険の保険金＞

　死亡した人，介護が必要な後遺障害をうけた人または傷害をうけた人1人につき，次の保険金が支払われます（平成14年4月から）。

(1)　死亡した人　死亡による損害につき　　3,000万円

　　　　　　　　　死亡にいたるまでの傷害による損害につき　　120万円

(2)　介護を必要とする　　後遺障害による損害につき　1級4,000万円

　　　後遺障害をうけた人　　　　　　　　　　　　　　2級3,000万円

　　　　　　　　　　　　後遺障害にいたるまでの傷害による損害につき

　　　　　　　　　　　　　　　　　　　　　　　　　　　120万円

(3)　傷害をうけた人　傷害による損害につき　　120万円

　　　　　　　　　　　後遺障害による損害につき　75万円〜3,000万円

　この保険金額は限度額で，治療費などの損害が120万円以下の場合は，かかっただけ支払われます。また，死亡の場合は，被害者に重大な過失があるとか，高齢でないかぎり3,000万円を限度に全額が支払われます。

　後遺障害に対する保険金は，労災保険とほぼ同じ障害等級表によって，第1級3,000万円〜第14級75万円までの金額がきめられ，障害が2以上あるときは，重いほうの等級またはそれより1〜3級上の等級の金額が支払われるなどの扱いとなります。

　示談が長びいたりして賠償金の支払いをすぐうけられない場合は，被害者請求の制度があります。また，仮渡金の制度もあり，死亡の場合は290

243

万円，傷害の場合はその程度によって5〜40万円の仮渡金が支払われます。

　ひき逃げなどで，責任保険等の恩恵をうけることができないときは，政府が前記保険金額の限度で損害のてん補を行います（政府保障事業）。

　なお，実際にうけた損害が保険金額をこえた場合は，こえた分を被害者が加害者に請求します。

③ 社会保険と給付の調整

　自動車事故など第三者の行為によって傷害をうけた場合にも，社会保険の給付をうけることができます（業務上・通勤災害による場合を除く）。つまり，被害者は，一つの事故に対して，一方では加害者に損害賠償を請求することができ，他方では診療や年金・一時金など社会保険の給付をうけることができることになります。

　このような場合，加害者による損害賠償と社会保険の給付とは，その目的，性格は必ずしも一致しませんが，たとえば，自動車事故でけがをした場合，健康保険で診療（療養の給付・家族療養費）をうけるほかに，加害者から治療費について損害賠償をうけることになると，その範囲では，被害者の損害は二重に補てんされるという不合理が生じることになります。

　そこで一般に社会保険では，第三者の行為による事故について保険給付をしたときは，保険者がその給付の価額の限度で，被害者などが第三者に対してもっている損害賠償請求権を取得するという規定がもうけられています。これを損害賠償請求権の代位取得といいます。（この権利を行使することを求償といいます。）

　また被害者などが第三者から同一の事由について損害賠償をうけたときは，保険者は，その価額の限度で保険給付しないことができることになっています。（これを免責といいます。）

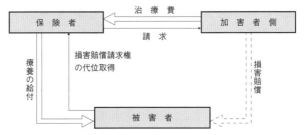

4 健康保険の場合

＜求償権の移転＞

自動車事故など第三者の行為によって傷害をうけた場合にも，健康保険の給付をうけられます。この場合，保険者は保険給付を行ったことによりその給付の価額の限度で，被保険者（または被保険者であった人）がもっている損害賠償請求権を法律上当然に取得することになり，損害賠償請求権は自動的に保険者に移転し，一般の債権のように代位取得する際に第三者（加害者）に通知するとか，その承諾を得る必要はありません。

また，被保険者（被害者）は，保険者が代位取得した損害賠償請求権の内容を変更することはできないので，保険給付が行われている間に示談が成立したような場合，示談の内容はそれ以前の保険給付について保険者が代位取得している損害賠償請求権を左右することはできません。

たとえば，交通事故で健康保険で入院し，1月後に，加害者が治療費の半額を負担するという示談が成立した場合，示談成立までの治療費が100,000円だったとすると，その間の医療費について保険者が代位取得するのは，100,000円の半額の50,000円ではなく，示談が成立するまで保険で給付した治療費の全額（100,000円）ということになります。

示談成立

健　康　保　険	損　害　賠　償

└──── 治療費100,000円 ────┘

＜代位取得の対象＞

保険者が被保険者の損害賠償請求権を代位取得するのは，保険給付の価額の限度，つまり保険給付に実際に要した費用の範囲内ということになっています。

損害賠償のうち，慰謝料，見舞金，被害者の家族に対する手当など保険給付と直接関係ないものや入院時の特別室の特別料金（室料差額）などで保険者が認めない部分，休業補償費で傷病手当金をうけられない部分など，保険で給付されないものは，代位取得の対象にはなりません。

＜損害賠償をうけたあとの保険給付＞

　健康保険では，同一の事由ですでに第三者から損害賠償をうけたときは
その限度で保険給付をしなくてもよいという免責の規定がありますので，
損害賠償をうけたり免除したりして損害賠償請求権を消滅させた後は，その額の限度で保険給付を行わないことになっています。

＜示談と求償権の範囲＞

　示談と同時に損害賠償を全額うけるとか，全額免除した場合は，示談後
の保険給付は行われません。治ったあとで払うという示談の場合は，保険
給付した価額に相当するすべての損害賠償請求権を保険者が代位取得します。

＜健康保険で必要な手続＞

　自動車事故など第三者の行為によってうけた傷病について健康保険で診
療をうける場合，被保険者は，「第三者行為による傷病届」をできるだけ
早く保険者（全国健康保険協会都道府県支部または健康保険組合）に提出
しなければなりません。この届出には，被害の事実，第三者の住所，氏名
（わからないときはその旨），傷病の状況など必要な事項を記載し，自動
車安全運転センター事務所の事故証明書，示談が成立しているときは示談
書などをそえます。なお，被保険者が，第三者行為の加害者が保険者に対
し損害賠償責任を負う旨を記した加害者の誓約を保険者に提出しなくて
も，健康保険で診療をうけることができます。

5 公的年金の場合

　公的年金制度の被保険者または被保険者であった者について，自動車事
故など第三者行為が原因で年金給付が行われたときは，保険者は，その給
付の価額の限度で，受給権者がもっている損害賠償請求権を代位取得し，
加害者側に損害賠償の請求をすることができることになっています。

　また，被害者が，給付をうける前に，加害者から同一の事由により損害
賠償をうけたときは，保険者はその価額の限度で，保険給付の控除を行う
ことができることになっています。

　損害賠償と年金給付の調整に関して，年金給付の支給停止は最高３年間
で，それをすぎると調整されず，本来の年金額が支給されます。

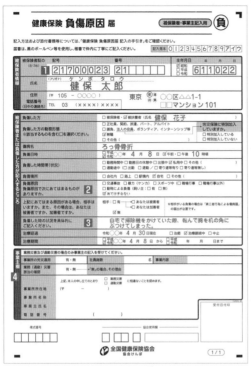

1被保険者証の記号・番号を左づめで記入してください。

2負傷した原因が、第三者によるものの場合、「第三者行為による傷病届」の提出が必要になります。詳しくは次頁を参照のほか、協会けんぽ都道府県支部にお問い合わせください。

3負傷したときの状況をなるべく詳しく（具体的に）記入してください。

4業務（通勤）災害に該当するかどうかは、労働基準監督署が認定を行いますので、詳しくは労働基準監督署にお問い合わせください。

■業務上・通勤途上のけが（負傷）・疾病の場合

　健康保険では、業務上または通勤災害によるけが（負傷）・疾病に対して保険給付は行いません。この場合は、労災保険（労働者災害補償保険）の給付の対象となります。

　ただし、健康保険の被保険者または被扶養者の業務上のけがについて、労災保険の給付対象とならない場合は、法人の役員としての業務に起因するものを除き、健康保険の給付対象となります。さらに、法人の役員としての業務に起因するものであっても、被保険者数が5人未満の小規模事業所であって、その業務が従業員の従事する業務と同一と認められるときは、健康保険の給付対象となります。

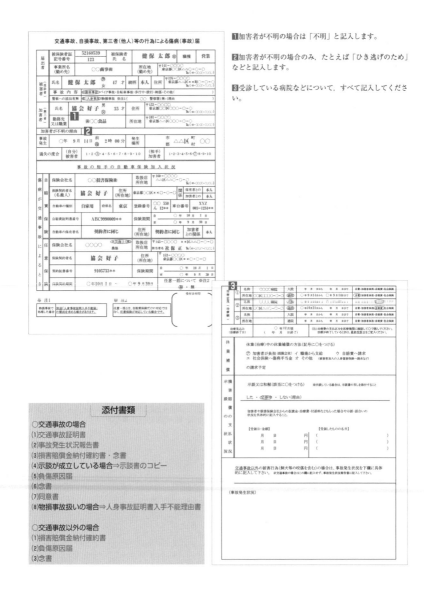

1 加害者が不明の場合は「不明」と記入します。

2 加害者が不明の場合のみ，たとえば「ひき逃げのため」などと記入します。

3 受診している病院などについて，すべて記入してください。

添付書類

○交通事故の場合
(1)交通事故証明書
(2)事故発生状況報告書
(3)損害賠償金納付確約書・念書
(4)示談が成立している場合⇒示談書のコピー
(5)負傷原因届
(6)念書
(7)同意書
(8)物損事故扱いの場合⇒人身事故証明書入手不能理由書

○交通事故以外の場合
(1)損害賠償金納付確約書
(2)負傷原因届
(3)念書

12 法第3条第2項被保険者のしくみ

1 保険者・被保険者

●健康保険の保険者は全国健康保険協会および健康保険組合ですが，法第3条第2項の規定による被保険者（日雇特例被保険者）については全国健康保険協会となっています。当該被保険者の現業事務は，全国健康保険協会都道府県支部，年金事務所または委託市区役所・町村役場，指定市区役所・町村役場が窓口になります。

●法第3条第8項に規定する労働者が，健康保険の強制適用事業所または任意適用事業所に使用されたときは，法第3条第2項被保険者となります。

●法第3条第2項被保険者も40歳以上65歳未満の人は介護保険の第2号被保険者として介護保険料を納めます。

●法第3条第2項被保険者も70歳以上75歳未満は健康保険の高齢受給者となります。

●75歳以上の人および65歳以上75歳未満のねたきりの人等は，法第3条第2項被保険者から除外され，後期高齢者医療の被保険者となります。

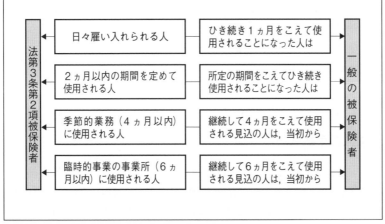

■被保険者の範囲

(1)　臨時に使用される人であって，①日々雇い入れられる人，②２ヵ月以内の期間を定めて使用される人

　　ただし，①の人が１ヵ月をこえてひき続き使用されるようになった場合，②の人が２ヵ月以内の期間をこえてひき続き使用されるようになった場合は，こえたときから一般被保険者となります。

(2)　季節的業務（４ヵ月以内）に使用される人

　　４ヵ月をこえて使用される予定の場合は，はじめから一般被保険者となります。

(3)　臨時的事業の事業所（６ヵ月以内）に使用される人

　　６ヵ月をこえて使用される予定の場合は，はじめから一般被保険者となります。

■適用除外される場合

　75歳以上の人および65歳以上75歳未満のねたきりの人等は，法第３条第２項被保険者から除外され，後期高齢者医療の被保険者となり，後期高齢者医療の保険給付をうけることになっています（平成20年３月までは，法第３条第２項の被保険者のままで老人保健の医療をうけることになっていました）。

　また，下記の(1)～(3)に該当する人は，住所地の年金事務所に申し出て適用除外の承認をうければ，被保険者から除外されます。

(1)　ひき続く２ヵ月間に通算して26日以上使用される見込みのないことが明らかであるとき

(2)　健康保険の任意継続被保険者であるとき

(3)　その他特別の事由があるとき

■加入の手続

(1)　事業主——適用事業所の事業主は，「健康保険印紙購入通帳交付申請書」を，事業所をうけもつ年金事務所に提出し，通帳の交付をうけます。

(2)　被保険者——法第３条第８項労働者が適用事業所に使用され，はじめ

て被保険者になったときは，被保険者になった日から5日以内に「健康保険被保険者手帳交付申請書」に住民票の写し（外国人は，外国人登録証明書の写し）をそえて（住民基本台帳法の規定による本人確認ができる場合は不要），本人の住所地の年金事務所または指定地域をうけもつ市町村長（略して，指定市町村長といいます。）に提出して，「健康保険被保険者手帳」の交付をうけます。ただし，以前に被保険者になったときに交付された手帳をもっていて，その手帳に健康保険印紙を貼る余白があるときは，あらためて手帳の交付申請をする必要はありません。また，被扶養者がいるときは手帳の交付申請を行うときに，新たに被扶養者が生じたときは5日以内に，「被扶養者（異動）届」を提出します。

■健康保険被保険者手帳

被保険者手帳は，被保険者証とはちがい，これによって保険医療機関で診療をうけるものではありませんが，保険に加入しているかどうかを示すために使われる大切なものです。

法第3条第2項被保険者は適用事業所に就労する日ごとに，被保険者手帳を事業主に提出し，健康保険印紙を貼ってもらわなければならないことになっています。この印紙は保険料を納付したことを示すためのものです。

保険で診療をうける場合は，一定期間保険料を納付したことを被保険者手帳で証明して，「受給資格者票」の交付をうけ，この受給資格者票によって診療をうけます。

なお，70歳以上は一般被保険者（被扶養者）と同様に高齢受給者となりますが，一律に2割負担が適用されるため，高齢受給者証は交付されません。

＜介護保険第2号被保険者の被保険者手帳の扱い＞

介護保険の実施に伴い，介護保険の第2号被保険者に該当する人には介護用手帳が，それ以外の被保険者には一般用手帳が交付されます。健康保険印紙も介護用印紙と一般用印紙の形式が定められ，事業主は，被保険者ごとに区別して介護用と一般用の印紙を手帳に貼ることになります。印紙を購入するときは，印紙購入通帳に印紙の種類を介護用と一般用に区別し，

それぞれの枚数や金額，購入年月日を記入します。

　なお，法第3条第2項被保険者も，介護保険の適用除外となる場合は，一般の健康保険の被保険者と同様の届出が必要です。

＜被保険者手帳の再交付・書きかえ＞

　被保険者手帳をなくしたり，破ったり，よごしたりした場合には，「被保険者手帳再交付申請書」を年金事務所または指定市町村長に提出して，再交付をうけなければなりません。よごしたり破ったりして再交付を申請する場合は，その被保険者手帳をそえます。

　氏名，住所または居所がかわった場合には，被保険者手帳を年金事務所に提出して書きかえを申請しなければなりません。

＜被保険者手帳の返納＞

　被保険者手帳の交付をうけている人が，その被保険者手帳に印紙をはる余白がある期間内に被保険者となる見込みのないことが明らかになったとき，または適用除外の承認をうけたときは，被保険者手帳を年金事務所または指定市町村長に返納しなければなりません。

＜被扶養者＞

　被扶養者の範囲は，一般被保険者の被扶養者と同じです。

② 標準賃金日額・費用の負担

● 被保険者に支払われる賃金日額に応じて，標準賃金日額を下の表のように定め，保険料額や給付金額の基礎としています。

● 保険料の額は，次の算式を基準に定められますが，令和6年4月からの保険料は下表のようになっており，賞与が支給されたときは賞与からも保険料が徴収されます。

● 介護保険の第2号被保険者は介護保険料（令和6年4月から1000分の16.0）を上乗せします（（ ）内は令和6年4月からの介護保険第2号被保険者）。

被保険者負担分⋯⋯⋯ $\left(標準賃金日額 \times \frac{100.0}{1000} \left(\frac{116.0}{1000}\right) \times \frac{1}{2}\right)$
$+ \left(賞与額 \times \frac{100.0}{1000} \left(\frac{116.0}{1000}\right) \times \frac{1}{2}\right)$

事業主負担分⋯⋯⋯⋯ $\left(標準賃金日額 \times \frac{100.0}{1000} \left(\frac{116.0}{1000}\right) \times \frac{1}{2}\right)$
$+ \left(標準賃金日額 \times \frac{100.0}{1000} \left(\frac{116.0}{1000}\right) \times \frac{31}{100}\right)$
$+ \left(賞与額 \times \frac{100.0}{1000} \left(\frac{116.0}{1000}\right) \times \frac{1}{2}\right)$

※医療に係る保険料率（100.0/1000）は，平均保険料率（都道府県単位保険料率（77頁参照）から導かれる全国平均の保険料率）です。

等級	標準賃金日額	賃金日額 以上	未満	保険料日額 被保険者負担分	事業主負担分	合計
1	3,000	以上	未満 3,500	150（ 170）	240（ 270）	390（ 440）
2	4,400	3,500	5,000	220（ 255）	350（ 405）	570（ 660）
3	5,750	5,000	6,500	285（ 330）	455（ 530）	740（ 860）
4	7,250	6,500	8,000	360（ 420）	580（ 680）	940（1,100）
5	8,750	8,000	9,500	435（ 505）	705（ 815）	1,140（1,320）
6	10,750	9,500	12,000	535（ 620）	865（1,000）	1,400（1,620）
7	13,250	12,000	14,500	660（ 765）	1,070（1,235）	1,730（2,000）
8	15,750	14,500	17,000	785（ 910）	1,265（1,470）	2,050（2,380）
9	18,250	17,000	19,500	910（1,055）	1,470（1,705）	2,380（2,760）
10	21,250	19,500	23,000	1,060（1,230）	1,710（1,990）	2,770（3,220）
11	24,750	23,000		1,235（1,435）	1,995（2,325）	3,230（3,760）

単位：円

■標準賃金日額

支払われる賃金日額に応じて，標準賃金日額が定められており，これを
もとに毎日の保険料や給付の額が計算されます。標準賃金日額は，１級
3,000円～11級24,750円の11等級になっています（前頁参照）。

■賃金日額の基礎となる賃金

賃金日額の基礎になる賃金には，賃金・給料・諸手当・賞与その他名称
を問わず，現金でも現物でも，労働の対償として事業主が法第３条第２項
被保険者に支払うすべてのものが含まれます。ただし，３ヵ月をこえる期
間ごとに支払われるものは除かれます。

■保険料の納め方

保険料の納付義務者は事業主です。

事業主は，被保険者を使用する日ごとに，被保険者手帳の提出をもとめ，
その該当欄に印紙を貼り，これに消印を押すというやりかたで保険料を納
付します。事業主は，被保険者が負担すべき保険料額を賃金から控除する
ことができます。

被保険者が手帳を忘れたり，故意に提出しなかったりして，印紙を貼る
ことができない場合，事業主は「印紙ちょう付不能調書」に，使用した被
保険者の氏名，賃金日額，保険料額，使用年月日を記載して，年金事務所
に届出をし，納入告知書をうけて，現金で納付します。

■健康保険印紙についての手続

(1) 健康保険印紙購入通帳の交付申請——250頁参照。
(2) 健康保険印紙の購入——事業主は，この通帳に，購入しようとする印
　　紙の種類別・枚数・金額および購入年月日を記入し印紙を販売する郵便
　　局に提出して，あらかじめ印紙を購入します。
(3) 印影の届出——印紙を被保険者手帳にはって消印するときに使う印章
　　の印影は，あらかじめ年金事務所に届け出ておく必要があります。印影
　　を変更しようとするときも，届け出なければなりません。

(4) 健康保険印紙の受払等報告——事業主は，印紙の受払いに関する帳簿を備えつけ，被保険者を使用するつどその受払状況を介護用印紙と一般用印紙に区分して記載し，毎月分の健康保険印紙受払等報告書を，翌月末日までに年金事務所に提出しなければなりません。

■賞与についての保険料

　一般被保険者と同様に，年3回以下の賞与が支給されたときは，賞与からも保険料が徴収されます。賞与に係る保険料は，支給された賞与額に平均保険料率（介護保険該当被保険者は＋介護保険料率）をかけて計算されます。このときの賞与額は千円未満切捨てで，上限は40万円とされています。保険料の納付方法などは，一般被保険者の取扱いに準じています。

■法第173条に規定する拠出金

　健康保険組合の組織されている事業所に法第3条第2項被保険者が就労した場合，その組合は法第173条拠出金を納付しなければなりません。

　法第173条拠出金の額は，一年度の法第3条第2項被保険者に係る支出総額から収入総額を除いたものを，同年度の法第3条第2項被保険者の保険者ごとの就労延日数で按分して算出します。

13 法第３条第２項被保険者の給付

1 給付の種類

給付の種類	給付の条件・内容
療養の給付※	病気・けがをしたとき，その前２ヵ月に通算26日分以上または前６ヵ月に通算78日分以上の保険料が納付されていれば，必要な医療をうけられます。ただし，被保険者・被扶養者とも，義務教育就学前は医療費の２割，義務教育就学後70歳未満は３割，70歳以上は２割を自己負担します。
特別療養費	はじめて健康保険被保険者手帳の交付をうけたときなどに必要な医療をうけられます。ただし，被保険者・被扶養者とも，療養の給付と同じ割合を自己負担します。
傷病手当金	療養の給付等をうけ，そのため働けない人に，休業４日目から６ヵ月（結核性の場合は１年６ヵ月）の範囲で支給されます。
出産育児一時金 家族出産育児一時金	出産月前４ヵ月に通算26日分以上の保険料を納付している本人に出産育児一時金が支給されます。被扶養者が出産をしたときは，出産月前２ヵ月に26日分以上か前６ヵ月に78日分以上の保険料を納めた人に家族出産育児一時金が支給されます。
出産手当金	出産月前４ヵ月に通算26日以上の保険料を納付している場合に，出産日（出産が予定日よりおくれた場合は出産予定日）以前42日（多胎妊娠の場合は98日）から出産日後56日の範囲内で，労務に服さなかった期間，支給されます。
埋葬料 家族埋葬料	療養の給付をうけられる本人が死亡した場合は埋葬料が，家族が死亡した場合は家族埋葬料が支給されます。

※保険料納付要件を満たせば，一般の被保険者・被扶養者と同様に，保険外併用療養費，入院時食事療養費，入院時生活療養費，高額療養費，高額医療・高額介護合算療養費，家族療養費，訪問看護療養費，家族訪問看護療養費，療養費，移送費，家族移送費が給付されます。要介護者等に対する介護保険の給付との調整も一般と同様です。

② 病気・けがをしたとき

> ●被保険者は，使用されるつど被保険者手帳に印紙を貼りつけ保険料を納めますが，定められた納付要件を満たすと，受給資格者票にその旨の証明をうけます。
> ●保険医療機関の窓口にこの受給資格者票を提出すれば，一般の被保険者・被扶養者と同様に療養の給付などがうけられます。

■受給資格（保険料納付要件）

　被保険者が療養の給付などをうけるためには，はじめてその給付をうける月の前2ヵ月間に通算して26日分以上の保険料が納付されているか，または，その月の前6ヵ月間に通算して78日分以上の保険料が納付されていなければなりません（納付要件）。

　そこで，被保険者は，診療をうけるのに必要な保険料を納付したときには，被保険者手帳を全国健康保険協会都道府県支部あるいは協会が事務を委託した市区町村長（委託市区町村長）に提出して，「受給資格者票」の該当する月の欄に押印してもらい，給付をうける資格があることの確認をうけておきます。被保険者は，確認された「受給資格者票」を保険医療機関に提出し，医師の診療をうけることになります。

■給付の内容

＜療養の給付・家族療養費＞

　被保険者・被扶養者が療養の給付をうけるときは，義務教育就学前は医療費の2割，義務教育就学後70歳未満は3割，70歳以上（高齢受給者）は2割を自己負担します。

＜入院時食事療養費＞

　入院時に食事の提供をうけた場合は，一般被保険者・被扶養者と同様に，食事療養標準負担額（低所得者の軽減措置も一般と同じ）を支払うことにより，入院時食事療養費の給付をうけられます。

＜入院時生活療養費＞

65歳以上の人が療養病床に入院した場合は，一般被保険者・被扶養者と同様に，生活療養標準負担額（低所得者などの軽減措置も一般と同じ）を支払うことにより，入院時生活療養費の給付をうけられます。

＜診療をうけられる期間＞

診療をうけられる期間は，給付をうけはじめてから１年間ですが，結核性疾病の場合の診療期限は５年間となります。

＜療養費の支給＞

やむを得ない理由で保険診療を行っていない病院・診療所で診療をうけた場合などは，一般被保険者と同様に療養費が支給されます。

＜保険外併用療養費＞

評価療養・患者申出療養・選定療養をうけた場合の基礎部分の保険外併用療養費についても，一般被保険者・被扶養者と同様にうけられます。

＜高額療養費＞

一般被保険者と同様に１ヵ月の自己負担額が自己負担限度額をこえたときは，こえた分が払いもどされます（現物給付，世帯合算・多数該当も同様）。

また，一般被保険者と同様に健康保険の自己負担額と介護保険の利用者負担額を合計した額が自己負担限度額をこえたときに，こえた分が払いもどされる高額医療・高額介護合算療養費もあります。

＜訪問看護療養費・家族訪問看護療養費＞

訪問看護ステーションの訪問看護をうけた場合は，一般被保険者・被扶養者と同様の負担率による基本利用料を支払います。

＜移送費・家族移送費＞

緊急時に必要があって移送された場合は，一般被保険者・被扶養者と同様に，移送費・家族移送費を現金給付としてうけます。

■特別療養費

被保険者が療養の給付等をうけるためには，一定の保険料を納付していなければなりません。そこで，はじめて被保険者手帳の交付をうけた場合などは，最初の２ヵ月は保険医療をうけられないことになります。このよ

うな場合でも，一定の限度で健康保険の医療をうけられるようにしたのが，特別療養費の制度です。支給をうけられる人は，次のとおりです。

(1)　はじめて被保険者手帳の交付をうけた人

(2)　受給要件を満たした月に被保険者手帳に健康保険印紙を貼る余白がなくなり，その後はじめて被保険者手帳の交付をうけた人

(3)　受給要件を満たした月の翌月中に被保険者手帳を返納した後，はじめて被保険者手帳の交付をうけた人

(4)　前に交付をうけた被保険者手帳に健康保険印紙を貼る余白がなくなってから1年以上経った後に被保険者手帳の交付をうけた人

(5)　前に交付をうけた被保険者手帳を返納し，その返納した日から1年以上経って被保険者手帳の交付をうけた人

　特別療養費の支給をうけられる人は，あらかじめ全国健康保険協会都道府県支部あるいは委託市町村に申請して「特別療養費受給票」の交付をうけておき，保険医療機関に「特別療養費受給票」を提出して診療をうけることになります。このとき，被保険者・被扶養者ともに，療養の給付と同じ割合の自己負担をします。

　特別療養費の支給をうけることができる期間は，被保険者手帳の交付をうけた月の初日からかぞえて3ヵ月（月の初日に被保険者手帳の交付をうけた人は2ヵ月）です。

■傷病手当金

　病気・けがの療養の給付等をうけている場合で，その療養のため労務不能のときは，休業4日目から，6ヵ月間（結核性の場合は1年6ヵ月間）の範囲で傷病手当金が支給されます。

　支給日額は，はじめてその療養の給付等をうけた月の前2ヵ月または6ヵ月のうち最も賃金総額の多かった月の標準賃金日額の合算額の45分の1となります。

◎**支給をうける手続**──「傷病手当金支給申請書」に被保険者手帳をそえて，全国健康保険協会都道府県支部に提出します。

③ 出産をしたとき

●被保険者が出産をしたときは，出産育児一時金および出産手当金が支給されます。支給をうけるためには，出産をした月の前４ヵ月間に通算して26日分以上の保険料の納付が必要です。
●被扶養者が出産したときは家族出産育児一時金が支給されます。

■出産育児一時金・家族出産育児一時金

支給金額は，一般の場合と同様で，500,000円（在胎週数が22週に達していないなど，産科医療補償制度の対象とならない出産の場合は488,000円）となっています。直接支払制度や受取代理制度についても，一般の場合と同様です（223頁参照）。

なお，家族出産育児一時金をうけるには，被保険者が被扶養者の出産月の前２ヵ月間に通算して26日分以上，または前６ヵ月間に通算して78日分以上の保険料を納付していることが必要です。

◎**支給をうける手続**──直接支払制度や受取代理制度を利用する場合の手続等に関しては，一般と同様です（224頁参照）。直接支払制度や受取代理制度を利用しない場合は「被保険者・家族出産育児一時金支給申請書」に，それぞれ被保険者手帳をそえて，全国健康保険協会都道府県支部に提出します。

■出産手当金

出産日（出産が予定日よりおくれた場合は出産予定日）以前42日（多胎妊娠の場合は98日）から出産日後56日の範囲内で，労務に服さなかった期間支給されます。（出産が予定日よりおくれた場合の取扱いは一般被保険者の場合と同じ。）

支給日額は，出産した月の前４ヵ月のうち最も賃金の多かった月の標準賃金日額の合計額の45分の１です。

◎**支給をうける手続**──「出産手当金支給申請書」に被保険者手帳をそえて，全国健康保険協会都道府県支部に提出します。

④ 死亡したとき

●被保険者または被扶養者である家族が死亡したときは，埋葬料または家族埋葬料が支給されます。
●埋葬料・家族埋葬料の支給をうけるには，死亡した日の属する月の前２ヵ月間に通算して26日分以上，または前６ヵ月間に通算して78日分以上の保険料が納付されていることが必要ですが，療養の給付等をうけている被保険者が死亡した場合または療養の給付等をうけなくなってから３ヵ月以内に死亡した場合にも，埋葬料が支給されます。

■埋葬料

被保険者が死亡したときに，埋葬を行った家族に埋葬料が支給されます。支給額は，50,000円です。

死亡した被保険者に家族がない場合は，埋葬を行った人に前記の範囲で埋葬にかかった実費が支給されます。

◎**支給をうける手続**──「埋葬料支給申請書」に被保険者手帳および死亡の事実を証明する書類（市(区)町村長の埋葬・火葬許可証の写しまたは死亡診断書・死体検案書・検視調書の写し）などをそえて，全国健康保険協会都道府県支部に提出します。

■家族埋葬料

家族（被扶養者）が死亡したときは，50,000円の家族埋葬料が支給されます。

◎**支給をうける手続**──「家族埋葬料支給申請書」に被保険者手帳をそえて，全国健康保険協会都道府県支部に提出します。

◈ 特定健康診査・特定保健指導の実施

（平成20年4月から）

■40歳～74歳に対する健診・指導を保険者に義務づけ

　高齢者医療制度にもとづき，平成20年4月から，医療保険者（協会けんぽ，組合管掌健康保険，船員保険，共済組合等，国民健康保険）には，40歳～74歳の加入者（被保険者・被扶養者）に対する内臓脂肪型肥満に着目した生活習慣病予防のための特定健康診査と特定保健指導の実施が義務づけられています。

■特定健康診査

＜特定健康診査の対象となる人＞

　特定健康診査の対象者は，特定健康診査の実施年度に40歳～74歳になる医療保険の加入者（平成21年4月からは実施年度中に75歳になる75歳未満の人も含む）です。なお，医療保険者が事業主健診の結果を事業主や受診者等から受領できる場合は，別途特定健康診査をうける必要はありません。

●特定健康診査の項目

基本的な項目	○質問票（服薬歴，喫煙歴等）　○身体計測（身長，体重，ＢＭＩ，腹囲）　○血圧測定　○理学的検査（身体診察）　○検尿（尿糖，尿蛋白） ○血液検査 　・脂質検査（中性脂肪，ＨＤＬコレステロール，ＬＤＬコレステロール） 　・血糖検査（空腹時血糖またはＨｂＡ$_1$ｃ） 　・肝機能検査（ＧＯＴ，ＧＰＴ，γ-ＧＴＰ）
詳細な健診の項目	※一定基準のもと，医師が必要と認めた場合に実施 ○心電図　○眼底検査　○貧血検査（赤血球，血色素量，ヘマトクリット値）

＜協会けんぽの特定健康診査＞

　協会けんぽの被保険者に対しては，生活習慣病予防健診に特定健

康診査の法定健診項目を含んだ一般健診が実施されます。令和6年度の健診の種類と対象者は次のとおりです。

○一般健診＝35歳〜74歳，○子宮頸がん検診（単独受診）＝20歳〜38歳の偶数年齢の女性，○付加健診＊＝40歳および50歳，○乳がん検診＊＝40歳〜70歳の偶数年齢の女性，○子宮頸がん検診＊＝36歳〜74歳の偶数年齢の女性（36歳と38歳は子宮頸がん検診の単独受診も可能），○肝炎ウイルス検査＊＝一般健診と同時（過去にC型肝炎ウイルス検査を受けたことがある人は受診できません）

＊一般健診に追加して受診する健診（セット受診のみで単独受診はできません）

なお，被扶養者に対しては，特定健康診査の法定健診項目が実施されます。

■特定保健指導

特定健康診査の結果から，生活習慣病の発症のリスクが高く，生活習慣の改善による生活習慣病の予防効果が多く期待できる人に対して，生活習慣を見直すサポートをします。

特定保健指導には，リスクの程度に応じて，動機づけ支援（生活習慣改善のための取組みを支援する）と，積極的支援（対象者による主体的な取組みに資する適切な働きかけを相当な期間継続して行う）があります。

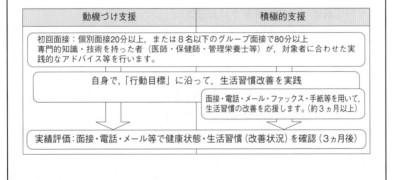

■特定健診・保健指導のうけ方等

<特定健診・保健指導のうけ方>

　医療保険者から，対象者に「受診券」（保健指導は「利用券」）や受診案内が届きます（郵送や手渡し等）ので，届きしだい，受診券（利用券）と被保険者証をもって，医療保険者の案内する実施場所に行きます。行く前に健診・保健指導（実施機関）に実施時間等を確認するとともに，必要に応じ日時を予約します。

<実施機関>

　特定健康診査，特定保健指導をうけやすくするため，医療保険者がうけられる体制を整えます。

　実施機関については，医療保険者が整備した実施体制（医療保険者が実施する場合は医療保険者，委託により実施する場合は委託先）のうち，医療保険者が案内したところであれば，自由に選ぶことができます。なお，実施体制は，厚生労働省で定めている施設や人員等に関する基準を満たしていることが前提になります。

<特定健診・保健指導の費用>

　費用は主に医療保険者が負担しますが，医療保険者によっては，費用の一部を自己負担として，受診者がうけるときに実施機関の窓口で支払うこともあります。

　具体的な金額等は，受診券（利用券）に印字されています。

<特定健診・保健指導をうけた後>

　特定健康診査をうけた約1～2ヵ月後に，本人に健診結果とそれに合った生活改善に関する情報が実施機関から届きます。なお，健診結果データは医療保険者にも送付されます。

　医療保険者では，うけとった健診結果データから，特定保健指導の対象者を抽出し，利用券などを案内することになります。

　特定保健指導の場合は，指導結果データが医療保険者に送付されます。

国民健康保険
退職者医療制度
後期高齢者医療制度
介護保険

1　国民健康保険の要点

① 保険者

　国民健康保険の事業を運営している保険者は，都道府県・市町村（特別区を含む），国民健康保険組合です。

　国保組合は，医師・理容美容業・弁護士など同種の事業または業務に従事する300人以上の人で組織されます。

　平成30年4月から，従来の市（区）町村の国民健康保険は都道府県が財政運営の責任主体となり，安定的な財政運営や効率的な事業の確保等の役割を担っていますが，資格や保険料の賦課・徴収等の窓口は引き続き市町村です。

② 被保険者

■被保険者となる人

　国民健康保険には，①健康保険・船員保険・共済組合などの被用者保険の被保険者とその被扶養者，②後期高齢者医療の被保険者（271頁参照），③生活保護をうけている世帯などを除いて，その都道府県に住所のある人は，すべて加入します。

　その都道府県に住所があることになった日，または被用者保険の被保険者でなくなった日，生活保護の適用を

うけなくなった日に，自動的に国民健康保険の被保険者となりますので，それぞれの日から14日以内に加入（資格取得）の手続をしなければなりません。

　◎加入の手続──被保険者の属する世帯の世帯主が，「国民健康保険被保険者資格取得届」（一定の場合には「住民異動届」）を市町村に提出し，「被保険者証」の交付をうけます。平成30年度から，従来は市町村ごとに行っていた被保険者の資格管理は都道府県単位で行われますので，都道府県内の市町村へ住所異動した場合，新たな資格の喪失や取得は生じません。ただし，被保険者証は住所異動ごとに，異動先の市町村で新たに発行されます。

　なお，国民健康保険の被保険者も，70歳以上の人は高齢受給者となり，「被保険者証」とともに「高齢受給者証」が交付されます。

■被保険者資格の喪失

　国民健康保険の被保険者は，①その都道府県に住所がなくなった日の翌日，②被用者保険の被保険者・被扶養者になった日の翌日，③後期高齢者医療の被保険者になった日の翌日から，その資格を失います。ただし，都道府県に住所がなくなった日に他の都道府

県に住所があることになったときは，その日から資格を失います。生活保護の適用をうけるようになったときも，その日から資格を失います。

これらの場合，それぞれの日から14日以内に資格喪失の手続をします。

◎**資格喪失の手続**——被保険者の属する世帯の世帯主が，「国民健康保険被保険者資格喪失届」（一定の場合には，「住民異動届」）に被保険者証をそえて，市町村に提出します。

◎**国民健康保険組合**——国民健康保険組合が定める事業または業務に従事しており，組合が定める区域内に居住し，その国民健康保険に加入する資格のある人（組合員）とその家族が加入します。

③ 財政運営のしくみ

保険料（税）の額は，従来，市町村が個別に給付費を推計し決定していました。

平成30年度からは，都道府県が医療費や所得の水準から市町村ごとの国保事業費納付金（保険料負担）の額を決定し，市町村に通知（標準保険料率を提示）します。

市町村は，都道府県に納める国保事業費納付金をもとに，標準保険料率等を参考にしながら保険料率を定め，保険料を賦課・徴収します。

都道府県は，保険給付に必要な費用を全額，保険給付費等交付金として市町村に交付します。

■**保険料の納め方**

保険料（税）は，被保険者の属する世帯の世帯主が負担し，納期までに市区町村役場や金融機関等に納めます（普通徴収）。

65歳以上で年額18万円以上の年金（老齢・退職，障害，死亡を支給事由とする年金）をうけている人については，保険料（税）が年金から天引きで徴収（特別徴収）されます。

ただし，介護保険料と国民健康保険料（税）の合算額が年金の2分の1をこえる場合は，特別徴収の対象とされません。

◎**国民健康保険組合**——組合ごとに定めており，多くは組合員1人当たり・家族被保険者1人当たり定額（月額）で定めていますが，所得を基準にとっている例もあります。

◎**介護保険の第2号被保険者**——40歳以上65歳未満の介護保険第2号被保険者については，世帯主が，国民健康保険の保険料（税）に上乗せして介護納付金分の保険料（税）を納めます。

④ 療養の給付

病気・けがをしたとき，保険医療機関等の窓口に被保険者証（高齢受給者

は高齢受給者証も）を提示すれば，健康保険と同様，必要な医療を治るまでうけられます。

■一部負担金・標準負担額など

国民健康保険で診療をうけるときの一部負担金は，世帯主・家族とも健康保険と同様で，義務教育就学前は2割，義務教育就学後70歳未満は3割，高齢受給者のうち一般は2割，現役並み所得者は3割ですが，保険者が条例や規約で負担割合を下げることもできます。また，特別な理由がある場合には，一部負担金の減額や徴収猶予が認められます。

現役並み所得者とは，被保険者またはその被保険者と同一世帯の被保険者（70歳以上に限る）のうち1人でも課税所得が基準額（145万円）以上の人がいる世帯の高齢受給者です。ただし，収入額が520万円（世帯に他の70歳以上の被保険者がいない場合は383万円（後期高齢者医療の被保険者となったため国民健康保険の被保険者でなくなった人がいる場合は520万円））に満たないことを市区町村に届け出れば現役並み所得者となりません。

入院時食事療養費，入院時生活療養費の給付をうける場合は健康保険と同様の標準負担額を，訪問看護療養費の給付をうける場合は健康保険と同様の基本利用料を，それぞれ支払うことに

なります。

■高額療養費・療養費の支給など

健康保険と同様の要件を満たしたときに，高額療養費，高額医療・高額介護合算療養費，療養費，移送費などが支給されます。高額療養費は，健康保険と同様の自己負担限度額が適用されますが，所得区分は，158頁の❶が世帯の基準所得額901万円超，❷が600万円超，❸が210万円超，❹が210万円以下，163頁の❶が課税所得690万円以上，❷が380万円以上，❸が145万円以上，「一般」が145万円未満となっています。

■保険料（税）滞納者対策

災害等の特別な事情がないのに保険料（税）を納めない世帯主に対しては，①滞納が1年をこえると被保険者証を返還させ資格証明書を交付（医療費等の全額を自己負担し，あとで現金給付による支給をうける＝特別療養費），②1年6月をこえると保険給付の全部または一部を一時差止，③さらに滞納が続くときは，通知のうえ一時差止の保険給付額から滞納保険料額を控除，といった給付の特例が行われます。

⑤ その他の給付

市町村が条例できめている場合には，被保険者が出産したときに出産育児一時金，被保険者が死亡したときに葬祭費（葬祭の給付）が支給されます。

2 退職者医療制度の要点

●健康保険などの被用者保険の被保険者（組合員）が定年などで退職すると，その多くが国民健康保険の被保険者になりますが，そのうち厚生年金保険など被用者年金の老齢（退職）年金をうけられる人とその家族は，退職被保険者等として退職者医療をうけます。

① 退職者医療制度

■国保の中で運営

退職者医療制度は，後期高齢者医療制度のように単独の制度として行われるのではなく，国民健康保険の中に退職被保険者制度を設けて行われます。

その費用にあてるために被用者保険の保険者は，拠出金を納付します。これに退職被保険者の保険料（税）を合わせて制度が運営されます。

■65歳未満の老齢（退職）年金受給者とその家族が対象

国民健康保険の被保険者のうち，厚生年金保険，共済組合など被用者年金の老齢（退職）給付をうけられる65歳未満の人で，

(1) 被用者年金の加入期間が単独あるいは合算して20年以上ある人（受給資格期間短縮の特例をうけ20年みな

しとされる人を含む）

(2) 被用者年金の加入期間が合算して40歳以後10年以上ある人

が退職被保険者となり，退職者医療の適用をうけます。

ただし，上記(1)，(2)に該当する人でも老齢年金などの受給開始年齢になっていない人はなれませんし，特定健康保険組合の特例退職被保険者も除外されます。

また，退職被保険者の扶養家族は被扶養者となり，退職者医療の適用をうけます。この場合の被扶養者の範囲は健康保険における被扶養者と同様です。しかし，この場合も健康保険組合の特例退職被保険者の被扶養者は除外されます。

なお，退職被保険者が65歳になると，その資格を失い，国民健康保険の一般の被保険者になります。

◎退職者医療制度は平成27年3月で完全廃止

退職者医療制度は，平成20年4月から原則廃止されていますが，平成27年3月までの経過措置として，上記のように65歳未満の人を対象に経過的に存続しています。平成27年4月からは，

退職者医療制度は完全に廃止され，前記(1)，(2)に該当する65歳未満の人も，国民健康保険の一般の被保険者になります。ただし，平成27年3月までに退職被保険者等になった人は，65歳になるまで退職者医療をうけられます。

② 退職者医療の給付

病気・けがをしたとき，保険医療機関等の窓口に退職被保険者証を提示すれば，国民健康保険の一般の被保険者と同様，必要な医療を治るまでうけられます。

■一部負担金など

退職者医療で診療をうけるときの一部負担金は，被保険者・被扶養者とも3割（義務教育就学前は2割）です。

入院時食事療養費・入院時生活療養費の標準負担額，訪問看護療養費の基本利用料，高額療養費，療養費，移送費などの扱いは，国民健康保険の一般の被保険者と同様です。

③ 費用の負担等

■退職被保険者等の保険料

退職被保険者等の属する世帯の世帯主は，一般の国民健康保険の被保険者にかかる保険料と同様に，当該市町村に退職被保険者等にかかる保険料を納めることになっています。

■拠出金は支払基金に納付

退職者医療の費用には，退職被保険者等の保険料(税)と社会保険診療報酬支払基金が市町村に交付する療養給付費等交付金があてられます。

健康保険などの被用者保険の保険者は，療養給付費等交付金の交付に要する費用（事務費を含む）として，支払基金に対して拠出金（療養給付費等拠出金と事務費拠出金）を納付することになっています。

各保険者の納付する拠出金の額は，保険者全体の拠出対象額を，保険者ごとの標準報酬（標準報酬月額および標準賞与額）の総額の合計額によって按分した額で，療養給付費等拠出金については，毎年度概算払いして2年後に確定して精算します。

また，特例退職被保険者をかかえている特定健康保険組合については，その特例退職被保険者およびその被扶養者の数に応じて拠出金の調整が行われます。

3 後期高齢者医療制度の要点

●平成20年4月に実施された「高齢者の医療の確保に関する法律」は，国民の高齢期における適切な医療の確保を図るため，①医療費適正化推進のための計画を作成し，②健康保険・国民健康保険などで健康診査・保健指導についての措置を講じるとともに，高齢者の医療について，国民の共同連帯の理念等にもとづき，③前期高齢者（65歳以上75歳未満）の医療費の費用負担を調整するとともに，④後期高齢者（75歳以上）に対し適切な医療を行う制度を創設し，国民保健の向上および高齢者福祉の増進を図ることを目的としています。

●④の後期高齢者の医療については，独立した「後期高齢者医療」が実施されています。後期高齢者医療の被保険者となるのは，75歳（障害認定をうけた人は65歳）以上の人です。これは従来の老人保健の医療対象者と同様ですが，下表の点で異なっています。

●老人保健制度と後期高齢者医療の比較

	老人保健制度	後期高齢者医療
加入する医療保険者	医療保険（国民健康保険または被用者保険）に加入。	医療保険から脱退し，後期高齢者医療に加入。
運営主体・財源	市町村が，医療保険の保険料（約5割）および公費（約5割）を財源に医療給付。	広域連合が，被保険者の保険料（1割），現役世代の支援（4割），公費（5割）を財源に保険給付。
保険料	加入する医療保険の保険料を負担（被用者保険の被扶養者の保険料負担はなし）。	原則としてすべての被保険者が保険料を負担（旧被扶養者には保険料負担の軽減措置がある）。
医療の給付	医療機関で医療をうけるときは，医療保険の被保険者証と市町村が発行する老人医療受給証の2枚を提示。 ーーーーーーーーー 患者負担は1割（現役並み所得者は3割）。	医療機関で医療をうけるときは，広域連合が発行する後期高齢者医療の被保険者証（市町村の窓口で手渡しまたは郵送）の1枚を提示。 ーーーーーーーーー 患者負担は同左（令和4年10月から一定以上所得者は2割）。高額医療・高額介護合算療養費を導入。

1 保険者

後期高齢者医療は，都道府県ごとにすべての市町村（特別区を含む）が加入して設立された後期高齢者医療広域連合（以下「広域連合」）を保険者としています。

なお，保険料の徴収，被保険者資格・医療給付に関する届出の受付などの事務は市町村が行います。

2 被保険者

■被保険者となる人

後期高齢者医療の被保険者となるのは，広域連合の区域内に住所のある人で，次のいずれかに該当する人です。

(1) 75歳以上の人

(2) 65歳以上75歳未満であって，いわゆる「ねたきり等の状態」にある人（広域連合の障害認定をうけた人）

ただし，生活保護世帯に属する人などは被保険者から除外されます。

なお，後期高齢者医療の被保険者になると，それまで加入していた医療保険（国民健康保険または被用者保険）の被保険者（組合員）・被扶養者の資格を喪失することになります。

◎加入の手続──①75歳になったとき，②75歳以上の人がその都道府県に転入してきたときには，本人またはその世帯の世帯主が，14日以内に資格取得の届出（一定の場合には「住民異動届」）を市町村経由で広域連合に行い，「被保険者証」の交付をうけます。

65歳以上75歳未満の人がねたきり等の状態になったときは，「障害認定申請書」に基礎年金番号通知書（年金手帳），障害者手帳などをそえて，市町村経由で広域連合に届け出て認定をうけます。

〔入院患者等の特例〕

病院や診療所，介護保険施設，養護老人ホーム，社会福祉施設などに転入してきた入院患者・入所者は，継続して転入前に住んでいた都道府県の後期高齢者医療の被保険者となります。

■被保険者資格の喪失

後期高齢者医療の被保険者は，①その都道府県に住所がなくなった日の翌日，②ねたきり等でなくなった日の翌日から，その資格を失います。ただし，都道府県に住所がなくなった日に他の都道府県に住所があることになったときは，その日から資格を失います。生活保護の適用をうけるようになったときも，その日から被保険者の資格を失います。

◎資格喪失の手続──本人または被保険者の属する世帯の世帯主が，14日以内に資格喪失の届出（一定の場合には「住民異動届」）を被保険者証をそえて，市町村経由で広域連合に行います。

③ 保険給付

■療養の給付等

後期高齢者医療の医療の対象となる保険給付には，次のようなものがあります。

①療養の給付

②入院時食事療養費

③入院時生活療養費

④保険外併用療養費

⑤療養費

⑥訪問看護療養費

⑦特別療養費の支給

⑧移送費の支給

⑨高額療養費

⑩高額医療・高額介護合算療養費

⑪条例で定める給付

①〜⑥，⑧〜⑩の給付は，健康保険のそれぞれの給付と同様です。

◎特別療養費の支給（上記⑦）

広域連合は，特別な理由がないのに保険料を滞納している人に，被保険者証の返還を求め，代わりに「被保険者資格証明書」の交付を行うことができます。被保険者資格証明書の交付をうけた人が保険医療機関等で診療などをうけた場合は，いったん医療費等の全額を保険医療機関等に支払い，後で請求して一部負担金等相当額を除いた分の払いもどしをうけます。

◎条例で定める給付（前記⑪）

広域連合が条例で定めている場合には，被保険者が死亡したときの葬祭費の支給（葬祭の給付），被保険者が病気・けがで働けないときの傷病手当金などが支給されます。

■患者負担

◎療養の給付等の一部負担金等

後期高齢者医療の療養の給付等の一部負担金等の割合は，一般は1割，一定以上所得者は2割，現役並み所得者は3割で，被保険者証に記載されています。

現役並み所得者とは，被保険者またはその被保険者と同一世帯の被保険者のうちに1人でも課税所得が基準額（145万円）以上の人がいる世帯の被保険者です。ただし，収入額が520万円（世帯に他の被保険者がいない場合は383万円（医療保険の高齢受給者である被保険者・被扶養者がいる場合は520万円））に満たないことを市町村経由で広域連合に届け出れば現役並み所得者となりません。

また，令和4年10月からの一定以上所得者とは，課税所得が28万円以上かつ年収200万円以上（単身世帯の場合。複数世帯の場合は後期高齢者の年収合計が320万円以上）がある人です。ただし，2割負担への変更により影響が大きい外来患者については，令和7年9月まで，1ヵ月の負担増を最大

3,000円に収まるような措置が導入されています（配慮措置）。

◎**標準負担額**

後期高齢者医療の食事療養標準負担額は，健康保険の食事療養標準負担額と同額です（151頁参照）。

後期高齢者医療の生活療養標準負担額は，健康保険の生活療養標準負担額と同額です（153頁参照）。ただし，低所得Ⅰのうち老齢福祉年金受給者は，「1食100円（令和6年6月から110円），居住費分0円」となります。

◎**高額療養費の自己負担限度額**

後期高齢者医療の高額療養費は，健康保険の70歳以上の人の高額療養費（162頁）とほぼ同様ですが，自己負

担限度額，所得区分は，左下のようになっています。ただし，同一世帯でも，後期高齢者医療の被保険者と他の医療保険の被保険者（組合員）・被扶養者との世帯合算はありません。

所得区分については，現役並みⅢ・Ⅱ・Ⅰは一部負担金の支払いにあたって3割が，一般Ⅱは2割が適用される人，低所得Ⅱ・Ⅰは164頁の表と同様です。

◎**高額医療・高額介護合算療養費の自己負担限度額**

後期高齢者医療の高額医療・高額介護合算療養費は，健康保険の高額医療・高額介護合算療養費（179頁）とほぼ同様ですが，自己負担限度額，所得区分は，以下のようになっています。

●**自己負担限度額**

所得区分	外来	入院
現役並みⅢ	252,600円＋（医療費－842,000円）×1％【多数該当＝140,100円】	
現役並みⅡ	167,400円＋（医療費－558,000円）×1％【多数該当＝93,000円】	
現役並みⅠ	80,100円＋（医療費）－267,000円×1％【多数該当＝44,400円】	
一般Ⅱ	18,000円または配慮措置のいずれか低い額	57,600円【多数該当＝44,400円】
一般Ⅰ	18,000円	
低所得Ⅱ	8,000円	24,600円
低所得Ⅰ	8,000円	15,000円

※一般，低所得者における外来（個人単位）については，年間で**144,000円**が上限。

●**自己負担限度額**

所得区分	自己負担限度額
現役並みⅢ	2,120,000円
現役並みⅡ	1,410,000円
現役並みⅠ	670,000円
一般Ⅱ・Ⅰ	560,000円
低所得Ⅱ	310,000円
低所得Ⅰ	190,000円

■**保険料滞納者対策**

災害等の特別な事情がないのに保険料を納めない世帯主に対しては，①滞納が1年をこえると被保険者証を返還させ資格証明書を交付（医療費等の全額を自己負担し，あとで現金給付によ

る支給をうける＝特別療養費），②1
年6月をこえると保険給付の全部また
は一部を一時差止，③さらに滞納が続
くときは，通知のうえ一時差止の保険
給付額から滞納保険料額を控除，と
いった給付の特例が行われます。

4 費用の負担等

後期高齢者医療にかかる費用（患者
負担分を除いた部分）は，全体の1割
を被保険者の保険料で，4割を現役世
代（医療保険の加入者）の支援（後期
高齢者支援金）で，5割を公費（国：
都道府県：市町村＝4：1：1）でま
かないます。なお，世代間の負担の公
平を図るため，現役世代の人数の変化
に応じて，被保険者の保険料と現役世
代の支援の負担割合を変えていくしく
みが設けられています。

■被保険者の保険料

◎保険料の額

後期高齢者医療の保険料は，広域連
合の全区域にわたって均一の保険料率
であることなどの基準にしたがって，
広域連合が定めます。ただし，医療の
確保が著しく困難である地域について
は，均一保険料率より低い保険料率を
設定することができます。

保険料は，被保険者の保険料負担能
力に応じて賦課される所得割と，等し
く被保険者に賦課される被保険者均等

割から構成され，被保険者個人単位で
賦課されます。

◎保険料の減免等

広域連合は，条例で定めるところに
より，特別の理由がある人に対して，
保険料の減免，保険料の徴収の猶予を
することができます。

また，被用者保険の被扶養者だった
人が後期高齢者医療の被保険者になっ
た場合，被扶養者だったときは保険料
を負担しなかったのに，後期高齢者医
療の被保険者になると保険料を負担す
ることになります。そこで，後期高齢
者医療の被保険者になったが，その前
日に被用者保険の被扶養者だった場合
には，所得割は納めなくてよいことに
なっています。

◎保険料の納め方

保険料は，被保険者または被保険者
の属する世帯の世帯主が負担し，納期
までに市区町村役場や金融機関等に納
めます（普通徴収）。

なお，年額18万円以上の年金（老齢・
退職，障害，死亡を支給事由とする年
金）をうけている人については，保険
料が年金から天引きで徴収（特別徴収）
されます。ただし，確実な納付が見込
まれる人が申し出た場合，介護保険料
と後期高齢者医療保険料の合算額が年
金の2分の1をこえる場合は，特別徴
収の対象とされません。

■現役世代の支援

現役世代の支援として，健康保険や国民健康保険などの医療保険者が後期高齢者支援金等を拠出します。後期高齢者支援金等は，各医療保険の事業主等と被保険者（組合員）が負担する保険料でまかなわれます。なお，後期高齢者支援金等については，平成22年度からは特例として，被用者保険内での負担能力に応じた分担方法が導入されています。具体的には，支援金等の一定割合について，保険者の財政力に応じた負担（総報酬割）となっており，平成29年度からは全面総報酬割が実施されています。

医療保険者は，後期高齢者支援金と事務費拠出金を納付する義務を負います。社会保険診療報酬支払基金は，支援金等を財源として，後期高齢者交付金を広域連合に交付します。

医療保険者が拠出する支援金については，毎年度概算払いして2年後に確定して精算します。

■公費負担

◎国庫負担

国は，療養の給付等に要する費用の額（現役並み所得者にかかる分を除く。以下同じ）の12分の3を負担します。

◎都道府県負担

都道府県は，療養の給付等に要する費用の額の12分の1を負担します。

◎市町村負担

市町村は，療養の給付等に要する費用の額の12分の1を負担します。

◎その他の公費

以上のほかに，調整交付金（国の負担），保険基盤安定制度（都道府県・市町村の負担），財政安定化基金（国・都道府県・広域連合の負担），高額医療費に対する支援（国・都道府県の負担），特別高額医療費共同事業（広域連合の負担）があります。

●後期高齢者医療財政のしくみ

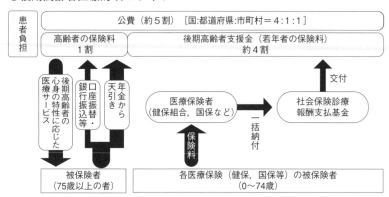

■前期高齢者医療のあらまし

◎前期高齢者医療費の財政調整

　「高齢者の医療の確保に関する法律」が施行された平成20年4月以後も，65歳以上75歳未満の前期高齢者は，従来どおり健康保険や国民健康保険などの医療保険に加入します。

　この場合，前期高齢者の人数が各医療保険の保険者で異なっているため，保険者間で負担の不均衡が生じることになりますが，それを各保険者の加入者数に応じて調整するしくみが設けられています。

　このしくみは，各医療保険制度の保険者が，それぞれ前期高齢者分の医療費等の額をもとに，前期高齢者の加入率が全国平均であるとみなして計算された額（調整対象基準額）を負担することとするものです。

(1)　調整対象基準額が，その医療保険の保険者の加入者分の医療費等の額よりも低い場合には，その差額分を「前期高齢者交付金」として交付をうけ

(2)　調整対象基準額が，その医療保険の保険者の加入者分の医療費等の額よりも高い場合には，その差額分を「前期高齢者納付金」として納付する

ということになります。

　国民健康保険以外の医療保険の保険者は左記(2)に該当しますので，前期高齢者納付金を社会保険診療報酬支払基金に納付し，支払基金は，その納付金により前期高齢者交付金を国民健康保険に交付します。

◎患者負担

　後期高齢者医療の創設にともない，平成20年4月から，70歳以上75歳未満の高齢受給者のうち一般の人の一部負担金等の割合が1割から2割に引き上げられました。また，高額療養費の自己負担限度額も，平成20年4月から引き上げられています。

※一部負担金等は平成26年3月までは引上げが凍結され，自己負担限度額は据え置かれていました（146・163頁参照）。

◎退職者医療制度の経過措置

　従来の退職者医療制度は，平成20年3月で廃止されています。ただし，制度の円滑な移行を図るため，経過措置として，平成26年度までの65歳未満退職者を対象として（65歳に達するまでの間），従来の制度が存続していました（269頁参照）。

4 介護保険の要点

●平成12年4月から新たな社会保険のしくみとして介護保険制度が実施されています。介護保険は，保健・医療・福祉に分かれていた高齢者の介護施策を統合し，介護が必要な状態となってもできるだけ自立した日常生活が営めるよう，効率的で一体的な介護サービスの提供をめざすものです。

なお，介護保険制度は，3年を1サイクル（事業計画期間）として運営されるため，3年ごとに見直しを行うことになっています。令和6年度からは，「全世代型社会保障改革」の流れのなかで，介護サービス提供時の生産性の向上に向けた取組みなどを柱とする所要の改正が行われています。

1 保険者

介護保険制度を運営する保険者は市町村（特別区を含む）です。ただし，より効率的な運営をめざして，複数の市町村が一部事務組合や広域連合を組織して，財政を安定化させることや，要介護認定などの事務を共同で行うことが認められています。

2 被保険者

介護保険の被保険者は，その市町村に住所のある40歳以上の人です。ただし，年齢によって次の二種類に大きく分けられ，保険料の納入方法などが異なります。

▷第1号被保険者＝65歳以上の住民
▷第2号被保険者＝40歳以上65歳未満の医療保険加入者

第2号被保険者の条件である医療保険加入者とは，次の医療保険各法に加入している人（被保険者・被扶養者）をいいます。

○健康保険法○船員保険法○国民健康保険法○国家公務員共済組合法○地方公務員等共済組合法○私立学校教職員共済法

■被保険者資格の取得と喪失

被保険者の資格は，①医療保険加入者が40歳に達したとき（誕生日の前日），②40歳以上65歳未満の医療保険加入者または65歳以上の人が市町村の住民になったとき，③40歳以上65歳未満の住民が医療保険加入者になったとき，④医療保険加入者以外の住民が65歳に達したとき（誕生日の前日）のいずれかに該当した日から取得します。

そして，市町村の住民でなくなった

日の翌日（住民でなくなった日に他の市町村の住民になった場合は当日）と，医療保険加入者でなくなった日（第2号被保険者）に資格を喪失します。

介護保険の被保険者には被保険者証が交付されます。第1号被保険者は全員に，第2号被保険者については交付の申請を行った人と要介護認定をうけた人に交付されます。

◎介護保険の適用除外者

40歳以上65歳未満の医療保険加入者のうち，①国内に住所のない人，②短期滞在の外国人，③適用除外施設入所者は介護保険の第2号被保険者となりません。該当者は，事業主を通じて年金事務所または健康保険組合に適用除外等該当届を提出します。

適用除外施設とは，①障害者支援施設，②医療型障害児入所施設，③指定発達支援医療機関，④国立重度知的障害者総合施設のぞみの園，⑤ハンセン病療養所，⑥救護施設，⑦労災特別介護施設，⑧指定障害福祉サービス事業者（障害者総合支援法施行規則に定める施設）をいいます。

適用除外等該当届には，①該当する被保険者・被扶養者の氏名，生年月日，②被保険者証の記号・番号，③第2号被保険者に該当しなくなった理由及び年月日などを記載します。また，必要に応じて，住民票の除票や外国人登録証明書，適用除外施設への入所・入院証明などを添付します。

また，適用除外者が介護保険の第2号被保険者に該当するようになった場合も，同様の届出（適用除外等非該当届）を行います。

3 保険給付

介護保険で実施されるサービスは，要介護者に対する介護給付と要支援者に対する予防給付に大きく分けられます。法律で定められたサービスは全国共通で実施されますが，これとは別に市町村が第1号被保険者の保険料で独自の給付を行うこともできます。

介護給付・予防給付の対象となるサービスは次のとおりです。

◎在宅サービス（要介護者・要支援者）

(1)居宅サービス・介護予防サービス
訪問介護／訪問入浴介護／訪問看護／訪問リハビリテーション／居宅療養管理指導／通所介護／通所リハビリテーション／短期入所生活介護／短期入所療養介護／特定施設入居者生活介護／福祉用具貸与

※要支援者への訪問・通所介護は市町村の新たな総合事業に移行済

(2)地域密着型サービス（※地域密着型介護予防サービスあり）
夜間対応型訪問介護／地域密着型通所介護／認知症対応型通所介護※／小規

模多機能型居宅介護※／認知症対応型共同生活介護（要支援2に限り※）／地域密着特定施設入居者生活介護／地域密着型介護老人福祉施設入所者生活介護／定期巡回・随時対応型訪問介護看護／複合型サービス

(3)ケアプランの作成（居宅介護支援・介護予防支援）

(4)福祉用具販売，住宅改修

◎**施設サービス**（要介護者のみ）

(1)介護老人福祉施設（特別養護老人ホーム）※原則要介護3以上

(2)介護老人保健施設

(3)介護医療院

■平成18年度からの予防給付

平成18年度から，改善可能性の高い居宅要支援者に対して予防給付が実施されています。この予防給付では，既存の居宅サービスの内容を見直したもののほかに，介護予防効果があるとされる①運動器の機能向上，②口腔機能の向上，③栄養改善などの新たなメニュー要素が導入されています。

■地域密着型サービス

地域での生活を24時間体制で支える地域密着型（介護予防）サービスが18年度から実施されています。地域密着型サービスは，市町村が指定・監督権限を持ち，原則としてその市町村の被保険者だけを対象とします。

■要介護・要支援の認定

介護保険の給付をうけるには，まず市町村に申請して，介護が必要かどうか，どの程度の介護が必要かなどについて認定をうけることが条件となります。申請をうけて市町村は，①被保険者の心身の状況を調査し，②主治医の意見をきき，③介護認定審査会に審査・判定を依頼，④③の結果にもとづき認定を行う―という手順で要介護・要支援の認定を行います。

介護認定審査会は保健・医療・福祉の分野から市町村長が任命する5人程度の合議体で，複数の市町村で共同設置することもできます。認定は原則として申請から30日以内に行われますが，特別な理由があれば延長されることもあります。

要介護・要支援の状態とは次のような状態をいいます。

▷要介護＝身体・精神の障害で入浴・排泄・食事等の日常生活について一定期間継続して常時介護を要する状態

▷要支援＝一定期間継続して日常生活の基本的な動作について常時介護を要する状態の軽減もしくは悪化の防止にとくに資する支援を要すると見込まれ，または日常生活に支障があると見込まれる状態

◎**第2号被保険者の特定疾病**

第2号被保険者が要介護・要支援の

認定をうけられるのは，その状態となった原因が政令で定める次の特定疾病による場合に限られます（平成18年度から）。

①がん（医師が一般に認められている知見にもとづき回復の見込がない状態に至ったと判断した場合）

②関節リウマチ

③筋萎縮性側索硬化症

④後縦靱帯骨化症

⑤骨折を伴う骨粗鬆症

⑥初老期における認知症【アルツハイマー病，血管性認知症等】

⑦進行性核上性麻痺，大脳皮質基底核変性症及びパーキンソン病

⑧脊髄小脳変性症

⑨脊柱管狭窄症

⑩早老症

⑪多系統萎縮症【線条体黒質変性症，シャイ・ドレーガー症候群，オリーブ橋小脳萎縮症】

⑫糖尿病性神経障害，糖尿病性腎症及び糖尿病性網膜症

⑬脳血管疾患【脳出血，脳梗塞等】

⑭閉塞性動脈硬化症

⑮慢性閉塞性肺疾患【肺気腫，慢性気管支炎，気管支喘息，びまん性汎細気管支炎】

⑯両側の膝関節又は股関節に著しい変形を伴う変形性関節症

■介護サービス費の支給と自己負担

介護サービスのほとんどは利用者に現物で給付されます。実際にサービスを行った事業者や施設に，介護保険からサービスの種類ごとに定められた基準額をもとに算定された費用の９割（65歳以上の人については，平成27年８月から一定以上所得者は８割・平成30年８月からとくに所得の高い人は７割）が支払われ，１割（同２割・３割）を利用者が自己負担します。ただし，自己負担が著しく高額にならないよう，１世帯あたり１月，①課税所得690万円以上＝140,100円，②同380万円〜690万円未満＝93,000円，③同380万円未満＝44,400円，④市町村民税非課税＝24,600円〔公的年金等収入＋その他合計所得が80万円以下等は24,600円（世帯），15,000円（個人）〕，⑤生活保護受給者等＝15,000円を超えた部分が，高額介護サービス費・高額介護予防サービス費として払い戻されます。

また，平成20年４月から，高額医療・高額介護合算療養費が創設されています（179頁参照）。

◎食費・居住費の利用者負担

平成17年10月から，介護保険施設（ショートステイを含む）での食費・居住費は，サービス利用者が全額を負

担することになっています。ただし，低所得者については，食費・居住費のうち一定の限度額をこえた部分が，特定入所者介護サービス費等として現物給付されています。

◎医療保険との給付の調整

介護保険から要介護者等の特性をふまえた医療等が実施された場合は，原則として，介護保険の給付が医療保険の給付より優先されます（144頁参照）。

■介護サービス計画の作成

在宅サービスを利用する場合，介護サービス計画（ケアプラン）が作成されます。計画は，居宅介護支援事業者の介護支援専門員（ケアマネジャー）が，要介護度により設定されている支給限度額の範囲で作成します。利用者は計画にもとづいて介護サービスをうけることになります。なお，介護サービス計画の費用は全額が介護保険から給付され，自己負担はありません。

また，施設入所の場合は，その施設で計画を作成します。

◎地域包括支援センター

平成18年度から，地域での総合的なマネジメントを担う施設として「地域包括支援センター」が設立されています。センターは，ケアプランの作成など予防給付のケアマネジメントのほか，地域支援事業（主治医とケアマネジャーの連携など地域でのネットワー

クづくり等）に取り組みます。

■保険料滞納者への給付制限

要介護者等であっても，災害等の特別な事情がないのに保険料を滞納している場合は，滞納期間に応じて次のような対応がとられます。

(1) 納期限から1年滞納したときは現物給付を行わず，支払方法を変更して償還払いとする

(2) 1年6月滞納したときは保険給付の支払いの全部または一部を一時差し止める

(3) さらに滞納を続けるときは，あらかじめ本人に通知したうえで，差し止めされている保険給付額から滞納保険料額を控除する

④ 費用負担

介護保険では，給付にかかる費用の50％は公費で，50％は被保険者からの保険料でまかないます。保険料に関しては，全国の被保険者が公平に負担するため，第1号被保険者と第2号被保険者の人数比率にもとづいて負担割合が定められています（令和6年度～令和8年度は第1号23％，第2号27％）。

■第1号被保険者の保険料

第1号被保険者の保険料の総額は，各市町村の保険給付に必要な費用から利用者負担・公費負担等を除いた額で，市町村ごとの基準額（保険料収納

必要額÷予定収納率÷所得段階を勘案した第1号被保険者数)にそれぞれの保険料率をかけた額です。基準額は給付水準を反映しており,給付水準の高い市町村は保険料も高くなります。

◎第1号保険料の徴収

第1号被保険者は所得段階別の定額の保険料を市町村に納めます。所得段階は,市町村民税本人非課税の世帯を基準に,本人課税などはそれより高い保険料,世帯非課税などはより低い保険料となる6段階でしたが,平成27年度からは所得に応じたきめ細やかな保険料設定を行う観点から9段階の設定となりました。さらに令和6年度からは,第1号被保険者間での所得再分配機能を強化する観点から,13段階の区分が標準とされています。

第1号被保険者の保険料は,年金(老齢・退職,障害,死亡を支給事由とする年金)から天引きするのが原則です。ただし,介護保険料と国民健康保険料または後期高齢者医療保険料の合算額が年金の2分の1をこえる場合は,特別徴収の対象とされません。また,年金をうけていない場合や,うけていても年金額が年額18万円未満の場合は,市町村が個別に徴収します(普通徴収)。

■第2号被保険者の保険料

第2号被保険者の保険料は,健康保険などの医療保険者が健康保険料と一体で徴収し,介護給付費・地域支援事業支援納付金として社会保険診療報酬支払基金に納めます。支払基金は,介護給付費・地域支援事業支援納付金を全国的にプールしたうえで,各市町村に一律の基準で交付します(介護給付費交付金・地域支援事業支援交付金)。

なお,第2号被保険者の介護給付費・地域支援事業支援納付金の額は,支払基金が算定して医療保険者に通知します。

◎第2号保険料の徴収

第2号被保険者の保険料は,健康保険料に上乗せして徴収されます。事業所に対する保険料の納入告知も合計で行われ,事業主は,対象者(介護保険の第2号被保険者である被保険者)の月給や賞与から介護保険料を控除し,健康保険料と一体で納付します。

なお,介護保険の第2号被保険者である配偶者は,介護保険料を個別に負担する必要はありません。

■介護給付費の審査・請求

介護保険の給付費の請求に関する業務は,市町村の委託をうけた国民健康保険団体連合会(国保連)で行います。国保連では,介護給付費審査委員会を設置して,介護サービス事業者や介護保険施設からの介護給付費請求書について審査・支払いを行います。

Ⅲ
年金給付 目次

1 基礎年金・厚生年金 給付の種類と通則的事項

1 給付の種類

●国民年金からは，すべての国民に共通する給付として，基礎年金が支給されます。基礎年金には，次の3種類があります。

① 老齢基礎年金

② 障害基礎年金

③ 遺族基礎年金

　また，国民年金には，自営業者等の被保険者（第1号被保険者）の独自の給付として，付加年金，寡婦年金，死亡一時金があります。

●厚生年金保険からは，原則として，基礎年金に上乗せする形で報酬比例の年金が支給されます。報酬比例の年金には，次の3種類があります。

① 老齢厚生年金

② 障害厚生年金

③ 遺族厚生年金

　また，厚生年金保険独自の給付として，65歳になるまで支給される60歳台前半の老齢厚生年金，障害基礎年金に該当しない程度の障害者に支給される障害厚生年金（3級），障害手当金，子のない配偶者または子以外の遺族に支給される遺族厚生年金があります。

老齢厚生年金	障害厚生年金	遺族厚生年金
老齢基礎年金	障害基礎年金	遺族基礎年金

■二階建ての年金給付

　昭和61年4月1日から実施された現在の年金制度では，国民年金からは，すべての国民に共通する基礎年金が支給され，厚生年金保険からは，原則として，基礎年金に上乗せする報酬比例の年金が支給されるという，いわば二階建ての年金給付のしくみをとっています。

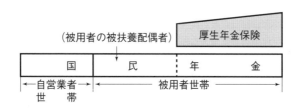

＜旧制度の給付＞

　現在の年金制度が実施された昭和61年4月1日前に60歳に到達した人（大正15年4月1日以前に生まれた人）は，旧制度の老齢年金または通算老齢年金をうけます。

　また，昭和61年4月1日前に旧制度の老齢年金または通算老齢年金をうけている人（受給権が発生した人）は，ひき続き旧制度の年金をうけます。

　同様に，障害認定日または死亡日が，昭和61年4月1日前の場合は，旧制度の障害給付や遺族給付をうけることとなっています。

■年金給付一覧

給付の種類	国民年金の給付	厚生年金保険の給付
老齢給付	**老齢基礎年金** 10年の資格期間を満たした人に，65歳以後支給。 ＊資格期間には，国民年金の保険料納付済期間のほか，厚生年金保険の被保険者期間，カラ期間などを含む。 ＊付加保険料納付済期間のある第1号被保険者（自営業者等）には，付加年金が支給される。	**老齢厚生年金** 厚生年金保険の被保険者であった人が，国民年金の老齢基礎年金の受給権を得たときに支給。 **60歳台前半の老齢厚生年金** 男子昭36.4.1・女子昭41.4.1以前生まれで，老齢基礎年金の資格期間を満たし厚生年金保険の被保険者期間が1年以上ある人に，60歳〜64歳から65歳になるまで支給。
障害給付	**障害基礎年金** 初診前の加入期間のうち保険料納付済期間（免除期間を含も）が3分の2以上ある被保険者が，1級または2級の障害に該当する障害者になったときに支給。	**障害厚生年金** 被保険者期間中に初診日のある傷病で，障害基礎年金に該当する障害が生じたときに支給。 障害基礎年金に該当しない障害の場合は，独自の障害厚生年金（3級）・障害手当金を支給。
遺族給付	**遺族基礎年金** 保険料納付済期間（免除期間を含む）が加入期間の3分の2以上ある被保険者または老齢基礎年金の資格期間（25年）を満たした人が死亡したとき，18歳到達年度の末日まで（障害者は20歳未満）の子のある配偶者，または同じ条件の子に支給。 上記のほかに，第1号被保険者（自営業者等）だけに支給される給付として，寡婦年金，死亡一時金がある。	**遺族厚生年金** 被保険者期間中に死亡するか，被保険者期間中に初診日のある傷病がもとで初診日から5年以内に死亡したとき，1・2級の障害厚生年金をうけられる人または老齢厚生年金の資格期間（25年）を満たした人が死亡したとき，その遺族に支給。遺族の範囲は，配偶者（妻・夫），子，父母，孫，祖父母。夫・父母・祖父母は55歳以上（支給は遺族基礎年金をうけられる夫を除き60歳から），子・孫には遺族基礎年金の子と同様の年齢制限等あり。

② 年金給付の通則的事項

●各年金に共通することがらがいくつかありますが，ここでは次の
項目についてかかげてあります。
(1) 厚生年金保険の被保険者期間
(2) 年金の請求
(3) 年金額の端数処理
(4) 年金の支給期間
(5) 年金の支払月とうけ方
(6) 年金記録の確認・訂正と年金（見込）額の提供
(7) 年金の支払いをうける権利の時効消滅

■厚生年金保険の被保険者期間

＜月単位で計算＞

　被保険者期間は，月を単位として計算し，被保険者資格を取得した月か
ら喪失した月の前月までを何ヵ月として計算します。

　被保険者資格を取得した日が，月の初日でも末日でも，その月は1ヵ月
とします。一方，被保険者資格を喪失した日が，月の初日でも末日でも，
その月は被保険者期間に算入されません。被保険者資格を取得した月にそ

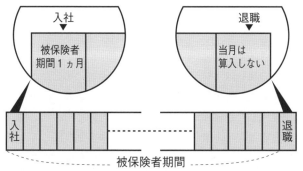

※月の末日退職は翌月1日資格喪失➡退職月を算入

の資格を喪失した場合は，1ヵ月として計算されます。また，転職したりしていくつかの事業所で働いたような場合，その間に何ヵ月，何年という空白があって，被保険者期間が断続していても，それぞれの期間を全部合算します。

※被保険者資格は，退職または死亡した日の翌日に喪失しますが，厚生年金保険では70歳になると被保険者資格を喪失することになっており，70歳に到達した日（70歳の誕生日の前日）に被保険者資格を喪失します。

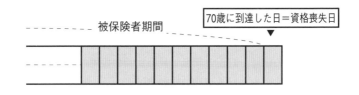

＜第3種被保険者（坑内員・船員）の特例＞

第3種被保険者（坑内員・船員）の被保険者期間は，その労働条件の特殊性から，次のように実際の被保険者より有利な条件で計算することになっていて，一般の被保険者と区別されています。

(1) 昭和61年3月までの被保険者期間——実際の被保険者期間の3分の4倍（昭和19年1月1日から昭和20年8月31日までの間に坑内員であった人は，実際の被保険者期間の3分の4倍に3分の1を乗じて得られる期間が戦時加算としてさらに加算されます。）

(2) 昭和61年4月から平成3年3月までの被保険者期間——実際の被保険者期間の5分の6倍

■年金の請求

年金をうける権利は，資格期間や年齢とか障害，死亡などの条件がそろえば，事実上発生します。しかし，保険者が，多数の被保険者全部について，権利が発生したかどうかを知ることは不可能です。そこで，その事実が発生したときは，年金事務所などに年金請求書を提出して，事実の確認を求め，国が保管している記録にもとづいて権利をはっきりさせるという方法がとられています。これを受給権の裁定といいます。

＜基礎年金と厚生年金は一体として請求＞

　障害基礎年金と障害厚生年金のように，同一の支給事由により年金の受給権が同時に発生したときは，年金の請求は基礎年金と厚生年金を一体として行います。

　また，60歳台前半の老齢厚生年金と65歳からの老齢基礎年金・老齢厚生年金とでは，受給権の発生の年月日が異なっても，年金証書の基礎年金番号・年金コードは同一のものを使用することになります。たとえば，60歳台前半の老齢厚生年金を61歳からうけられる場合は，61歳になったときに年金の請求をすることになりますが，そのときの年金証書の基礎年金番号・年金コードは一生使うことになります。そして，その人が65歳になって老齢基礎年金と老齢厚生年金をうけるときには，本人（および加給年金額対象者）の氏名・生年月日など必要最小限のことだけを届け出ればよいことになっています（このときの手続を「諸変更裁定」といいます）。

＜年金請求書の提出先＞

　老齢給付については，厚生年金は年金事務所，基礎年金だけの場合は，第1号と第3号のときまたは第3号被保険者期間のみのときは年金事務所，第1号被保険者期間のみのときは市（区）町村に提出することになっています。障害・遺族給付については，厚生年金は年金事務所，基礎年金は市（区）町村（第3号被保険者期間中の初診による障害給付と第3号被保険者期間中の死亡による遺族給付は年金事務所）に提出することになっています。そして，両制度の年金をうけるときは年金請求は一つでよいことになっていますので，この場合は年金事務所に提出することになります。

■年金の請求の手続は，給付の種類・加入した制度等により，およそ次の
ようになりますが，具体的には各年金の項をご覧ください。

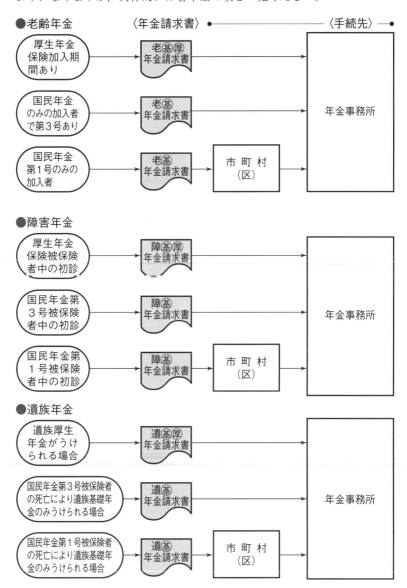

■年金額の端数処理

　年金額に1円未満の端数が生じた場合は，50銭未満の端数は切り捨て，50銭以上1円未満の端数は1円に切り上げます（以下，「1円未満を四捨五入」といいます）。

＊「1円未満を四捨五入」の規定は，平成27年10月以後に新たに裁定または年金金額が改定されたときに適用されるもので，同年9月までは100円未満を四捨五入していました。

　また，下記の2ヵ月ごとの支払期の支払額に1円未満の端数が生じた場合，その端数は切り捨てられます。

　ただし，この切り捨てられた金額の合計額は，毎年2月に支払われる年金額に加算されます。

■年金の支給期間

　年金請求をして年金をうける権利が確定すると，請求した日や決定が行われた日とは関係なく年金をうけられる事実が発生した月の翌月分から年金が支給されることになり，権利がなくなった月分まで支給されます。

■年金の支払月とうけ方

＜年金は年6回に分けて支払われる＞

　年金は，1年分がまとめて支払われるのではなく，各年金ともに，毎年2月，4月，6月，8月，10月，12月の6回に分けて，前の2ヵ月分ずつが支払われます。支払日は各月の15日ですが，15日が土曜日の場合は14日，15日が日曜日の場合は13日が支払日となります。

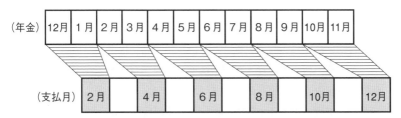

　なお，請求がおくれたためずっと以前の分もまとめてうけるときとか，

年金をうけられなくなったときなどは，支払月以外の月でも支払われます。

＜支払いのうけ方＞

(1)　年金が支給されることになると，「年金証書・年金決定通知書」が交付されます。年金証書は大切に保管してください。

(2)　年金の受取方法には，①受給権者の預金口座または貯金口座に振り込んでもらうという方法と②受給権者が年金証書と日本年金機構から送られて来る年金送金通知書をゆうちょ銀行（郵便局）に持って行き現金で支払いをうけるという方法があります。

　　口座振込で年金をうけとる受給権者には，毎年６月に，１年間の支払予定日と各支払日に支払われる額などを記載した「年金振込通知書」が送付されます。また，年金額の改定など支払額の変更や受取金融機関の変更があった場合にも，そのつど通知が届きます。ゆうちょ銀行（郵便局）で年金を現金でうけとる受給権者には，支払いのつど「年金送金通知書」が送付されます。

(3)　年金が受給権者に定期的に支払われるためには，日本年金機構で定期的に受給権者の現況を確認する必要があります。

　　かつては，受給権者が毎年誕生月に「年金受給権者現況届」を日本年金機構に提出することによって，現況の確認が行われていました。しかし，受給権者の手続を簡素化し事務処理を効率化するという観点から，現在は，住民基本台帳ネットワークシステム（住基ネット）を活用した現況の確認が行われています。その結果，原則的には，受給権者が現況届を提出する必要はありません。

　　ただし，現況届の提出が不要となるのは，受給権者の基本情報（氏名，生年月日，性別，住所）について日本年金機構で管理しているものと住基ネットに保存されているものとが一致している場合に限られます。したがって，日本年金機構と住基ネットとの間で基本情報が異なる受給権者や外国に住んでいる受給権者などは，現況届を提出する必要があります（誕生月の初め頃に日本年金機構から現況届が送付されますので，必要事項を記入して誕生月の末日までに日本年金機構に返送します）。

　　なお，平成29年１月末以降に送付される現況届には，個人番号記載欄に受給権者本人の個人番号（マイナンバー）を記入することになってい

ます。現況届にマイナンバーを記入した場合には，住所変更届や翌年以降の現況届の提出が不要となります。

　また，住基ネットで確認できるのは受給権者本人の現況に限られるため，現況届の提出が不要となる場合であっても，①受給権者が加給年金額等の対象者の生計を維持していることを確認するための「生計維持確認届」や②障害年金の受給権者の障害の程度を確認するための「障害状態確認届」の提出が必要となることがあります。

　現況届，生計維持確認届または障害状態確認届の提出が必要な場合に，提出期限までに提出しなかったり記入漏れがあったりすると，年金または加給年金額等の支払いが一時止まることがあります。

　そのほか，受給権者の氏名や住所がかわったとき，受取金融機関を変更しようとするとき，年金証書をなくしたときなどは，年金事務所にそれぞれの届書を提出します。

＊住所変更の届出は，日本年金機構に住民票コードが収録されている人については，平成23年7月から原則不要となっています。

■年金記録の確認・訂正と年金（見込）額の提供

＜ねんきん定期便＞

　平成21年4月からの「ねんきん定期便」は，厚生年金保険・国民年金の被保険者が自分の年金記録を確認できるように，被保険者一人ひとりに，次の年金個人情報を毎年その人の誕生月に通知するものです。

35・45・59歳の節目の人：①これまでの年金加入期間，②加入実績に応じた年金額（50歳以上の人は，現在加入している年金制度に60歳まで加入し続けたとして計算した年金見込額），③これまでの保険料納付額（被保険者負担分累計），④これまでの年金加入履歴，⑤過去のすべての厚生年金保険の標準報酬月額，標準賞与額と厚生年金保険料の納付額の月別状況，⑥過去のすべての国民年金の保険料納付状況（納付・免除・学生納付特例等，未納の別，月別納付状況）

＊「ねんきん定期便」に記載されている年金加入履歴等を確認し，「もれ」や「誤り」がある場合には，同封されている「年金加入記録回答票」に必要事項を記入し，同封の返信用封筒に入れて返送するか，年金事務所

に提出します。

＊節目年齢は，従来は35・45・58歳でしたが，平成25年度から「58歳」が「59歳」に変更されています。

上記以外の人：上記①〜③と，⑤・⑥の直近１年間の記録

＜厚生年金加入記録のお知らせ＞

「厚生年金加入記録のお知らせ」は，年金をうけている人で厚生年金保険・船員保険の被保険者期間がある人，または基礎年金番号を持っている60歳以上の年金をうけていない人で厚生年金保険・船員保険の被保険者期間がある人に対して，働いていた当時の給与額に関する記録に誤りがないかを確認するため，平成21年12月から平成22年11月までに送付されました。

＜厚生年金保険料が源泉徴収されていたのに年金記録がこれに対応していない場合（厚生年金特例法）＞

ある月の厚生年金保険の保険料について，被保険者への報酬・賞与から被保険者負担分が控除されていた場合には，徴収権の２年の消滅時効が完成していても，その月が保険給付に反映されるように年金記録の訂正が行われることになります（厚生年金特例法）。これは，事業主が被保険者資格取得届等を提出せず保険料を納めなかったために，源泉徴収された被保険者負担分が保険給付に結び付かなくなるという不都合を解消するためのものです。

なお，厚生年金特例法による年金記録の訂正が行われる場合には，その保険料を納めることができない代わりに，その保険料を所定の割合で増額した特例納付保険料を納めるよう日本年金機構が事業主に勧奨することになっています。

＜年金加入記録のお知らせ・年金見込額のお知らせ＞

社会保険庁（現：日本年金機構）では，国民年金・厚生年金保険の加入記録がある58歳到達者に対して年金加入記録を通知して，事前の記録確認により決定に要する期間を短縮するとともに，希望者には年金見込額を提供するサービスを実施していましたが，生年月日が昭和24年10月１日までの人を最終送付対象者とし，生年月日が昭和24年10月２日から昭和26年４月１日までの人については「ねんきん特別便」に統合して実施し，平成21年４月からは，「ねんきん定期便」（295頁参照）で年金加入記録や年金見

込額が通知されています。

＜「ねんきんネット」による年金見込額試算＞

日本年金機構で管理している自分の年金記録（加入履歴，国民年金の保険料納付状況，厚生年金保険の標準報酬月額など）や70歳未満であれば老齢年金の見込額の試算を日本年金機構のホームページ（https://www.nenkin.go.jp/）の「ねんきんネット」でいつでも閲覧することができます。

閲覧には，マイナポータルからログインするかユーザーIDによりログインする必要があります。ユーザーIDによりログインする場合は，事前に日本年金機構からユーザーＩＤ・パスワードを発行・郵送してもらうことが必要です（「ねんきん定期便」に記載されるアクセスキーにより，ユーザーＩＤの即時発行をうけられます）。

＜「ねんきんダイヤル」による年金見込額試算＞

50歳以上の人は，日本年金機構が管理する年金加入記録に基づく老齢年金見込額の試算をねんきんダイヤル（0570-05-1165または03-6700-1165）で申し込むことができます。試算の結果は郵送で届きますが，届くまでに３週間以上かかることがあります。

＜電子申請による年金加入記録照会・年金見込額試算＞

電子証明書を取得していれば，①日本年金機構で管理している年金加入記録の照会と②年金加入記録に基づく老齢年金見込額の試算を電子申請で申し込むことができます。申込みは，「電子政府の総合窓口（e-Gov）」のホームページ（https://shinsei.e-gov.go.jp/）から行います。回答は電子文書により届きますが，届くまでに１週間程度かかることがあります。50歳以上の人には，①および②の回答が届きます。50歳未満の人には，①のみの回答が届きます。50歳未満で老齢年金見込額を試算するには，上記の「ねんきんネット」を利用することになります。

電子申請を利用する場合には，電子証明書が必要です。利用できる電子証明書の種類と取得方法については，上記のホームページの中の「電子証明書のご案内」を確認してください。

■年金の支払いをうける権利の時効消滅

年金の受給権が存在する間は，原則，偶数月にその前月分と前々月分が

支払われます（293頁参照）が，年金の支払いをうける権利は，5年が経過すると時効により消滅します（国民年金の死亡一時金をうける権利は，2年が経過すると時効により消滅）。したがって，年金の請求（290頁参照）を行う5年前までの分は，年金の支払いをうけることができません。

＜年金時効特例法による例外＞

ただし，年金記録が訂正されたために，年金の支払いをうける権利が新たに発生した場合には，時効により消滅した分を含めて支払いをうけることができます（年金時効特例法）。

■国民年金原簿・厚生年金保険原簿の訂正の請求

平成27年3月から，国民年金，厚生年金保険の被保険者等（その遺族等を含む。）は，国民年金原簿，厚生年金保険原簿に記録された年金記録情報が事実と異なっていると思われるときは，厚生労働大臣にその原簿の訂正の請求をできることとなり，厚生労働大臣は，その請求に係る原簿の訂正をする旨またはしない旨の決定を行わなければならないことになっています。

この訂正請求の手続にあたっては，次の書類を年金事務所に持参するか，郵送します。

○厚生年金保険（脱退手当金以外）に関する訂正請求

「年金記録訂正請求書兼年金記録に係る確認調査申立書【厚生年金保険】同意書　請求の概要」

○脱退手当金に関する訂正請求

「年金記録訂正請求書兼年金記録に係る確認調査申立書【脱退手当金】同意書　請求の概要」

○厚生年金保険（脱退手当金以外）に関する訂正請求（事業主による一括請求）

「年金記録訂正請求書兼年金記録に係る確認調査申立書【厚生年金保険（一括請求）】　委任状兼同意書　事案の概要　訂正請求者一覧表

③ 平成16年改正後の年金額の計算方法

●平成16年に年金法が改正され，新しい年金額の計算方法や改定方法は同年10月から実施されています。

●ただし，この新しい年金額の計算方法については，急激な年金額の下落を防ぐための特例措置が設けられていました。しかし，平成27年度からはこの特例が廃止され，新しい年金額の計算方法に統一されています。

●また，平成27年度には，新しい年金額の計算方法の実施とともに，マクロ経済スライドによる年金額の調整が実施されました。

■保険料水準固定方式による給付水準の調整

平成16年改正前は，財政再計算のときに年金の給付に必要な費用の予想額を算出し，そこから将来にわたって財政の均衡を保つために保険料はいくら必要かという計算が行われてきました。平成16年改正後は，逆に将来にわたる保険料（率）を法律で決めて固定し，この保険料（率）に合わせて年金額を調整するしくみ（保険料水準固定方式）になっています。

■改定率による新しい年金額の計算

新しい年金額の計算方法では，法律で定められた額に，毎年度，政令によって改定された「改定率」をかけて年金額が計算されます。

ただし，この場合，国民年金の基礎年金の額（満額）および子の加算額，厚生年金保険の加給年金額などは，法律で定められた額に改定率をかけて得た額の100円未満を四捨五入した額とされ，特別支給の老齢厚生年金の定額部分の単価などは，法律で定められた額に改定率をかけて得た額の1円未満を四捨五入した額とされます。

＊466頁からの昭和61年改正前の「旧法による年金」についても上記の端数処理が行われます。

＜各年度の改定率の改定＞

改定率は，68歳に達する前の年度の受給権者（新規裁定者）の場合，毎年度，原則として名目手取り賃金変動率を基準として改定されます。ただし，68歳に達する年度以後の受給権者（既裁定者）は，原則として物価変動率を基準として改定されます。

＜マクロ経済スライド＞

保険料水準固定方式の下では，負担の上限が決まっている保険料総額の範囲内で年金給付に必要な費用を賄っていかなければなりません。そこで，給付と負担のバランスがとれるようになるまでの間は（「調整期間」といい，その期間は政令により平成17年度から開始されています），少子高齢化の進行による公的年金加入者数の減少や平均余命の伸びを年金額に反映させ，年金額の伸びを賃金や物価の伸びよりも抑えることになっています。このしくみを「マクロ経済スライド」といいます。

調整期間における改定率の改定は，原則として公的年金被保険者数の変動率と平均余命の伸びを勘案して算定されたマクロ経済スライドによるスライド調整率（調整率）を名目手取り賃金変動率に乗じて得た率を基準として行われます。

ただし，68歳に達する年度以後の受給権者（既裁定者）は，原則として物価変動率に調整率をかけて得た率を基準として改定されます。

＜令和６年度の改定率1.045（69歳以上の既裁定者は1.042）＞

令和５年の年平均の全国消費者物価指数（総合指数）は3.2％の上昇となりました。一方，令和６年度の年金額改定に用いられる名目手取り賃金変動率は3.1％の上昇となりました。したがって，令和６年度については，物価変動率が1.032，名目手取り賃金変動率が1.031で物価変動率を下回るため，法律の規定により新規裁定者，既裁定者ともに名目手取り賃金変動率（1.031）で，前年度の年金改定率（新規裁定者1.018，既裁定者1.015）が改定されます。また，令和６年度については，マクロ経済スライドによる調整（0.996）が実施されます。

こうして，令和６年度は，新規裁定者・既裁定者ともに名目手取り賃金変動率（1.031）にマクロ経済スライドによる調整率（0.996）を乗じて得た率（1.031×0.996≒1.027）で，令和５年度の年金改定率を改定することになります。すなわち，令和６年度の年金改定率は，新規裁定者の場合

1.018（令和 5 年度の改定率）×1.027≒1.045，既裁定者の場合1.015（令和
5 年度の改定率）×1.027≒1.042となります。

　なお，令和 6 年度中に68歳に達する人（昭和31年 4 月 2 日〜昭和32年 4
月 1 日生まれの人。以下，本書では「昭和31年度生まれ」と呼びます）は，
令和 5 年度においては新規裁定者として名目手取り賃金変動率によって前
年度の改定率が改定され，令和 6 年度においては新規裁定者とともに名目
手取り賃金変動率（1.031）で改定されるため，令和 6 年度においては昭
和32年 4 月 2 日以後生まれの新規裁定者と同じ年金改定率が適用されるこ
とになります。

　名目手取り賃金変動率とは，前年の物価変動率に 2 年度前から 4 年度前
までの 3 年度平均の実質賃金変動率（令和 6 年度の場合は令和 2 年〜令和
4 年度）を乗じたものとなります。

　名目手取り賃金変動率（1.031）＝物価変動率（1.032）×実質賃金変動
率（0.999）×可処分所得割合変化率（1.000）

　令和 6 年度のスライド調整率（0.996）＝公的年金被保険者数の変動率（令
和 2 〜令和 4 年度の平均）（0.999）×平均余命の伸びを勘案して算定され
た率（0.997）

■厚生年金保険の報酬比例の年金額と従前額の保障

　平成12年の法律改正によって厚生年金保険の報酬比例部分の給付水準が
一律 5 ％引き下げられました。ただし，これについては，急激な年金額の
下落を防ぐために，「本来水準の計算式」と「平成12年改正前の水準の計
算式」の 2 つの式で計算された額のうち，いずれか高い方の額が支給され
る従前額の保障が行われています（335頁参照）。

＊466頁からの昭和61年改正前の「旧法による年金」についても上記の従
　前額の保障が行われます。

＜本来水準の計算式での各年度の再評価率の改定＞

⑴　再評価率は受給者の生年月日に応じて設定されるとともに，毎年度，
　原則として名目手取り賃金変動率を基準として改定されます。ただし，
　既裁定者については，原則として物価変動率を基準として改定されます。

⑵　調整期間における再評価率の改定は，新規裁定者については，原則と

して名目手取り賃金変動率に調整率を乗じて得た率を基準として行われます。ただし，既裁定者については，原則として物価変動率に調整率を乗じて得た率を基準として改定されます。

なお，再評価率の改定では，令和6年度については，当該年度（令和6年度）の4年度前の年度（令和2年度）までの過去の各年度各月の標準報酬（標準報酬月額および標準賞与額）にかける再評価率は，改定率と同様に新規裁定者，既裁定者ともに名目手取り賃金変動率を基準として改定されますが，当該年度（令和6年度）の3年度前の年度（令和3年度）から当該年度（令和6年度）までの各月の標準報酬にかける再評価率は，法律の規定によって別に改定または設定されます。

＜平成12年改正前の水準の計算式での従前額改定率の改定など＞

(1)　従前額改定率は，毎年度，原則として物価変動率を基準として改定されます。ただし，物価変動率が名目手取り賃金変動率を上回るときは名目手取り賃金変動率で改定されます。

(2)　調整期間における従前額改定率の改定は，原則として物価変動率に調整率を乗じて得た率を基準として行われます。なお，物価変動率または名目手取り賃金変動率が1を下回り，物価変動率が名目手取り賃金変動率を上回るときは，名目手取り賃金変動率が基準となることがあるなどの例外もあります。

(3)　令和6年度の従前額改定率は，昭和13年4月2日以後生まれの人については1.041（≒1.014×1.027），昭和13年4月1日以前生まれの人については1.043（≒1.016×1.027）となります。

(4)　旧再評価率（平成12年改正前の水準の年金額を計算するときに用いる再評価率）は受給権者の生年月日にかかわらず一律となっています。

(5)　平成16年度までの月の標準報酬にかける旧再評価率は法律で定められていますが，平成17年度以後の月の標準報酬にかける旧再評価率は，原則として，前年度の月の標準報酬にかける旧再評価率を，前年の物価変動率に2年度前から4年度前までの3年度平均の実質賃金変動率をかけて得た率（名目賃金変動率）で割って得た率を基準にして政令で定められることになっています。令和6年度の月（令和6年4月～令和7年3月）の標準報酬にかける再評価率については，0.853となります。

④ 被用者年金制度の一元化

> ● 平成27年10月から，被用者年金制度が一元化され，厚生年金保険と３つの共済組合等に分かれていた制度が厚生年金保険に統一されました。
> ● 共済組合等の加入者に平成27年10月以後に新たに支給される報酬比例の年金は厚生年金となりますが，厚生年金の支給の決定や支払いは，それまでと同様，共済組合等が行います。

■厚生年金保険の被保険者の種別と実施機関

被用者年金制度の一元化により，次のように厚生年金保険の被保険者が区分され，その種別に応じて，「実施機関」が定められています。

(1) 第１号厚生年金被保険者（民間企業に使用される厚生年金保険の加入者）——実施機関は，厚生労働大臣（国）

(2) 第２号厚生年金被保険者（国家公務員共済組合の組合員）——実施機関は，国家公務員共済組合連合会および国家公務員共済組合

(3) 第３号厚生年金被保険者（地方公務員共済組合の組合員）——実施機関は，地方公務員共済組合連合会，全国市町村職員共済組合連合会および地方公務員共済組合

(4) 第４号厚生年金被保険者（私立学校教職員共済制度の加入者）——実施機関は，日本私立学校振興・共済事業団

＜平成27年９月以前の被保険者期間＞

平成27年９月以前の厚生年金保険，各共済組合等の加入期間も，原則として，上記の第１号から第４号までの種別の厚生年金保険の被保険者期間とみなされます。

■複数種別の厚年期間があるとき—483頁以後参照

2 老齢給付

① 老齢基礎年金

(1)支給をうける条件

●国民年金の老齢基礎年金は，学生納付特例期間・納付猶予期間以外の保険料免除期間または保険料納付済期間をもつ人のうち，10年の資格期間（保険料納付済期間，保険料免除期間，合算対象期間）を満たした人に，65歳以後支給されます。なお，昭和36年4月1日から昭和61年3月31日までの期間に係る厚生年金保険の被保険者期間（厚生年金第1号～第4号被保険者期間）については，生年月日に応じて短縮する経過措置が設けられています。

＜国民年金の被保険者期間だけで10年以上＞

昭61.4

国民年金保険料納付	国民年金（第1号被保険者）保 険 料 納 付

―――――― 10年以上 ――――――

＜厚生年金保険の被保険者期間だけで10年以上＞

昭61.4

厚 生 年 金 保 険	厚 生 年 金 保 険
	国民年金（第2号被保険者）

―――――― 10年以上 ――――――

＜合算対象期間と国民年金で10年以上＞

結婚　　　　　　　　　昭61.4

合 算 対 象 期 間	国民年金（第3号被保険者）

―――――― 10年以上 ――――――

■保険料納付済期間

保険料納付済期間とは，次の期間をいいます。

⑴　国民年金の第1号被保険者（自営業者等）の期間および昭和61年3月以前の国民年金の被保険者期間のうち，保険料を納めた期間（保険料の4分の3免除，半額免除または4分の1免除をうけ，保険料の4分の1，半額または4分の3だけ納めた期間を除く）

⑵　国民年金の第2号被保険者（厚生年金保険の被保険者）の期間のうち，20歳以上60歳未満の期間

⑶　国民年金の第3号被保険者（上記第2号被保険者の被扶養配偶者で20歳以上60歳未満の人）の期間

　このほか，昭和36年4月から昭和61年3月までの被用者年金制度の加入期間（厚生年金保険・船員保険の被保険者期間，共済組合の組合員の期間）のうち，20歳以上60歳未満の期間は，保険料納付済期間とみなされることになっています（脱退手当金をうけた期間は次頁参照）。

＊障害基礎年金・遺族基礎年金については，昭和36年3月までの期間であっても，20歳未満または60歳以上の期間であっても，被用者年金制度の加入期間は保険料納付済期間とみなされることになっています。

■保険料免除期間

　保険料免除期間とは，国民年金の第1号被保険者期間および昭和61年3月以前の強制被保険者期間のうち，保険料の全額免除，4分の3免除，半額免除または4分の1免除をうけ，免除された保険料を追納しなかった期間をいいます。ただし，学生納付特例制度または納付猶予制度（117・118頁参照）により保険料の全額免除をうけた期間のうち，保険料を追納しなかった期間は，次の合算対象期間と同様に，老齢基礎年金の年金額には反映されません。

■合算対象期間

　合算対象期間とは，次の期間をいいます。なお，この合算対象期間は，老齢基礎年金の年金額には反映されません（いわゆるカラ期間）。

(1) 被用者年金制度の加入者（昭和61年3月までの船員保険の被保険者を含む）の場合

① 昭和36年4月以後昭和61年3月までの被用者年金制度の加入者の期間および国民年金の第2号被保険者期間のうち，20歳未満の期間と60歳以後の期間

② 昭和36年3月以前の厚生年金保険・船員保険の被保険者期間（昭和36年4月以後に公的年金の加入期間がある人に限る）

③ 昭和36年4月までひき続いている昭和36年3月以前の共済組合の組合員の期間

＊上記①〜③の期間については，各被用者年金制度の独自給付である経過的加算（389頁参照）の対象となります。

④ 厚生年金保険・船員保険の脱退手当金をうけた期間のうち，昭和36年4月以後の期間（昭和61年4月から65歳になるまでの間に保険料納付済期間または保険料免除期間がある人に限る）

＊共済組合が支給した退職一時金の計算の基礎になった昭和36年4月から昭和61年3月までの期間については，保険料納付済期間とみなされる場合と，合算対象期間に算入される場合とがあります。

(2) 被用者年金制度の加入者の配偶者などの場合

① 被用者年金制度の加入者の配偶者の期間

　昭和36年4月から昭和61年3月までは，被用者年金制度の加入者の配偶者で20歳以上60歳未満の人は国民年金に任意加入することができましたが，任意加入しなかった期間は合算対象期間になります。

② 年金受給者とその配偶者などの期間

　被用者年金制度等から支給される老齢（退職）年金受給者（通算老齢（退職）年金を除く）とその配偶者，障害年金受給者とその配偶者，遺族年金受給者（通算遺族年金を除く）は国民年金に任意加入することができましたが，これらの人が任意加入しなかった昭和36年4月以

後で20歳以上60歳未満の期間は合算対象期間になります。

＊昭和61年４月以後に国民年金に任意加入することができるのは，上記のうち，老齢（退職）年金受給者に限られています。

(3) 海外在住者，学生などの場合

① 海外在住者または学生など，国民年金に任意加入できる人が任意加入しなかった昭和36年４月以後で20歳以上60歳未満の期間（学生については平成３年３月までの期間に限る）

② 昭和61年３月以前に，60歳になるまでに被保険者期間が25年にならないため，任意脱退の申し出をして承認され，国民年金の被保険者にならなかった期間

③ 日本に帰化した人，永住許可をうけた人などの20歳以上60歳未満の在日期間・海外在住期間のうちの一定の期間

＊保険料未納期間とされていた国民年金の任意加入者の保険料未納期間は，平成26年４月から，平成26年３月以前のものも含め，20歳以上60歳未満の期間であれば合算対象期間とされます。

■受給資格期間の短縮

老齢基礎年金をうけるためには，10年の資格期間が必要ですが，次のいずれかに該当する場合は，資格期間を満たしたものとされる経過的な措置が設けられています。

＜昭和５年４月１日以前に生まれた人の特例（平成29年７月まで）＞

国民年金法が施行された昭和36年４月１日に31歳以上であった人（昭和５年４月１日以前に生まれた人）は，25年の資格期間を満たすことが困難な場合があるため，保険料納付済期間，保険料免除期間および合算対象期間を合算した期間が，生年月日に応じて次の表の期間以上あれば，老齢基礎年金の資格期間を満たしたものとされます。

生　年　月　日	期　間
昭和２年４月１日以前	21年
昭和２年４月２日〜昭和３年４月１日	22年
昭和３年４月２日〜昭和４年４月１日	23年
昭和４年４月２日〜昭和５年４月１日	24年

＜被用者年金の加入期間の特例＞

　被用者年金の加入期間（厚生年金保険・船員保険の被保険者期間，共済組合の組合員期間等）が合算して20年以上あれば，老齢基礎年金の資格期間を満たしたものとされます。ただし，この「20年」という期間は，次の表のように昭和27年４月２日以後に生まれた人から徐々に延長されます。

生　年　月　日	期　間
昭和27年４月１日以前	20年
昭和27年４月２日〜昭和28年４月１日	21年
昭和28年４月２日〜昭和29年４月１日	22年
昭和29年４月２日〜昭和30年４月１日	23年
昭和30年４月２日〜昭和31年４月１日	24年

＜厚生年金保険の中高齢者の特例＞

　旧厚生年金保険法では，年をとってから勤め始めて被保険者期間が20年にならずに退職する人のため，40歳（女子は35歳）以後の被保険者期間が15年以上あれば老齢年金が支給されていましたが，現在の制度でも，この特例が経過措置として引き継がれています。この「15年」という期間は，次の表のように昭和22年４月２日以後に生まれた人から徐々に延長され，この特例は昭和26年４月２日以後に生まれた人から廃止されます。

生　年　月　日	期　間
昭和22年４月１日以前	15年
昭和22年４月２日〜昭和23年４月１日	16年
昭和23年４月２日〜昭和24年４月１日	17年
昭和24年４月２日〜昭和25年４月１日	18年
昭和25年４月２日〜昭和26年４月１日	19年

＊上記の期間のうち，７年６ヵ月以上の期間が，第４種被保険者または船員任意継続被保険者以外の期間であることが必要です。

＜坑内員・船員の被保険者期間＞

　厚生年金保険の第３種被保険者である坑内員と船員の被保険者期間（昭和61年４月１日前の船員保険の被保険者期間も厚生年金保険の第３種被保険者期間とみなされます）については，次の特例が設けられています。

(1)　昭和61年４月１日前の期間……実際の被保険者期間を３分の４倍する

(2)　昭和61年４月１日から平成３年３月31日までの期間……実際の被保険者期間を５分の６倍する

なお，平成３年４月１日以後は，一般の被保険者と同様に扱われます。

たとえば，昭和61年４月１日前の第３種被保険者としての実際の加入期間が15年以上あれば，$15年 \times \dfrac{4}{3} = 20年$で，被保険者期間が20年とみなされ，被用者年金の加入期間の特例の資格期間を満たすことになります。また，昭和61年４月１日前の第３種被保険者としての実際の加入期間が９年，昭和61年４月１日以後の第３種被保険者としての実際の加入期間が７年である場合は，被保険者期間が$9年 \times \dfrac{4}{3} + 5年 \times \dfrac{6}{5} + 2年 = 20年$となります。

＊坑内員には戦時加算（290頁参照）の特例もあります。

＜坑内員・船員の中高齢者の特例＞

旧厚生年金保険法では，坑内員（第３種被保険者）については，第３種被保険者としての被保険者期間が35歳以後15年（昭和61年３月までの期間は実際の加入期間で11年３ヵ月）以上あれば老齢年金が支給される特例があり，船員保険でも同様の特例がありましたが，現在の制度でもこの特例が経過的に引き継がれています。

この場合の被保険者期間についても，昭和61年４月１日前の期間は３分の４倍，昭和61年４月１日から平成３年３月31日までの期間は５分の６倍されますので，昭和61年４月１日前の期間であれば，$11年３ヵ月 \times \dfrac{4}{3} = 15年$となり，実際の加入期間が最低で11年３ヵ月あればよいことになります。同様に，平成３年３月31日までの期間であれば，$6年９ヵ月 \times \dfrac{4}{3} + 5年 \times \dfrac{6}{5} = 15年$となり，実際の加入期間が最低で11年９ヵ月あればよいことになります。ただしこの場合，みなし加入期間で10年以上が船員任意継続被保険者以外の期間であることが必要です。

なお，昭和22年４月２日以後に生まれた人については，308頁の「厚生年金保険の中高齢者の特例」の場合と同様に，生年月日に応じて上記「15年」という期間が徐々に延長されます。

＜船員保険の漁船の期間の特例＞

昭和27年４月１日以前に生まれた人について，昭和61年３月31日以前の

船員保険の被保険者であった期間のうち，漁船に乗り組んだ期間が11年3ヵ月以上であれば，老齢基礎年金の資格期間を満たしたものとされます。

＜共済組合の組合員期間の特例（平成29年7月まで）＞

①昭和55年1月1日前に警察官，海上保安官，自衛官等であった人，②公務員の定年制が定められたとき以前から定年退職まで共済組合員であった人，③共済組合の前の制度である恩給法または退職年金条例の適用をうけたことがある人などの場合，19年以下に老齢基礎年金の資格期間が短縮される経過措置があります。

＜恩給などを受けられる人の特例＞

①恩給法に基づく年金給付，②地方公務員の退職年金に関する条例に基づく年金給付（通算退職年金を除く），③旧令による共済組合等からの年金受給者のための特別措置法に基づいて国家公務員共済組合連合会が支給する年金給付などのうち，老齢または退職を支給事由とする年金をうけられる人は，老齢基礎年金の資格期間を満たしたものとされます。

＜沖縄県の特例＞

本土復帰前の沖縄の国民年金は，本土より9年遅れて昭和45年4月1日に発足し，昭和47年5月15日の本土復帰とともに本土の国民年金に統合されましたが，沖縄に居住していた人の受給権，年金額を確保するため，次のような特例措置が設けられています。

(1) 昭和36年4月1日から昭和45年3月31日までの間引き続いて沖縄に居住していた人で，昭和14年4月1日以前に生まれた人については，生年月日に応じて次頁の表のAの期間が保険料免除期間（追納すれば保険料納付済期間）とみなされ，その期間を含めて老齢基礎年金の資格期間をみることができます。したがって，平成29年8月以後に老齢基礎年金の資格期間をみる場合には，この特別措置期間と，保険料納付済期間（本土復帰前の沖縄の公的年金の加入期間を含む），保険料免除期間，合算対象期間を合算した期間が10年以上あれば資格期間を満たしたものとされますので，実際に必要な資格期間は次頁の表のCのようになります。

(2) 昭和36年4月1日および20歳到達日のうちどちらか遅いほうの日から昭和45年3月31日までの間引き続いて沖縄に居住していた人で，昭和6年4月2日から昭和25年4月1日までの間に生まれた人については，上

記のほかに，生年月日に応じて下表のＢの期間が保険料免除期間（追納
すれば保険料納付済期間）とみなされます。

なお，特別措置期間・新特別措置期間の保険料の追納は，それぞれ昭和
52年３月・平成４年３月までの間に限り行うことができました。

※沖縄の厚生年金保険の特例措置も行われています（452頁参照）。

生 年 月 日	特別措置期間Ａ	新特別措置期間Ｂ		資 格 期 間 Ｃ	
昭 6.4.1以前	9年			1年	
昭 6.4.2～昭 7.4.1	8年	1年		1年	
昭 7.4.2～昭 8.4.1	7年	2年		1年	
昭 8.4.2～昭 9.4.1	6年	3年		1年	
昭 9.4.2～昭10.4.1	5年	4年		1年	
昭10.4.2～昭11.4.1	4年	5年		1年	
昭11.4.2～昭12.4.1	3年	6年		1年	
昭12.4.2～昭13.4.1	2年	7年		1年	
昭13.4.2～昭14.4.1	1年	8年		1年	
昭14.4.2～昭15.4.1		9年		1年	
昭15.4.2～昭16.4.1		9年		1年	
昭16.4.2～昭17.4.1		8年	+12ヵ月 ～1ヵ月	1年	+0ヵ月 ～11ヵ月
昭17.4.2～昭18.4.1		7年		2年	
昭18.4.2～昭19.4.1		6年		3年	
昭19.4.2～昭20.4.1		5年		4年	
昭20.4.2～昭21.4.1		4年		5年	
昭21.4.2～昭22.4.1		3年		6年	
昭22.4.2～昭23.4.1		2年		7年	
昭23.4.2～昭24.4.1		1年		8年	
昭24.4.2～昭25.4.1		0年		9年	

(2)支給される年金額

●令和6年度の満額の老齢基礎年金の額は，新規裁定者816,000円，既裁定者813,700円（昭和31年度生まれは816,000円）です。ただし，保険料納付済期間が40年（昭和16年4月1日以前に生まれた人については，昭和36年4月1日からその人が60歳になるまでの年数＝加入可能年数）に不足する場合は，その不足する期間に応じて減額されます。

※1/4免除期間は7/8，半額免除期間は3/4，3/4免除期間は5/8，全額免除期間は1/2で計算（平成21.3以前の1/4免除期間は5/6，半額免除期間は2/3，3/4免除期間は1/2，全額免除期間は1/3で計算）。

■保険料納付40年で満額

＜令和6年度の老齢基礎年金額と加入可能年数＞

　令和6年度の満額の老齢基礎年金の額は，780,900円に新規裁定者は改定率1.045を，既裁定者は改定率1.042をそれぞれかけて得た額の100円未満を四捨五入した額で，新規裁定者816,000円，既裁定者813,700円（昭和31年度生まれは816,000円）です。

　これは，20歳以上60歳未満の40年間の国民年金の加入期間について，毎月保険料を全額納めた人に上記の額の老齢基礎年金が支給されるということです。

　なお，国民年金制度が発足したのは昭和36年4月1日ですから，そのときに20歳以上の人（昭和16年4月1日以前に生まれた人）は，60歳に達するまでの間に40年の加入期間を満たすことができません。そこで，これら

の人については，昭和36年４月１日から60歳に達するまでの年数（「加入可能年数」といいます）分の保険料を全額納めた場合に，満額の老齢基礎年金が支給されることになっています。

生　年　月　日	加入可能年数
昭和２年４月１日以前	25年
昭和２年４月２日～昭和３年４月１日	26年
昭和３年４月２日～昭和４年４月１日	27年
昭和４年４月２日～昭和５年４月１日	28年
昭和５年４月２日～昭和６年４月１日	29年
昭和６年４月２日～昭和７年４月１日	30年
昭和７年４月２日～昭和８年４月１日	31年
昭和８年４月２日～昭和９年４月１日	32年
昭和９年４月２日～昭和10年４月１日	33年
昭和10年４月２日～昭和11年４月１日	34年
昭和11年４月２日～昭和12年４月１日	35年
昭和12年４月２日～昭和13年４月１日	36年
昭和13年４月２日～昭和14年４月１日	37年
昭和14年４月２日～昭和15年４月１日	38年
昭和15年４月２日～昭和16年４月１日	39年
昭和16年４月２日以後	40年

＜保険料納付済期間が加入可能年数に満たない場合の年金額＞

　保険料納付済期間の月数が40年または加入可能年数の12倍に満たない場合は，その不足する期間に応じて減額されることになり，次の式で計算した額（１円未満を四捨五入した額）が支給されます。なお，学生納付特例制度または納付猶予制度により保険料全額免除となった期間のうち，保険料を追納しなかった期間は，次の式の保険料全額免除期間に含まれません。

$$816{,}000円 \times \frac{次の表の左欄の月数に右欄の乗率をかけて得られる数の合計（加入可能年数 \times 12が上限）}{加入可能年数 \times 12}$$

※816,000円は新規裁定者（昭和31年度生まれを含む）の年金額で既裁定者の場合は813,700円となります。

①保険料納付済期間の月数	1
②平成21年４月以後の保険料４分の１免除期間の月数	7/8
③平成21年３月以前の保険料４分の１免除期間の月数	5/6
④平成21年４月以後の保険料半額免除期間の月数	3/4
⑤平成21年３月以前の保険料半額免除期間の月数	2/3
⑥平成21年４月以後の保険料４分の３免除期間の月数	5/8
⑦平成21年３月以前の保険料４分の３免除期間の月数	1/2
⑧平成21年４月以後の保険料全額免除期間の月数	1/2
⑨平成21年３月以前の保険料全額免除期間の月数	1/3
※保険料納付済期間，保険料免除期間については，305頁参照。	

　基礎年金の支給に要する費用について，国庫負担は平成21年度に３分の１から２分の１に引き上げられました。これにともない，保険料免除期間がある人の老齢基礎年金の額の計算については，上表のように，平成21年３月以前と平成21年４月以後で異なった乗率を用いることになっています。

＜坑内員・船員の期間の取り扱い＞

　(1)国民年金の第２号被保険者（厚生年金保険の被保険者）の期間や(2)昭和36年４月から昭和61年３月までの被用者年金制度の加入期間（厚生年金保険・船員保険の被保険者期間，共済組合の組合員の期間）のうち，20歳以上60歳未満の期間は，国民年金の保険料納付済期間に算入されます（305頁参照）。

　老齢基礎年金の額を計算する場合は，厚生年金保険の第３種被保険者である坑内員・船員の被保険者期間を国民年金の保険料納付済期間に算入する際に，昭和61年３月以前の実際の月数を３分の４倍したり，昭和61年４月から平成３年３月までの実際の月数を５分の６倍したりせず（308頁参照），これらの期間も実際の月数で計算します。

■サラリーマンの被扶養配偶者の振替加算

　厚生年金保険の被保険者の被扶養配偶者で20歳以上60歳未満の人も，昭和61年4月1日以後は，すべて国民年金に加入することになっています。したがって，昭和61年4月1日に60歳未満であった配偶者には，65歳から自分名義の老齢基礎年金が支給されます。

　しかし，昭和61年4月1日に60歳近い人で，被用者年金の加入期間や国民年金の任意加入期間がまったくない人や短い人は，そのままでは低額の老齢基礎年金にしかなりません。そこで，振替加算という制度が設けられています。

＜加給年金額を振替加算＞

　振替加算というのは，老齢厚生年金，障害厚生年金などの配偶者加給年金額（343頁参照）の対象となっている配偶者が，65歳以後老齢基礎年金をうけ始めたときにつく加算です。加算額は，大正15年4月2日～昭和41年4月1日生まれ（昭和61年3月末時点で，20歳以上60歳未満）の配偶者の場合は老齢厚生年金の配偶者加給年金額と同額または年齢に応じて漸減し，昭和41年4月2日以後生まれ（昭和61年4月1日以後に20歳に到達）の配偶者の場合はゼロになります。老齢厚生年金などの配偶者加給年金額は配偶者が65歳になった時点で打ち切られ，配偶者自身の老齢基礎年金への加算に振り替わることから「振替加算」とよばれます。

　なお，妻（夫）が65歳になった後で，夫（妻）が配偶者加給年金額の加算される老齢厚生年金などをうけられるようになった場合は，そのときから，妻（夫）の老齢基礎年金に振替加算が行われます。

※障害厚生年金の配偶者加給年金額の対象となっていなかった配偶者の老齢基礎年金に振替加算が行われる場合があります（419頁参照）。

＊配偶者が318頁の老齢基礎年金の繰上げ支給を請求した場合，振替加算の減額は行われません。ただし，振替加算は配偶者が65歳になったときから加算されます。また，配偶者が老齢基礎年金の繰下げ支給の申出をした場合，振替加算の増額は行われません。

＜加給年金額と振替加算の関係（配偶者加給年金額が老齢厚生年金に加算されていた場合）＞

　老齢基礎年金に振替加算が行われるのは，夫婦とも大正15年４月２日以後に生まれた場合に限られ，夫婦のうちどちらかが大正15年４月１日以前に生まれた場合は，振替加算は行われません。加給年金額と振替加算の関係は，次のようになります。

生　年　月　日		妻が65歳到達以後		
夫	妻	妻の老齢基礎年金	振替加算	夫の年金の加給年金額
大15.4.1以前※	大15.4.1以前※	×	×	○
	大15.4.2以後	○	×	○
大15.4.2以後	大15.4.1以前※	×	×	○
	大15.4.2以後	○	○	×

　○＝うけられる　　×＝うけられない

※昭61.3に老齢（退職）年金の受給権のある大15.4.2以後生まれの人（共済組合の退職年金，減額退職年金の受給権者にあっては，昭和61年３月31日に55歳に達している人に限る）を含む。

＊妻が老齢厚生年金などの受給権者で夫がその被扶養配偶者である場合は，「妻」と「夫」を入れかえる。

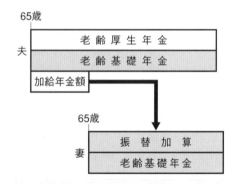

＜令和６年度の振替加算額＞

　令和６年度の振替加算額は，次の表のように，大正15年４月２日～昭和２年４月１日生まれの配偶者については224,700円に既裁定者の改定率1.042をかけて得た額の100円未満を四捨五入した234,100円で，それより若い配偶者については，昭和31年４月１日以前生まれの人は234,100円に，また昭和31年４月２日以後生まれの人は224,700円に新規裁定者の改正率1.045をかけて得た額の100円未満を四捨五入した234,800円に生年月日に応

じて定められた乗率をかけて得た額の1円未満を四捨五入した額となります（平成27年9月までは，100円未満を四捨五入していました）。

●令和6年度の振替加算額

生 年 月 日	加 算 額	生 年 月 日	加 算 額
大15.4.2〜昭2.4.1	234,100円	昭21.4.2〜22.4.1	109,325円
昭2.4.2〜3.4.1	227,779円	昭22.4.2〜23.4.1	103,004円
昭3.4.2〜4.4.1	221,693円	昭23.4.2〜24.4.1	96,683円
昭4.4.2〜5.4.1	215,372円	昭24.4.2〜25.4.1	90,597円
昭5.4.2〜6.4.1	209,051円	昭25.4.2〜26.4.1	84,276円
昭6.4.2〜7.4.1	202,965円	昭26.4.2〜27.4.1	77,955円
昭7.4.2〜8.4.1	196,644円	昭27.4.2〜28.4.1	71,869円
昭8.4.2〜9.4.1	190,323円	昭28.4.2〜29.4.1	65,548円
昭9.4.2〜10.4.1	184,237円	昭29.4.2〜30.4.1	59,227円
昭10.4.2〜11.4.1	177,916円	昭30.4.2〜31.4.1	53,141円
昭11.4.2〜12.4.1	171,595円	昭31.4.2〜32.4.1	46,960円
昭12.4.2〜13.4.1	165,509円	昭32.4.2〜33.4.1	40,620円
昭13.4.2〜14.4.1	159,188円	昭33.4.2〜34.4.1	34,516円
昭14.4.2〜15.4.1	152,867円	昭34.4.2〜35.4.1	28,176円
昭15.4.2〜16.4.1	146,781円	昭35.4.2〜36.4.1	21,836円
昭16.4.2〜17.4.1	140,460円	昭36.4.2〜37.4.1	15,732円
昭17.4.2〜18.4.1	134,139円	昭37.4.2〜38.4.1	15,732円
昭18.4.2〜19.4.1	128,053円	昭38.4.2〜39.4.1	15,732円
昭19.4.2〜20.4.1	121,732円	昭39.4.2〜40.4.1	15,732円
昭20.4.2〜21.4.1	115,411円	昭40.4.2〜41.4.1	15,732円

■老齢基礎年金額の計算例

昭和34年4月2日生まれで，国民年金に3年間加入した後，厚生年金保険の被保険者の被扶養配偶者として3年間国民年金に任意加入した人の場合

昭和61年4月1日以後の厚生年金保険被保険者の被扶養配偶者期間は，国民年金の第3号被保険者として保険料納付済期間になりますので，保険料納付済期間は，3年（強制加入）＋2年（任意加入）＋33年（第3号被保険者）＝38年です。また，加入可能年数は40年です。

$$年金額 ＝ 816,000円 \times \frac{38年 \times 12}{40年 \times 12} ＝ 775,200円$$

配偶者加給年金額の対象となっていた場合は，振替加算があります。

年金額＝775,200円＋28,176円（振替加算）＝803,376円（月額66,948円）

(3)支給期間

老齢基礎年金は，65歳到達月（65歳到達後に資格期間を満たすようになったときはその月）の翌月から，死亡した月まで支給されます。

■繰上げ支給

老齢基礎年金の資格期間を満たす60歳以上の人は，65歳前であっても希望して請求すれば，その人が請求した月の翌月から老齢基礎年金が支給されます。ただし，繰上げ支給の老齢基礎年金の支給額は，請求時の月単位の年齢に応じて次の減額率の式によって減額された額となります。

減額率＝0.4％×請求月から65歳到達月の前月までの月数

※昭和37年4月1日以前生まれの人の減額率は，0.5％となっています。

●昭和37年4月2日以後生まれの人の減額率

請求時の年齢	請求月から65歳到達月の前月までの月数	減額率
60歳0ヵ月〜60歳11ヵ月	60ヵ月〜49ヵ月	24.0%〜19.6%
61歳0ヵ月〜61歳11ヵ月	48ヵ月〜37ヵ月	19.2%〜14.8%
62歳0ヵ月〜62歳11ヵ月	36ヵ月〜25ヵ月	14.4%〜10.0%
63歳0ヵ月〜63歳11ヵ月	24ヵ月〜13ヵ月	9.6%〜5.2%
64歳0ヵ月〜64歳11ヵ月	12ヵ月〜1ヵ月	4.8%〜0.4%

●昭和37年４月１日以前生まれの人の減額率

請求時の年齢	請求月から65歳到達月の前月までの月数	減額率
60歳０ヵ月～60歳11ヵ月	60ヵ月～49ヵ月	30.0％～24.5％
61歳０ヵ月～61歳11ヵ月	48ヵ月～37ヵ月	24.0％～18.5％
62歳０ヵ月～62歳11ヵ月	36ヵ月～25ヵ月	18.0％～12.5％
63歳０ヵ月～63歳11ヵ月	24ヵ月～13ヵ月	12.0％～6.5％
64歳０ヵ月～64歳11ヵ月	12ヵ月～1ヵ月	6.0％～0.5％

　一度決められた減額率は，受給権者の一生をとおして変更は認められません。なお，繰上げ支給をうけた後は障害基礎年金をうけられません。また，国民年金の任意加入者は繰上げ支給の老齢基礎年金を請求できません。

　一方，60歳台前半の老齢厚生年金をうけられる人が，老齢基礎年金の繰上げ支給をうける場合には，別の取扱いが定められています（349頁参照）。

<昭和16年４月１日以前に生まれた人の旧減額率>

　昭和16年４月１日以前に生まれた人の場合，請求時の月単位の年齢ではなく，請求時の年単位の年齢によって減額率（42.0％～11.0％の５段階）が決まりました（例えば，請求時の年齢が60歳０ヵ月でも，60歳11ヵ月でも，減額率は42.0％となりました）。

■繰下げ支給

　66歳になるまで老齢基礎年金を請求しなかった人が，66歳以後に申出をすれば，申出時の月単位の年齢に応じて，次の増額率の式によって増額された額の老齢基礎年金が支給されます。

　　増額率＝0.7％×65歳到達月から繰下げ申出月の前月までの月数

　　　　　（120ヵ月（昭和27年４月１日以前生まれの人は60ヵ月）が限度）

＊65歳到達日よりも後に老齢基礎年金の受給権を取得した場合，上記の「66歳」は「老齢基礎年金の受給権を取得した日から起算して１年が経過した日」に置き換わり，上記の式は老齢基礎年金の受給権を取得した月から繰下げ申出月の前月までの月数で計算されます。

●申出時の年齢に応じた増額率

65歳到達月に老齢基礎年金の受給権を取得した場合の申出時の年齢	老齢基礎年金の受給権発生月から申出月の前月までの月数	増額率
66歳0ヵ月〜66歳11ヵ月	12ヵ月〜 23ヵ月	8.4%〜16.1%
67歳0ヵ月〜67歳11ヵ月	24ヵ月〜 35ヵ月	16.8%〜24.5%
68歳0ヵ月〜68歳11ヵ月	36ヵ月〜 47ヵ月	25.2%〜32.9%
69歳0ヵ月〜69歳11ヵ月	48ヵ月〜 59ヵ月	33.6%〜41.3%
70歳0ヵ月〜70歳11ヵ月	60ヵ月〜 71ヵ月	42.0%〜49.7%
71歳0ヵ月〜71歳11ヵ月	72ヵ月〜 83ヵ月	50.4%〜58.1%
72歳0ヵ月〜72歳11ヵ月	84ヵ月〜 95ヵ月	58.8%〜66.5%
73歳0ヵ月〜73歳11ヵ月	96ヵ月〜107ヵ月	67.2%〜74.9%
74歳0ヵ月〜74歳11ヵ月	108ヵ月〜119ヵ月	75.6%〜83.3%
75歳0ヵ月〜	120ヵ月	84.0%

＊70歳1ヵ月以後の増額率が適用されるのは，令和4年3月31日に70歳に達していない人（昭和27年4月2日以後生まれの人）または平成29年4月1日以後に受給権を取得した人です。

　一度決められた増額率は，受給権者の一生をとおして変更は認められません。

　65歳到達日または65歳到達日から66歳到達日までの間に障害・遺族年金の受給権者になった人は，繰下げ支給の申出をすることはできません。また，66歳到達日後から75歳到達日前までに障害・遺族年金の受給権者となった人が繰下げの申出をしたときには，障害・遺族年金の受給権が発生した日に繰下げの申出があったものとみなされ，75歳到達日後に繰下げ支給の申出をしたときには，75歳到達日に繰下げ支給の申出があったものとみなされます。

　なお，昭和27年4月1日以前生まれの人または平成29年3月31日以前に受給権が発生した人の場合には，繰下げ支給の上限年齢は「75歳に達した日」ではなく「70歳に達した日」となります。

　65歳到達日の時点で老齢基礎年金の受給権を取得していなかった人が，

65歳到達日後に受給権を取得したときは，老齢基礎年金の受給権が発生した日から1年を経過した日が66歳到達日とみなされ，5年を経過した日が70歳到達日，10年を経過した日が75歳到達日とみなされます。

＜特例的な繰下げみなし増額制度＞

令和5年4月からは，70歳到達日後または受給権取得日から5年を経過した日後に年金を請求し，しかもその請求時点において繰下げ受給を選択していない場合には，年金額の算定にあたっては，請求の5年前に繰下げ受給の申出があったものとみなされて年金が支給されます。そして，支給される年金額は，受給権発生日から年金請求日の5年前の日までの月数に応じて増額されたものとなります。

ただし，80歳到達日以後に請求をしたときまたはその請求をした日の5年前の日以前に障害・遺族年金の受給権者であったときは，この繰下げみなし増額制度は適用されません。

なお，このみなし増額制度の対象となるのは，昭和27年4月2日以後生まれの人または平成29年4月1日以後に受給権を取得した人です。

＜60歳台前半の老齢厚生年金をうけた人の場合＞

65歳になるまでに60歳台前半の老齢厚生年金をうけた人も，66歳になるまでに老齢基礎年金の支給の請求をしなかった場合，66歳以後に申出をすれば繰下げ支給の老齢基礎年金をうけられます。

＜昭和16年4月1日以前に生まれた人の旧増額率＞

昭和16年4月1日以前に生まれた人の場合，申出時の月単位の年齢ではなく，申出時の年単位の年齢によって増額率（12.0％～88.0％の5段階）が決まりました。

② 60歳台前半の老齢厚生年金

(1)60歳台前半の老齢厚生年金をうける条件

●老齢基礎年金と合わせて老齢厚生年金が支給されるのは65歳からですが，65歳になる前であっても次の要件を満たす人については，65歳になるまでの間，60歳台前半の老齢厚生年金が支給されることになっています。

(1) 男子は昭和36年4月1日以前生まれ，女子は昭和41年4月1日以前生まれであること。

(2) 厚生年金保険の被保険者期間が1年以上あり，老齢基礎年金の資格期間を満たしていること。

(3) 60歳（支給開始年齢）以上であること（女子および坑内員・船員については，支給開始年齢の特例があります）。

※女子とは——ここでの女子は，民間企業に使用される第1号厚生年金被保険者の女子に限られます。

※303頁の第1号から第4号までの複数の種別の厚生年金保険の被保険者期間がある人の場合，各実施機関から60歳台前半の老齢厚生年金が支給されます。

※(1)，(2)の要件を満たして，かつ，60歳（支給開始年齢）以上であれば，在職者か退職者か，標準報酬月額や標準賞与額の多寡に関係なく老齢厚生年金をうける権利が発生します（ただし，年金額および総報酬月額相当額に応じて，一部または全額が支給停止となる場合があります）。

			60歳	65歳
国民年金の被保険者	厚年被保険者（1年以上）	国民年金の被保険者	60歳台前半の老齢厚生年金	
←―――― 老齢基礎年金の資格期間あり ――――→				

■被保険者期間１年以上で60歳から

　旧厚生年金保険法（昭和61年３月以前）の老齢年金は，退職し被保険者資格を喪失した人には60歳から支給されていましたが，昭和60年の改正により昭和61年４月からは，老齢厚生年金は老齢基礎年金と併せて65歳から支給されることとなりました。

　ただし，男子は昭和36年４月１日以前生まれ，女子は昭和41年４月１日以前生まれで，厚生年金保険の被保険者期間が１年以上ある人が次のいずれかに該当したときは，65歳になるまでの間に限って，厚生年金保険独自の給付として，老齢厚生年金が支給されます。

(1)　老齢基礎年金の資格期間を満たした人が，60歳になったとき

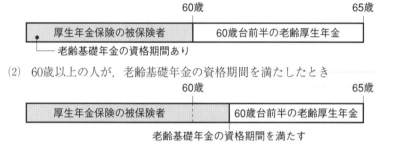

(2)　60歳以上の人が，老齢基礎年金の資格期間を満たしたとき

■女子の55歳～59歳支給開始の特例

　旧厚生年金保険法では，資格期間（厚生年金保険の被保険者期間が20年以上，または35歳以後15年以上）を満たした女子が，退職し被保険者資格を喪失していれば，55歳から老齢年金が支給されていました。

　そこで，60歳台前半の老齢厚生年金（定額部分と報酬比例部分を合わせた額の老齢厚生年金）についても，同様の資格期間を満たした女子には，55歳から支給されます。

　ただし，この55歳の支給開始年齢は，次の表のように段階的に引き上げられ，昭和15年４月２日以後に生まれた人から男子と同じ60歳になります。また，厚生年金保険の被保険者期間が20年（35歳以後15年）未満の女子については，男子と同様に支給開始が60歳となります。

生　年　月　日	支給開始年齢
昭和７年４月１日以前	55歳
昭和７年４月２日〜昭和９年４月１日	56歳
昭和９年４月２日〜昭和11年４月１日	57歳
昭和11年４月２日〜昭和13年４月１日	58歳
昭和13年４月２日〜昭和15年４月１日	59歳
（昭和15年４月２日〜昭和21年４月１日）	（60歳）

■坑内員・船員の55歳〜59歳支給開始の特例

　昭和29年４月１日以前生まれの坑内員・船員（第３種被保険者）については，第３種被保険者として実際に被保険者であった期間が15年以上ある場合は，生年月日に応じて次表のように55歳〜59歳から定額部分と報酬比例部分を合わせた額の老齢厚生年金が支給されます。

　なお，第３種被保険者として実際に被保険者であった期間が15年に満たない場合は，男子と同様の扱いになります。

生　年　月　日	支給開始年齢
昭和21年４月１日以前	55歳
昭和21年４月２日〜昭和23年４月１日	56歳
昭和23年４月２日〜昭和25年４月１日	57歳
昭和25年４月２日〜昭和27年４月１日	58歳
昭和27年４月２日〜昭和29年４月１日	59歳
（昭和29年４月２日〜昭和33年４月１日）	（60歳）

※従来，第３種被保険者としての被保険者期間が15年以上あり，かつ，厚生年金保険の被保険者期間が45年以上ある人（昭和21年４月２日以後生まれの人）について，定額部分と報酬比例部分を合わせた額の老齢厚生年金を55歳から支給するという特例がありましたが，この特例については，世代間・世代内の公平性という観点から，平成12年の改正で廃止されました。

(2)定額部分と報酬比例部分の支給開始年齢の引上げ

● 60歳台前半の老齢厚生年金は，平成12年度（女子は平成17年度）までは，定額部分と報酬比例部分を合算した額が支給されますが，平成13年度（女子は平成18年度）から，段階的に定額部分の支給開始年齢を引き上げ，報酬比例部分相当の年金に切り替えられます。

● 定額部分の支給開始年齢引上げが完了する平成25年度（女子は平成30年度）から，段階的に報酬比例部分の支給開始年齢を引き上げ，最終的には60歳台前半の老齢厚生年金は支給されなくなります。

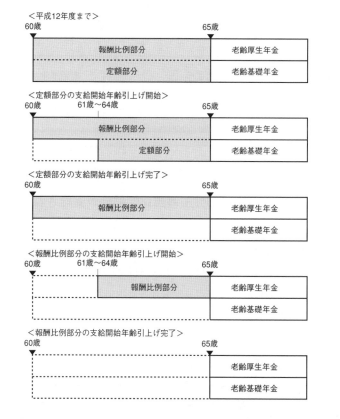

※ 定額部分＋報酬比例部分の老齢厚生年金と65歳からの老齢厚生年金には，要件を満たせば，加給年金額が加算されます。

■60歳から定額部分＋報酬比例部分が支給される人

　被保険者の種別と生年月日が次に該当する場合は，60歳から65歳になるまでの間，定額部分と報酬比例部分に加給年金額を加算した老齢厚生年金が支給されます。

(1)　男子（第1種被保険者）＝昭和16年4月1日以前生まれの場合

(2)　女子（第2種被保険者）＝昭和21年4月1日以前生まれの場合

(3)　坑内員・船員（第3種被保険者）＝昭和33年4月1日以前生まれの場合（第3種被保険者としての実加入期間が15年以上ある場合に限る）

▼60歳　　　　　　　　　　　　　　　　　　　　▼65歳

加　給　年　金　額	
報酬比例部分	老齢厚生年金
定額部分	老齢基礎年金

　なお，女子，坑内員・船員については，それぞれ55歳～59歳支給開始の特例措置が設けられています（323・324頁参照）。

■61歳～64歳から定額部分＋報酬比例部分が支給される人

　60歳台前半の老齢厚生年金は，段階的に報酬比例部分のみの老齢厚生年金に切り替えられていきます。切り替えは具体的には，次の表のとおり，定額部分の支給開始年齢を1歳ずつ引き上げていくことで行われます。

　したがって，被保険者の種別・生年月日が次に該当する場合は，①60歳から定額部分の支給開始年齢までは報酬比例部分のみの老齢厚生年金が支給されます。そして，②定額部分の支給開始年齢から65歳になるまでの間

▼60歳　　　▼61歳～64歳　　　　▼65歳

	加　給　年　金　額	
報酬比例部分		老齢厚生年金
	定額部分	老齢基礎年金

は，定額部分と報酬比例部分に加給年金額を加算した老齢厚生年金が支給
されます。65歳からは，老齢基礎年金と老齢厚生年金（および加給年金額）
が支給されます。

(1)　男子（第1種被保険者）＝昭和16年4月2日以後昭和24年4月1日以
　　前生まれの場合

(2)　女子（第2種被保険者）＝昭和21年4月2日以後昭和29年4月1日以
　　前生まれの場合

●男子（第1種被保険者）・定額部分の支給開始年齢

生　年　月　日	支給開始年齢
（昭和16年4月1日以前）	（60歳）
昭和16年4月2日〜昭和18年4月1日	61歳
昭和18年4月2日〜昭和20年4月1日	62歳
昭和20年4月2日〜昭和22年4月1日	63歳
昭和22年4月2日〜昭和24年4月1日	64歳

●女子（第2種被保険者）・定額部分の支給開始年齢

生　年　月　日	支給開始年齢
（昭和21年4月1日以前）	（60歳）
昭和21年4月2日〜昭和23年4月1日	61歳
昭和23年4月2日〜昭和25年4月1日	62歳
昭和25年4月2日〜昭和27年4月1日	63歳
昭和27年4月2日〜昭和29年4月1日	64歳

■60歳から報酬比例部分のみが支給される人

　被保険者の種別・生年月日が次に該当する場合は，60歳から65歳になる
までの間，報酬比例部分のみの老齢厚生年金が支給されます。定額部分は
支給されません。また，加給年金額も65歳未満では加算されません。65歳
からは，老齢基礎年金と老齢厚生年金（および加給年金額）が支給されま
す。

(1)　男子（第1種被保険者）＝昭和24年4月2日以後昭和28年4月1日以
　　前生まれの場合

(2) 女子（第2種被保険者）＝昭和29年4月2日以後昭和33年4月1日以前生まれの場合

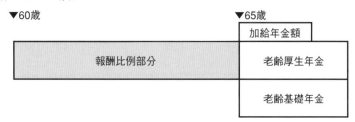

■61歳～64歳から報酬比例部分のみが支給される人

　平成12年の改正で，報酬比例部分のみの老齢厚生年金は，段階的に支給開始年齢が次頁の表のように引き上げられることになりました。

　したがって，被保険者の種別・生年月日が次に該当する場合は，①60歳から支給開始年齢までは年金は支給されません。そして，②支給開始年齢から65歳になるまでの間は，報酬比例部分のみの老齢厚生年金が支給されます。定額部分は支給されません。また，加給年金額も65歳未満では加算されません。65歳からは，老齢基礎年金と老齢厚生年金（および加給年金額）が支給されます。

(1) 男子（第1種被保険者）＝昭和28年4月2日以後昭和36年4月1日以前生まれの場合

(2) 女子（第2種被保険者），坑内員・船員（第3種被保険者）＝昭和33年4月2日以後昭和41年4月1日以前生まれの場合（坑内員・船員の場合は第3種被保険者としての実加入期間が15年以上ある場合に限る）

　なお，坑内員・船員の場合は定額部分も支給されます。

●男子（第１種被保険者）・報酬比例部分の支給開始年齢

生　年　月　日	支給開始年齢
昭和28年４月２日～昭和30年４月１日	61歳
昭和30年４月２日～昭和32年４月１日	62歳
昭和32年４月２日～昭和34年４月１日	63歳
昭和34年４月２日～昭和36年４月１日	64歳

●女子（第２種被保険者），坑内員・船員（第３種被保険者）・報酬比例部分の支給開始年齢

生　年　月　日	支給開始年齢
昭和33年４月２日～昭和35年４月１日	61歳
昭和35年４月２日～昭和37年４月１日	62歳
昭和37年４月２日～昭和39年４月１日	63歳
昭和39年４月２日～昭和41年４月１日	64歳

■障害者の年金額の特例

　60歳台前半の老齢厚生年金の受給権者のうち，報酬比例部分のみの支給をうけている人（厚生年金保険の被保険者を除く）が，３級以上の障害の状態にある場合は，本人が請求すれば請求月の翌月から，報酬比例部分・定額部分（・加給年金額）を合算した額に年金額が改定されます。

　この特例では，障害の原因となった傷病について障害厚生年金の保険料納付要件などを満たす必要はありませんが，障害厚生年金の障害認定日（404頁参照）に相当する日を経過していることが必要です。また，この特例を受けるためには本人の請求が必要ですが，平成26年４月以後の障害の状態にあると判断される日に遡って本人がその請求をしたとみなされます。

■長期加入者の年金額の特例

　60歳台前半の老齢厚生年金の受給権者のうち，厚生年金保険の被保険者期間が528ヵ月(44年)以上ある人（厚生年金保険の被保険者を除く）に支給される年金額は，報酬比例部分・定額部分（・加給年金額）を合算した額となります。

■障害者・長期加入者の特例が適用される期間

　障害者・長期加入者の年金額の特例が適用される期間は，生年月日に応じて次表のとおりです。

生　年　月　日	年金額の特例
男子：昭和16年４月２日〜昭和18年４月１日 女子：昭和21年４月２日〜昭和23年４月１日	60歳〜61歳 ※
男子：昭和18年４月２日〜昭和20年４月１日 女子：昭和23年４月２日〜昭和25年４月１日	60歳〜62歳 ※
男子：昭和20年４月２日〜昭和22年４月１日 女子：昭和25年４月２日〜昭和27年４月１日	60歳〜63歳 ※
男子：昭和22年４月２日〜昭和24年４月１日 女子：昭和27年４月２日〜昭和29年４月１日	60歳〜64歳 ※
男子：昭和24年４月２日〜昭和28年４月１日 女子：昭和29年４月２日〜昭和33年４月１日	60歳〜65歳
男子：昭和28年４月２日〜昭和30年４月１日 女子：昭和33年４月２日〜昭和35年４月１日	61歳〜65歳
男子：昭和30年４月２日〜昭和32年４月１日 女子：昭和35年４月２日〜昭和37年４月１日	62歳〜65歳
男子：昭和32年４月２日〜昭和34年４月１日 女子：昭和37年４月２日〜昭和39年４月１日	63歳〜65歳
男子：昭和34年４月２日〜昭和36年４月１日 女子：昭和39年４月２日〜昭和41年４月１日	64歳〜65歳

（注）それぞれの年齢の到達月の翌月から到達月までの間の特例該当月について適用される。

※61歳〜64歳到達月の翌月からは，特例に該当しなくても定額部分（＋加給年金額）も支給される（65歳になるまで）。

■障害者・長期加入者が在職中の場合

　障害者や長期加入者の年金額の特例に該当する人が，再就職して被保険者になると，定額部分と加給年金額が全額支給停止となり，報酬比例部分が60歳台前半の在職老齢年金（345頁参照）による支給停止の対象となります（場合に応じて一部（全額）支給停止または全額支給）。ただし，昭和16年4月2日以後昭和24年4月1日以前生まれの男子や昭和21年4月2日以後昭和29年4月1日以前生まれの女子の場合，定額部分の支給開始年齢到達後は，定額部分と報酬比例部分を合わせた額が60歳台前半の在職老齢年金（345頁参照）による支給停止の対象となります（場合に応じて一部（全額）支給停止または全額支給）。

■60歳台前半の老齢厚生年金が支給されない人

　平成12年の改正で，被保険者の種別・生年月日が次に該当する場合は，60歳台前半の老齢厚生年金は支給されないことになりました。65歳からは，老齢基礎年金と老齢厚生年金（および加給年金額）が支給されます。

(1)　男子（第1種被保険者）＝昭和36年4月2日以後生まれの場合

(2)　女子（第2種被保険者），坑内員・船員（第3種被保険者）＝昭和41年4月2日以後生まれの場合（坑内員・船員の場合は第3種被保険者としての実加入期間が15年以上ある場合に限る）

▼60歳		▼65歳
		加給年金額
		老齢厚生年金
		老齢基礎年金

⑶60歳台前半の老齢厚生年金の額

● 65歳になるまで支給される老齢厚生年金の年金額は，定額部分と報酬比例部分に加給年金額を加算した額，または報酬比例部分のみの額です。

● 令和6年度の定額部分と報酬比例部分は，次の計算式で計算されます。

<定額部分>

①定額単価1,657円×$\left(\substack{\text{生年月日に応じて}\\1.875〜1}\right)$×②被保険者期間の月数

①定額単価は，毎年度の改定率に応じて改定されます。

②生年月日に応じた上限や中高齢者の特例があります。

＊定額単価1,701円は新規裁定者の額で，既裁定者の場合は1,696円（昭和31年度生まれは1,701円）となります。

<報酬比例部分>
　次の「本来水準の計算式」と「平成12年改正前の水準の計算式」の2つの式で計算された額のうち，いずれか高い方の額が支給される従前額の保障が行われています。

本来水準の計算式
平成15年3月以前の期間の平均標準報酬月額×$\left(\substack{\text{生年月日に応じて}\\\frac{9.5}{1000}〜\frac{7.125}{1000}}\right)$×平成15年3月以前の被保険者期間の月数
＋平成15年4月以後の期間の平均標準報酬額×$\left(\substack{\text{生年月日に応じて}\\\frac{7.308}{1000}〜\frac{5.481}{1000}}\right)$×平成15年4月以後の被保険者期間の月数

平成12年改正前の水準の計算式
$\Bigl\{$平成15年3月以前の期間の平均標準報酬月額×$\left(\substack{\text{生年月日に応じて}\\\frac{10}{1000}〜\frac{7.5}{1000}}\right)$×平成15年3月以前の被保険者期間の月数
＋平成15年4月以後の期間の平均標準報酬額×$\left(\substack{\text{生年月日に応じて}\\\frac{7.692}{1000}〜\frac{5.769}{1000}}\right)$×平成15年4月以後の被保険者期間の月数$\Bigr\}$
×従前額改定率1.041

＊上記の2つの式では，平成15年3月以前の被保険者期間がないときは上段の平成15年3月以前の被保険者期間に係る式は除かれ，反対に，平成15年4月以後の被保険者期間がないときは下段の平成15年4月以後の被保険者期間に係る式は除かれます。
＊平成12年改正前の水準の計算式の従前額改定率は，昭和13年4月2日以後生まれの人については1.041，昭和13年4月1日以前生まれの人については1.043となります。

■定額部分

令和6年度の定額部分は，次の式で計算されます。

> 定額単価1,701円^{※1} × ^{生年月日に応じて}1.875〜1.000^{※2} × 被保険者期間の月数^{※3}

※1　定額単価

令和6年度の定額単価は，1,628円に新規裁定者の場合は改定率1.045を，既裁定者の場合は改定率1.042をかけて得た額の1円未満を四捨五入した額で，新規裁定者1,701円，既裁定者1,696円（昭和31年度生まれは1,701円）です。

※2　生年月日に応じて1.875〜1.000

下の表の「定額部分の乗率」のようになっています。

●定額部分の単価と報酬比例部分の乗率の経過措置

生　年　月　日	定額部分の乗率	報酬比例部分の乗率①	報酬比例部分の乗率②	報酬比例部分の乗率③	報酬比例部分の乗率④
		1000分の			
昭 2.4.1以前	1.875	9.500	10	7.308	7.692
昭 2.4.2〜昭 3.4.1	1.817	9.367	9.86	7.205	7.585
昭 3.4.2〜昭 4.4.1	1.761	9.234	9.72	7.103	7.477
昭 4.4.2〜昭 5.4.1	1.707	9.101	9.58	7.001	7.369
昭 5.4.2〜昭 6.4.1	1.654	8.968	9.44	6.898	7.262
昭 6.4.2〜昭 7.4.1	1.603	8.845	9.31	6.804	7.162
昭 7.4.2〜昭 8.4.1	1.553	8.712	9.17	6.702	7.054
昭 8.4.2〜昭 9.4.1	1.505	8.588	9.04	6.606	6.954
昭 9.4.2〜昭10.4.1	1.458	8.465	8.91	6.512	6.854
昭10.4.2〜昭11.4.1	1.413	8.351	8.79	6.424	6.762
昭11.4.2〜昭12.4.1	1.369	8.227	8.66	6.328	6.662
昭12.4.2〜昭13.4.1	1.327	8.113	8.54	6.241	6.569
昭13.4.2〜昭14.4.1	1.286	7.990	8.41	6.146	6.469
昭14.4.2〜昭15.4.1	1.246	7.876	8.29	6.058	6.377
昭15.4.2〜昭16.4.1	1.208	7.771	8.18	5.978	6.292
昭16.4.2〜昭17.4.1	1.170	7.657	8.06	5.890	6.200
昭17.4.2〜昭18.4.1	1.134	7.543	7.94	5.802	6.108
昭18.4.2〜昭19.4.1	1.099	7.439	7.83	5.722	6.023
昭19.4.2〜昭20.4.1	1.065	7.334	7.72	5.642	5.938
昭20.4.2〜昭21.4.1	1.032	7.230	7.61	5.562	5.854
昭21.4.2以後	1.000	7.125	7.5	5.481	5.769

※3　被保険者期間の月数

第3種被保険者の期間計算の特例（308頁参照）が適用される場合，適用した後の期間とその他の被保険者期間を合算します。

また，生年月日に応じて，次の表のとおり上限が設けられています。さらに，中高齢者の特例（男子40歳・女子35歳以後15年～19年加入）などによって資格期間を満たした人については，240月（20年）未満の場合は240月として計算します。

生　年　月　日	上限の月数
昭和4年4月1日以前	420月（35年）
昭和4年4月2日～昭和9年4月1日	432月（36年）
昭和9年4月2日～昭和19年4月1日	444月（37年）
昭和19年4月2日～昭和20年4月1日	456月（38年）
昭和20年4月2日～昭和21年4月1日	468月（39年）
昭和21年4月2日以後	480月（40年）

＜基礎年金相当額と経過的加算相当額＞

定額部分は，基礎年金相当額と経過的加算相当額に区分されます。

(1)　基礎年金相当額とは，昭和36年4月以後の厚生年金保険（船員保険）被保険者期間のうち，20歳以上60歳未満の被保険者期間を基礎として計算した場合の，老齢基礎年金の額をいいます。

(2)　経過的加算相当額とは，定額部分から基礎年金相当額を控除した額で，厚生年金保険（船員保険）被保険者期間のうち，昭和36年3月以前の被保険者期間，昭和36年4月以後で20歳未満または60歳以上の被保険者期間を基礎としています（389頁参照）。

■報酬比例部分

＜従前額の保障＞

平成12年の法律改正によって報酬比例部分の給付水準が一律5％引き下げられました。ただし，これには急激な年金額の下落を防ぐため，次の「本来水準の計算式」と「平成12年改正前の水準の計算式」の2つの式で計算された額のうち，前者の額よりも後者の額の方が高い場合には後者の額が支給される従前額の保障が行われています。

　なお，平成15年４月から「総報酬制」が導入されています。これに伴い，報酬比例部分は，総報酬制導入前（平成15年３月以前）の被保険者期間と，総報酬制導入後（平成15年４月以後）の被保険者期間についてそれぞれ計算し，これらを合算した額となります。

＊下記の２つの式では，平成15年３月以前の被保険者期間がないときは上段の平成15年３月以前の被保険者期間に係る式は除かれ，反対に，平成15年４月以後の被保険者期間がないときは下段の平成15年４月以後の被保険者期間に係る式は除かれます。

●本来水準の計算式

| 平成15年３月以前の期[※1]間の平均標準報酬月額 | × | 生年月日に応じて[※3]9.5～7.125/1000 | × | 平成15年３月以前の[※7]被保険者期間の月数 | + |
| 平成15年４月以後の期[※2]間の平均標準報酬額 | × | 生年月日に応じて[※4]7.308～5.481/1000 | × | 平成15年４月以後の[※7]被保険者期間の月数 | |

●平成12年改正前の水準の計算式

$\Big($ 平成15年３月以前の期[※1]間の平均標準報酬月額 × 生年月日に応じて[※5]10～7.5/1000 × 平成15年３月以前の[※7]被保険者期間の月数 +

平成15年４月以後の期[※2]間の平均標準報酬月額 × 生年月日に応じて[※6]7.692～5.769/1000 × 平成15年４月以後の[※7]被保険者期間の月数 $\Big)$

×従前額改定率1.041[※8]

※１　平成15年３月以前の期間の平均標準報酬月額

＊この平成15年３月以前の期間の平均標準報酬月額は，平成15年４月以後の期間の平均標準報酬額と異なり，賞与の額（標準賞与額）を含まない，いわば「ボーナスを含めない平均月収」となります。

⑴　平成15年３月以前の期間の平均標準報酬月額とは，被保険者期間（平成15年３月以前）の各月の標準報酬月額を平均した額をいいます。

⑵　過去の標準報酬月額を近年の賃金水準に再評価して，平均標準報酬月額を計算します。つまり，各月の標準報酬月額（10,000円未満は10,000円とする）にその月の再評価率（「本来水準の計算式」で計算する場合には339・340頁の表の「生年月日に応じた新再評価率」，「平成12年改正水準の計算式」で計算する場合には339・340頁の表の「旧再評価率」）をかけて得られた額の総額を平成15年３月以前の被保険者期間の月数で

割ったものが平均標準報酬月額となります。

＊「生年月日に応じた新再評価率」は，毎年度改定されます。

(3) 平成15年3月以前の期間の平均標準報酬月額には最低保障額が設けられています。「本来水準の計算式」で計算する場合の令和6年度の最低保障額は73,648円（昭和10年4月1日以前生まれの人は72,028円，昭和10年4月2日～昭和11年4月1日生まれの人は72,324円，昭和11年4月2日～昭和12年4月1日生まれの人は72,844円，昭和12年4月2日～昭和31年4月1日生まれの人は73,437円）となります。

＊上記の「73,648円」，「72,028円」，「72,324円」，「72,844円」，「73,437円」は，それぞれ，「70,477円」，「69,125円」，「69,409円」，「69,908円」に，令和6年度の改定率（新規裁定者1.045，既裁定者1.042，ただし昭和31年度生まれは1.045）をかけて1円未満を四捨五入した額となっています。

　　また，「平成12年改正前の水準の計算式」で計算する場合の最低保障額は，平成11年3月以前の被保険者期間があれば66,594円となります。

●昭和32年10月前の被保険者期間がある場合の平均標準報酬月額

(1) 昭和32年10月から昭和51年7月までの被保険者期間が3年以上ある場合は，昭和32年10月前の標準報酬月額は平均標準報酬月額の計算の基礎とせず，昭和32年10月以後の標準報酬月額で平均標準報酬月額を計算します。

(2) 昭和32年10月から昭和51年7月までの被保険者期間が3年に満たない場合は，昭和32年10月前を含めた昭和51年7月までの被保険者期間のうち直近の3年間の標準報酬月額で平均標準報酬月額を計算し，昭和32年10月前を含めた昭和51年7月までの被保険者期間が3年に満たない場合は，全期間の標準報酬月額で平均標準報酬月額を計算します。

(3) 昭和51年7月までの被保険者期間が3年以上あり，昭和32年10月前の被保険者期間があり，かつ昭和51年8月以後にも被保険者期間がある場合は，昭和51年7月までの標準報酬月額（再評価したもの。昭和32年10月前の標準報酬月額については上記(1)，(2)により除外する）の平均額と昭和51年8月以後の標準報酬月額（再評価したもの）の平均額を別々に計算し，この二つの平均額を加重平均したものが平均標準報酬月額となります。これを式で示すと，次のようになります。

$$平均標準報酬月額 = \frac{\left(\begin{array}{c}昭和32年10月\\から昭和51年\\7月までの標\\準報酬月額の\\平均額\end{array}\right) \times \left(\begin{array}{c}昭和51年\\7月まで\\の被保険\\者期間の\\月数\end{array}\right) + \left(\begin{array}{c}昭和51年\\8月以後\\の標準報\\酬月額の\\平均額\end{array}\right) \times \left(\begin{array}{c}昭和51年\\8月以後\\の被保険\\者期間の\\月数\end{array}\right)}{被保険者期間の月数}$$

※2　平成15年4月以後の期間の平均標準報酬額

＊この平成15年4月以後の期間の平均標準報酬額は，平成15年3月以前の期間の平均標準報酬月額と異なり，賞与の額（標準賞与額）を含めた，いわば「ボーナスを含めた平均月収」となります。

(1)　平成15年4月以後の期間の平均標準報酬額とは，被保険者期間（平成15年4月以後）の各月の標準報酬月額と標準賞与額の総額を被保険者期間（平成15年4月以後）の月数で割って得た額をいいます。

(2)　過去の標準報酬月額と標準賞与額を近年の賃金水準に再評価して，平均標準報酬額を計算します。つまり，各月の標準報酬月額と標準賞与額にその月の再評価率（「本来水準の計算式」で計算する場合には339・340頁の表の「生年月日に応じた新再評価率」，「平成12年改正前の水準の計算式」で計算する場合には340頁の表の「旧再評価率」）をかけて得られた額の総額を平成15年4月以後の被保険者期間の月数で割ったものが平均標準報酬額となります。

＊「生年月日に応じた新再評価率」は，原則，毎年度改定されます。

※3　生年月日に応じて9.5～7.125/1000

333頁の表の「報酬比例部分の乗率①」です。

※4　生年月日に応じて7.308～5.481/1000

333頁の表の「報酬比例部分の乗率③」です。

※5　生年月日に応じて10～7.5/1000

333頁の表の「報酬比例部分の乗率②」です。

※6　生年月日に応じて7.692～5.769/1000

333頁の表の「報酬比例部分の乗率④」です。

※7　被保険者期間の月数

被保険者期間の月数は，実際の被保険者期間の月数（第3種被保険者の期間計算の特例（308頁参照）が適用される場合は，適用した後の期間と

その他の被保険者期間を合算する）で計算します（定額部分のように，被保険者期間の月数の上限や中高齢者の特例はありません）。

※8　従前額改定率1.041

「平成12年改正前の水準の計算式」で計算する場合には，昭和13年4月2日以後生まれの人については1.041，昭和13年4月1日以前生まれの人については1.043の従前額改定率をかけます。

＊「本来水準の計算式」では，「生年月日に応じた新再評価率」が毎年度改定されるため，物価スライド率などの乗率はかけられません。

●第3種被保険者期間がある人の平成15年3月以前に関する計算式

年金額の計算の基礎となる被保険者期間が20年以上または中高齢者の期間短縮の特例15年〜19年以上であり，その一部が第3種被保険者（坑内員・船員）としての被保険者期間である場合，平成15年3月以前の被保険者期間に関する報酬比例部分は，次の(1)〜(3)のそれぞれの期間について平均標準報酬月額と報酬比例部分の年金額を計算し，それらを合算した額となります。

(1)　昭和61年3月以前の第3種被保険者期間（実際の被保険者期間を3分の4倍します。さらに戦時加算があります）。

(2)　昭和61年4月から平成3年3月までの第3種被保険者期間（実際の被保険者期間を5分の6倍します）。

(3)　(1)，(2)以外の被保険者期間。

なお，この場合も「本来水準の計算式」と「平成12年改正前の水準の計算式」の2つの式で計算された額のうち，いずれか高い方の額が支給されます。ただし，昭和61年3月以前の船員保険の被保険者期間については，「生年月日に応じた新再評価率」と「旧再評価率」のそれぞれについて，339・340頁の表とは別の再評価率が設けられています。

※旧公共企業体共済組合・農林共済組合の組合員であった期間については，別に再評価率が定められています。

●令和6年度の再評価率（厚生年金保険の被保険者期間）

被保険者期間	生年月日に応じた新再評価率									
	昭5.4.1以前	昭5.4.2~6.4.1	昭6.4.2~7.4.1	昭7.4.2~8.4.1	昭8.4.2~10.4.1	昭10.4.2~11.4.1	昭11.4.2~12.4.1	昭12.4.2~13.4.1	昭13.4.2~31.4.1	昭31.4.2以後
昭33. 3以前	14.563	14.711	15.025	15.102	15.102	15.165	15.273	15.400	15.414	15.459
昭33. 4~昭34. 3	14.250	14.392	14.705	14.776	14.776	14.837	14.946	15.068	15.081	15.126
昭34. 4~昭35. 4	14.052	14.192	14.497	14.572	14.572	14.634	14.738	14.858	14.874	14.918
昭35. 5~昭36. 3	11.622	11.739	11.989	12.052	12.052	12.100	12.186	12.289	12.300	12.337
昭36. 4~昭37. 3	10.746	10.853	11.084	11.142	11.142	11.188	11.271	11.360	11.373	11.407
昭37. 4~昭38. 3	9.701	9.801	10.009	10.060	10.060	10.102	10.177	10.259	10.270	10.301
昭38. 4~昭39. 3	8.910	8.994	9.195	9.239	9.239	9.277	9.345	9.421	9.429	9.457
昭39. 4~昭40. 4	8.188	8.270	8.451	8.491	8.491	8.526	8.589	8.659	8.668	8.694
昭40. 5~昭41. 3	7.166	7.237	7.395	7.431	7.431	7.461	7.515	7.579	7.584	7.606
昭41. 4~昭42. 3	6.584	6.649	6.789	6.826	6.826	6.853	6.903	6.960	6.966	6.987
昭42. 4~昭43. 3	6.403	6.470	6.611	6.645	6.645	6.670	6.719	6.772	6.777	6.797
昭43. 4~昭44.10	5.665	5.723	5.843	5.875	5.875	5.898	5.940	5.989	5.996	6.013
昭44.11~昭46.10	4.329	4.373	4.467	4.490	4.490	4.510	4.541	4.578	4.582	4.596
昭46.11~昭48.10	3.755	3.793	3.874	3.894	3.894	3.911	3.941	3.972	3.976	3.988
昭48.11~昭50. 3	2.753	2.779	2.842	2.856	2.856	2.867	2.889	2.915	2.918	2.926
昭50. 4~昭51. 7	2.347	2.370	2.424	2.435	2.435	2.445	2.465	2.481	2.483	2.490
昭51. 8~昭53. 3	1.940	1.961	2.003	2.013	2.013	2.021	2.034	2.051	2.053	2.059
昭53. 4~昭54. 3	1.783	1.802	1.840	1.851	1.851	1.859	1.872	1.887	1.888	1.894
昭54. 4~昭55. 9	1.690	1.707	1.742	1.751	1.751	1.758	1.771	1.786	1.788	1.794
昭55.10~昭57. 3	1.523	1.538	1.572	1.580	1.580	1.586	1.596	1.608	1.610	1.615
昭57. 4~昭58. 3	1.448	1.466	1.497	1.505	1.505	1.511	1.521	1.533	1.534	1.538
昭58. 4~昭59. 3	1.400	1.414	1.442	1.448	1.448	1.455	1.467	1.480	1.481	1.485
昭59. 4~昭60. 9	1.346	1.361	1.389	1.396	1.396	1.403	1.413	1.424	1.424	1.429
昭60.10~昭62. 3	1.273	1.284	1.313	1.319	1.319	1.325	1.335	1.346	1.347	1.352
昭62. 4~昭63. 3	1.241	1.254	1.280	1.286	1.286	1.291	1.300	1.311	1.313	1.317
昭63. 4~平元.11	1.210	1.221	1.249	1.255	1.255	1.260	1.269	1.279	1.280	1.284
平元.12~平 3. 3	1.138	1.148	1.173	1.178	1.178	1.183	1.192	1.202	1.203	1.206
平 3. 4~平 4. 3	1.085	1.097	1.120	1.126	1.126	1.131	1.139	1.147	1.148	1.151
平 4. 4~平 5. 3	1.054	1.064	1.087	1.093	1.093	1.098	1.107	1.115	1.116	1.119
平 5. 4~平 6. 3	1.033	1.043	1.065	1.071	1.071	1.076	1.083	1.092	1.093	1.096
平 6. 4~平 7. 3	1.025	1.025	1.045	1.051	1.051	1.055	1.062	1.071	1.071	1.075
平 7. 4~平 8. 3	1.024	1.024	1.024	1.029	1.029	1.033	1.040	1.049	1.050	1.053
平 8. 4~平 9. 3	1.020	1.020	1.020	1.015	1.015	1.020	1.028	1.036	1.037	1.040
平 9. 4~平10. 3	0.998	0.998	0.998	0.998	1.001	1.005	1.013	1.023	1.024	1.027
平10. 4~平11. 3	0.992	0.992	0.992	0.992	0.992	0.996	1.001	1.010	1.011	1.014
平11. 4~平12. 3	0.995	0.995	0.995	0.995	0.995	0.995	1.000	1.009	1.010	1.013
平12. 4~平13. 3	1.000	1.000	1.000	1.000	1.000	1.000	1.000	1.009	1.010	1.013
平13. 4~平14. 3	1.007	1.007	1.007	1.007	1.007	1.007	1.007	1.007	1.009	1.012
平14. 4~平15. 3	1.017	1.017	1.017	1.017	1.017	1.017	1.017	1.017	1.015	1.018
平15. 4~平16. 3	1.022	1.022	1.022	1.022	1.022	1.022	1.022	1.022	1.018	1.021
平16. 4~平17. 3	1.023	1.023	1.023	1.023	1.023	1.023	1.023	1.023	1.020	1.022
平17. 4~平18. 3	1.024	1.024	1.024	1.024	1.024	1.024	1.024	1.024	1.022	1.024
平18. 4~平19. 3	1.024	1.024	1.024	1.024	1.024	1.024	1.024	1.024	1.022	1.024

被保険者期間	生年月日に応じた新再評価率									
	昭5.4.1以前	昭5.4.2~6.4.1	昭6.4.2~7.4.1	昭7.4.2~8.4.1	昭8.4.2~10.4.1	昭10.4.2~11.4.1	昭11.4.2~12.4.1	昭12.4.2~13.4.1	昭13.4.2~31.4.1	昭31.4.2以後
平19. 4~平20. 3	1.022	1.022	1.022	1.022	1.022	1.022	1.022	1.022	1.018	1.021
平20. 4~平21. 3	1.003	1.003	1.003	1.003	1.003	1.003	1.003	1.003	1.001	1.004
平21. 4~平22. 3	1.016	1.016	1.016	1.016	1.016	1.016	1.016	1.016	1.014	1.017
平22. 4~平23. 3	1.023	1.023	1.023	1.023	1.023	1.023	1.023	1.023	1.020	1.022
平23. 4~平24. 3	1.025	1.025	1.025	1.025	1.025	1.025	1.025	1.025	1.023	1.025
平24. 4~平25. 3	1.026	1.026	1.026	1.026	1.026	1.026	1.026	1.026	1.024	1.027
平25. 4~平26. 3	1.028	1.028	1.028	1.028	1.028	1.028	1.028	1.028	1.026	1.029
平26. 4~平27. 3	0.998	0.998	0.998	0.998	0.998	0.998	0.998	0.998	0.996	0.999
平27. 4~平28. 3	0.993	0.993	0.993	0.993	0.993	0.993	0.993	0.993	0.991	0.994
平28. 4~平29. 3	0.996	0.996	0.996	0.996	0.996	0.996	0.996	0.996	0.994	0.997
平29. 4~平30. 3	0.992	0.992	0.992	0.992	0.992	0.992	0.992	0.992	0.990	0.993
平30. 4~平31. 3	0.983	0.983	0.983	0.983	0.983	0.983	0.983	0.983	0.981	0.984
平31. 4~令 2. 3	0.980	0.980	0.980	0.980	0.980	0.980	0.980	0.980	0.978	0.981
令 2. 4~令 3. 3	0.980	0.980	0.980	0.980	0.980	0.980	0.980	0.980	0.978	0.978
令 3. 4~令 4. 3	0.983	0.983	0.983	0.983	0.983	0.983	0.983	0.983	0.981	0.981
令 4. 4~令 5. 3	0.958	0.958	0.958	0.958	0.958	0.958	0.958	0.958	0.956	0.956
令 5. 4~令 6. 3	0.928	0.928	0.928	0.928	0.928	0.928	0.928	0.928	0.926	0.926
令 6. 4~令 7. 3	0.928	0.928	0.928	0.928	0.928	0.928	0.928	0.928	0.926	0.926

平成12年改正前の旧再評価率

被保険者期間	旧再評価率	被保険者期間	旧再評価率	被保険者期間	旧再評価率
昭33. 3以前	13.960	昭58. 4~昭59. 3	1.340	平18. 4~平19. 3	0.926
昭33. 4~昭34. 3	13.660	昭59. 4~昭60. 9	1.290	平19. 4~平20. 3	0.924
昭34. 4~昭35. 4	13.470	昭60.10~昭62. 3	1.220	平20. 4~平21. 3	0.924
昭35. 5~昭36. 3	11.140	昭62. 4~昭63. 3	1.190	平21. 4~平22. 3	0.914
昭36. 4~昭37. 3	10.300	昭63. 4~平元.11	1.160	平22. 4~平23. 3	0.927
昭37. 4~昭38. 3	9.300	平元.12~平 3. 3	1.090	平23. 4~平24. 3	0.934
昭38. 4~昭39. 3	8.540	平 3. 4~平 4. 3	1.040	平24. 4~平25. 3	0.937
昭39. 4~昭40. 4	7.850	平 4. 4~平 5. 3	1.010	平25. 4~平26. 3	0.937
昭40. 5~昭41. 3	6.870	平 5. 4~平 6. 3	0.990	平26. 4~平27. 3	0.932
昭41. 4~昭42. 3	6.310	平 6. 4~平 7. 3	0.990	平27. 4~平28. 3	0.909
昭42. 4~昭43. 3	6.140	平 7. 4~平 8. 3	0.990	平28. 4~平29. 3	0.909
昭43. 4~昭44.10	5.430	平 8. 4~平 9. 3	0.990	平29. 4~平30. 3	0.910
昭44.11~昭46.10	4.150	平 9. 4~平10. 3	0.990	平30. 4~平31. 3	0.910
昭46.11~昭48.10	3.600	平10. 4~平11. 3	0.990	平31. 4~令 2. 3	0.903
昭48.11~昭50. 3	2.640	平11. 4~平12. 3	0.990	令 2. 4~令 3. 3	0.899
昭50. 4~昭51. 7	2.250	平12. 4~平13. 3	0.917	令 3. 4~令 4. 3	0.900
昭51. 8~昭53. 3	1.860	平13. 4~平14. 3	0.917	令 4. 4~令 5. 3	0.904
昭53. 4~昭54. 3	1.710	平14. 4~平15. 3	0.917	令 5. 4~令 6. 3	0.879
昭54. 4~昭55. 9	1.620	平15. 4~平16. 3	0.917	令 6. 4~令 7. 3	0.853
昭55.10~昭57. 3	1.460	平16. 4~平17. 3	0.917		
昭57. 4~昭58. 3	1.390	平17. 4~平18. 3	0.923		

■養育期間における従前標準報酬月額みなし措置

平成17年4月から，3歳未満の子を養育する被保険者が，勤務時間を短縮して就労するなどしたため賃金が低下し，従前より低い標準報酬月額に改定された場合でも，被保険者（であった人）の申出により，改定前の標準報酬月額を平均標準報酬額の計算の基礎となる標準報酬月額とみなし，年金額が不利にならないようにする措置が導入されています（保険料の額は，改定された低い標準報酬月額に基づいて算定されます）。ただし，このみなし措置は，平成17年4月以後の標準報酬月額が対象となります。

具体的には，被保険者が3歳未満の子を養育することとなった日の属する月から，下記のいずれかに該当するようになった日の翌日の属する月の前月までの各月のうち，標準報酬月額がその子を養育するようになった日の属する月の前月（基準月）の標準報酬月額（従前標準報酬月額）を下回る月（申出日の属する月前の月については，申出日の属する月の前月までの2年間のうちにあるものに限ります）について，従前標準報酬月額を平均標準報酬額の計算の基礎となる標準報酬月額とみなします。

(1) その子が3歳に達したとき。
(2) 被保険者資格の喪失事由に該当するようになったとき。
(3) その子以外の子についてこの措置の適用をうける場合で，その子以外の子を養育するようになったとき。
(4) その子が死亡したり，その子を養育しなくなったとき。
(5) 育児休業等期間中の保険料の免除をうけはじめたとき。
(6) 産前産後休業期間中の保険料の免除をうけはじめたとき。

なお，この措置により，その子以外の子に関する基準月の標準報酬月額が標準報酬月額とみなされている場合には，その基準月の標準報酬月額が従前標準報酬月額となります。

また，3歳未満の子を養育することとなった日の属する月の前月に被保険者でない場合には，その月前1年以内の被保険者であった月のうち直近の月が基準月となります。

＊手続——事業主を経由して年金事務所に「厚生年金保険養育期間標準報酬月額特例申出書・終了届」を提出します。なお，被保険者資格を喪失

した人は，直接年金事務所に提出します。

■離婚した場合の標準報酬分割制度

　平成19年4月以後に離婚（婚姻の取り消し等の事由を含む）した夫婦について，一方が婚姻期間中に厚生年金保険の被保険者期間をもつ場合に，その一方の婚姻期間中各月の標準報酬（標準報酬月額および標準賞与額）のうち一定割合を他方に移し替えるかたちで，両方の標準報酬を改定または決定（他方の厚生年金保険の被保険者期間でなかった月について）することができます。その場合，離婚後2年以内に両方の合意または家庭裁判所の決定に基づきどちらかが請求することが必要です。

　なお，平成19年3月以前に離婚した場合には，請求できません。

　改定または決定後の標準報酬は，年金額の計算の基礎となる標準報酬として用いられます。

＜被扶養配偶者である期間の標準報酬分割制度＞

　被扶養配偶者を有する被保険者が負担した厚生年金保険の保険料は夫婦で共同して負担したものであるという観点から，平成20年4月より，もう1つ別の標準報酬分割制度が実施されています。

　離婚した夫婦の一方が厚生年金保険の被保険者（特定被保険者）であり他方が国民年金の第3号被保険者であった婚姻期間（特定期間）中の各月（平成20年4月以後に限る）について，その一方の標準報酬の2分の1を他方に移し替えるかたちで，その一方の標準報酬を改定し他方の標準報酬を決定することができます。その場合，国民年金の第3号被保険者であった他方が離婚成立後2年以内に請求することが必要です。

　なお，請求する日に特定被保険者が，特定期間の全部または一部が年金額の計算の基礎になっている障害厚生年金の受給権者である場合，国民年金の第3号被保険者であった他方が請求することはできません。

　改定後の標準報酬および決定後の標準報酬は，年金額の計算の基礎となる標準報酬として用いられます。

■受給権取得後の年金額

　60歳台前半の老齢厚生年金では，退職時改定が行われるときを除いて，

その受給権を取得した月以後の被保険者期間は年金額の計算の基礎とされないことになっています。

＜退職時改定＞

在職中の60歳台前半の老齢厚生年金の受給権者が，65歳到達前に退職などで被保険者の資格を喪失したときは，被保険者となることなく資格喪失日から起算して1ヵ月が経過した日の属する月に，資格喪失日の属する月の前月までの被保険者期間を算入して年金額が改定されます（384頁参照）。

なお，上記の「資格喪失日」は，ここでは次のとおりとなっています。

(1) 事業所または船舶に使用されなくなった日（＝退職した日）

(2) 厚生労働大臣から「任意適用事業所」でなくする等の認可があった日

(3) 常用から臨時使用になるなど，厚生年金保険の適用除外となった日

＜65歳到達時改定＞

在職中の60歳台前半の老齢厚生年金の受給権者が65歳に到達（65歳誕生日の前日）すると，到達日の属する月の翌月に，到達日の属する月の前月までの被保険者期間を算入して年金額が改定されます。

この場合，65歳以後も引き続いて就労すると，392頁の「65歳からの在職老齢年金」の規定によって年金支給額が調整されます。

■加給年金額

＜被保険者期間20年以上の人に支給＞

加給年金額は，年金額の計算の基礎となる厚生年金保険の被保険者期間が20年（中高齢者の期間短縮の特例15年〜19年に該当する人は，その年数。この頁で同じ）以上である老齢厚生年金で定額部分が合算されたものをうけられるようになったときに，受給権者が65歳未満の配偶者（大正15年4月1日以前生まれの配偶者には，年齢制限はありません），18歳到達年度の末日（3月31日）までの子，または20歳未満で1級・2級の障害の状態にある子の生計を維持していた場合に加算されます。

定額部分と報酬比例部分を合算した老齢厚生年金をうけられるようになった当時，被保険者期間が20年に満たなかったが，その後20年以上になった場合は，65歳になるまでの退職時改定時か，65歳になったときから加給年金額が加算されます。

＜令和６年度の加給年金額＞

配　　偶　　者	234,800円
１人目・２人目の子	各234,800円
３人目以降の子	各 78,300円

＊上記の「234,800円」と「78,300円」は，「224,700円」と「74,900円」に，それぞれ，新規裁定者の改定率1.045をかけて得た額の100円未満を四捨五入して算出します。

＜子の18歳到達年度まで加算＞

加給年金額の対象となる子とは，18歳到達年度の末日（３月31日）までの子，すなわち18歳に達する日以後の最初の３月31日までの間にある子です。たとえば，子の誕生日が５月の場合，加給年金額の対象となるのは18歳を迎える誕生月の５月までではなく，18歳に達した年度の終わる翌年の３月31日までとなります（この扱いは，障害基礎年金と遺族基礎年金の子の加算額や，遺族年金の支給対象となる子・孫についても同様です）。

１級・２級の障害の状態にある子については，20歳未満であれば加給年金額の対象となります。

＜昭和９年４月２日以後生まれの人の配偶者加給年金額には特別加算＞

昭和９年４月２日以後に生まれた受給権者の場合は，配偶者加給年金額に，さらに特別加算が行われます。

＜令和６年度の特別加算額＞

受給権者の生年月日	特別加算の金額	加給年金額の合計額
昭和９年４月２日〜昭和15年４月１日	34,700円	269,500円
昭和15年４月２日〜昭和16年４月１日	69,300円	304,100円
昭和16年４月２日〜昭和17年４月１日	104,000円	338,800円
昭和17年４月２日〜昭和18年４月１日	138,600円	373,400円
昭和18年４月２日以後	173,300円	408,100円

＊上記の「34,700円」，「69,300円」，「104,000円」，「138,600円」，「173,300円」は，それぞれ，「33,200円」，「66,300円」，「99,500円」，「132,600円」，「165,800円」に，新規裁定者の改定率1.045をかけて得た額の100円未満を四捨五入して算出します。

＜配偶者が65歳になるまで加算＞

配偶者が65歳になると自分の老齢基礎年金をうけられますので，配偶者加給年金額は配偶者が65歳になると打ち切られます。その後は，振替加算として配偶者自身の老齢基礎年金に加算が行われます（315頁参照）。

ただし，大正15年4月1日以前に生まれた配偶者には老齢基礎年金が支給されませんので，65歳になった後も配偶者加給年金額が加算されます。

＜配偶者加給年金額の支給停止＞

配偶者が，老齢厚生年金（年金額の計算の基礎となる厚生年金保険の被保険者期間が20年（中高齢者の期間短縮の特例15年～19年に該当する場合は，その年数）以上であるものに限る（在職による支給停止中も含む）），障害厚生年金，旧厚生年金保険法・旧船員保険法の老齢年金・障害年金，障害基礎年金，旧国民年金法の障害年金などをうけられる間は，配偶者加給年金額は支給停止となります（ただし，障害給付が全額支給停止の場合は除く）。

＜生計維持の基準＞

受給権が発生した当時，本人と生計を同一にしていた配偶者または子であって，年額850万円以上の収入が恒常的に将来にわたって得られないと認められる人は受給権者によって生計を維持していると認められます（平成6年11月8日までに受給権が発生した場合は，上記「850万円以上」は「600万円以上」となります）。

なお，障害給付，遺族給付の加給年金額・加算額も同様の基準です。

(4)60歳台前半の在職老齢年金

■賃金と年金の合計月額が一定額を超える場合に支給停止

在職中の人（厚生年金保険の被保険者）がうける①60歳台前半の老齢厚生年金と，②65歳前の経過的な繰上げ支給の老齢厚生年金（354頁参照）は，賃金（総報酬月額相当額）と年金月額との合計が一定額を超える場合に，賃金と年金月額に応じて一部または全額が支給停止となります。基本的な考え方は次のとおりで，賃金または年金の増加に応じて賃金と年金の合計収入が増加するしくみとなっています。

(1) 賃金と年金の合計月額が支給停止調整額（50万円）以下である場合は，年金は支給停止されず，全額が支給されます。

(2) 賃金と年金の合計月額が支給停止調整額を超える場合は，賃金の増加2に対して年金1が支給停止されます。

※60歳台前半の在職老齢年金のしくみは，令和4年4月からは，392頁の65歳からの在職老齢年金のしくみと同じものになっています。

なお，在職老齢年金の支給停止に当たって用いられる賃金は，次の総報酬月額相当額です。このため，標準報酬月額の改定が行われた場合のほか，賞与の支給状況によっても，在職老齢年金の額が変動することがあります。

また，支給停止調整額は名目賃金変動率を基準として，1万円単位で改定されることがあります。これにより，支給停止調整額については，平成21年度までは48万円でしたが，平成22年度は47万円に，平成23年度は46万円に，平成27年度は47万円に，平成29年度は46万円に，令和元年度は47万円に，令和5年度は48万円に，令和6年度は50万円に改定されています。

■支給停止基準額の計算方法

受給権者の総報酬月額相当額と基本月額（加給年金額を除いた老齢厚生年金の額を12で割って得た額）との合計額が支給停止調整額48万円以下である場合には，支給停止が行われず，老齢厚生年金は全額が支給されます。

合計額が支給停止調整額を超える場合には，支給停止基準額が次のように計算されます。なお，支給停止基準額が加給年金額を除いた老齢厚生年金の額未満である場合は，老齢厚生年金は支給停止基準額までが支給停止となります。また，支給停止基準額が加給年金額を除いた老齢厚生年金の額以上である場合は，加給年金額を含めて老齢厚生年金は全額が支給停止となります。

(1) 基本月額が12万円・総報酬月額相当額が40万円の場合

〔事例〕基本月額120,000円（年金額1,440,000円）／総報酬月額相当額

400,000円

- 支給停止基準額 ＝（120,000円＋400,000円－500,000円）×0.5×12
  ＝120,000円（月額10,000円）
- 支給額 ＝1,440,000円－120,000円＝1,320,000円（月額110,000円）
- 総収入（月額の概算）＝110,000円＋400,000円＝510,000円

(2) 基本月額が15万円・総報酬月額相当額が48万円の場合

〔事例〕 基本月額150,000円（年金額1,800,000円）／総報酬月額相当額
480,000円

- 支給停止基準額 ＝（150,000円＋480,000円－500,000円）×0.5×12
  ＝780,000円（月額65,000円）
- 支給額 ＝1,800,000円－780,000円＝1,020,000円（月額85,000円）
- 総収入（月額の概算）＝85,000円＋480,000円＝565,000円

(3) 基本月額が8万円・総報酬月額相当額が56万円の場合

〔事例〕 基本月額80,000円（年金額960,000円）／総報酬月額相当額
560,000円

- 支給停止基準額 ＝（80,000円＋560,000円－500,000円）×0.5×12
  ＝840,000円（月額70,000円）
- 支給額 ＝960,000円－840,000円＝120,000円（月額10,000円）
- 総収入（月額の概算）＝10,000円＋560,000円＝570,000円

(4) 基本月額が20万円・総報酬月額相当額が68万円の場合

〔事例〕 基本月額200,000円（年金額2,400,000円）／総報酬月額相当額
680,000円

- 支給停止基準額 ＝（200,000円＋680,000円－500,000円）×0.5×12
  ＝2,280,000円（月額190,000円）
- 支給額 ＝2,400,000円－2,280,000円＝120,000円（月額10,000円）
- 総収入（月額の概算）＝10,000円＋680,000円＝690,000円

※加給年金額をうけられるときはその分が加算されますが，全額支給停止
となった場合には加給年金額も全額支給停止されます。

●在職中の老齢厚生年金早見表 （加給年金なし）

上段は支給停止後の年金月額，下段は支給停止後の年金月額と総報酬月額相当額との合計額。

（単位：万円）

年金月額 ＼ 総報酬月額相当額	9.8	12.0	15.0	18.0	21.0	24.0	27.0	30.0	33.0	36.0	39.0	42.0	45.0	48.0	52.0
1.0	1.0	1.0	1.0	1.0	1.0	1.0	1.0	1.0	1.0	1.0	1.0	1.0	1.0	1.0	0.0
	10.8	13.0	16.0	19.0	22.0	25.0	28.0	31.0	34.0	37.0	40.0	43.0	46.0	49.0	52.0
2.0	2.0	2.0	2.0	2.0	2.0	2.0	2.0	2.0	2.0	2.0	2.0	2.0	2.0	2.0	0.0
	11.8	14.0	17.0	20.0	23.0	26.0	29.0	32.0	35.0	38.0	41.0	44.0	47.0	50.0	52.0
3.0	3.0	3.0	3.0	3.0	3.0	3.0	3.0	3.0	3.0	3.0	3.0	3.0	3.0	2.5	0.5
	12.8	15.0	18.0	21.0	24.0	27.0	30.0	33.0	36.0	39.0	42.0	45.0	48.0	50.5	52.5
4.0	4.0	4.0	4.0	4.0	4.0	4.0	4.0	4.0	4.0	4.0	4.0	4.0	4.0	3.0	1.0
	13.8	16.0	19.0	22.0	25.0	28.0	31.0	34.0	37.0	40.0	43.0	46.0	49.0	51.0	53.0
5.0	5.0	5.0	5.0	5.0	5.0	5.0	5.0	5.0	5.0	5.0	5.0	5.0	5.0	3.5	1.5
	14.8	17.0	20.0	23.0	26.0	29.0	32.0	35.0	38.0	41.0	44.0	47.0	50.0	51.5	53.5
6.0	6.0	6.0	6.0	6.0	6.0	6.0	6.0	6.0	6.0	6.0	6.0	6.0	5.5	4.0	2.0
	15.8	18.0	21.0	24.0	27.0	30.0	33.0	36.0	39.0	42.0	45.0	48.0	50.5	52.0	54.0
7.0	7.0	7.0	7.0	7.0	7.0	7.0	7.0	7.0	7.0	7.0	7.0	7.0	6.0	4.5	2.5
	16.8	19.0	22.0	25.0	28.0	31.0	34.0	37.0	40.0	43.0	46.0	49.0	51.0	52.5	54.5
8.0	8.0	8.0	8.0	8.0	8.0	8.0	8.0	8.0	8.0	8.0	8.0	8.0	6.5	5.0	3.0
	17.8	20.0	23.0	26.0	29.0	32.0	35.0	38.0	41.0	44.0	47.0	50.0	51.5	53.0	55.0
9.0	9.0	9.0	9.0	9.0	9.0	9.0	9.0	9.0	9.0	9.0	9.0	8.5	7.0	5.5	3.5
	18.8	21.0	24.0	27.0	30.0	33.0	36.0	39.0	42.0	45.0	48.0	50.5	52.0	53.5	55.5
10.0	10.0	10.0	10.0	10.0	10.0	10.0	10.0	10.0	10.0	10.0	10.0	9.0	7.5	6.0	4.0
	19.8	22.0	25.0	28.0	31.0	34.0	37.0	40.0	43.0	46.0	49.0	51.0	52.5	54.0	56.0
11.0	11.0	11.0	11.0	11.0	11.0	11.0	11.0	11.0	11.0	11.0	11.0	9.5	8.0	6.5	4.5
	20.8	23.0	26.0	29.0	32.0	35.0	38.0	41.0	44.0	47.0	50.0	51.5	53.0	54.5	56.5
12.0	12.0	12.0	12.0	12.0	12.0	12.0	12.0	12.0	12.0	12.0	11.5	10.0	8.5	7.0	5.0
	21.8	24.0	27.0	30.0	33.0	36.0	39.0	42.0	45.0	48.0	50.5	52.0	53.5	55.0	57.0
13.0	13.0	13.0	13.0	13.0	13.0	13.0	13.0	13.0	13.0	13.0	12.0	10.5	9.0	7.5	5.5
	22.8	25.0	28.0	31.0	34.0	37.0	40.0	43.0	46.0	49.0	51.0	52.5	54.0	55.5	57.5
14.0	14.0	14.0	14.0	14.0	14.0	14.0	14.0	14.0	14.0	14.0	12.5	11.0	9.5	8.0	6.0
	23.8	26.0	29.0	32.0	35.0	38.0	41.0	44.0	47.0	50.0	51.5	53.0	54.5	56.0	58.0
15.0	15.0	15.0	15.0	15.0	15.0	15.0	15.0	15.0	15.0	14.5	13.0	11.5	10.0	8.5	6.5
	24.8	27.0	30.0	33.0	36.0	39.0	42.0	45.0	48.0	50.5	52.0	53.5	55.0	56.5	58.5
16.0	16.0	16.0	16.0	16.0	16.0	16.0	16.0	16.0	16.0	15.0	13.5	12.0	10.5	9.0	7.0
	25.8	28.0	31.0	34.0	37.0	40.0	43.0	46.0	49.0	51.0	52.5	54.0	55.5	57.0	59.0
17.0	17.0	17.0	17.0	17.0	17.0	17.0	17.0	17.0	17.0	15.5	14.0	12.5	11.0	9.5	7.5
	26.8	29.0	32.0	35.0	38.0	41.0	44.0	47.0	50.0	51.5	53.0	54.5	56.0	57.5	59.5
18.0	18.0	18.0	18.0	18.0	18.0	18.0	18.0	18.0	17.5	16.0	14.5	13.0	11.5	10.0	8.0
	27.8	30.0	33.0	36.0	39.0	42.0	45.0	48.0	50.5	52.0	53.5	55.0	56.5	58.0	60.0
19.0	19.0	19.0	19.0	19.0	19.0	19.0	19.0	19.0	18.0	16.5	15.0	13.5	12.0	10.5	8.5
	28.8	31.0	34.0	37.0	40.0	43.0	46.0	49.0	51.0	52.5	54.0	55.5	57.0	58.5	60.5
20.0	20.0	20.0	20.0	20.0	20.0	20.0	20.0	20.0	18.5	17.0	15.5	14.0	12.5	11.0	9.0
	29.8	32.0	35.0	38.0	41.0	44.0	47.0	50.0	51.5	53.0	54.5	56.0	57.5	59.0	61.0
21.0	21.0	21.0	21.0	21.0	21.0	21.0	21.0	20.5	19.0	17.5	16.0	14.5	13.0	11.5	9.5
	30.8	33.0	36.0	39.0	42.0	45.0	48.0	50.5	52.0	53.5	55.0	56.5	58.0	59.5	61.5
22.0	22.0	22.0	22.0	22.0	22.0	22.0	22.0	21.0	19.5	18.0	16.5	15.0	13.5	12.0	10.0
	31.8	34.0	37.0	40.0	43.0	46.0	49.0	51.0	52.5	54.0	55.5	57.0	58.5	60.0	62.0
23.0	23.0	23.0	23.0	23.0	23.0	23.0	23.0	21.5	20.0	18.5	17.0	15.5	14.0	12.5	10.5
	32.8	35.0	38.0	41.0	44.0	47.0	50.0	51.5	53.0	54.5	56.0	57.5	59.0	60.5	62.5
24.0	24.0	24.0	24.0	24.0	24.0	24.0	23.5	22.0	20.5	19.0	17.5	16.0	14.5	13.0	11.0
	33.8	36.0	39.0	42.0	45.0	48.0	50.5	52.0	53.5	55.0	56.5	58.0	59.5	61.0	63.0
25.0	25.0	25.0	25.0	25.0	25.0	25.0	24.0	22.5	21.0	19.5	18.0	16.5	15.0	13.5	11.5
	34.8	37.0	40.0	43.0	46.0	49.0	51.0	52.5	54.0	55.5	57.0	58.5	60.0	61.5	63.5
26.0	26.0	26.0	26.0	26.0	26.0	26.0	24.5	23.0	21.5	20.0	18.5	17.0	15.5	14.0	12.0
	35.8	38.0	41.0	44.0	47.0	50.0	51.5	53.0	54.5	56.0	57.5	59.0	60.5	62.0	64.0
27.0	27.0	27.0	27.0	27.0	27.0	26.5	25.0	23.5	22.0	20.5	19.0	17.5	16.0	14.5	12.5
	36.8	39.0	42.0	45.0	48.0	50.5	52.0	53.5	55.0	56.5	58.0	59.5	61.0	62.5	64.5
28.0	28.0	28.0	28.0	28.0	28.0	27.0	25.5	24.0	22.5	21.0	19.5	18.0	16.5	15.0	13.0
	37.8	40.0	43.0	46.0	49.0	51.0	52.5	54.0	55.5	57.0	58.5	60.0	61.5	63.0	65.0
29.0	29.0	29.0	29.0	29.0	29.0	27.5	26.0	24.5	23.0	21.5	20.0	18.5	17.0	15.5	13.5
	38.8	41.0	44.0	47.0	50.0	51.5	53.0	54.5	56.0	57.5	59.0	60.5	62.0	63.5	65.5
30.0	30.0	30.0	30.0	30.0	29.5	28.0	26.5	25.0	23.5	22.0	20.5	19.0	17.5	16.0	14.0
	39.8	42.0	45.0	48.0	50.5	52.0	53.5	55.0	56.5	58.0	59.5	61.0	62.5	64.0	66.0

(5)繰上げ支給の老齢基礎年金との併給

老齢基礎年金は，本来は65歳から支給されますが，60歳以上であれば65歳前に支給を繰り上げることができます（国民年金任意加入者を除く）。この繰上げ支給の老齢基礎年金と60歳台前半の老齢厚生年金との関係は，次のようになっています。

■繰上げ支給の老齢基礎年金との併給ができない場合

昭和16年４月１日以前生まれの人は，国民年金の被保険者（厚生年金保険加入による第２号被保険者を含む）である間は繰上げの請求はできません。繰上げ支給をうけている人が再就職により厚生年金保険に加入（国民年金の第２号被保険者）した場合は，老齢基礎年金が全額支給停止されます（在職中の老齢厚生年金は支給）。

また，定額部分と報酬比例部分を合算した老齢厚生年金をうけている昭和16年４月１日以前生まれの人が，老齢基礎年金を繰り上げてうける場合（再就職により老齢基礎年金が全額支給停止となる場合を除く）は，定額部分と報酬比例部分を合算した老齢厚生年金は全額支給停止となります。

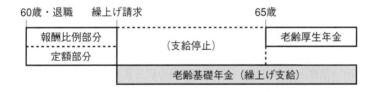

■定額部分の支給開始年齢到達前の老齢厚生年金と繰上げ支給の老齢基礎年金の併給

昭和16年４月２日〜昭和24年４月１日生まれの男子と，昭和21年４月２日〜昭和29年４月１日生まれの女子は，定額部分の支給開始年齢（327頁参照）に到達する前（60歳からの報酬比例部分のみの老齢厚生年金をうけている間）であれば，老齢基礎年金の一部または全部の支給繰上げを請求することができます。

＜一部繰上げの場合＞

　一部繰上げ支給をうける場合の老齢基礎年金の額（65歳到達前）は，次の式で計算されます。また，老齢基礎年金の一部繰上げ支給をうけた場合の60歳台前半の老齢厚生年金では，報酬比例部分の全額が支給され，次の式で計算される繰上げ調整額（一部繰上げ支給の老齢基礎年金の受給権が発生した後に，退職時改定により報酬比例部分の額の計算の基礎となる被保険者期間の月数が増えた場合には，定額部分の支給開始年齢（327頁参照）到達後，繰上げ調整額に，その増加分の月数に応じた加算が行われる）が加算されます。加給年金額は，定額部分の支給開始年齢に到達した月の翌月から加算されます。なお，厚生年金保険の被保険者である場合は，一部繰上げ支給の老齢基礎年金は支給停止の対象とされず，報酬比例部分と繰上げ調整額との合計額について60歳台前半の在職老齢年金（345頁参照）による支給調整が行われます。そして，その全額が支給停止となったときは，加給年金額も全額支給停止となります。

一部繰上げ支給の老齢基礎年金の額（65歳到達前）　＝　老齢基礎年金の額（312頁参照）$\times \dfrac{①}{②} \times (1 - 0.5\% \times ②)$

繰上げ調整額　＝　定額部分　$\times \left(1 - \dfrac{①}{②}\right)$

65歳以後の加算額　＝　老齢基礎年金の額（312頁参照）　$\times \left(1 - \dfrac{①}{②}\right)$

　①＝一部繰上げ請求月から定額部分の支給開始年齢到達月の前月までの月数

　②＝一部繰上げ請求月から65歳到達月の前月までの月数

＊0.5％の減額率は，昭和37年4月1日以前生まれの人の場合の減額率です。

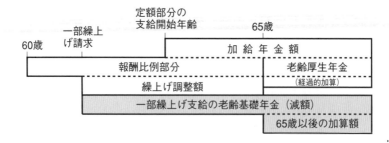

一部繰上げ支給をうけている人が65歳に到達した月の翌月からは，一部繰上げ支給の老齢基礎年金の額（65歳到達前）に上の式で計算される65歳以後の加算額が加算されます。

＜全部繰上げの場合＞

全部繰上げ支給をうける場合の老齢基礎年金の額は，318・319頁の減額率により減額されます。また，老齢基礎年金の全部繰上げ支給をうける場合の老齢厚生年金では，報酬比例部分の全額が支給されます。

定額部分の支給開始年齢（327頁参照）に到達すると，加給年金額が加算されますが，定額部分については，基礎年金相当額が支給停止され，経過的加算相当額のみが支給されます。

なお，厚生年金保険の被保険者である場合は，全部繰上げ支給の老齢基礎年金は支給停止の対象とされず，定額部分の支給開始年齢到達前であれば報酬比例部分について，定額部分の支給開始年齢到達後であれば報酬比例部分と定額部分のうちの経過的加算相当額との合計額について，60歳台前半の在職老齢年金（345頁参照）による支給調整が行われます。そして，その全額が支給停止となったときは，加給年金額も全額支給停止となります。

65歳に到達しても，全部繰上げ支給の老齢基礎年金の額に変更はありません。また，老齢厚生年金（報酬比例の年金額＋経過的加算額＋加給年金額）は，減額されずに全額支給されます。

※基礎年金相当額とは，昭和36年4月以後の厚生年金保険（船員保険）の被保険者期間のうち，20歳以上60歳未満の被保険者期間を基礎として計算した場合の，老齢基礎年金の額をさします。経過的加算相当額とは，昭和36年3月以前などそれ以外の被保険者期間を基礎として計算された部分（定額部分から基礎年金相当額を控除した額）をさします（334頁および390頁参照）。

■定額部分＋報酬比例部分の老齢厚生年金と繰上げ支給の老齢基礎年金の併給

次のいずれかに該当することにより，定額部分と報酬比例部分を合算した老齢厚生年金をうけている人は，老齢基礎年金の支給繰上げを請求する

ことができます。

(1) 昭和16年４月２日〜昭和24年４月１日生まれの男子と，昭和21年４月
２日〜昭和29年４月１日生まれの女子で，定額部分の支給開始年齢（327
頁参照）に到達している

(2) 昭和16年４月２日〜昭和21年４月１日生まれの女子

(3) 第３種被保険者（坑内員・船員）としての実加入期間が15年以上ある
（326頁および328頁参照）

　このとき，老齢基礎年金の額は，318・319頁の減額率により減額されま
す。また，老齢厚生年金の定額部分のうち基礎年金相当額が支給停止され，
定額部分のうちの経過的加算相当額と報酬比例部分の合計額に加給年金額
を加算した額が支給されます。

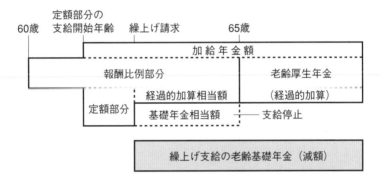

＜再就職をした場合の支給停止＞

　これらの人が繰上げ支給の老齢基礎年金をうけ始めた後で，65歳になる
前に再就職し厚生年金保険の被保険者となった場合は，繰上げ支給の老齢
基礎年金は支給停止の対象とされず，報酬比例部分と定額部分のうちの経
過的加算相当額との合計額について60歳台前半の在職老齢年金（345頁参
照）による支給調整が行われます。そして，その全額が支給停止となった
ときは，加給年金額も全額支給停止となります。

＜障害者・長期加入者の年金額の特例をうけている場合＞

　障害者または長期加入者の特例により，定額部分の支給開始年齢到達前
に報酬比例部分と定額部分（および加給年金額）を合わせた額の老齢厚生
年金をうける場合（329頁参照）は，上記と同じしくみで，繰上げ支給の

老齢基礎年金もあわせてうけることができます。ただし，厚生年金保険の被保険者である場合は，繰上げ支給の老齢基礎年金は支給停止の対象とされず，定額部分と加給年金額が全額支給停止となり，報酬比例部分のみについて60歳台前半の在職老齢年金（345頁参照）による支給調整が行われます。ただし，平成28年10月および平成29年4月からの適用拡大により厚生年金保険の被保険者となる短時間労働者は，適用拡大となる前から引き続き短時間労働者として同一の事業所に勤務している場合には，障害者・長期加入者の特例による老齢厚生年金を受けていても，その被保険者資格を喪失するまで定額部分と加給年金額は支給停止の対象になりません。

■報酬比例部分のみの老齢厚生年金と繰上げ支給の老齢基礎年金の併給

昭和24年4月2日以後昭和28年4月1日以前生まれの男子と，昭和29年4月2日以後昭和33年4月1日以前生まれの女子で，報酬比例部分のみの老齢厚生年金をうける場合は，繰上げ支給の老齢基礎年金もあわせてうけることができます。

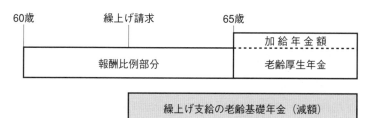

このとき，老齢基礎年金の額は，318・319頁の減額率により減額されます。

なお，厚生年金保険の被保険者である場合は，繰上げ支給の老齢基礎年金は支給停止の対象とされず，報酬比例部分について60歳台前半の在職老齢年金（345頁参照）による支給調整が行われます。

(6)繰上げ支給の老齢厚生年金と老齢基礎年金

■経過的な繰上げ支給の老齢厚生年金

<60歳台前半の老齢厚生年金の支給開始年齢が61歳〜64歳である人>

　昭和28年4月2日以後昭和36年4月1日以前生まれの男子と，昭和33年4月2日以後昭和41年4月1日以前生まれの女子は，329頁の支給開始年齢から60歳台前半の老齢厚生年金が支給されることになっていますが，60歳からその支給開始年齢到達までの間に，65歳からの老齢厚生年金の支給繰上げを請求することができます。この場合，老齢基礎年金の全部の支給繰上げも同時に請求しなければなりません。

　繰上げ支給をうける場合の老齢厚生年金の額は，本来の年金額（報酬比例の年金額（＋経過的加算額））から，次の(1)の式で計算される額と(2)の式で計算される額を合算した額を減じた額となります（(2)の式を合算するのは経過的加算額（389頁参照）がある場合だけです）。

(1)	報酬比例の年金額（繰上げ請求月の前月までの期間にもとづいて計算）	× 0.4% ×	繰上げ請求月から60歳台前半の老齢厚生年金の支給開始年齢到達月の前月までの月数
(2)	経過的加算額（繰上げ請求月の前月までの期間にもとづいて計算）	× 0.4% ×	繰上げ請求月から65歳到達月の前月までの月数

＊0.4％の減額率は，昭和37年4月1日以前生まれの人の場合は0.5％となります。

　全部繰上げ支給をうける場合の老齢基礎年金の額は，318・319頁の減額率により減額されます。

　加給年金額は，65歳に到達した月の翌月から加算されます。

　厚生年金保険の被保険者である場合は，繰上げ支給の老齢厚生年金に対して年金額の調整（65歳到達前は345頁の方法で，65歳到達後は392頁の方法で）が行われます。また，雇用保険との調整（358頁参照）も行われます。

＜繰上げ請求時に障害者・長期加入者の特例に該当する人＞

　①昭和28年4月2日以後昭和36年4月1日以前生まれの男子または昭和33年4月2日以後昭和41年4月1日以前生まれの女子で，繰上げ請求時に厚生年金保険の被保険者でなく障害者・長期加入者の年金額の特例に該当する人，②昭和33年4月2日以後昭和41年4月1日以前生まれで第3種被保険者（坑内員・船員）としての実加入期間が15年以上ある人が，65歳からの老齢厚生年金の支給繰上げを請求する場合，老齢厚生年金の額は下記のように計算され，老齢基礎年金の一部の支給繰上げも同時に請求します。

　繰上げ支給をうける場合の老齢厚生年金の額は，本来の年金額（報酬比例の年金額（＋経過的加算額））から，次の(1)の式で計算される額と(2)の式で計算される額と(3)の式で計算される額を合算した額を減じた額に，繰上げ調整額（繰上げ請求月の翌月以後の厚生年金保険の被保険者期間がある場合には，60歳台前半の老齢厚生年金の支給開始年齢（329頁参照）到達後，繰上げ調整額に，繰上げ請求月の翌月以後の被保険者期間の月数に応じた加算が行われる）を加算した額となります（(2)，(3)の式を合算するのは経過的加算額（389頁参照）がある場合だけです）。なお，65歳到達月後は，本来の年金額から，(1)の式で計算される額と(3)の式で計算される額を合算した額を減じた額となります。

(1)	報酬比例の年金額（繰上げ請求月の前月までの期間にもとづいて計算） × 0.4% × 繰上げ請求月から60歳台前半の老齢厚生年金の支給開始年齢到達月の前月までの月数
(2)	経過的加算額（繰上げ請求月の前月までの期間にもとづいて計算） × $\dfrac{60歳台前半の老齢厚生年金の支給開始年齢到達月から65歳到達月の前月までの月数}{繰上げ請求月から65歳到達月の前月までの月数}$
(3)	経過的加算額（繰上げ請求月の前月までの期間にもとづいて計算） × $\dfrac{繰上げ請求月から60歳台前半の老齢厚生年金の支給開始年齢到達月の前月までの月数}{繰上げ請求月から65歳到達月の前月までの月数}$ × 0.4% × 繰上げ請求月から65歳到達月の前月までの月数

＊0.4%の減額率は，昭和37年4月1日以前生まれの人の場合は0.5%となります。

355

$$\begin{array}{c} \text{繰上げ} \\ \text{調整額} \end{array} = \begin{array}{c} \text{定額} \\ \text{部分} \end{array} \times \left(1 - \dfrac{\text{繰上げ請求月から60歳台前半の老齢厚生年金の支給開始年齢到達月の前月までの月数}}{\text{繰上げ請求月から65歳到達月の前月までの月数}} \right)$$

　一部繰上げ支給をうける場合の老齢基礎年金の額（65歳到達前）は，次の式で計算される額となります。

$$\begin{array}{c} \text{一部繰上げ支} \\ \text{給の老齢基礎} \\ \text{年金の額（65} \\ \text{歳到達前）} \end{array} = \begin{array}{c} \text{老齢基礎年金の} \\ \text{額（312頁参照）} \end{array} \times \dfrac{\text{繰上げ請求月から60歳台前半の老齢厚生年金の支給開始年齢到達月の前月までの月数}}{\begin{array}{c}\text{繰上げ請求月から65歳到}\\\text{達月の前月までの月数}\end{array}}$$

$$\times \left(1 - 0.4\% \times \begin{array}{c} \text{繰上げ請求月から65歳到} \\ \text{達月の前月までの月数} \end{array} \right)$$

＊0.4％の減額率は，昭和37年4月1日以前生まれの人の場合は0.5％となります。

　老齢基礎年金の一部繰上げ支給をうけている人が65歳に到達した月の翌月からは，繰上げ調整額の加算が行われなくなり，代わって一部繰上げ支給の老齢基礎年金の額（65歳到達前）に次の式で計算される65歳以後の加算額が加算されます。

$$\begin{array}{c} \text{65歳以後} \\ \text{の加算額} \end{array} = \begin{array}{c} \text{老齢基礎年金の} \\ \text{額（312頁参照）} \end{array} \times \left(1 - \dfrac{\text{繰上げ請求月から60歳台前半の老齢厚生年金の支給開始年齢到達月の前月までの月数}}{\begin{array}{c}\text{繰上げ請求月から65歳到}\\\text{達月の前月までの月数}\end{array}} \right)$$

　加給年金額は，65歳に到達した月の翌月から加算されます。

　厚生年金保険の被保険者である場合は，繰上げ支給の老齢厚生年金に対して年金額の調整（65歳到達前は345頁の方法で，65歳到達後は392頁の方法で）が行われます。また，雇用保険との調整（358頁参照）も行われます。

　平成28年10月および平成29年4月からの適用拡大により厚生年金保険の被保険者となる短時間労働者は，適用拡大となる前から引き続き短時間労

働者として同一の事業所に勤務している場合には，繰上げ調整額が加算された繰上げ支給の老齢厚生年金を受けていても，その被保険者資格を喪失するまで繰上げ調整額は支給停止の対象になりません。

■繰上げ支給の老齢厚生年金

昭和36年4月2日以後生まれの男子と，昭和41年4月2日以後生まれの女子および坑内員・船員は，60歳台前半の老齢厚生年金は支給されないことになっています（331頁参照）が，60歳以上65歳未満の間に，65歳からの老齢厚生年金の支給繰上げを請求することができます。この場合，老齢基礎年金の支給繰上げも同時に請求しなければなりません。

繰上げ支給をうける場合の老齢厚生年金の額は，本来の年金額（報酬比例の年金額（＋経過的加算額））から，次の式で計算される額を減じた額となります。

（報酬比例の年金額（＋経過的加算額）） （繰上げ請求月の前月までの期間にもとづいて計算）	× 0.4％ ×	繰上げ請求月から65歳到達月の前月までの月数

＊0.4％の減額率は，昭和37年4月1日以前生まれの人の場合は0.5％となります。

繰上げ支給をうける場合の老齢基礎年金の額は，318・319頁の減額率により減額されます。

加給年金額は，65歳に到達した月の翌月から加算されます。

厚生年金保険の被保険者である場合は，繰上げ支給の老齢厚生年金に対して年金額の調整(392頁参照)が行われます。また，雇用保険との調整(358頁参照) も行われます。

(7)雇用保険の給付との調整

65歳前に老齢厚生年金をうける人が，①雇用保険の基本手当（求職者給付）を受給する場合，②在職中で雇用保険の高年齢雇用継続給付を受給する場合は，老齢厚生年金と雇用保険の給付との間で調整が行われます。また，船員保険の①失業保険金と②高齢雇用継続給付についても，同様の調整が行われます。

■基本手当受給中は老齢厚生年金を支給停止

退職して65歳前に老齢厚生年金をうけている人が，雇用保険から基本手当を支給される場合は，基本手当が優先し，65歳前にうける老齢厚生年金は，次のようなしくみで支給停止となります。

(1)　失業の認定をうけるために公共職業安定所に求職の申込みを行った月の翌月から，その申込みによる基本手当の受給期間または所定給付日数が経過した日の属する月までの間，老齢厚生年金は全額支給停止となります（支給停止月）。

　　ただし，基本手当が1日も支給されない月があった場合は，その月については老齢厚生年金が支給されます。

(2)　基本手当の受給期間または所定給付日数が経過した時点で，次の式により支給停止解除月数を計算します。解除月数が1ヵ月以上の場合は，その月数分の支給停止が解除され，直近の支給停止月分から順次さかのぼって老齢厚生年金が支給されます。

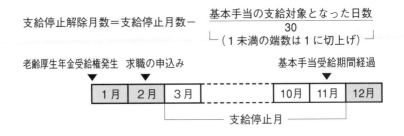

■高年齢雇用継続給付との調整

　雇用保険の高年齢雇用継続給付制度は，60歳到達時の賃金額または基本手当の基礎となった賃金額をかなり下回る賃金額で就労している60歳以上65歳未満の人に対して，賃金額に15％（令和7年度からは10％）を乗じた額を限度とした給付（高年齢雇用継続基本給付金または高年齢再就職給付金）を行うものです。この高年齢雇用継続給付の受給者についても，65歳前にうける老齢厚生年金について一定の調整が行われます。

＜標準報酬月額の約6％を限度に年金を支給停止＞

　65歳前に老齢厚生年金をうけている厚生年金保険の被保険者が，雇用保険の高年齢雇用継続給付もうけられる場合は，高年齢雇用継続給付は全額うけられますが，次のしくみで老齢厚生年金が支給停止されます。

(1)　在職老齢年金のしくみで，老齢厚生年金が支給停止されます。

(2)　さらに，次の式で計算した額（調整額）が，高年齢雇用継続給付との調整として支給停止されます。なお，以下のみなし賃金月額とは，原則として，60歳到達時までの6ヵ月間に支払われた賃金の総額を180で除して得た額（賃金日額）または基本手当の基礎となった賃金日額に30を乗じて得た額をさしています。

①　標準報酬月額がみなし賃金月額の61％未満であるとき

標準報酬月額×6/100〔令和7年度からは4/100〕

②　標準報酬月額がみなし賃金月額の61％以上であるとき

標準報酬月額×次頁早見表の年金停止率

③　標準報酬月額と①または②の額に15/6（令和7年度からは10/4）をかけた額との合計額が支給限度額370,452円（令和5年8月から）を超えるとき

（支給限度額−標準報酬月額）×6/15〔令和7年度からは4/10〕

　①〜③の調整額はいずれも月額ですが，実際の調整額は，在職老齢年金の場合と同様に年額で計算します。したがって，①〜③の調整額に12を乗じて調整額の年額を算出したうえで，年金の支給額を算出することになります。

　在職老齢年金による支給停止額と①〜③の調整額により，加給年金額

を除いた部分の全額が支給停止となった場合は，加給年金額を含めて老齢厚生年金の全額が支給停止となります。

なお，その月の賃金額がみなし賃金月額の75％以上または支給限度額以上のときは，高年齢雇用継続給付が支給されませんので，老齢厚生年金との調整は行われません。

高年齢雇用継続給付の支給率および年金停止率の早見表(参考)

(平成15年5月から) (%)

賃金割合	雇用 支給率	年金 停止率	賃金割合	雇用 支給率	年金 停止率	賃金割合	雇用 支給率	年金 停止率	賃金割合	雇用 支給率	年金 停止率
75以上	0.00	0.00	71.00	3.68	1.47	67.50	7.26	2.90	64.00	11.23	4.49
74.50	0.44	0.18	70.50	4.17	1.67	67.00	7.80	3.12	63.50	11.84	4.73
74.00	0.88	0.35	70.00	4.67	1.87	66.50	8.35	3.34	63.00	12.45	4.98
73.50	1.33	0.53	69.50	5.17	2.07	66.00	8.91	3.56	62.50	13.07	5.23
73.00	1.79	0.72	69.00	5.68	2.27	65.50	9.48	3.79	62.00	13.70	5.48
72.50	2.25	0.90	68.50	6.20	2.48	65.00	10.05	4.02	61.50	14.35	5.74
72.00	2.72	1.09	68.00	6.73	2.69	64.50	10.64	4.26	61以下	15.00	6.00
71.50	3.20	1.28									

■必要な手続

65歳前に老齢厚生年金の受給権を取得した人が年金の請求を行う場合は，年金請求書に雇用保険被保険者証の被保険者番号を記入のうえ，雇用保険被保険者証等を添付します。

請求時雇用保険の被保険者番号を届け出た場合，平成25年10月からは従前の「老齢厚生・退職共済年金受給権者支給停止事由該当届」は原則不要となっています。

年金をうけはじめた後に初めて雇用保険に加入し，その後に求職の申込みをしたときや，高年齢雇用継続給付をうけられるようになったときなどは，そのときに雇用保険被保険者番号の届出が必要になります。

実施機関等
受付年月日

様式第583号

共済通用表示

老齢厚生・退職共済年金受給権者 支給停止事由該当届

（雇用保険法または船員保険法の失業等給付の申込みをされたとき，もしくは高年齢雇用継続給付等を受けられるようになったときの届）

※この届出には、以下の書類（両面をコピーしたもの）を添付してください。
　④で1を○印で囲んだ場合
　「雇用保険受給資格者証」、「雇用保険受給資格通知」または「船員失業証明書」
　④で2または3を○印で囲んだ場合
　「高年齢雇用継続給付支給決定通知書」(注)または「高齢雇用継続給付支給決定通知書」
　(注)「高年齢雇用継続給付受給資格確認通知書」では代用できません。

＊基礎年金番号（１０桁）で届出する場合は左詰めでご記入ください。

① 個人番号(または基礎年金番号)	2 1 3 2 3 4 5 6 7 8
① 年金コード	1 1 5 0

② 生年月日	昭　和	3 7 年 0 4 月 2 0 日

③ 雇用保険被保険者番号	1 4 4 1 2 3 4 5 6 7 0

④ 求職の申込みをされた場合や、受けられるようになった雇用保険等の給付 （該当する番号を○で囲んでください）	①．基本手当（船員保険法にあっては失業保険金）等 　添付書類「雇用保険受給資格者証」等 ２．高年齢雇用継続基本給付金 　（船員保険法にあっては高齢雇用継続基本給付金） ３．高年齢再就職給付金 　（船員保険法にあっては高齢再就職給付金） 　2,3,の添付書類「高年齢雇用継続給付支給決定通知書」等

⑤ ④の1に○を付けられた方は、求職の申込みを行った年月日　※平成25年10月以後の場合は記入不要です。	平成	年　月　日
⑥ ④の2または3に○を付けられた方は、その給付の対象となり始めた年月　※平成25年10月以後の場合は記入不要です。	平成	年　月

郵便番号 179-0074　　　令和 6 年 4 月 26 日 提出

住　所　練馬区春日町○－○－○
（フリガナ）タカギ　レイコ
氏　名　高木　麗子

電話番号　（　03　）－（○○○○）－（○○○○）

※下欄は日本年金機構で使用しますので、記入しないでください。

※ 支給停止 51	支給停止年月日			事由	事由	※　調　整　額　５７
	年	月	日	3 1 3 2 3 3		＋・－

(8)年金請求の手続

■年金請求書を年金事務所へ提出

　60歳台前半の老齢厚生年金をうけられるようになったときは，「年金請求書（国民年金・厚生年金保険老齢給付）」を年金事務所または街角の年金相談センターに提出します。

＜年金請求書の事前送付＞

　年金請求の手続きでは，年金事務所に出向き未記入の年金請求書をうけとることが必要です。ただし，日本年金機構が管理している年金加入記録で老齢基礎年金の資格期間（304頁参照）を満たしていることが確認できる人については，年金の支給開始年齢直前になると，基本的な事項がすでに印字された年金請求書（事前送付用）が日本年金機構から郵送されてきます（年金請求書の事前送付）。

⑴　60歳台前半の老齢厚生年金の受給権が発生する人には，支給開始年齢に到達する３ヵ月前に，基礎年金番号・氏名・生年月日・性別・住所・年金加入記録（⑵で「年金加入記録等」といいます）をあらかじめ印字した「年金請求書（国民年金・厚生年金保険老齢給付）」が，日本年金機構から郵送されてきます。

⑵　支給開始年齢になって資格期間は満たしているけれども，厚生年金保険の被保険者期間が１年未満であるため65歳から老齢基礎年金・老齢厚生年金の受給権が発生する人には，受給資格がある旨と60歳台前半の老齢厚生年金の受給権※について記載した「年金に関するお知らせ」（はがき）が，日本年金機構から郵送されてきます。

　　※「お知らせ」には，現時点では厚生年金保険の被保険者期間が１年未満ですが，１年以上になると60歳台前半の老齢厚生年金が請求できるということが記載されています。

　　　その後65歳に到達する３ヵ月前に，年金加入記録等をあらかじめ印字した「年金請求書（国民年金・厚生年金保険老齢給付）」が，日本年金機構から郵送されます。

⑶　日本年金機構が基礎年金番号で管理している年金加入記録のみでは，

老齢基礎年金の受給資格（期間要件）を確認できない人については，合算対象期間（カラ期間）などを合わせると受給資格を満たしている可能性があるため，60歳に到達する3ヵ月前に，年金加入期間の確認の必要性を案内する「年金に関するお知らせ」（はがき）が，日本年金機構から郵送されてきます。

＊事前送付用の年金請求書は，303頁の第1号から第4号までの複数の種別の厚生年金保険の被保険者期間がある人に対しては，現在加入している実施機関（日本年金機構または各共済組合等）または最後に加入していた実施機関から郵送されてきます。

■請求書に添付する書類等

＜すべての人が添えなければならない書類＞

①基礎年金番号通知書（年金手帳）または被保険者証

②生年月日についての市区町村長の証明書（戸籍抄本など。年金請求書に個人番号（マイナンバー）を記入することで省略できる）

③雇用保険被保険者証など雇用保険被保険者番号を明らかにできる書類（雇用保険被保険者証の交付をうけていない人はその事由書）

④受取先金融機関等の本人名義の預金（貯金）通帳，キャッシュカード（コピー可）など（年金請求書に金融機関の証明を受けた場合は不要）

＜配偶者または子がいるときに添えなければならない書類＞

①配偶者・子の生年月日，請求者との関係を明らかにできる市区町村長の証明書（戸籍謄本など。年金請求書にマイナンバーを記入することで省略できる）

②障害の状態にある子については医師・歯科医師の診断書等

※配偶者には，婚姻の届出はしていなくても事実上婚姻関係と同様の事情にある人を含みます。子とは，18歳到達年度の末日までの間にある子などをいいます。

＜記入内容によって添えなければならない主な書類＞

①請求者・配偶者が公的年金等をうけている場合／年金証書，恩給証書等の写し

②国民年金に任意加入しなかった期間で，配偶者の被用者年金の加入期間

等（昭和61年３月以前）や請求者の海外在住期間等がある場合／それら
を証する書類

③請求者によって配偶者・子の生計を維持していることが確認できる書類

■「年金に関するお知らせ」の送付

平成25年度から，60歳台前半の老齢厚生年金の支給開始年齢の61歳以後
への引上げが開始されています。これに伴って，昭和28年４月２日以後に
生まれた男子から，老齢基礎年金の受給資格期間を満たし，60歳台前半の
老齢厚生年金が支給されることになる人に対して，60歳到達の３ヵ月前に
「年金に関するお知らせ（老齢年金のご案内）」が送付されることになり
ます。

年金請求書の提出先について

この年金請求書は、提出先をご確認のうえ、郵送または窓口へご持参ください(添付書類が揃っていることをご確認ください)。
＊詳細は同封の「老齢年金請求書のご提出について」をご確認ください。
＊窓口での手続きには、予約相談をご利用ください。お申し込みは「ねんきんダイヤル」へ！

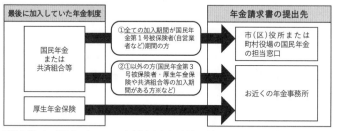

※共済組合等の加入期間がある方についても、年金事務所に年金請求書(日本年金機構より送付したもの)を提出することで、
　共済組合等に加入していた期間の年金を請求することが可能です。

● 年金事務所の受付は、全国どこの年金事務所および街角の年金相談センターでも承っております。

＊国民年金第１号被保険者とは、日本国内に住所のある20歳以上60歳未満の自営業者・農業者とその家族、学生、
無職の方です。
＊国民年金第３号被保険者とは、厚生年金保険の被保険者(民間会社員等)や共済組合の組合員(公務員等)に扶養
されている20歳以上60歳未満の配偶者(年収が130万円未満の方)です。

「公金受取口座」について(年金受取口座として公金受取口座を利用する場合)

○公金受取口座登録制度とは
　● 公金受取口座登録制度とは、国民の皆さまが金融機関にお持ちの預貯金口座について、一人一口
　　座、給付金等の受取のための口座として、国(デジタル庁)に任意で登録していただく制度です。
　● 公金口座の登録、登録状況の確認や登録口座の変更、登録の抹消を行う場合は、マイナポータル
　　からお手続きください。
　　詳しくは、デジタル庁ホームページの公金受取口座に関するページをご確認ください。

○年金受取口座として公金受取口座を利用する場合の注意点
　● 公金受取口座の登録口座を変更しても、年金の受取口座は変更されません。
　● 年金の受取口座を変更する場合には、公金受取口座の変更手続きとは別に「年金受給権者受取機
　　関変更届」の提出が必要です。
　● また、公金受取口座での年金受取をやめ、別の口座を年金受取口座として指定する場合も「年金
　　受給権者受取機関変更届」の提出が必要です。

19

365

【送付実施機関：日本年金機構】

年金請求書（国民年金・厚生年金保険老齢給付）

- この年金請求書には、日本年金機構でお預かりしている情報をあらかじめ印字しています。
  印字内容が異なっている場合は、二重線を引いて訂正してください。
  （訂正した箇所については別途手続きが必要ですので、年金事務所等にご連絡ください）
- 記入する箇所は ▢ の部分です。（（注） ▢ は金融機関で証明を受ける場合に使用する欄です。）
- 黒インクのボールペンでご記入ください。鉛筆や、摩擦に伴う温度変化等により消去するインクを用いたペンまたはボールペンは、使用しないでください。
- 代理人の方が提出する場合は、ご本人（年金を受ける方）が12ページにある委任状をご記入ください。

受付登録コード
1 7 1 1

入力処理コード
4 3 0 0 0 1

シール貼付不要

⑧

市区町村　受付年月日

実施機関等　受付年月日

1. ご本人（年金を受ける方）の印字内容を確認のうえ、太枠内をご記入ください。

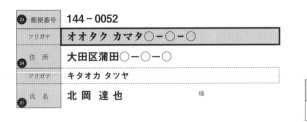

㉓ 郵便番号	144 - 0052
フリガナ	オオタク カマタ○−○−○
㉔ 住　所	大田区蒲田○−○−○
フリガナ	キタオカ タツヤ
㉑ 氏　名	北岡 達也　　様

性別
男

氏名欄	北岡 達也	社会保険労務士の提出代行者欄

❶ 基礎年金番号	2110 − 654321	❷ 生年月日	昭和35年 4月20日
個人番号（マイナンバー）	1 2 3 4 5 6 7 8 9 0 1 2	電話番号	03 −○○○○−○○○○

※個人番号（マイナンバー）については、13ページをご確認ください。共済組合等の加入期間がある場合は必ず個人番号（マイナンバー）をご記入ください。

2. 年金の受取口座をご記入ください。　貯蓄預金口座または貯蓄貯金口座への振込みはできません。

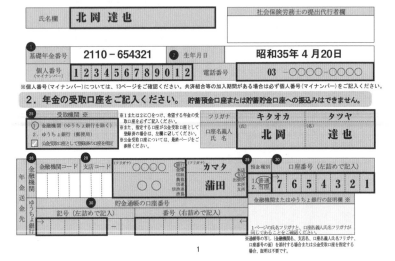

3ページ（続紙を含む）の見方および訂正方法

勤務した会社名などを表示していますが、会社名や船舶所有者名が日本年金機構に登録されていない場合には、「厚生年金保険」または「船員保険」と表示しています。国家公務員共済組合、地方公務員等共済組合については、「公務員共済」、私立学校教職員共済については、「私学共済」と表示しています。
また、国民年金に加入の場合は、「国民年金」と表示しています。

加入した年金制度を表示しています。
「国年」…国民年金法（第1号被保険者・第3号被保険者）
「厚年」…厚生年金保険法
「船保」…船員保険法
「共済」…国家公務員共済組合法、地方公務員等共済組合法、私立学校教職員共済法など
※基金加入期間の有無については表示していません。

「＃」…年金制度間で被保険者期間が重複していることを表示しています。
「＃」表示がある方は、複数の年金制度で重複した被保険者期間の記録をお持ちです。このため、記録を整備する必要があります。**この年金請求書を提出される前にお近くの年金事務所等へ、記録の整備**をお申し出ください。

年金制度に加入した期間（自・至）を表示しています。
現在加入中である場合には、（至）は空欄となっています。

	事業所名称（支店名等）、船舶所有者名称または共済組合名称等	勤務期間（※）または国民年金の加入期間	年金制度	事業所（船舶所有者）の所在地または国民年金加入当時の住所	備考
1	厚生年金保険	（自）昭和41. 4. 1 （至）昭和48.10. 1	厚年		
2	国民年金	（自）昭和50.10. 1 （至）平成 2. 4. 1	国年		
3	△△株式会社	（自）平成 2. 4. 1 （至）平成 5. 4. 1	厚年		
4	公務員共済	（自）平成 5. 4. 1 （至）平成15. 8. 1	共済		
5	国民年金	（自）平成15. 3. 1 ① （至）~~平成17. 3. 1~~	国年	② ××市○○町 １－１－１	＃
6	○○商事㈱	（自）平成17. 3. 1 ③（至）平成17. 8. 1	厚年	□□市◇◇町 ３－２－１	＃
⋮	⋮	⋮	⋮	⋮	

年金加入記録欄の訂正方法

①印字されている年金加入記録欄が異なっている場合は、**二重線を引いて訂正**してください。

②年金加入記録を訂正した場合は、「事業所（船舶所有者）の所在地または国民年金加入当時の住所」欄もご記入ください。

③現在加入中（至）が空欄）の方が、年金を請求するまでの間に退職などをされた場合は、退職日などの翌日を「勤務期間または国民年金の加入期間」欄にご記入ください。

◆ 厚生年金基金に加入していた方へ
この年金請求書とは別に手続きが必要です。
●基金に加入している（加入していた）期間については、厚生年金基金にお問い合わせください。
●加入していた厚生年金基金の加入期間が10年未満で脱退された場合および加入していた厚生年金基金が解散している場合は企業年金連合会にお問い合わせください。

《企業年金連合会のお問い合わせ先》
電話番号：0570-02-2666
＊IP電話からは 03-5777-2666

◆ 国民年金基金に加入していた方へ
この年金請求書とは別に手続きが必要です。
●基金に加入している（加入していた）期間については、国民年金基金にお問い合わせください。
●中途脱退者（60歳になる前に基金を脱退した方。ただし、15年以上基金に加入していた方を除く）は、国民年金基金連合会にお問い合わせください。

《国民年金基金連合会のお問い合わせ先》
電話番号：03-5411-0211

3. これまでの年金の加入状況についてご確認ください。

（　令和○年○月○日　現在の年金加入記録を（2）に印字しています。）

(1)次の年金制度の被保険者または組合員となったことがある場合は、枠内の該当する記号を○で囲んでください。

⑦. 国民年金法	カ. 私立学校教職員共済法
⑦. 厚生年金保険法	キ. 廃止前の農林漁業団体職員共済組合法
ウ. 船員保険法（昭和61年4月以後を除く）	ク. 恩給法
エ. 国家公務員共済組合法	ケ. 地方公務員の退職年金に関する条例
オ. 地方公務員等共済組合法	コ. 旧市町村職員共済組合法

(2)下記の年金加入記録をご確認のうえ、印字内容が異なっているところは**二重線を引いて訂正**してください。
訂正した場合には「事業所（船舶所有者）の所在地または国民年金加入当時の住所」欄をご記入ください。

	事業所名称（支店名等）、船舶所有者名称または共済組合名称等	勤務期間（※）または国民年金の加入期間	年金制度	事業所（船舶所有者）の所在地または国民年金加入当時の住所	備考
1	国民年金	(自)昭和55.04.01 (至)昭和57.04.01	国年	大田区蒲田○-○-○	
2	山田工業㈱	(自)昭和57.04.01 (至)昭和60.04.01	厚年	千代田区内神田○-○-○	
3	㈱川上製作所	(自)昭和60.04.01 (至)平成 2.04.01	厚年	千代田区富士見○-○-○	
4	谷川機械工業㈱	(自)平成 2.04.01 (至)平成11.04.01	厚年	新宿区西新宿○-○-○	
5	金山工業㈱	(自)平成11.04.01 (至)平成16.07.01	厚年	港区浜松町○-○-○	
6	大崎商事㈱	(自)平成16.07.01	厚年	品川区大崎○-○-○	

(※)厚年・船保・共済の（至）年月日については、退職日等の翌日を表示しています。

お客様の受給資格期間 ※	※受給資格期間とは、年金の受け取りに必要な期間のことです。 ※左欄に＊＊＊が表示されている場合は、重複期間がありますので、年金事務所等でご確認ください。 ※(2)年金制度に「国年」と表示されている場合、左欄の月数には、国民年金の任意加入期間のうち、保険料を納めていない月数が含まれている場合がありますので、年金事務所等でご確認ください。

ご注意ください！
複数の年金手帳番号をお持ちの方は、一部の年金記録が基礎年金番号に反映されていない場合があります。

(3)3ページ(続紙を含む)に印字されている期間以外に年金加入期間(国民年金、厚生年金保険、船員保険、共済組合)がある場合は、その期間を下欄にご記入ください。

	事業所名称(支店名等)、船舶所有者名称または共済組合名称等 (※1)	勤務期間または国民年金の加入期間	加入年金制度 (※2)	事業所(船舶所有者)の所在地または国民年金加入当時の住所
1		(自) (至)	国年 厚年 船保 共済	
2		(自) (至)	国年 厚年 船保 共済	
3		(自) (至)	国年 厚年 船保 共済	

(4)改姓・改名をしているときは、旧姓名および変更した年月日をご記入ください。

旧姓名	(フリガナ) (氏)		(名)		旧姓名	(フリガナ) (氏)		(名)	
変更日	昭和・平成・令和	年	月	日	変更日	昭和・平成・令和	年	月	日

※(5)、(6)については3ページ下部にあります「お客様の受給資格期間」が300月以上の方は記入不要です。

(5)20歳から60歳までの期間で年金に加入していない期間がある場合は、その期間を下欄にご記入ください。

	20歳〜60歳の加入していない期間	年齢	(3-2)ページの該当番号	学校や勤め先等(自営業、専業主婦等)	住所(市区町村)	婚姻した日配偶者の勤め先	※職員使用欄
1	(自) (至)	歳 〜 歳					
2	(自) (至)	歳 〜 歳					
3	(自) (至)	歳 〜 歳					
4	(自) (至)	歳 〜 歳					
5	(自) (至)	歳 〜 歳					
6	(自) (至)	歳 〜 歳					
7	(自) (至)	歳 〜 歳					
8	(自) (至)	歳 〜 歳					

(6)配偶者(であった方も含みます)の氏名、生年月日、基礎年金番号をご記入ください。
　　なお、婚姻履歴が複数ある場合は、任意の用紙にご記入ください。
　　※8ページ5(1)にご記入いただく場合は記入不要です。

カナ氏名	( )
漢字氏名	( )
生年月日	明治　大正　昭和　平成　( )年( )月( )日
基礎年金番号	(－)※基礎年金番号はわかる範囲でご記入ください。

4

右の6ページを記入する際の注意事項

●「年金」とは、老齢または退職年金、障害年金、遺族年金をいいます。 → **(1)**

●「受けている」には、全額支給停止になっている年金がある場合も含みます。

表1 公的年金制度等 → **①**

ア．国民年金法	キ．廃止前の農林漁業団体職員共済組合法
イ．厚生年金保険法	ク．恩給法
ウ．船員保険法（昭和61年4月以後を除く）	ケ．地方公務員の退職年金に関する条例
エ．国家公務員共済組合法	コ．日本製鉄八幡共済組合
（JT、JR、NTTの三制度を含む）	サ．改正前の執行官法附則第13条
（昭和61年4月前の長期給付に関する施行法を含む）	シ．旧令による共済組合等からの年金受給者
オ．地方公務員等共済組合法	のための特別措置法
（昭和61年4月前の長期給付に関する施行法を含む）	ス．戦傷病者戦没者遺族等援護法
カ．私立学校教職員共済法	

→ **②**

(1)で、「1.受けている」または「3.請求中」を〇で囲んだ方は、

・「公的年金制度名」…表1から該当する公的年金制度等の記号を選択し、ご記入ください。

・「年金の種類」………該当するものを〇で囲んでください。

・「（自）年　月」………年金を受けることとなった年月をご記入ください。

　　　　　　　　　　　（「1.受けている」を〇で囲んだ方のみご記入ください）

＊ 2つ以上の年金を受ける権利を得た場合は、原則として、どちらか一方の年金を選択することになり、もう一方の年金は支給停止となります。年金を選択する際には、**「年金受給選択申出書」の提出**が必要です。詳しくは、「ねんきんダイヤル」またはお近くの年金事務所にお問い合わせください。

→ **(2)**

●雇用保険に加入したことがある方（資格喪失後7年未満）、現在雇用保険に加入中の方は、雇用保険被保険者証の番号が確認できる書類の添付が必要です。

●複数の雇用保険被保険者証等をお持ちの方は、**直近に交付された雇用保険被保険者証等に記載されている被保険者番号**をご記入のうえ、番号が確認できる書類の写しを添付してください。

●最後に雇用保険の被保険者でなくなった日から**7年以上経過している方は被保険者番号を記入する必要はありません**（下の「事由書」の「ウ」を〇で囲んで、氏名をご記入ください）。

●雇用保険被保険者番号について、ご不明な点がありましたら、勤務先またはハローワークにお問い合わせください。

４．現在の年金の受給状況等および雇用保険の加入状況についてご記入ください。

（１）現在、左の５ページ（表１）のいずれかの制度の年金を受けていますか。該当する番号を〇で囲んでください。

| **１．受けている（全額支給停止の場合を含む）** | **②　受けていない** | **３．請求中** |

①「1.受けている」を〇で囲んだ方
添付書類については、同封の「年金の請求手続きのご案内」の５ページの記号**A**をご覧ください。

公的年金制度名 （表１より記号を選択）	年金の種類	（自）	年	月	㊽	年金証書の年金コード(4桁) または記号番号等
	・老齢または退職 ・障害 ・遺族	昭和 平成 令和	年	月		
	・老齢または退職 ・障害 ・遺族	昭和 平成 令和	年	月		
	・老齢または退職 ・障害 ・遺族	昭和 平成 令和	年	月		

②「3.請求中」を〇で囲んだ方

公的年金制度名 （表１より記号を選択）	年金の種類
	・老齢または退職 ・障害 ・遺族

> ↓65歳になるまでの老齢厚生年金（特別支給の老齢厚生年金を含む）を請求される方は、次の(2)、(3)をご記入ください。

（２）雇用保険に加入したことがありますか。「はい」または「いいえ」を〇で囲んでください。

| **はい**　・　**いいえ** |

①「はい」を〇で囲んだ方
雇用保険被保険者番号（10桁または11桁）を左詰めでご記入ください。
添付書類については、**年金の請求手続きのご案内の５ページの記号D**をご覧ください。
最後に雇用保険の被保険者でなくなった日から７年以上経過している方は
下の「事由書」の「ウ」を〇で囲み、氏名をご記入ください。

| ㉒雇用保険
被保険者番号 | 1 | 4 | 4 | 1 | 3 | 4 | 5 | 6 | 7 | 8 | 0 |

②「いいえ」を〇で囲んだ方
下の「事由書」の「ア」または「イ」を〇で囲み、氏名をご記入ください。

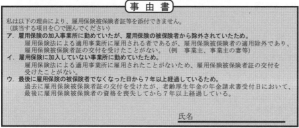

事　由　書

私は以下の理由により、雇用保険被保険者証等を添付できません。
（該当する項目を〇で囲んでください）
ア．雇用保険の加入事業所に勤めていたが、雇用保険の被保険者から除外されていたため。
　　雇用保険法による適用事業所に雇用される者であるが、雇用保険被保険者の適用除外であり、
　　雇用保険被保険者証の交付を受けたことがない。（例　事業主、事業主の妻等）
イ．雇用保険に加入していない事業所に勤めていたため。
　　雇用保険法による適用事業所に雇用されたことがないため、雇用保険被保険者証の交付を
　　受けたことがない。
ウ．最後に雇用保険の被保険者でなくなった日から７年以上経過しているため。
　　過去に雇用保険被保険者証の交付を受けたが、老齢厚生年金の年金請求書受付日において、
　　最後に雇用保険被保険者の資格を喪失してから７年以上経過している。

氏名

（３）60歳から65歳になるまでの間に、雇用保険の基本手当（船員保険の場合は失業保険金）または高年齢雇用継続給付を
　　受けていますか（または受けたことがありますか）。「はい」または「いいえ」を〇で囲んでください。

| **はい**　・　**（いいえ）** |　＊これから受ける予定のある方は、年金事務所等にお問い合わせください。

右の8ページを記入する際の注意事項

（配偶者または子がいる方は、以下の点に留意してご記入ください。）

配偶者と子について

● 配偶者とは、夫または妻のことをいいます。また、婚姻の届け出はしていなくても、事実上ご本人（年金を受ける方）と「婚姻関係と同様の状態にある方」を含みます。

● 子の年齢要件は、次のいずれかになります。
　 a：18歳になった後の最初の3月31日まで
　 b：国民年金法施行令別表に定める障害等級1級・2級の障害の状態にある場合は20歳未満

（例）aの場合

4月1日　　18歳の誕生日　　　　　　　　3月31日

3月31日までは加給年金額の加算対象となります。

＊ご本人（年金を受ける方）によって、生計を維持されている配偶者または子がいる場合
　⇒**加給年金額が加算されることがあります**（詳しくは、9ページをご確認ください）。

＊ご本人（年金を受ける方）が配偶者によって生計を維持されている場合
　⇒**振替加算が加算されることがあります**（詳しくは、15ページをご確認ください）。

③について、以下の点に留意してご記入ください。　　　　　　　　　　　③

・「公的年金制度名」…次（表1）に該当する公的年金制度等の記号を選択し、ご記入ください。
・「年金の種類」………該当するものを○で囲んでください。
・「（自）年　月」……年金を受けることとなった年月をご記入ください。

＊「年金」とは、老齢または退職年金、障害年金をいいます。
＊「受けている」には、全額支給停止になっている年金がある場合も含みます。

表1　公的年金制度等

ア．国民年金法	キ．廃止前の農林漁業団体職員共済組合法
イ．厚生年金保険法	ク．恩給法
ウ．船員保険法（昭和61年4月以後を除く）	ケ．地方公務員の退職年金に関する条例
エ．国家公務員共済組合法	コ．日本製鉄八幡共済組合
（JT、JR、NTTの三制度を含む）	サ．改正前の執行官法附則第13条
（昭和61年4月前の長期給付に関する施行法を含む）	シ．旧令による共済組合等からの年金受給者
オ．地方公務員等共済組合法	のための特別措置法
（昭和61年4月前の長期給付に関する施行法を含む）	ス．戦傷病者戦没者遺族等援護法
カ．私立学校教職員共済法	

7

372

5．配偶者・子についてご記入ください。

| 配偶者はいますか | **はい** ・ いいえ | 「はい」または「いいえ」を○で囲んでください。
「はい」の場合は(1)をご記入ください。 |

（1）配偶者についてご記入ください。添付書類については、**年金の請求手続きのご案内の3ページの番号2**をご覧ください。

①配偶者の氏名、生年月日、個人番号（または基礎年金番号）、性別についてご記入ください。

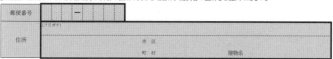

| ㉛ 氏名 | （フリガナ） キタオカ （氏）北岡 | トモコ （名）知子 | ④ 生年月日 | 大正 昭和 平成 | 45 年 9 月 20 日 |
| ③ 個人番号※
（または
基礎年金番号） | 3 1 1 2 － 2 3 4 5 6 7 | | 性別 | 1．男
②女 | |

※個人番号（マイナンバー）については、13ページをご確認ください。
※基礎年金番号（10桁）で届出する場合は左詰めでご記入ください。

②配偶者の住所がご本人（年金を受ける方）の住所と異なる場合は、配偶者の住所をご記入ください。

| 郵便番号 | － |
| 住所 | （フリガナ）　　　　　市　区　　　　　　　　　　建物名
　　　　　　　　　　町　村 |

③配偶者は現在、左の7ページの表1に記載されている年金を受けていますか。該当するものを○で囲んでください。

| 1．老齢・退職の年金を受けている　　3．請求中
2．障害の年金を受けている　　　④いずれも受けていない | | 3．を○で囲んだ方 → | 請求中の公的年金制度名
（7ページ表1より記号を選択） | 年金の種類
・老齢または退職
・障害 |

1．または2．を
○で囲んだ方　↓　　　4．を○で
　　　　　　　　　囲んだ方↓

下の(2)へお進みください。

添付書類については、**年金の請求手続きのご案内の5ページの記号A**をご覧ください。

公的年金制度名 （7ページ表1 より記号を選択）	年金の種類	（自） 年 月	㊼	年金証書の年金コード（4桁） または記号番号等
	・老齢または退職 ・障害	昭和 平成　年　月 令和		
	・老齢または退職 ・障害	昭和 平成　年　月 令和		
	・老齢または退職 ・障害	昭和 平成　年　月 令和		

（2）左の7ページ「子の年齢要件aまたはb」に該当する子がいる場合には、氏名、生年月日、個人番号（マイナンバー）および障害の状態についてご記入ください（3人目以降は余白にご記入ください）。

添付書類については、**年金の請求手続きのご案内の3ページの番号2**および**5ページの記号B**をご覧ください。

㉜ 子の氏名	（フリガナ） キタオカ （氏）北岡	ユウスケ （名）祐介	㉜ 生年月日	平成 令和 19 年 3 月 15 日	㉜ 診
個人番号			障害の状態	ある　**ない**	
㉝ 子の氏名	（フリガナ） （氏）	（名）	㉝ 生年月日	平成 令和　年　月　日	㉝ 診
個人番号			障害の状態	ある　ない	

8

373

右の10ページを記入する際の注意事項

ご本人（年金を受ける方）によって生計を維持されている配偶者または子がいる方は、以下の点に留意してご記入ください。

加給年金額について

加給年金額とは、ご本人（年金を受ける方）によって、生計を維持されている配偶者または子がいる場合に、加算される額です。

● 厚生年金保険の被保険者期間が20年※以上ある方が、65歳到達時点(または定額部分支給開始年齢に到達した時点)で、その方に生計を維持されている下記の配偶者または子がいるときに加算されます。

● 65歳到達後、被保険者期間が20年※以上となった場合は、退職改定時または在職定時改定時に生計を維持されている下記の配偶者または子がいるときに加算されます。

※中高齢の資格期間の短縮の特例を受ける方は、厚生年金保険（一般）の被保険者期間が15〜19年。

対象者	年齢制限
配偶者	65歳未満であること （大正15年4月1日以前に生まれた配偶者には年齢制限はありません。）
子	・18歳になった後の最初の3月31日まで ・国民年金法施行令別表に定める障害等級1級・2級の障害の状態にある場合は20歳未満

配偶者が老齢年金や退職年金（厚生年金保険等の加入期間が20年以上（中高齢者等の資格期間の短縮の特例に該当する場合を含む。）あるもの）の受給権を有したとき、または、障害年金を受けているときは、加給年金は支給停止されます。

該当する方は「加給年金額支給停止事由該当届」の提出が必要となる場合がありますので、下記ホームページをご覧になるか、年金事務所にお問い合わせください。

加給年金額の詳しい説明は、日本年金機構ホームページ(https://www.nenkin.go.jp/)に掲載しています。ぜひご利用ください。

6. 加給年金額に関する生計維持の申し立てについてご記入ください。

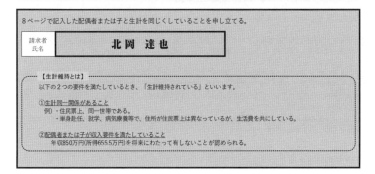

8ページで記入した配偶者または子と生計を同じくしていることを申し立てる。

請求者氏名	北岡 達也

【生計維持とは】
以下の2つの要件を満たしているとき、「生計維持されている」といいます。

①生計同一関係があること
　例）・住民票上、同一世帯である。
　　　・単身赴任、就学、病気療養等で、住所が住民票上は異なっているが、生活費を共にしている。

②配偶者または子が収入要件を満たしていること
　年収850万円（所得655.5万円）を将来にわたって有しないことが認められる。

ご本人（年金を受ける方）によって、生計維持されている配偶者または子がいる場合

（1）該当するものを〇で囲んでください（3人目以降の子については、余白を使用してご記入ください）。

配偶者または子の年収は、850万円未満ですか。		機構確認欄
配偶者について	はい ・ いいえ	（　）印
子（名： 祐介 ）について	はい ・ いいえ	（　）印
子（名：　　）について	はい ・ いいえ	（　）印

「はい」を〇で囲んだ方は、添付書類について、**年金の請求手続きのご案内の3ページの番号4**をご覧ください。

（2）（1）で配偶者または子の年収について「いいえ」と答えた方は、配偶者または子の年収がこの年金の受給権（年金を受け取る権利）が発生したときから、おおむね5年以内に850万円（所得655.5万円）未満となる見込みがありますか。該当するものを〇で囲んでください。

はい ・ いいえ	機構確認欄 （　）印

「はい」を〇で囲んだ方は、添付書類が必要です。**年金の請求手続きのご案内の3ページの番号4**をご覧ください。

令和 **6** 年 **4** 月 **24** 日	提出

10

右の12ページを記入する際の注意事項

≪作成（記入）時の注意事項≫

● 「代理人」（委任を受ける方）欄については、ご本人（委任する方）が決められた代理人（受任する方）の氏名、ご本人との関係、住所、電話番号をご記入ください。

● 「ご本人」欄については、委任状を作成（記入）した日付、ご本人の基礎年金番号、氏名（旧姓がある方は、その旧姓もご記入ください）、生年月日、住所、電話番号、委任する内容をご記入ください。
　なお、委任する内容について、1～5.の項目から選んで○で囲んでください(5.を選んだ場合には委任する内容を具体的にご記入ください)。
　また、「年金の加入期間」や「見込額」などの交付については、希望される交付方法等をA.B.C.の項目から選んで○で囲んでください。

≪来所時の注意事項≫

● 代理人が来所される場合は、代理人の方の本人確認書類が必要です(代表的な本人確認書類は次の①～③です)。
　　① 運転免許証
　　② パスポート
　　③ マイナンバーカード(個人番号カード)
　　　※住民基本台帳カード(有効期間内のもので顔写真付に限る)は③マイナンバーカードと同様に取り扱います。

　　※本人確認書類に記載されている氏名および住所は、委任状に記載されているものと同じであることが必要です。
　　　上記①～③をお持ちでない場合は、お問い合わせください。

● 基礎年金番号通知書等の再交付については、取扱い上窓口での交付ができません。交付方法を、「A.代理人に交付を希望する」を選んだ場合であっても、ご本人様の登録の住所あてに送付しますのでご了承ください。

7．代理人に手続きを委任される場合にご記入ください。

委任状

代理人 ＊ご本人(委任する方)がご記入ください。

フリガナ			
氏　名		ご本人との関係	
住　所	〒　－　　　　　　　　　　　　　　　　　　　　電話（　　　）　　　－ 　　　　　　　　　　　　　　　　　　　　　　　建物名		

私は、上記の者を代理人と定め、以下の内容を委任します。

ご本人 ＊ご本人(委任する方)がご記入ください。　　　　　作成日　令和　　　年　　月　　日

基礎年金番号	－

フリガナ			
氏　名	（旧姓　　　　　　）	生年月日	大正 昭和　　　年　　月　　日
住　所	〒　－　　　　　　　　　　　　　　　　　　　　電話（　　　）　　　－ 　　　　　　　　　　　　　　　　　　　　　　　建物名		

委任する内容	●委任する事項を次の項目から選んで○で囲んでください。5.を選んだ場合は委任する内容を具体的にご記入ください。 　1．年金および年金生活者支援給付金の請求について 　2．年金および年金生活者支援給付金の見込額について 　3．年金の加入期間について 　4．各種再交付手続きについて 　5．その他（具体的にご記入ください） 　（　　　　　　　　　　　　　　　　　　　　　　　　　　　　　　　　　　　　　　　） ●「年金の加入期間」や「見込額」などの交付について 　A．代理人に交付を希望する　　　B．本人あて郵送を希望する　　　C．交付を希望しない

※前頁の注意事項をお読みいただき、記入漏れのないようにお願いします。
　なお、委任状の記入内容に不備があったり、本人確認ができない場合はご相談に応じられないことがあります。

12

右の14ページを記入する際の注意事項

「沖縄特例措置」について

● 昭和25年4月1日以前生まれの方はご記入ください。なお、沖縄特例措置の手続きがお済みの場合や、生年月日によって添付の必要がない場合があります。詳しくはお近くの年金事務所にお問い合わせください。

1.（3）2

「個人番号(マイナンバー)」について

● ご記入いただいていない場合であっても、ご提供いただいた住民票情報等を基に、マイナンバー法に基づき、マイナンバーを登録させていただきます。マイナンバーの登録後は、年1回の現況の確認（現況届）や住所変更の届出が原則不要になります。

● ご記入されたマイナンバーは、マイナンバーが正しい番号であることの確認（番号確認）および提出する方が番号の正しい持ち主であることの確認（身元（実存）確認）※が必要なため、以下の書類をご提出ください。

　例）マイナンバーカード（個人番号カード）、個人番号の表示がある住民票の写し、　　通知カード（氏名、住所等が住民票の記載と一致する場合に限る）

　【窓口で提出される場合】
　　　上記の原本をご提示ください。
　【郵送で提出される場合】
　　　上記のコピーを添付してください（マイナンバーカードの場合、個人番号の記載面のコピーが必要になります）。

　※「身元（実存）確認」は当請求書で確認します。

　＊配偶者、子および扶養親族の番号確認・身元（実存）確認書類の提出は必要ありません。

■■■■

機構独自項目

入力処理コード	年金コード	作成原因 ⑦ 進達番号
4 3 0 0 0 1	1 1 5 0	⑥ 01

1．ご本人（年金を受ける方）について、ご記入ください。

(1)印字されている基礎年金番号と異なる記号番号の年金手帳等をお持ちの場合は、その年金手帳の記号番号をすべてご記入ください。添付書類については、年金の請求手続きのご案内の5ページの記号Cをご覧ください。

厚生年金保険 国民年金 船員保険 の 手帳記号番号			ー								ー		
			ー								ー		

(2)個人番号（マイナンバー）の登録の有無について

下の表示において、「1」となっている方は、すでに日本年金機構でマイナンバーの登録がされています。

マイナンバーが登録済の方 ：1	
マイナンバーが未登録の方 ：0または空欄	

※ （2）において「0」または空欄となっている方は、1ページに個人番号（マイナンバー）をご記入ください。
　マイナンバーをご記入いただくことにより、生年月日に関する書類（住民票等）の添付が不要になります。
　（同封の**年金の請求手続きのご案内**の**2**ページをご覧ください。）

(3)次の項目に該当しますか。「はい」または「いいえ」を〇で囲んでください。

1	国民年金、厚生年金保険、または共済組合等の障害給付の受給権者で国民年金の任意加入をした方は、その期間について特別一時金を受けたことがありますか。	はい・いいえ
2	昭和36年4月1日から昭和47年5月14日までに沖縄に住んでいたことがありますか。	はい・いいえ

2．配偶者についてご記入ください。

配偶者について、基礎年金番号と異なる記号番号の年金手帳等をお持ちの場合は、その年金手帳の記号番号をすべてご記入ください。添付書類については、年金の請求手続きのご案内の5ページの記号Cをご覧ください。

厚生年金保険 国民年金 船員保険 の 手帳記号番号			ー								ー		
			ー								ー		

14

右の16ページを記入する際の注意事項

ご本人（年金を受ける方）が配偶者によって生計を維持されている場合は、以下の点に留意してご記入ください。

振替加算について

振替加算は、ご本人（年金を受ける方）が配偶者によって生計を維持されている場合に、ご本人（年金を受ける方）の年金に加算されます。

● 配偶者の「特別支給の老齢厚生年金」や「老齢厚生年金」に加算される加給年金額は、ご本人（年金を受ける方）が65歳になると自分の老齢基礎年金を受けられるため、加算されなくなります。
　このとき、ご本人（年金を受ける方）が配偶者によって生計を維持されている場合に、ご本人（年金を受ける方）の老齢基礎年金の額に加算がされます。これを振替加算といいます。

● ご本人（年金を受ける方）の被保険者期間が20年以上※の老齢厚生年金（退職共済年金）等の受給権者であるときは、加算されません。

※中高齢の資格期間の短縮の特例を受ける方は、厚生年金保険（一般）の被保険者期間が15〜19年。

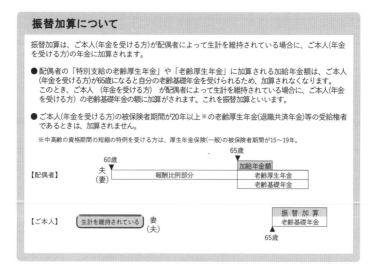

振替加算の詳しい説明は、日本年金機構ホームページ(https://www.nenkin.go.jp/)に掲載しています。ぜひご利用ください。

15

3. 振替加算に関する生計維持の申し立てについてご記入ください。

8ページで記入した配偶者と生計を同じくしていることを申し立てる。

請求者 氏名	

【生計維持とは】
以下の2つの要件を満たしているとき、「生計維持されている」といいます。

①生計同一関係があること
　　例）・住民票上、同一世帯である。
　　　　・単身赴任、就学、病気療養等で、住所が住民票上は異なっているが、生活費を共にしている。

②ご本人(年金を受ける方)が収入要件を満たしていること
　　年収850万円(所得655.5万円)を将来にわたって有しないことが認められる。

ご本人(年金を受ける方)が配偶者によって生計維持されている場合

該当するものを○で囲んでください。
(1) ご本人(年金を受ける方)の年収は850万円(所得655.5万円)未満ですか。

「はい」を○で囲んだ方は、添付書類について、年金の請求手続きのご案内の3ページの番号5をご覧ください。

(2) (1)で「いいえ」を○で囲んだ方は、ご本人の年収がこの年金の受給権(年金を受け取る権利)が発生したときから、
　　おおむね5年以内に850万円(所得655.5万円)未満となる見込みがありますか。

「はい」を○で囲んだ方は、添付書類が必要です。年金の請求手続きのご案内の3ページの番号5をご覧ください。

年金事務所等の確認事項	
ア．健保等被扶養者(第3号被保険者)	エ．義務教育終了前
イ．加算額または加給年金額対象者	オ．高等学校等在学中
ウ．国民年金保険料免除世帯	カ．源泉徴収票・所得証明等

令和	年	月	日	提出

「公的年金等の受給者の扶養親族等申告書」の記入方法
（18ページを記入する前にお読みください。）

● 老齢年金は、所得税法の規定により、その支払いを受ける際に源泉徴収が行われます。
　そのため、配偶者控除等各種控除を受けるためには、原則として18ページの「公的年金等の受給者の扶養親族等申告書」（以下「申告書」という）を提出する必要があります。印字されているカナ氏名、生年月日、住所、基礎年金番号をご確認のうえ、氏名を記入し、下の『記入上の注意事項』をお読みいただいてから、必要事項をご記入ください。

● この申告書に記入した扶養親族等の状況に応じて所得控除を行い、源泉徴収税額の計算を行うことになります。
　また、所得税法の規定により、扶養親族等の個人番号（マイナンバー）をご記入ください。
　なお、国民年金の老齢基礎年金のみ請求する方は、源泉徴収等が不要な年金額のため記入する必要はありません。

● 老齢年金から源泉徴収される所得税は、給与所得のように年末調整が行われないことから、その年に納付すべき税額との差額は確定申告により精算する必要があります（その年中の公的年金等の収入金額が400万円以下であり、かつ、その公的年金等の全部が源泉徴収の対象となる場合において、その年分の公的年金に係る雑所得以外の所得金額が20万円以下であるときは、その年分の所得税について確定申告は要しません。）。詳しくは、国税庁のホームページをご確認いただくか、お近くの税務署にお尋ねください。

● 給与等の所得のある方が、その給与等の支払い者に提出した「給与所得者の扶養控除等（異動）申告書」に記入した扶養親族と同じ扶養親族等をこの申告書に記入した場合には、双方の所得について重複して所得控除が行われることになるため、確定申告により所得税額を納付することになる場合があります。

記入上の注意事項

あ 『源泉控除対象配偶者または障害者に該当する同一生計配偶者』欄は、下記(注)を参照し、該当する場合のみ、配偶者の氏名等を記入してください。
配偶者が「配偶者の区分」に記載されている年金収入に該当する場合は、「配偶者の区分」に○をつけてください。
12月31日現在で70歳以上の方については、「老人」を○で囲んでください。

(注) この欄に記入する配偶者は、請求者本人と生計を一にする配偶者で、配偶者の収入が「配偶者の区分」の記載に該当するか、合計所得金額が95万円以下となる方です。婚姻届を提出していない方は対象にはなりませんのでご注意ください。
配偶者の収入が「配偶者の区分」の記載を超えるか、合計所得金額が48万円を超える場合は、障害者控除、老人控除は受けることができません。

い 「控除対象扶養親族(16歳以上)」欄は、扶養親族のうち、年金を請求する年の12月31日現在で16歳以上の方をご記入ください。
・12月31日現在で19歳以上23歳未満の方については「特定扶養親族」に該当します。「特定」を○で囲んでください。
・12月31日現在で70歳以上の方については「老人扶養親族」に該当します。「老人」を○で囲んでください。
「扶養親族(16歳未満)」欄は、扶養親族のうち、年金を請求する年の12月31日現在で16歳未満の方をご記入ください。
・16歳未満の扶養親族については、扶養控除の対象外となりますが、障害者に該当する場合は障害者控除が適用されます。

「控除対象扶養親族(16歳以上)」欄および『扶養親族(16歳未満)』欄に記入する『扶養親族』とは、年金を受ける方と生計を同じくする配偶者以外の親族で合計所得金額が48万円以下の方をいいます。

う 「障害」欄および「本人障害」欄は、普通障害者の場合は「普通障害」、特別障害者の場合は「特別障害」を○で囲んでください。
また、障害者に該当する方は、「摘要」欄に、氏名、身体障害者手帳等の種類と交付年月日、障害の程度（等級など）をご記入ください。

『特別障害』とは、身体障害者等級が1級または2級に該当するか、重度の精神障害をいい、『普通障害』とは、特別障害以外の障害をいいます。

え 「寡婦等」欄は、請求者本人が寡婦の場合は『寡婦』、ひとり親の場合は『ひとり親』を○で囲んでください。

『寡婦』とは受給者ご本人で、以下の(1)または(2)のどちらかに該当する方のうち、ご本人の所得（年金を請求する年）の見積額が500万円以下である方をいいます。
(1)以下の①・②のどちらかに該当する方で、扶養親族（子以外）のある方
　①夫と死別・離婚した後、婚姻していない方
　②夫の生死が明らかでない方
(2)以下の①・②のどちらかに該当する方で、扶養親族のいない方
　①夫と死別した後、婚姻していない方
　②夫の生死が明らかでない方

『ひとり親』とは、受給者ご本人で、以下のいずれかに該当する方のうち、生計を一にする子がいて、かつ、ご本人の所得（年金を請求する年）の見積額が500万円以下である方をいいます。
　①配偶者と死別・離婚した後、婚姻していない方
　②婚姻歴のない方
　③配偶者の生死が明らかでない方

※「生計を一にする子」とは、他の方の同一生計配偶者または扶養親族とされておらず、所得（年金を請求する年）の見積額が48万円以下の方です。
※ご本人や扶養親族の所得見積額が基準額を超える場合、退職所得を除くと基準額以下となる場合は、「寡婦」欄や「ひとり親」欄の地方税欄に○を記入してください。
※住民票の続柄欄に（夫(未届)）、（妻(未届)）、またはこれらと同様の記載がある方は、「寡婦」および「ひとり親」には該当しません。

お 受給者本人の合計所得額が900万円を超える場合は、○をつけてください。

か 扶養親族等の対象者で別居している方がいる場合は、区分の「別居」を○で囲み、「摘要」欄に、その方の氏名と住所をご記入ください。
また、扶養親族等の対象者と同居している場合は、区分の「同居」を○で囲んでください。

き 「所得金額」欄は、年金を請求する年の所得金額（見積額）をご記入ください。例えば、給与所得がある場合は、給与の収入金額から給与所得控除額を差し引いた金額となります。

く 所得金額に退職所得が含まれる場合は、「摘要」欄にその方の氏名と退職所得がある旨、および退職所得を除いた所得金額をご記入ください。

国外にお住まいの扶養親族等がいる場合の提出方法
控除対象となる配偶者または扶養親族が非居住者の場合は、その方の「非居住」を○で囲み、「摘要」欄にその方の氏名、住所、非居住である旨を記入し、親族関係書類（※2）を申告書と一緒に提出してください。
※1「非居住者」とは、国内に住所を有せず、かつ、現在まで引き続いて1年以上国内に居所を有しない方をいいます。
※2「親族関係書類」とは、次の①または②のいずれかの書類で、その非居住者があなたの配偶者または親族であることを証するものをいいます。なお、これらの書類が外国語により作成されている場合は、その書類の翻訳文も必要になります。
　①戸籍の附票の写しその他の国または地方公共団体が発行した書類およびその配偶者または扶養親族の旅券の写し
　②外国政府または外国の地方公共団体が発行した書類（その配偶者または扶養親族の氏名、生年月日および住所または居所の記載があるものに限ります。）

国外にお住まいの配偶者以外の扶養親族がいる場合の記入方法
配偶者以外の扶養親族が非居住者の場合は、その方の「非居住」を○で囲み、その方の氏名、住所、非居住者である旨および、①～④のいずれかの該当する番号を記入ください。該当しない場合、親族関係書類を申告書と一緒に提出してください。
①対象者の年齢が30歳未満または70歳以上である
②対象者が①に該当せず、留学のため国内に住所を有しなくなった（留学生であることを証明する書類の添付が必要です）
③対象者が①に該当せず、障害者に該当する
④対象者が①に該当せず、年金受給者より、その年において、生活費または養育費に充てるための送金を年間38万円以上受ける見込みがある

17

4．公的年金等の受給者の扶養親族等申告書についてご記入ください。

提出年	令和	**6** 年		提出日	令和 **6** 年 **4** 月 **24** 日 提出		1 1 5 0

（1）ご本人（年金を受ける方）のカナ氏名、生年月日、住所、基礎年金番号を確認し、氏名をご記入ください。
　　ご本人自身が障害者・寡婦等に該当しない場合は、下記事項を〇で囲む必要はありません。

フリガナ	**キタオカ タツヤ**		生年月日	**昭和35年4月20日**
氏 名	**北 岡 達 也**			
住 所	**大田区蒲田〇ー〇ー〇**			
郵便番号	**144 - 0052**	電話番号	**03 -** **〇〇〇〇 - 〇〇〇〇**	
基礎年金番号	**211 - 654321**			

う 本人障害	1．普通障害　　2．特別障害	**え** 寡婦等	1．寡婦　　2．ひとり親 地方税損除（退職所得を除く） 4．寡婦　　5．ひとり親	**お** 本人所得	年間所得の見積額が 900万円を超える	〇

（2）上記の提出年の扶養親族等の状況についてご記入ください。

　　う か き く については、「摘要」欄に記入が必要な場合があります。17ページの各欄の説明をご覧ください。
　　（ご本人に控除対象配偶者や扶養親族がない場合は、下記事項を記入する必要はありません）

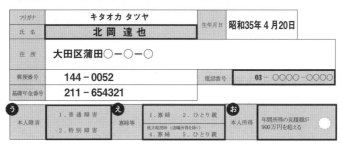

	フリガナ 氏 名 個人番号（マイナンバー）	続柄	生年月日 種別	**か** 障害	**か** 同居・別居 の区分 非居住者	**き く** 所得金額
あ 源泉控除対象配偶者または障害者に該当する同一生計配偶者	**キタオカトモコ** **北 岡 知 子** 〇〇〇〇〇〇〇〇〇〇〇〇 配偶者の区分〇	②.妻 1.夫	1昭 3大 ⑤明 7平 **45** 年 **9** 月 **20** 日 2.老人 収入が本年分のみで、以下のいずれにも該当する。 1. 65歳以上の場合、年金額が158万円以下 2. 65歳未満の場合、年金額が108万円以下	1．普通障害 2．特別障害 機構使用欄	①.同居 2.別居 1.非居住 （本人所得障害所得、退職所得を除いた額など記載のカードを記載）	**0**万円（年間）
い 控除対象扶養親族（16歳以上）	**キタオカユウスケ** **北 岡 祐 介** 〇〇〇〇〇〇〇〇〇〇〇〇	次男	1昭 3大 5明 ⑦平 **19** 年 **3** 月 **15** 日 1.特定 2.老人	1．普通障害 2．特別障害	①.同居 2.別居 1.非居住	**0**万円（年間）
	〇〇〇〇〇〇〇〇〇〇〇〇		1昭 3大 5明 7平 　 年 　月 　日 1.特定 2.老人	1．普通障害 2．特別障害	1.同居 2.別居 1.非居住	万円（年間）
い 扶養親族（16歳未満）			7平成 　 年 　月 　日 9令和	1．普通障害 2．特別障害	1.同居 2.別居 1.非居住	万円（年間）
			7平成 　 年 　月 　日 9令和	1．普通障害 2．特別障害	1.同居 2.別居 1.非居住	万円（年間）
う か き く	摘要					

＊提出年より前に年金が受けられる場合は、過去の年分の扶養親族等申告書をすべて提出していただくことになります。
　（申告書は年金事務所に用意してあります）
＊「扶養親族（16歳未満）」欄は、地方税法第45条の3の3および第317条の3の3の規定による「公的年金等受給者の扶養親族申告書」の記載欄を兼ねています。
＊控除対象配偶者や扶養親族の個人番号を確認する書類は提出する必要はありません。

（年金の支払者）官署支出官　厚生労働省年金局事業企画課長　法人番号　6000012070001

(9)支給期間・年金額の改定など

■支給期間

60歳台前半の老齢厚生年金は，支給要件が満たされることとなった月の翌月から，65歳到達月または死亡した月まで支給されます。65歳到達月の翌月からは老齢基礎年金および老齢厚生年金が支給されます。

■年金額の改定等

<受給権取得後の年金額>

60歳台前半の老齢厚生年金では，退職時改定が行われるときを除いて，その受給権を取得した月以後の被保険者期間は年金額の計算の基礎とされません。

<年金受給者が再就職した場合>

退職して60歳台前半の老齢厚生年金をうけている人が，再就職して厚生年金保険の被保険者になり，総報酬月額相当額と年金月額の合計が支給停止調整額（50万円）を超える場合には，再就職月の翌月分以後の支給額は，それまでうけていた60歳台前半の老齢厚生年金の額から，総報酬月額相当額と年金月額に応じて決まる支給停止基準額を差し引いた額となります（345頁の60歳台前半の在職老齢年金）。

<在職中の受給者の総報酬月額相当額がかわった場合>

在職中に60歳台前半の老齢厚生年金をうけている人の総報酬月額相当額がかわると，新しい総報酬月額相当額に応じて支給停止基準額が決められ，変動月分から支給額が変更されます。

60歳	総報酬月額相当額変更	65歳
在職中の老齢厚生年金	支給停止基準額変更	

<在職中の受給者が退職した場合>

在職中に老齢厚生年金をうけている人が退職して被保険者の資格を喪失し，再び被保険者となることなく1ヵ月が経過すると，支給停止がなくなり，同時にそれまでの被保険者期間や標準報酬月額・標準賞与額を計算の

基礎に加えて年金額が再計算され，改定されます（退職時改定）。

60歳	退職後1ヵ月	65歳
在職中の老齢厚生年金	60歳台前半の老齢厚生年金（支給停止解除 年金額再計算）	

＜在職老齢年金受給権者の退職後継続再雇用の場合＞

在職老齢年金の受給権者の退職後継続再雇用（1日も空くことなく同じ会社に再雇用されること）については，特別にいったん退職したとみなすことができ，事業主が「資格喪失届」と「資格取得届」を提出します。これによって，再雇用後の在職老齢年金は，再雇用後の総報酬月額相当額にもとづいて支給調整が行われます。

＜標準報酬分割制度による標準報酬の改定・決定が行われた場合＞

平成19年4月からの離婚した場合の標準報酬分割制度（342頁参照）や，平成20年4月からの被扶養配偶者である期間の標準報酬分割制度（342頁参照）による標準報酬の改定・決定が行われた場合は，改定・決定の請求があった日の属する月の翌月から年金額が改定されます。

＜加給年金額の改定・支給停止＞

加給年金額の対象になっていた人が次のいずれかに該当したときは，その翌月から，(1)〜(10)の場合は年金額がその分の加給年金額を差し引いた額に改定され，(11)の場合は配偶者加給年金額相当部分が支給停止となります。

(1) 死亡したとき

(2) 受給権者による生計維持の状態がやんだとき

(3) 配偶者が離婚したとき

(4) 大正15年4月2日以後生まれの配偶者が65歳になったとき

(5) 子が養子縁組によって受給権者の配偶者以外の人の養子となったとき

(6) 養子が離縁したとき

(7) 子が婚姻したとき

(8) 子が18歳到達年度の末日（3月31日）を経過したとき（1級または2級の障害の状態にあるときを除く）

(9) 18歳到達年度の末日を経過した後，1級または2級の障害の状態に該当しなくなったとき

⑽　子が20歳に達したとき（1級または2級の障害の状態にある子）

⑾　配偶者が老齢厚生年金（被保険者期間が20年以上または中高齢者の特例15年～19年以上であるものに限る），障害厚生年金，障害基礎年金など（345頁参照）をうけられるようになったとき（ただし，障害給付が全額支給停止されている場合は除く）

＊加給年金額対象者が，⑴，⑵，⑶，⑸，⑹，⑺，⑼のいずれかに該当したときは「加算額・加給年金額対象者不該当届」を，⑾に該当したときは「老齢・障害給付　加給年金額支給停止事由該当届」を年金事務所に提出します。

＊定額部分と報酬比例部分を合算した被保険者期間20年以上の老齢厚生年金をうけられるようになったとき（343頁参照）に胎児であった子が生まれたときは「障害基礎・老齢厚生・退職共済年金受給権者胎児出生届」を年金事務所に提出し，年金額の増額改定をしてもらいます。

＜参考＞特例老齢年金

　老齢基礎年金の資格期間を満たしていない人が，次のいずれにも該当した場合は，特例老齢年金が支給されます。

⑴　60歳以上であること

⑵　厚生年金保険の被保険者期間が1年以上であること

⑶　厚生年金保険の被保険者期間と旧令共済組合の組合員期間とを合算した期間が20年以上であること

　特例老齢年金の額は，定額部分の年金と報酬比例部分の年金に加給年金額を加算した額です。また，特例老齢年金は，受給権者が死亡するか，老齢厚生年金の受給権を得たときまで支給されます。

＊旧令共済組合とは，①旧陸軍共済組合，②旧海軍共済組合，③朝鮮総督府逓信官署共済組合，④朝鮮総督府交通局共済組合，⑤台湾総督府専売局共済組合，⑥台湾総督府営林共済組合，⑦台湾総督府交通局逓信共済組合，⑧台湾総督府交通局鉄道共済組合の8つです。

3 65歳からの老齢厚生年金

(1)支給をうける条件

● 65歳からの老齢厚生年金は，厚生年金保険の被保険者期間がある人が，老齢基礎年金をうけられるようになったとき（304頁参照）に，老齢基礎年金に上乗せする形で支給されます。

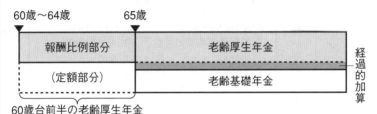

＊303頁の第1号から第4号までの複数の種別の厚生年金保険の被保険者期間がある人の場合，各実施機関から65歳からの老齢厚生年金が支給されます。

＊経過的加算については389頁参照。

■老齢基礎年金をうけられることが条件

　65歳からの老齢厚生年金は，原則，厚生年金保険の被保険者期間がある人が国民年金の老齢基礎年金をうけられるようになったときに，老齢基礎年金に上乗せする形で支給されます。つまり，老齢基礎年金をうけられる人が厚生年金保険に1ヵ月でも加入したことがあれば，65歳からの老齢厚生年金がうけられます。

(2)65歳からの年金額

● 65歳からは原則，老齢基礎年金と老齢厚生年金が支給されます。

● 老齢厚生年金の額は，報酬比例の年金額に加給年金額を加算した額です。報酬比例の年金額には，当分の間，経過的加算が行われることになっています。

老齢厚生年金	報酬比例の年金額	$平15.3以前の平均標準報酬月額 \times \dfrac{9.5}{1000} \sim \dfrac{7.125}{1000}$ $\times 平15.3以前の被保険者期間の月数 + 平15.4以後の平均標準報酬額$ $\times \dfrac{7.308}{1000} \sim \dfrac{5.481}{1000} \times 平15.4以後の被保険者期間の月数$ *この式は，平成15年3月以前と平成15年4月以後の被保険者期間がある場合の本来水準の計算式となっています（次頁参照）。
	経過的加算額	60歳台前半の老齢厚生年金の定額部分と老齢基礎年金の差額
	加給年金額	60歳台前半の老齢厚生年金の加給年金額と同額
老齢基礎年金		$816,000円 \times \dfrac{\left(\begin{array}{c}保険料納付済\\期間の月数\end{array}\right)}{(加入可能年数)\times 12}$ *816,000円は新規裁定者の年金額で，既裁定者の年金額は813,700円（昭和31年度生まれは816,000円）となります。 ※保険料免除期間がある場合は，1/4免除期間は月数×7/8，半額免除期間は月数×3/4，3/4免除期間は月数×5/8，全額免除期間は月数×1/2で計算（平成21.3以前の1/4免除期間は月数×5/6，半額免除期間は月数×2/3，3/4免除期間は月数×1/2，全額免除期間は月数×1/3）。

■報酬比例の年金額

　報酬比例の年金額については，60歳台前半の老齢厚生年金の報酬比例部分と同様，従前額の保障が行われ，「本来水準の計算式」と「平成12年改正前の水準の計算式」の２つの式で計算された額のうち，いずれか高い方の額が支給されます（335頁参照）。

●本来水準の計算式

平成15年３月以前の期間の平均標準報酬月額 × 生年月日に応じて 9.5～7.125/1000 × 平成15年３月以前の被保険者期間の月数 ＋
平成15年４月以後の期間の平均標準報酬額 × 生年月日に応じて 7.308～5.481/1000 × 平成15年４月以後の被保険者期間の月数

●平成12年改正前の水準の計算式

（平成15年３月以前の期間の平均標準報酬月額 × 生年月日に応じて 10～7.5/1000 × 平成15年３月以前の被保険者期間の月数 ＋
平成15年４月以後の期間の平均標準報酬額 × 生年月日に応じて 7.692～5.769/1000 × 平成15年４月以後の被保険者期間の月数 ）

×従前額改定率1.041

■経過的加算

　定額部分も支給される60歳台前半の老齢厚生年金をうけていた人の場合，65歳からの年金額では，定額部分に相当するものが老齢基礎年金となりますが，当面は定額部分の方が老齢基礎年金よりも高くなりますので，その差額を支給する必要があります。

　また，当分の間，①昭和36年４月１日前の厚生年金保険・船員保険の被保険者期間，②昭和36年４月１日～昭和61年３月31日の厚生年金保険・船員保険の被保険者期間のうち，20歳前の期間と60歳以後の期間，③国民年金の第２号被保険者（厚生年金保険の被保険者）の期間のうち，20歳前の期間と60歳以後の期間については，老齢基礎年金の年金額に反映されない（306頁参照）ため，厚生年金保険の独自給付として支給する必要があります。

　そこで，当分の間，報酬比例の年金額に次の式で計算した額が加算され

ます。具体的には，60歳台前半の老齢厚生年金の定額部分（333頁参照）に相当する額から，昭和36年4月以後かつ20歳以上60歳未満の厚生年金保険（昭和61年4月1日前の船員保険を含む）の被保険者期間について支給される老齢基礎年金の額を差し引いた額となります。なお，次の式で計算した額が0円以下である場合は，加算は行われません。

　つまり，定額部分と報酬比例部分を合算した老齢厚生年金をうけていた人については，65歳になると，定額部分が老齢基礎年金に，報酬比例部分が老齢厚生年金（報酬比例の年金額）に，それぞれかわりますが，60歳台前半の老齢厚生年金の額は保障されることになるわけです。

※1　60歳台前半の老齢厚生年金の定額部分の計算式

　この部分は，333頁の，令和6年度の定額単価1,701円（既裁定者は1,696円，ただし昭和31年度生まれは1,701円）で計算された60歳台前半の老齢厚生年金の定額部分と同じ計算式です。

　ただし，この場合の厚生年金保険の被保険者期間の月数は，※3と異なり，被保険者期間の月数の上限や中高齢者の特例，3分の4倍等の平成3年3月以前の坑内員・船員の特例が適用されたものとなります。

※2　満額の老齢基礎年金額816,000円，加入可能年数

　令和6年度の満額の老齢基礎年金額816,000円（既裁定者は813,700円，ただし昭和31年度生まれは816,000円）と加入可能年数については312頁を参照してください。

※３　昭36.4以後で20歳以上60歳未満の厚生年金保険の被保険者期間の
　　月数

　実際の被保険者期間の月数で計算します（定額部分（333頁参照）のよ
うに，被保険者期間の月数の上限や中高齢者の特例はありません）。また，
厚生年金保険の第３種被保険者である坑内員・船員の被保険者期間のうち，
昭和61年３月以前の実際の月数を３分の４倍したり，昭和61年４月から平
成３年３月までの実際の月数を５分の６倍したりはしません（308頁参照）。

■加給年金額

　加給年金額は，年金額の計算の基礎となる厚生年金保険の被保険者期間
が20年（中高齢者の期間短縮の特例15年～19年に該当する人は，その年数。
この頁で同じ）以上である老齢厚生年金をうけられるようになったときに，
受給権者が65歳未満の配偶者（大正15年４月１日以前生まれの配偶者には，
年齢制限はありません），18歳到達年度の末日（３月31日）までの子，ま
たは20歳未満で１級・２級の障害の状態にある子の生計を維持していた場
合に加算されます。

　なお，65歳前から，定額部分と報酬比例部分を合算した被保険者期間20
年以上の老齢厚生年金をうけていた場合は，そのような老齢厚生年金をう
けられるようになったとき（343頁参照）から引き続き，配偶者または子
がその人によって生計を維持されていることが必要です。

　加給年金額の計算方法，配偶者加給年金額の取扱い，生計維持の基準に
ついては，60歳台前半の老齢厚生年金の加給年金額の場合（343頁参照）
と同様です。

⑶65歳からの在職老齢年金

■賃金と年金の合計月額が一定額を超える場合に支給停止

　在職中の人（①65歳以上70歳未満で厚生年金保険の被保険者である人，②70歳以上で厚生年金保険の適用事業所に使用される人のうち18頁の適用除外（日々雇い入れられる人など）に該当しない人）がうける65歳からの老齢厚生年金は，賃金（総報酬月額相当額）と年金月額との合計が一定額を超える場合に，賃金と年金月額に応じて一部または全額が支給停止となります。基本的な考え方は次のとおりで，賃金または年金の増加に応じて賃金と年金の合計収入が増加するしくみとなっています。

⑴　賃金と年金の合計月額が支給停止調整額（50万円）以下である場合は，年金は支給停止されず，全額が支給されます。

⑵　賃金と年金の合計月額が支給停止調整額を超える場合は，賃金の増加2に対して年金1が支給停止されます。

　なお，在職老齢年金の支給停止に当たって用いられる賃金は，次の総報酬月額相当額です。このため，標準報酬月額の改定が行われた場合のほか，賞与の支給状況によっても，在職老齢年金の額が変動することがあります。

総報酬月額相当額＝その月の標準報酬月額（に相当する額）＋その月以前の1年間の標準賞与額（および標準賞与額に相当する額）の合計額／12

※カッコ内は，70歳以上で在職中の人の場合。

　また，支給停止調整額は，名目賃金変動率を基準として1万円単位で改定されることがあります。これにより，平成21年度までは48万円でしたが，平成22年度は47万円に，平成23年度は46万円に，平成27年度は47万円に，平成29年度は46万円に，令和元年度は47万円に，令和5年度は48万円に，令和6年度は50万円に改定されています。

＜退職時改定・70歳到達時改定＞

　在職中の65歳からの老齢厚生年金の受給権者が，70歳到達前に退職などで被保険者の資格を喪失したときは，343頁の60歳台前半の老齢厚生年金

の「退職時改定」と同様の方法で年金額が改定されます。

また，在職中の65歳からの老齢厚生年金の受給権者が70歳に到達（70歳誕生日の前日）して被保険者の資格を喪失したときは，到達日の属する月の翌月に，到達日までの被保険者期間を算入して年金額が改定されます。

この場合，70歳以後も引き続いて就労すると，「65歳からの在職老齢年金」の規定によって年金支給額が調整されます。

＜65歳以後の在職定時改定＞

令和4年4月からは，9月1日を基準日として，在職中の65歳以上の老齢厚生年金の受給権者が基準日において被保険者である場合は，基準日の属する月前の被保険者であった期間を計算の基礎として，10月から年金額が改定されます。

なお，この在職定時改定によって，老齢厚生年金の計算の基礎となる被保険者期間の月数が240月以上となる場合には，その時点の生計維持関係に応じて加給年金額が加算されることになります。

＜昭和12年4月1日以前生まれの人＞

平成27年10月から，それまで，65歳からの在職老齢年金のしくみが適用されていなかった昭和12年4月1日以前生まれの人についても，このしくみが適用されています。ただし，この場合の停止額には，平成27年9月以前から引き続いて使用されている場合，報酬と年金の合計額の10％までとする上限が設けられています。

■支給停止基準額の計算方法

受給権者の総報酬月額相当額と基本月額（経過的加算額，加給年金額および繰下げ加算額（395頁参照）を除いた老齢厚生年金の額を12で割って得た額）との合計額が支給停止調整額50万円以下である場合には，支給停止が行われず，老齢厚生年金は全額支給されます。

合計額が支給停止調整額を超える場合には，支給停止基準額が次の式で計算されます。支給停止基準額が経過的加算額，加給年金額および繰下げ加算額を除いた老齢厚生年金の額未満である場合は，老齢厚生年金は支給停止基準額までが支給停止となります。支給停止基準額が経過的加算額，加給年金額および繰下げ加算額を除いた老齢厚生年金の額以上である場合

は，老齢厚生年金のうち報酬比例の年金額および加給年金額は全額が支給停止となります。老齢厚生年金が一部または全額支給停止の場合でも，経過的加算額および繰下げ加算額は全額支給されます（老齢基礎年金は支給停止の対象となりません）。

（総報酬月額相当額＋基本月額－50万円）×0.5×12

(1) 総報酬月額相当額＋基本月額が50万円以下の場合

〔事例〕基本月額125,000円（年金額1,500,000円），老齢基礎年金額
816,000円（月額68,000円）／総報酬月額相当額300,000円

- 300,000円＋125,000円≦500,000円なので，支給停止はなし。
- 支給額＝1,500,000円（月額125,000円）
- 総収入（月額の概算）＝125,000円＋68,000円＋300,000円＝493,000円

(2) 総報酬月額相当額＋基本月額が50万円を超えた場合

〔事例〕基本月額125,000円（年金額1,500,000円），老齢基礎年金額
816,000円（月額68,000円）／総報酬月額相当額400,000円

- 支給停止基準額＝（400,000円＋125,000円－500,000円）×0.5×12＝
  150,000円（月額12,500円）
- 支給額＝1,500,000円－150,000円＝1,350,000円（月額112,500円）
- 総収入（月額の概算）＝112,500円＋68,000円＋400,000円＝580,500円

(3) 支給停止基準額が年金額以上である場合

〔事例〕基本月額125,000円（年金額1,500,000円），老齢基礎年金額
816,000円（月額68,000円）／総報酬月額相当額650,000円

- 支給停止基準額＝（650,000円＋125,000円－500,000円）×0.5×12＝
  1,650,000円（月額137,500円）
- 支給額＝1,500,000円－1,650,000円＝△150,000円→0円
- 総収入（月額の概算）＝0円＋68,000円＋650,000円＝718,000円

※老齢厚生年金に経過的加算額または繰下げ加算額が加算される場合には，(1)～(3)の「・総収入（月額の概算）」は，経過的加算額または繰下げ加算額の12分の1を加算した額になります。また，(1)，(2)では，加給年金額をうけられる場合は，その分が加算されます。

(4)老齢厚生年金の繰下げ支給

　65歳からの老齢厚生年金の受給権が発生した日から起算して1年が経過した日よりも前に年金請求を行っていなかった場合には，支給繰下げの申出を行えば，老齢厚生年金の支給を申出月の翌月以後に繰り下げることができます。

　繰下げ支給をうける場合の老齢厚生年金の額は，本来の年金額〔報酬比例の年金額（＋経過的加算額）（＋加給年金額）〕（在職中であれば，392頁の在職老齢年金による支給調整後の額）に，次の式で計算される繰下げ加算額を加算した額となります（次の式の中で，「経過的加算額（受給権発生月の前月までの期間にもとづいて計算）」を加えるのは，経過的加算額がある場合だけです）。

$$
\begin{aligned}
\text{繰下げ}\\
\text{加算額}
\end{aligned}
=
\left(
\begin{aligned}
&\text{報酬比例の年金額}\\
&\text{（受給権発生月の前}\\
&\text{月までの期間にもと}\\
&\text{づいて計算）}
\end{aligned}
\times
\begin{aligned}
\text{平均支}\\
\text{給率}
\end{aligned}
+
\begin{aligned}
&\text{経過的加算額（受給権}\\
&\text{発生月の前月までの期}\\
&\text{間にもとづいて計算）}
\end{aligned}
\right)
\times \text{増額率}
$$

$$
\begin{aligned}
\text{平均支}\\
\text{給率}
\end{aligned}
=
\frac{
\begin{aligned}
&\text{受給権発生月（受給権発生月から繰下げ申出月までの期間が10年*}\\
&\text{を超える場合には，繰下げ申出日の10年*前の日が属する月）の翌}\\
&\text{月から繰下げ申出月までの各月の支給率の合計}
\end{aligned}
}{
\text{受給権発生月の翌月から繰下げ申出月までの月数}
}
$$

＊平成29年3月31日以前に老齢厚生年金の受給権を取得した人は5年（以下同じ）

$$
\begin{aligned}
\text{支給率}\\
\text{（在　職}\\
\text{中であ}\\
\text{る月）}
\end{aligned}
=
1 -
\frac{
\text{392頁の在職老齢年金の支給調整により支給停止される額}
}{
\begin{aligned}
&\text{報酬比例の年金額（受給権発生月の前月までの期間にもとづ}\\
&\text{いて計算）}
\end{aligned}
}
$$

支給率（在職中でない月）＝1

増額率 ＝ 0.7%×受給権発生月から繰下げ申出月の前月までの月数*

＊120ヵ月（平成29年3月31日以前に老齢厚生年金の受給権を取得した人は60ヵ月）
　が限度

　なお，支給繰下げの申出は，老齢厚生年金単独でも，老齢基礎年金の支

給繰下げの申出（319頁参照）と同時に行うこともできます。

● 申出時の年齢等に応じた増額率

老齢厚生年金の受給権発生月から申出月の前月までの月数	65歳到達月に老齢厚生年金の受給権が発生した場合の申出時の年齢	増額率
12ヵ月〜 23ヵ月	66歳0ヵ月〜66歳11ヵ月	8.4%〜16.1%
24ヵ月〜 35ヵ月	67歳0ヵ月〜67歳11ヵ月	16.8%〜24.5%
36ヵ月〜 47ヵ月	68歳0ヵ月〜68歳11ヵ月	25.2%〜32.9%
48ヵ月〜 59ヵ月	69歳0ヵ月〜69歳11ヵ月	33.6%〜41.3%
60ヵ月〜 71ヵ月	70歳0ヵ月〜70歳11ヵ月	42.0%〜49.7%
72ヵ月〜 83ヵ月	71歳0ヵ月〜71歳11ヵ月	50.4%〜58.1%
84ヵ月〜 95ヵ月	72歳0ヵ月〜72歳11ヵ月	58.8%〜66.5%
96ヵ月〜107ヵ月	73歳0ヵ月〜73歳11ヵ月	67.2%〜74.9%
108ヵ月〜119ヵ月	74歳0ヵ月〜74歳11ヵ月	75.6%〜83.3%
120ヵ月	75歳0ヵ月〜	84.0%

＊70歳1ヵ月以後の増額率が適用されるのは，令和4年3月31日に70歳に達していない人（昭和27年4月2日以後生まれの人）または平成29年4月1日以後に受給権が発生した人です。

　一度決められた増額率は，受給権者の一生をとおして変更は認められません。また，加給年金額については，344頁の特別加算を含めて増額が行われません。

　老齢厚生年金の受給権が発生した日または老齢厚生年金の受給権が発生した日から1年を経過した日までの間に他の年金給付（老齢基礎年金・障害基礎年金を除く。以下同じ）の受給権者になった場合は，繰下げ支給の申出をすることはできません。また，老齢厚生年金の受給権が発生した日から1年を経過した日後に老齢厚生年金の受給権が発生してから10年を経過した日前まで他の年金給付の受給権者になったときには，他の年金給付の受給権が発生した日に繰下げの申出があったものとみなされ，老齢厚生年金の受給権が発生してから10年が経過した日後に繰下げ支給の申出をしたときには，老齢厚生年金の受給権が発生してから10年を経過した日に繰下げの申出があったものとみなされます。

　なお，平成29年３月31日以前に老齢厚生年金の受給権が発生した人の場合には，「老齢厚生年金の受給権が発生した日から10年を経過した日」とあるのは「老齢厚生年金の受給権が発生した日から５年を経過した日」となります。

＜60歳台前半の老齢厚生年金をうけた人の場合＞

　65歳になるまでに60歳台前半の老齢厚生年金をうけた人も，66歳になるまでに老齢厚生年金の支給の請求をしなかった場合，66歳以後に申出をすれば繰下げ支給の老齢厚生年金を受けられます。

＜特例的な繰下げみなし増額制度＞

　従来は，受給権取得日から起算して５年を経過した日後に年金請求を行い，請求時点で繰下げ支給を選択していない場合には，繰下げ増額のない本来の年金額が受給権発生時点から支給され，５年経過分については時効により年金は支給されませんでした。

　令和５年４月からは，受給権発生日から起算して５年を経過した日後に年金を請求し，しかもその請求時点において繰下げ受給を選択していない場合でも，年金額の算定にあたっては，請求の５年前に繰下げ受給の申出があったものとみなされて年金が支給されます。そして，支給される年金額は，受給権発生日から年金請求日の５年前の日までの月数に応じて増額されたものとなります。

　ただし，老齢厚生年金の受給権が発生した日から15年を経過した日以後に請求をしたときまたはその請求をした日の５年前の日以前に障害・遺族年金の受給権者であったときは，この繰下げみなし増額制度は適用されません。

　この措置は，平成29年４月１日以後に老齢厚生年金の受給権が発生した人に対して適用されます。

(5)年金請求の手続

■65歳前からうけている人には年金請求書を送付

<60歳台前半の老齢厚生年金をうけていた人>

　60歳台前半の老齢厚生年金をうけていた人が65歳になると，老齢基礎年金と老齢厚生年金をうけることになります。このような人には，「年金請求書（国民年金・厚生年金保険老齢給付）」が日本年金機構から送られてきますので，必要な事項を記入し，65歳到達月の末日までに日本年金機構に提出します。

<65歳になってはじめてうける人>

　65歳になってはじめて老齢基礎年金と老齢厚生年金をうける人は，「年金請求書（国民年金・厚生年金保険老齢給付）」を年金事務所に提出しますが，提出先，添付書類は60歳台前半の老齢厚生年金の場合と同様です（363頁参照）。

　なお，65歳になってはじめて老齢基礎年金と老齢厚生年金をうける人には，日本年金機構から「年金に関するお知らせ」（はがき）が郵送されてきます（362頁参照）。

<老齢基礎年金だけをうける人>

　国民年金の第1号被保険者期間のみで，老齢基礎年金だけをうける人は，「年金請求書（国民年金・厚生年金保険老齢給付）」を住所地の市区役所・町村役場に提出します。

　国民年金の第1号と第3号または第3号被保険者期間のみで，老齢基礎年金だけをうける人は，「年金請求書（国民年金・厚生年金保険老齢給付）」を年金事務所または街角の年金相談センターに提出します。

<年金請求書の事前送付>

　日本年金機構が管理している年金加入記録で老齢基礎年金の受給資格（304頁参照）を満たしていることが確認できる人については，年金の支給開始年齢直前になると，基本的な事項がすでに印字された年金請求書（事前送付用）が日本年金機構から郵送されてきます（年金請求書の事前送付）。

(1)　65歳に老齢基礎年金・老齢厚生年金の受給権が発生する人には，65歳

に到達する３ヵ月前に，基礎年金番号・氏名・生年月日・性別・住所・年金加入記録をあらかじめ印字した「年金請求書（国民年金・厚生年金保険老齢給付）」が，日本年金機構から郵送されてきます。

(2)　日本年金機構が基礎年金番号で管理している年金加入記録のみでは，老齢基礎年金の受給資格（期間要件）を確認できない人については，合算対象期間（カラ期間）などを合わせると受給資格を満たしている可能性があるため，60歳に到達する３ヵ月前に，年金加入期間の確認の必要性を案内する「年金に関するお知らせ」（はがき）が，日本年金機構から郵送されてきます。

＊事前送付用の年金請求書は，303頁の第１号から第４号までの複数の種別の厚生年金保険の被保険者期間がある人に対しては，現在加入している実施機関（日本年金機構または各共済組合等）または最後に加入していた実施機関から郵送されてきます。

(6)支給期間・年金額の改定など

■支給期間

老齢厚生年金と老齢基礎年金は，65歳到達月（65歳以後に老齢基礎年金の資格期間を満たすようになったときはその月）の翌月から，死亡した月まで支給されます。

■年金額の改定等

＜受給権取得後の年金額＞

65歳からの老齢厚生年金では，342頁の退職時改定（「65歳」を「70歳」に読みかえます），70歳到達時改定，そして65歳以後の在職定時改定（393頁）が行われるときには，その受給権を取得した月以後の被保険者期間が年金額の計算の基礎とされます。

＜年金受給者が再就職した場合＞

退職して65歳からの老齢厚生年金をうけている人が，再就職して（70歳未満であれば厚生年金保険の被保険者になります），総報酬月額相当額と

年金月額の合計が支給停止調整額（50万円）を超える場合には，再就職月の翌月分以後の支給額は，それまでうけていた老齢厚生年金の額から，総報酬月額相当額と年金月額に応じて決まる支給停止基準額を差し引いた額となります（老齢基礎年金は全額支給されます）。

＜在職中の受給者の総報酬月額相当額がかわった場合＞

在職中に65歳からの老齢厚生年金をうけている人の総報酬月額相当額がかわると，新しい総報酬月額相当額に応じて支給停止基準額が決められ，変動月分から支給額が変更されます。

＜在職中の受給者が70歳到達前に退職した場合＞

在職中に65歳からの老齢厚生年金をうけている人が70歳到達前に退職して被保険者の資格を喪失し，再び被保険者となることなく1ヵ月が経過すると，支給停止がなくなり，同時にそれまでの被保険者期間や標準報酬月額・標準賞与額を計算の基礎に加えて老齢厚生年金の額が再計算され，改定されます（退職時改定）。

＜在職中の受給者が70歳に達したとき＞

在職中に65歳からの老齢厚生年金をうけている人が70歳に到達して被保険者の資格を喪失したときは，1ヵ月が経過すると，それまでの被保険者期間や標準報酬月額・標準賞与額を計算の基礎に加えて老齢厚生年金の額が再計算され，改定されます（70歳到達時改定）。

＜標準報酬分割制度による標準報酬の改定・決定が行われた場合＞

平成19年4月からの離婚した場合の標準報酬分割制度（342頁参照）や，平成20年4月からの被扶養配偶者である期間の標準報酬分割制度（342頁参照）による標準報酬の改定・決定が行われた場合は，改定・決定の請求があった日の属する月の翌月から年金額が改定されます。

＜加給年金額の改定・支給停止＞

老齢厚生年金の加給年金額の対象になっていた人が385・386頁の(1)～(11)のいずれかに該当したときは，その翌月から，(1)～(10)の場合は老齢厚生年金の額がその分の加給年金額を差し引いた額に改定され，(11)の場合は配偶者加給年金額相当部分が支給停止となります。

■老齢基礎年金・老齢厚生年金の額の計算例

夫──昭和35年4月2日生まれ。平成15年3月以前の厚生年金保険の加入期間が21年（252月），平均標準報酬月額が370,000円。平成15年4月以後の厚生年金保険の加入期間が21年（252月），平均標準報酬額が490,000円。

妻──昭和37年4月2日生まれ。昭和61年3月まで国民年金に2年間任意加入。昭和61年4月以後の36年間は国民年金の第3号被保険者。

＊報酬比例の年金額は335頁の「本来水準の計算式」で計算されると仮定します。また，令和7年度以後の改定率および再評価率は令和6年度と同じであると仮定します。

●夫が64歳から65歳になるまでうける年金

昭和34年4月2日〜昭和36年4月1日生まれの男子は，64歳から65歳になるまで60歳台前半の老齢厚生年金がうけられます（329頁参照）。年金額は，報酬比例部分のみの額で，次のように計算されます。

$$報酬比例部分 = 370,000円 \times \frac{7.125}{1000} \times 252月 + 490,000円 \times \frac{5.481}{1000} \times 252月$$
$$\fallingdotseq 1,341,129円$$

●夫が65歳になってから妻が65歳になるまでの年金

65歳になると，国民年金から老齢基礎年金が支給され，老齢厚生年金の額は報酬比例の年金額となります。

老齢基礎年金の額は，20歳から60歳になるまでの40年の加入可能年数に対して保険料納付済期間が38年あるので，次のように計算されます。

$$老齢基礎年金 = 816,000円 \times \frac{38年 \times 12}{40年 \times 12} = 775,200円$$

老齢厚生年金の報酬比例の年金額は，60歳台前半の老齢厚生年金の報酬比例部分と同様に計算され，定額部分の計算式で算出した額が厚生年金保険の被保険者期間による老齢基礎年金の額より高い場合には，その差額が加算（経過的加算）されます。

①報酬比例の年金額＝1,341,129円

　　経 過 的 加 算 額＝1,701円×1.000×480月

$$-816,000円 \times \frac{38年 \times 12}{40年 \times 12} = 41,280円$$

　　加 給 年 金 額＝408,100円（特別加算を含む）

　　老齢厚生年金(計)＝1,790,509円

②老 齢 基 礎 年 金＝775,200円

③合　　　　　　計＝2,565,709円

●**夫婦とも65歳になってからの年金**

　妻が65歳になると老齢基礎年金をうけることになるので加給年金額は打ち切られ，妻の老齢基礎年金に振替加算が行われます。

　妻の老齢基礎年金は，加入可能年数40年中，任意加入の期間が２年，第３号被保険者の期間が36年あるので，③のように計算され，これに315頁の振替加算が加算されます。

①夫の老齢厚生年金＝1,341,129円＋41,280円＝1,382,409円

②夫の老齢基礎年金＝775,200円

　　　夫の年金(計)＝2,157,609円

③妻の老齢基礎年金＝816,000円 $\times \dfrac{2年 \times 12 + 36年 \times 12}{40年 \times 12}$

　　　　　　　　　＝775,200円

　　　＋振替加算＝15,732円

　　　妻の年金(計)＝790,932円

④夫 婦 の 年 金＝2,157,609円＋790,932円

　　　　　　　　＝2,948,541円

夫64歳	夫65歳	妻65歳

〈夫〉　　報酬比例部分＝1,341,129円　｜　老齢厚生年金＝1,382,409円

（うち経過的加算41,280円）

老齢基礎年金＝775,200円

妻の加給年金額＝408,100円

〈妻〉65歳から　振替加算＝15,732円　老齢基礎年金＝775,200円

3 障害給付

1 障害基礎年金

●障害基礎年金は，次の条件を満たした人に支給されます。

(1) 原則として国民年金の被保険者である間に初診日のある病気・けがで障害の状態になったこと。ただし，60歳以上65歳未満で日本国内に住んでいれば，被保険者でなくなった後に初診日のある病気・けがによるものでもうけられます。

(2) 障害認定日に1級または2級の障害の状態になっていること。

(3) 一定の保険料納付要件を満たしていること。

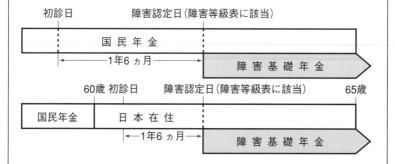

●障害基礎年金の額は，次のとおりです。

(1) 令和6年度の2級障害基礎年金の額は，816,000円（既裁定者は813,700円，ただし昭和31年度生まれは816,000円）です。

(2) 令和6年度の1級障害基礎年金の額は，(1)の2級障害基礎年金の額の1.25倍の1,020,000円（既裁定者は1,017,125円，ただし昭和31年度生まれは1,020,000円）です。

●障害基礎年金をうけられるようになったとき，その人によって生計を維持されていた18歳到達年度の末日（3月31日）までの子，または20歳未満で1級・2級の障害の子がいるときは，子の加算額（老齢厚生年金の子の加給年金額と同額）が加算されます。

■障害認定日

障害の程度(412頁の障害等級表参照)を定めるべき日のことをいいます。障害認定日は，障害の原因となった病気・けがについてはじめて医者にかかった日（初診日）から1年6ヵ月を経過した日（その期間内に治った日または症状が固定した日があれば，その日）とされています。

＜治ったとは＞

病気・けがが治ったとは，心身の器質的な欠損，変形または後遺症があっても，医学的に病気・けがが治ゆしたと認められるものをいいます。たとえば足を切断した場合,足の欠損は回復していないが,切断した創面が治ったときや，指の屈伸運動が不能になった場合，屈伸運動の回復の見込みがなくなったようなときをいいます。

＜事後重症＞

障害認定日に障害等級表の1級または2級に該当する障害の状態になかった人が，その後65歳になるまでの間にその障害が悪化し，障害等級表の1級または2級に該当する障害の状態になったときは，本人の請求により，その請求月の翌月分から障害基礎年金が支給されます。

■必要な保険料納付要件

障害基礎年金をうけるには，初診日が，国民年金の被保険者である間か，国民年金の被保険者でなくなった後60歳以上65歳未満で日本国内に住んでいる間にあって，初診日前に国民年金の保険料を納めなければならない期

間がある場合に次の⑴または⑵の保険料納付要件を満たしていなければなりません。

なお，国民年金の保険料を納めなければならない期間とは，初診日の属する月の前々月までの国民年金の被保険者期間のことですが，初診日が平成3年5月1日前の場合は，初診日の属する月前の直近の基準月（1月，4月，7月，10月）の前月までの国民年金の被保険者期間です。

また，保険料納付要件を満たしているかどうかを確認する場合は，厚生年金保険の第3種被保険者である坑内員・船員の被保険者期間を国民年金の保険料納付済期間に算入する際に，昭和61年3月以前の実際の月数を3分の4倍したり，昭和61年4月から平成3年3月までの実際の月数を5分の6倍したりせず（308頁参照），これらの期間も実際の月数で計算します。

⑴　初診日の前日において，国民年金の保険料納付済期間（305頁参照）と保険料免除期間（305頁参照。学生納付特例制度または納付猶予制度により保険料の全額免除をうけた期間のうち，保険料を追納しなかった期間を含む）とを合算した期間が，国民年金の保険料を納めなければならない期間の3分の2以上あること。つまり，保険料を滞納した期間が3分の1以下であること。

⑵　令和8年4月1日前に65歳未満で初診をうけた場合は，⑴の要件を満たさなくても，初診日の前日において，直近1年間の国民年金の保険料を納めなければならない期間のうちに保険料の滞納がないこと。

■20歳前の病気・けがで障害者になったとき

20歳前に初診日がある場合には，20歳到達日（障害認定日が20歳到達日よりも後であれば，障害認定日）に障害等級表の1級または2級に該当する障害の状態になっていれば，障害基礎年金が支給されます。

＊20歳前の初診日において国民年金の被保険者でなかった場合には，前頁の事後重症の規定も適用可能となります。

<受給権者の所得による2段階の支給停止>

　20歳前に初診日がある場合の障害基礎年金は,受給権者の前年の所得(地方税法上の所得の額に準じた額で,収入金額から必要経費等を差し引いた額。以下同じ)が3,704,000円を超え4,721,000円以下である場合に,子の加算額(408頁参照)を除いた額の2分の1がその年の10月から翌年の9月まで支給停止となります。そして,受給権者の前年の所得が4,721,000円を超える場合に,全額がその年の10月から翌年の9月まで支給停止となります。なお,控除対象配偶者または扶養親族がある場合はこれらの金額に1人につき380,000円(70歳以上の同一生計配偶者・70歳以上の老人扶養親族は480,000円,16歳以上19歳未満の控除対象扶養親族および19歳以上23歳未満の特定扶養親族等は630,000円)が加算されます。

■昭和36年4月前の病気・けがの特例

　昭和36年4月1日(国民年金法の施行日)前に初診日のある病気・けがが治らずに,昭和39年8月1日に昭和60年改正前の旧国民年金法の障害年金をうけられる障害の状態になかった人が,昭和61年4月1日(昭和60年改正法の施行日)以後70歳になるまでに,初めて障害等級表の1級または2級に該当する障害の状態になったときは,本人の請求より,その翌月分から障害基礎年金が支給されます。

■昭和61年4月前の病気・けがの特例

　昭和36年4月1日から昭和61年3月31日までの間に初診日のある病気・けがによって障害の状態になった人については,初診日に年金制度に加入し保険料を拠出していながら,当時の障害年金の支給要件に該当しなかったために,障害年金が支給されない場合がありました。たとえば厚生年金保険では,昭和60年改正前は初診日時点での6ヵ月の加入を支給要件としていたため,就職(加入)直後の病気・けがにより障害となった人には障害年金は支給されませんでした。

　そこでこれらのケースについて,①初診日に年金制度に加入し,②現行の保険料納付要件(404頁参照)を満たしていて,平成6年11月9日(平成6年改正法の施行日)以後65歳になるまでに,その病気・けがによって

　１級または２級の障害の状態になった場合には，本人の請求にもとづいて新たに障害基礎年金がうけられることとなっています。

　なお，以上２つの特例による障害基礎年金は，受給権者に一定額を超える所得があるときは支給停止となります（一定額および支給停止の２段階制は20歳前に初診日がある場合の障害基礎年金と同じ）。

■平成３年４月前の任意加入しなかった期間中の病気・けがの特例

　次の①〜④の期間中に初診日のある病気・けがによって障害の状態になった人については，初診日において被保険者であるという障害年金の支給要件が満たされていないために障害基礎年金も障害厚生年金も支給されない場合があります。そのような人の福祉の増進を図るため，平成17年４月より「特別障害給付金制度」が実施されています。

① 　昭和61年３月31日以前の，被用者年金制度の加入者の配偶者であって，国民年金の任意加入被保険者でなかった期間

② 　昭和61年３月31日以前の，被用者年金制度等から支給される老齢（退職）年金受給者（通算老齢（退職）年金を除く）の配偶者であって，国民年金の任意加入被保険者でなかった期間

③ 　昭和61年３月31日以前の，障害年金受給者の配偶者であって，国民年金の任意加入被保険者でなかった期間

④ 　平成３年３月31日以前の，学生であって，国民年金の任意加入被保険者でなかった期間

＜特別障害給付金の支給要件＞

　特別障害給付金は，上記①〜④の期間中に初診日のある病気・けがによって65歳到達前に１級または２級の障害の状態に該当するようになり，現に１級または２級の障害の状態にある人であって，障害基礎年金や障害厚生年金の受給権をもっていない人（特定障害者）に対して支給されます。

　特別障害給付金の支給をうけようとする人は，65歳到達日の前日までに住所地の市区役所・町村役場で認定の請求を行います。受給資格があることを年金事務所で認定してもらうと，特別障害給付金が月単位で認定請求月の翌月分から支給されます。

<特別障害給付金の額>

　特別障害給付金の額（令和6年度）は，1月につき，1級障害の場合55,350円，2級障害の場合44,280円です。これらの額は，物価の変動に応じて毎年度改定されます。特定障害者に一定額を超える所得があるときは，特別障害給付金は半額または全額が支給停止となります。また，特定障害者が老齢基礎年金等の支給をうけるときにも，特別障害給付金は一部または全額が支給停止となります。

■障害基礎年金の額

<令和6年度の障害基礎年金額・新規裁定者の場合>

　令和6年度の2級の障害基礎年金の額は，780,900円に改定率1.045をかけて得た額の100円未満を四捨五入した816,000円。1級の障害基礎年金の額は，2級の額に1.25をかけて得た1,020,000円です。

<子の加算額>

　障害基礎年金の受給権者が18歳到達年度の末日（3月31日）までの子，または20歳未満で1級・2級の障害の状態にある子の生計を維持している場合，子の加算額が加算されます。なお，平成23年4月からは，障害基礎年金の受給権が発生した後に，受給権者が上記の子の生計を維持するようになった場合にも，障害基礎年金の額に子の加算額が加算されています。

＊障害基礎年金の受給権発生時に生計を維持していなかったが，その後，平成23年4月前に生計を維持することとなった子も，平成23年4月から，加算額の対象となっています。

<令和6年度の子の加算額>

1人目・2人目の子	各234,800円
3人目以降の子	各 78,300円

＊上記の「234,800円」と「78,300円」は，「224,700円」と「74,900円」に，それぞれ，新規裁定者の改定率1.045をかけて得た額の100円未満を四捨五入して算出します。

＊同一の子について，子の加算額と児童扶養手当の両方が支給される場合には，まず子の加算額が優先的に支給され，子の加算額が児童扶養手当の額を下回る場合には，さらにその差額が児童扶養手当として支給されます。

2 障害厚生年金・障害手当金

(1)支給をうける条件

●障害厚生年金は，厚生年金保険の被保険者である間に初診日のある病気・けがで障害基礎年金に該当する障害（1級・2級）が生じたときに，障害基礎年金に上乗せする形で支給されます。

●障害基礎年金に該当しない程度の障害でも，厚生年金保険の障害等級表に該当するときは，厚生年金保険独自の障害厚生年金（3級）または障害手当金が支給されます。

●いずれの場合も，障害基礎年金の保険料納付要件を満たしていることが必要です。

〈1級障害の場合〉

1級障害厚生年金
1級障害基礎年金

〈2級障害の場合〉

2級障害厚生年金
2級障害基礎年金

〈3級障害の場合〉

3級障害厚生年金

〈3級より軽い場合〉

障　害　手　当　金

■被保険者期間中に初診の障害に支給

厚生年金保険の被保険者である間に初診日のある病気・けがで，障害認

定日に障害等級表の１級または２級に該当する障害の状態になったときは，障害基礎年金（１級・２級）に上乗せする形で，障害厚生年金（１級・２級）が支給されます。

障害等級表の３級に該当する障害の状態になったときは，厚生年金保険独自の障害厚生年金（３級）が支給されます。

また，厚生年金保険の被保険者である間に初診日のある病気・けがが５年以内に治り，３級の障害よりやや軽い程度の障害が残ったときは，厚生年金保険独自の障害手当金（一時金）が支給されます。

なお，障害厚生年金・障害手当金がうけられるためには，障害基礎年金の保険料納付要件を満たしていなければなりません。障害基礎年金の保険料納付要件は，国民年金の保険料を納めなければならない期間のうち，保険料を滞納した期間が３分の１以下であるか，直近１年間に保険料の滞納がない（令和８年４月１日前に65歳未満で初診をうけた場合に限る）ことが条件ですが，厚生年金保険の被保険者（老齢基礎年金等の受給権を有する65歳以上の人を除く）は同時に国民年金の第２号被保険者となり，その期間は国民年金の保険料納付済期間となりますので，国民年金の第１号被保険者で保険料を滞納していた人が厚生年金保険加入直後に病気・けがをしたような場合でない限り，保険料納付要件を満たすことになります。

＜障害基礎年金が支給されない１級または２級のみの障害厚生年金＞

老齢基礎年金等の受給権を有している65歳以上の人は，厚生年金保険の被保険者でも国民年金の第２号被保険者とはならない（108頁参照）ため，このような人が65歳以後の厚生年金保険の被保険者期間中に初診日のある病気・けがで１級または２級の障害の状態になったときは障害基礎年金が支給されず，１級または２級の障害厚生年金のみが支給されます。

■障害の程度

障害厚生年金・障害手当金を支給すべき障害の程度（障害等級表）は政令で定められていますが，１級および２級は障害基礎年金と共通の障害等級表であり，３級と障害手当金については，厚生年金保険独自で定められています。

■障害認定日後に障害の状態が重くなったとき

<事後重症>

　障害認定日に障害等級表の1級または2級に該当する障害の状態になかった人が，その後65歳になるまでの間にその障害が悪化し，障害等級表の1級または2級に該当する障害の状態になったときは，本人の請求により，その請求月の翌月分から障害基礎年金が支給されます。

　また，障害認定日に障害等級表の1級，2級または3級に該当する障害の状態になかった人が，その後65歳になるまでの間にその障害が悪化し，障害等級表の1級，2級または3級に該当するようになったときは，本人の請求により，その請求月の翌月分から障害厚生年金が支給されます。したがって，障害認定日には軽かった障害が次第に重くなって3級の障害厚生年金に該当するようになり，さらに2級に該当するようになった場合の年金の支給は次の図のようになります。この場合，障害厚生年金で3級から2級に改定する手続が行われれば，障害基礎年金の請求手続を行わなくてもよいことになっています。

＊同一の病気・けがについて，旧厚生年金保険法，旧共済組合法または旧
　国民年金法の規定による障害年金の受給権をもったことがある人には，
　事後重症による障害基礎年金・障害厚生年金は支給されません。

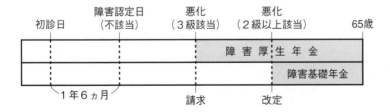

■障害等級表

障害の程度	障害 の 状 態
＜１級＞１	次に掲げる視覚障害
	イ　両眼の視力がそれぞれ0.03以下のもの
	ロ　１眼の視力が0.04，他眼の視力が手動弁以下のもの
	ハ　ゴールドマン型視野計による測定の結果，両眼のⅠ／４視標による周辺視野角度の和がそれぞれ80度以下かつⅠ／２視標による両眼中心視野角度が28度以下のもの
	ニ　自動視野計による測定の結果，両眼開放視認点数が70点以下かつ両眼中心視野視認点数が20点以下のもの
２	両耳の聴力レベルが100デシベル以上のもの
３	両上肢の機能に著しい障害を有するもの
４	両上肢の全ての指を欠くもの
５	両上肢の全ての指の機能に著しい障害を有するもの
６	両下肢の機能に著しい障害を有するもの
７	両下肢を足関節以上で欠くもの
８	体幹の機能に座っていることができない程度又は立ち上がることができない程度の障害を有するもの
９	前各号に掲げるもののほか，身体の機能の障害又は長期にわたる安静を必要とする病状が前各号と同程度以上と認められる状態であって，日常生活の用を弁ずることを不能ならしめる程度のもの
10	精神の障害であって，前各号と同程度以上と認められる程度のもの
11	身体の機能の障害若しくは病状又は精神の障害が重複する場合であって，その状態が前各号と同程度以上と認められる程度のもの
＜２級＞１	次に掲げる視覚障害
	イ　両眼の視力がそれぞれ0.07以下のもの
	ロ　１眼の視力が0.08，他眼の視力が手動弁以下のもの
	ハ　ゴールドマン型視野計による測定の結果，両眼のⅠ／４視標による周辺視野角度の和がそれぞれ80度以下かつⅠ／２視標による両眼中心視野角度が56度以下のもの
	ニ　自動視野計による測定の結果，両眼開放視認点数が70点以下かつ両眼中心視野視認点数が40点以下のもの
２	両耳の聴力レベルが90デシベル以上のもの
３	平衡機能に著しい障害を有するもの
４	そしゃくの機能を欠くもの
５	音声又は言語機能に著しい障害を有するもの
６	両上肢のおや指及びひとさし指又は中指を欠くもの

7	両上肢のおや指及びひとさし指又は中指の機能に著しい障害を有するもの
8	1上肢の機能に著しい障害を有するもの
9	1上肢の全ての指を欠くもの
10	1上肢の全ての指の機能に著しい障害を有するもの
11	両下肢の全ての指を欠くもの
12	1下肢の機能に著しい障害を有するもの
13	1下肢を足関節以上で欠くもの
14	体幹の機能に歩くことができない程度の障害を有するもの
15	前各号に掲げるもののほか，身体の機能の障害又は長期にわたる安静を必要とする病状が前各号と同程度以上と認められる状態であって，日常生活が著しい制限を受けるか，又は日常生活に著しい制限を加えることを必要とする程度のもの
16	精神の障害であって，前各号と同程度以上と認められる程度のもの
17	身体の機能の障害若しくは病状又は精神の障害が重複する場合であって，その状態が前各号と同程度以上と認められる程度のもの

（備考）　視力の測定は，万国式試視力表によるものとし，屈折異常があるものについては，矯正視力によって測定する。

＜3級――厚生年金保険＞

	障　害　の　状　態
1	次に掲げる視覚障害 イ　両眼の視力がそれぞれ0.1以下に減じたもの ロ　ゴールドマン型視野計による測定の結果，両眼のⅠ／4視標による周辺視野角度の和がそれぞれ80度以下に減じたもの ハ　自動視野計による測定の結果，両眼開放視認点数が70点以下に減じたもの
2	両耳の聴力が，40センチメートル以上では通常の話声を解することができない程度に減じたもの
3	そしゃく又は言語の機能に相当程度の障害を残すもの
4	脊柱の機能に著しい障害を残すもの
5	1上肢の3大関節のうち，2関節の用を廃したもの
6	1下肢の3大関節のうち，2関節の用を廃したもの
7	長管状骨に偽関節を残し，運動機能に著しい障害を残すもの
8	1上肢のおや指及びひとさし指を失ったもの又はおや指若しくはひとさし指を併せ1上肢の3指以上を失ったもの
9	おや指及びひとさし指を併せ1上肢の4指の用を廃したもの
10	1下肢をリスフラン関節以上で失ったもの
11	両下肢の十趾の用を廃したもの

12	前各号に掲げるもののほか，身体の機能に，労働が著しい制限を受けるか，又は労働に著しい制限を加えることを必要とする程度の障害を残すもの
13	精神又は神経系統に，労働が著しい制限を受けるか，又は労働に著しい制限を加えることを必要とする程度の障害を残すもの
14	傷病が治らないで，身体の機能又は精神若しくは神経系統に，労働が制限を受けるか，又は労働に制限を加えることを必要とする程度の障害を有するものであって，厚生労働大臣が定めるもの

＜障害手当金——厚生年金保険＞

	障　害　の　状　態
1	両眼の視力がそれぞれ0.6以下に減じたもの
2	1眼の視力が0.1以下に減じたもの
3	両眼のまぶたに著しい欠損を残すもの
4	両眼による視野が2分の1以上欠損したもの，ゴールドマン型視野計による測定の結果，Ⅰ／2視標による両眼中心視野角度が56度以下に減じたもの又は自動視野計による測定の結果，両眼開放視認点数が100点以下若しくは両眼中心視野視認点数が40点以下に減じたもの
5	両眼の調節機能及び輻輳機能に著しい障害を残すもの
6	1耳の聴力が，耳殻に接しなければ大声による話を解することができない程度に減じたもの
7	そしゃく又は言語の機能に障害を残すもの
8	鼻を欠損し，その機能に著しい障害を残すもの
9	脊柱の機能に障害を残すもの
10	1上肢の3大関節のうち，1関節に著しい機能障害を残すもの
11	1下肢の3大関節のうち，1関節に著しい機能障害を残すもの
12	1下肢を3センチメートル以上短縮したもの
13	長管状骨に著しい転位変形を残すもの
14	1上肢の2指以上を失ったもの
15	1上肢のひとさし指を失ったもの
16	1上肢の3指以上の用を廃したもの
17	ひとさし指を併せ1上肢の2指の用を廃したもの
18	1上肢のおや指の用を廃したもの
19	1下肢の第1趾又は他の4趾以上を失ったもの
20	1下肢の5趾の用を廃したもの
21	前各号に掲げるもののほか，身体の機能に，労働が制限を受けるか，又は労働に制限を加えることを必要とする程度の障害を残すもの
22	精神又は神経系統に，労働が制限を受けるか，又は労働に制限を加えることを必要とする程度の障害を残すもの

（備考）
1　視力の測定は，万国式試視力表によるものとし，屈折異常があるものについては，矯正視力によって測定する。
2　指を失ったものとは，おや指は指節間関節，その他の指は近位指節間関節以上を失ったものをいう。
3　指の用を廃したものとは，指の末節の半分以上を失い，又は中手指節関節若しくは近位指節間関節（おや指にあっては指節間関節）に著しい運動障害を残すものをいう。
4　趾を失ったものとは，その全部を失ったものをいう。〔障害手当金のみ〕
5　趾の用を廃したものとは，第1趾は末節の半分以上，その他の趾は遠位趾節間関節以上を失ったもの又は中足趾節関節若しくは近位趾節間関節（第1趾にあっては趾節間関節）に著しい運動障害を残すものをいう。

(2)支給される年金額

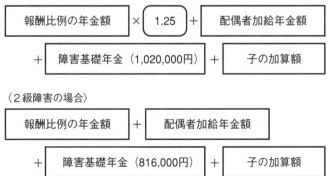

● 障害厚生年金・障害手当金の額は，報酬比例の年金額に一定の率をかけた額です。

● 1級障害厚生年金，2級障害厚生年金には，配偶者加給年金額が加算されます。

● また，1級・2級の障害厚生年金をうける人には，同時に，国民年金からも障害基礎年金（1級・2級）が支給されます。

● 障害基礎年金（1級・2級）には，子の加算額が加算されます。

〈1級障害の場合〉

| 報酬比例の年金額 | × | 1.25 | + | 配偶者加給年金額 |

| + | 障害基礎年金（1,020,000円） | + | 子の加算額 |

〈2級障害の場合〉

| 報酬比例の年金額 | + | 配偶者加給年金額 |

| + | 障害基礎年金（816,000円） | + | 子の加算額 |

＊上記の障害基礎年金の額はいずれも新規裁定者の額です。

〈３級障害の場合〉

報酬比例の年金額

〈３級より軽い場合〉（障害手当金）

報酬比例の年金額	×	2.0

●令和６年度の加給年金額・加算額

対　象　者	加給年金額・加算額	支給する制度
配　　偶　　者	234,800円	厚生年金保険
１人目・２人目の子	各234,800円	国　民　年　金
３人目以降の子	各 78,300円	（基　礎　年　金）

■障害の程度に応じて支給

　障害厚生年金の額，障害手当金の額は，障害の程度に応じて，報酬比例の年金額に一定の率をかけた額で，１級・２級の障害厚生年金には配偶者加給年金額が加算されます。

１級障害厚生年金＝報酬比例の年金額×1.25＋配偶者加給年金額

２級障害厚生年金＝報酬比例の年金額＋配偶者加給年金額

３級障害厚生年金＝報酬比例の年金額

障害手当金（一時金）＝報酬比例の年金額×2.0

＜令和６年度の３級の障害厚生年金の最低保障額＞

　３級の障害厚生年金の「報酬比例の年金額」には最低保障額が設けられていて，令和６年度の最低保障額は，780,900円に改定率1.045をかけて得た額の100円未満を四捨五入した816,000円に，４分の３をかけて得た額の100円未満を四捨五入した612,000円（既裁定者の場合は610,300円，ただし昭和31年度生まれの場合は612,000円）です。

＜１級または２級のみの障害厚生年金の最低保障額＞

　410頁の「障害基礎年金が支給されない１級または２級のみの障害厚生年金」の規定によって支給される１級または２級の障害厚生年金の報酬比例の年金額（１級については1.25をかけて得た額）には，平成17年４月から上記の３級の場合と同額の最低保障額が設けられています。

＜令和6年度の障害手当金の最低保障＞

障害手当金の「報酬比例の年金額×2.0」には最低保障額が設けられていて，令和6年度の最低保障額は，上記の3級の最低保障額の612,000円の2.0倍である1,224,000円（既裁定者の場合は1,220,600円，ただし昭和31年度生まれの場合は1,224,000円）です。

■報酬比例の年金額

障害厚生年金の報酬比例の年金額は，335頁の60歳台前半の老齢厚生年金の報酬比例部分と同様に計算されます。

＊障害厚生年金の報酬比例の年金額では，被保険者期間の月数が300月（25年）未満であっても300月で計算されます。

＊障害認定日の属する月後の被保険者期間は年金額の計算の基礎とされません。

＜従前額の保障＞

障害厚生年金の報酬比例の年金額には，60歳台前半の老齢厚生年金と同様，次の「本来水準の計算式」と「平成12年改正前の水準の計算式」の2つの式で計算された額のうち，いずれか高い方の額が支給される従前額の保障が行われています。

なお，平成15年4月から「総報酬制」が導入されています。これに伴い，報酬比例の年金額は，総報酬制導入前（平成15年3月以前）の被保険者期

●本来水準の計算式

$$\text{平成15年3月以前の期}^{※1}\text{間の平均標準報酬月額} \times \frac{7.125^{※3}}{1000} \times \text{平成15年3月以前の}^{※7}\text{被保険者期間の月数} +$$

$$\text{平成15年4月以後の期}^{※2}\text{間の平均標準報酬額} \times \frac{5.481^{※4}}{1000} \times \text{平成15年4月以後の}^{※7}\text{被保険者期間の月数}$$

●平成12年改正前の水準の計算式

$$\left(\text{平成15年3月以前の期}^{※1}\text{間の平均標準報酬月額} \times \frac{7.5^{※5}}{1000} \times \text{平成15年3月以前の}^{※7}\text{被保険者期間の月数} +\right.$$

$$\left.\text{平成15年4月以後の期}^{※2}\text{間の平均標準報酬額} \times \frac{5.769^{※6}}{1000} \times \text{平成15年4月以後の}^{※7}\text{被保険者期間の月数}\right)$$

$$\times \text{従前額改定率1.041}^{※8}$$

間と，総報酬制導入後（平成15年4月以後）の被保険者期間についてそれぞれ計算し，これらを合算した額となります。

※1　平成15年3月以前の期間の平均標準報酬月額

335頁の※1と同じ方法で計算します。

※2　平成15年4月以後の期間の平均標準報酬額

337頁の※2と同じ方法で計算します。

※3　7.125/1000

生年月日に関わらず1000分の7.125で，老齢厚生年金のような生年月日に応じた経過措置はありません。

※4　5.481/1000

生年月日に関わらず1000分の5.481で，老齢厚生年金のような生年月日に応じた経過措置はありません。

※5　7.5/1000

生年月日に関わらず1000分の7.5で，老齢厚生年金のような生年月日に応じた経過措置はありません。

※6　5.769/1000

生年月日に関わらず1000分の5.769で，老齢厚生年金のような生年月日に応じた経過措置はありません。

※7　被保険者期間の月数

338頁の※7と同じ方法で計算します。

※8　従前額改定率1.041

60歳台前半の老齢厚生年金と同じで，「平成12年改正前の水準の計算式」で計算する場合，昭和13年4月2日以後生まれの人については1.041，昭和13年4月1日以前生まれの人については1.043の従前額改定率をかけます。

●被保険者期間の月数が300月に満たない場合

平成15年3月以前と平成15年4月以後を合わせた全被保険者期間の月数が300月に満たないときは，「本来水準の計算式」と「平成12年改正前の水準の計算式」のそれぞれに「300月÷全被保険者期間の月数」をかけて，300月分に増額します。

●第3種被保険者期間がある人の平成15年3月以前に関する計算式

　年金額の計算の基礎となる被保険者期間の月数が300以上であり，その一部が第3種被保険者（坑内員・船員）としての被保険者期間である場合，平成15年3月以前の被保険者期間に関する報酬比例の年金額は，338頁と同じ方法で計算します。

■配偶者加給年金額

　1級または2級の障害厚生年金の受給権者が65歳未満の配偶者（大正15年4月1日以前生まれの配偶者には，年齢制限はありません）の生計を維持している場合，配偶者加給年金額の加算が行われます。

　平成23年4月からは，1級・2級の障害厚生年金の受給権が発生した後に受給権者が上記の配偶者の生計を維持するようになった場合にも，配偶者加給年金額が加算されています。

＊1級・2級の障害厚生年金の受給権発生時に生計を維持していなかったが，その後，平成23年4月前に生計を維持することとなった配偶者も，平成23年4月から，加給年金額の対象となっています。

＜令和6年度の配偶者加給年金額＞

　令和6年度の配偶者加給年金額は，224,700円に新規裁定者の改定率1.045をかけて得た額の100円未満を四捨五入した234,800円です。

＜配偶者が65歳になるまで加算＞

　配偶者が65歳になると配偶者自身が老齢基礎年金をうけられますので，配偶者加給年金額の加算は配偶者が65歳になると打ち切られます。その後は，配偶者自身の老齢基礎年金に振替加算が加算されます（315頁参照）。

　ただし，大正15年4月1日以前に生まれた配偶者には老齢基礎年金が支給されませんので，65歳以上の配偶者にも加給年金額が加算されます。

＜加給年金額の支給停止＞

　配偶者が，老齢厚生年金（年金額の計算の基礎となる厚生年金保険の被保険者期間が20年（中高齢者の期間短縮の特例15年〜19年に該当する場合は，その年数）以上であるものに限る），障害厚生年金，旧厚生年金保険法・旧船員保険法の老齢年金・障害年金，障害基礎年金，旧国民年金法の障害年金などをうけられる間は，配偶者加給年金額は支給停止となります（ただし，障害給付が全額支給停止されている場合は除きます）。

(3)年金請求の手続

■年金請求書を年金事務所などへ提出

＜初診日の加入制度が厚生年金保険であった人＞

　障害厚生年金の受給権が発生した人は「年金請求書（国民年金・厚生年金保険障害給付）」を年金事務所に提出します。

＜初診日の加入制度が国民年金であった人など＞

　ひとつの病気・けがによる障害について障害基礎年金のみ受給権が発生した人のうち，初診日において①国民年金の第1号被保険者であった人，②国内に居住し60歳以上65歳未満であった人（初診日より前に国民年金の被保険者であったことがあり，初診日には国民年金の被保険者でなかった人に限る），③20歳前であった人は「年金請求書（国民年金障害基礎年金）」を住所地の市区役所・町村役場に提出し，初診日において④国民年金の第3号被保険者であった人は「年金請求書（国民年金障害基礎年金）」を年金事務所に提出します。

＊一般に，年金は，請求が遅れても，受給権が発生していれば5年前まで遡ってその支給が認められますが，404・411頁の事後重症の場合，「請求することによって」受給権が発生するため注意が必要です。

■請求書に添付する書類等

　①基礎年金番号通知書（年金手帳）または被保険者証（添えることができないときはその理由書），②生年月日についての市区町村長の証明書（戸籍抄本など。年金請求書に個人番号（マイナンバー）を記入することで省略できる），③診断書および結核などの場合はレントゲンフィルム，④病歴・就労状況等申立書，⑤請求者・配偶者が公的年金等をうけている場合はその年金証書等の写し，⑥生計を維持している配偶者または子（年収850万円未満）がいるときは，配偶者・子の生年月日，請求者との関係を明らかにできる市区町村長の証明書（戸籍謄本など），そして生計維持を確認できる書類，⑦子が障害の状態にあるときは，診断書および結核などの場合はレントゲンフィルム，など。

年金請求書(国民年金・厚生年金保険障害給付)

様式第104号

〔障害基礎年金・障害厚生年金・障害手当金〕

年金コード **13**

430002 82

実施機関等

二次元コード

受付年月日

○ の なかに必要事項をご記入ください。
○ 印欄には、なにも記入しないでください。
○黒インクのボールペンでご記入ください。
給湿や、障害に伴う過度な化等により消色するインクを
用いたペンまたはボールペンは、使用しないでください。
○フリガナはカタカナでご記入ください。

個人番号(マイナンバー)で届出する場合は、6ページをご確認ください。

①	請求者の個人番号(マイナンバー)	1 3 5 7 1 2 3 4 5 6 7 8
	請求者の基礎年金番号	4 5 1 2 1 3 5 7 9 2
②	配偶者の個人番号(または基礎年金番号)	2 1 3 6 2 4 6 8 0 1 2 3

課所符号		進達番号		厚年資格
				10・20 21・22
船保資格	記録不要制度			作成原因
10・20 21・22	(厚年)(船保)(国年)(国共)(地共)(私学)			02
船 戦 加	重	未保	支保	配状

請求者
③生年月日 ㉝・平・合 **6 2 0 7 1 2**
④氏名 (フリガナ) イシカワ ジュンイチ (氏)**石川** (名)**淳一** ⑤性別 1.男 2.女
⑥住所 住所の郵便番号 **1 2 0 0 0 0 5** (フリガナ)アダチ **足立** 市区町村 アヤセ ガーデンアヤセ **綾瀬○-○-○ ガーデン綾瀬204**

社会保険労務士の提出代行者欄

電話番号 **03 - 0000 - 0000**
* 日中に連絡が取れる電話番号(携帯も可)をご記入ください。

※公金受取口座については、6ページをご確認ください。

⑦ 年金受取機関 ※
① 金融機関(ゆうちょ銀行を除く)
2. ゆうちょ銀行 (郵便局)
□ 公金受取口座として登録済の口座を指定

※1または①に○をつけ、希望する年金の受取口座を下欄に必ずご記入ください。
※また、指定する口座が公金受取口座として登録済の場合は、左欄に応じて記入ください。

(フリガナ) イシカワ ジュンイチ
口座名義人氏名 (氏)**石川** (名)**淳一**

年金送金先

金融機関
金融機関コード 支店コード (フリガナ) ○○
○ 銀行 金庫 信組 農協 信連 信漁連 信連 漁協 本店 支店 出張所 本所 本所 (フリガナ)アヤセ **綾瀬** 預金種別 ①普通 2.当座 口座番号(左詰めで記入) **3 5 6 7 8 9**

ゆうちょ銀行
貯金通帳の口座番号
記号(左詰めで記入) ー 番号(右詰めで記入)

金融機関またはゆうちょ銀行の証明欄
請求者の氏名(フリガナ)と口座名義人氏名(フリガナ)が同一であることをご確認ください。

○○銀行の印

※通帳等の写し(金融機関名、支店名、口座名義人氏名(フリガナ)、口座番号の前)を添付する
場合または公金受取口座を指定する場合、証明は不要です。

⑧配偶者	氏名	(フリガナ)イシカワ (氏)**石川**	ミエ (名)**美恵**	生年月日 昭㉝ **0 1 1 0 1 7**	連絡欄
⑨子	氏名	(フリガナ)イシカワ (氏)**石川**	マヤ (名)**麻耶**	生年月日 令 **2 6 0 3 2 1**	
	個人番号			障害の状態にある・ない ◆診	X線フィルムの送付 有・無 枚
	氏名	(フリガナ) (氏)	(名)	生年月日 平令	X線フィルムの返送 年 月 日
	個人番号			障害の状態にある・ない ◆診	

1

421

＜初診日に関する第三者からの申立書＞

　転院等で，請求者が初診日から継続して同一の医療機関で受診していないため，前々頁下の請求書に添付する書類等の③の診断書によって初診日を明らかにすることができないときは，「初診日に関する第三者からの申立書」を提出することになります。

＊平成27年10月に省令が改正され，上記の書類など，初診日を合理的に推定できる一定の書類を提出することにより，過去に「初診日の不明」により年金の請求が却下された場合のものを含め，本人が申し立てた日を初診日と認めることができることになっています。なお，第三者とは，隣人，友人，民生委員などとなっています。

(4)支給期間・年金額の改定など

■支給期間

　障害基礎年金は，障害認定日（20歳前に初診日がある場合の障害基礎年金（405頁参照）については，障害認定日以後に20歳に到達する場合，20歳到達日）の属する月の翌月（事後重症の場合は，請求があった月の翌月）から，死亡した月または障害等級表の１級・２級の障害の状態に該当しなくなった月まで支給されます。

　障害厚生年金は，障害認定日の属する月の翌月（事後重症の場合は，請求があった月の翌月）から，死亡した月または障害等級表の１級，２級または３級の障害の状態に該当しなくなった月まで支給されます。

■年金額の改定

＜障害の程度が重くなったり軽くなったとき＞

　障害基礎年金・障害厚生年金の支給をうけている間に障害の程度が重くなったり軽くなったりしたときは，障害状態確認届（295頁参照）の提出または受給権者本人の請求により年金額が改定されます。

　障害の程度が重くなったときの本人の請求は，原則として，障害基礎年金・障害厚生年金の受給権を取得した日または額改定の審査を受けた日か

ら1年を経過した日後でなければ行えませんが，平成26年4月から，障害の程度が明らかに増進したことが確認できるときには，1年以内であっても行えます。

また，3級の障害厚生年金の支給をうけている人の障害の程度が2級以上に悪化した場合は，障害厚生年金の額が改定されると同時に，新たに障害基礎年金の受給権が発生します。ただし，障害厚生年金の受給権者のうち，同一の病気・けがについて障害基礎年金の受給権を有しない65歳以上の人については，障害厚生年金の額の改定および障害基礎年金の支給は行われません。

＊**手続**──年金事務所などに「障害給付　額改定請求書」を提出します。

■年金の支給停止と失権

障害厚生年金は，受給権者の障害の程度が軽くなり障害等級の3級以上に該当しなくなったときは，3級以上に該当しない間その支給が停止され，その後障害の程度が重くなり3級以上に該当するようになったときに支給が再開されます。

障害基礎年金は，受給権者の障害の程度が軽くなり障害等級の2級以上に該当しなくなったときは，2級以上に該当しない間その支給が停止され，その後障害の程度が重くなり2級以上に該当するようになったときに支給が再開されます。

ただし，障害基礎年金も障害厚生年金も，受給権者の障害の程度が3級以上に該当しなくなった場合は，①3級以上に該当しないまま3年が経過したとき（3年が経過した日において65歳以上である場合に限る），また②3級以上に該当しないまま65歳に到達したとき（3級以上に該当しない状態が65歳到達日まで3年以上継続している場合に限る）に，その受給権が消滅します（失権）。したがって，この失権後に障害の程度が重くなっても，支給が再開されることはありません。

障害の程度が3級以上に
該当しない程度に軽快　　　65歳到達前に3級以上に再び障害悪化

障害厚生年金支給	支　給　停　止	障害厚生年金再支給

▲**本人の届出**

＊手続——障害厚生年金の受給権者は，障害の程度が３級以上に該当しなくなったときは「障害給付受給権者　障害不該当届」を年金事務所などに提出します。また，失権する前に再び３級以上に該当するようになったときは「老齢・障害給付　受給権者支給停止事由消滅届」を提出します。

＜支給停止後の障害手当金＞

　障害基礎年金または障害厚生年金の受給権者が別の病気・けがによる障害について障害手当金の受給要件を満たしているときは，障害手当金のほうの病気・けがが治った日（404頁参照）において障害年金のほうの障害の程度が３級以上に該当せず，しかもその３級以上に該当しない状態が３年以上継続している場合に限って，障害手当金が支給されます。

■別の病気・けがで障害が生じたとき

＜１級または２級障害のとき＞

　障害厚生年金（過去に障害の程度が２級以上に該当したことがあるものに限る）の受給権者について，その後，新たに別の病気・けがで障害が残り，それだけで２級以上の障害厚生年金の受給権が発生したときは，２つの年金の支給は行われず，２つの障害を合わせた障害の程度による新たな障害厚生年金が支給されることになります。

　障害基礎年金についても，同様に取り扱われます。

　また，障害厚生年金（過去に障害の程度が２級以上に該当したことがあるものに限る）の受給権者が厚生年金保険の被保険者の資格を喪失した後，別の病気・けがによる障害について障害基礎年金だけ受給権が発生したときは，２つの障害を合わせた障害の程度に応じて，障害厚生年金の額が改定されます。

＜その他障害のとき＞

　２級または３級の障害厚生年金（過去に障害の程度が２級以上に該当したことがあるものに限る）の受給権者が，その支給事由となった病気・けがの初診日よりも後であって厚生年金保険の被保険者である間に初診日のある別の病気・けがで，２級以上に該当しない程度の障害（その他障害といいます）が生じ，その他障害の障害認定日以後65歳になるまでの間に，２つの障害を合わせた障害の程度がその障害厚生年金単独の障害の程度よ

り重くなったときは，本人の請求により年金額が改定されます。

障害基礎年金についても，同様に取り扱われます。

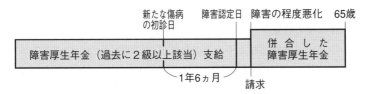

同じしくみにより，障害が軽快したため支給停止になっていた障害厚生年金（障害基礎年金）の支給が再開される場合があります。

なお，その他障害の保険料納付要件は，404頁と同様です。

＜基準傷病による障害のとき＞

障害認定日に障害の程度が２級以上に該当しなかった人が，国民年金の被保険者である間または60歳以上65歳未満で国内居住中に別の病気・けが（基準傷病といいます）で初診をうけ，基準傷病の障害認定日以後65歳になるまでの間に，基準傷病による障害と他の障害とを合わせて，はじめて２級以上に該当したときは，本人の請求により，請求月の翌月分から障害基礎年金が支給されます。

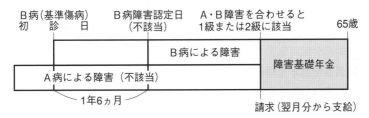

また，厚生年金保険の被保険者である間に初診日のある別の病気・けが（基準傷病）の障害認定日以後65歳になるまでの間に，基準傷病による障害と他の障害とを合わせて，はじめて２級以上に該当したときは，障害基礎年金に加えて障害厚生年金が支給されます。

基準傷病とは，①初診日において被保険者であること（障害基礎年金では60歳以上65歳未満の国内居住者であれば国民年金の被保険者でなくてもよい），②404頁の保険料納付要件を満たしていること，③初診日が基準傷病以外の病気・けがの初診日以後であることという３つの条件がそろった

病気・けがをいいます。

■加算対象者が増減したとき

<子の加算額の改定>

子の加算額の対象となる子が次のいずれかに該当したため，子の数に増減が生じたときは，その増減に応じて，増減した月の翌月から年金額が改定されます。

(1) 増額改定

障害基礎年金の受給権が発生した日の翌日以後に新たに子の生計を維持するようになったときは，加算額が増額されます。

(2) 減額改定

①死亡したとき，②受給権者による生計維持の状態がやんだとき，③婚姻したとき，④受給権者の配偶者以外の人の養子となったとき，⑤離縁によって受給権者の子でなくなったとき，⑥18歳到達年度の末日（3月31日）を経過したとき（2級以上の障害の状態にあるときを除く），⑦18歳到達年度の末日を経過した後，2級以上の障害の状態に該当しなくなったとき，⑧20歳に達したとき（2級以上の障害の状態にある子）

＊手続──(1)に該当したときは「障害給付加算額・加給年金額加算開始事由該当届」を，(2)の①～⑤，⑦のいずれかに該当したときは「加算額・加給年金額対象者不該当届」を年金事務所などに提出します。

<配偶者加給年金額の改定>

(1) 増額改定

1級・2級の障害厚生年金の受給権が発生した日の翌日以後に新たに配偶者の生計を維持するようになったときは，その翌月から加給年金額が加算されて年金額が増額改定されます。

(2) 減額改定

配偶者加給年金額の対象になっていた配偶者が次のいずれかに該当したときは，その翌月から，①～④の場合は年金額が配偶者加給年金額を差し引いた額に改定され，⑤の場合は配偶者加給年金額相当部分が支給停止となります。

①死亡したとき，②受給権者による生計維持の状態がやんだとき，③離

婚したとき，④65歳に達したとき（大正15年4月1日以前に生まれた配偶者を除く），⑤配偶者が老齢厚生年金（被保険者期間が20年以上または中高齢者の特例15年〜19年以上であるものに限る），障害厚生年金，障害基礎年金などをうけられるようになったとき（419頁参照）

*手続──(1)に該当したときは「障害給付加算額・加給年金額加算開始事由該当届」を，(2)の①〜③のいずれかに該当したときは「加算額・加給年金額対象者不該当届」を，⑤に該当したときは「老齢・障害給付　加給年金額支給停止事由該当届」を年金事務所などに提出します。

■業務上の病気・けがで障害者になった場合

業務上の病気・けがによる障害についても，障害厚生年金・障害基礎年金が支給されます。

業務災害または通勤災害が原因で病気・けがをして障害者になり，労災保険で障害（補償）年金または傷病（補償）年金をうけることができるときは，障害厚生年金・障害基礎年金と労災保険の障害（補償）年金または傷病（補償）年金との両方の給付をうけることができます。ただし，労災保険の障害（補償）年金および傷病（補償）年金は所定の率で減額されます。

また，業務上の病気・けがによる障害について，労働基準法の障害補償をうけられるときは，障害厚生年金・障害基礎年金は6年間支給停止となり，7年目から支給されます。（この場合は，「障害基礎・厚生年金受給権者　業務上障害補償の該当届」を年金事務所などに提出します。）

*障害手当金は，労災保険の障害補償給付（公務員の災害補償を含む）等をうけられる人のほか，厚生年金保険，国民年金の年金給付をうけられる人には支給されません（例外は424頁参照）。

4 遺族給付

1 遺族基礎年金

●国民年金の遺族基礎年金は，次の(1)～(4)のいずれかに該当する人が死亡したときに，その人の遺族（子のある配偶者または子）に支給されます。ただし，(1)，(2)に該当する場合は一定の保険料納付要件を満たしていることが必要です。

(1) 国民年金の被保険者であること。

(2) 国民年金の被保険者でなくなった後，60歳以上65歳未満で日本国内に住んでいること。

(3) 老齢基礎年金の受給権者（保険料納付済期間と保険料免除期間と合算対象期間を合算した期間が25年以上である場合に限る）であること。

(4) 保険料納付済期間と保険料免除期間と合算対象期間を合算した期間が25年以上であること。

※(3)および(4)において，老齢基礎年金の資格期間が25年以上であるかどうかを判断する際には，平成29年8月以後も，307頁の〈昭和5年4月1日以前に生まれた人の特例〉と310頁の〈共済組合の組合員期間の特例〉は資格期間短縮の特例として存続します。

●令和6年度の遺族基礎年金の年金額は，816,000円（配偶者が既裁定者の場合は813,700円，ただし配偶者が昭和31年度生まれの場合は816,000円）に，子の加算額を加えた額です。

●子の加算額は，老齢厚生年金の子の加給年金額と同額です。

■必要な保険料納付要件

遺族基礎年金は，①国民年金の被保険者，②国民年金の被保険者でなくなった後60歳以上65歳未満で日本国内に住んでいる人，③老齢基礎年金の受給権者（保険料納付済期間と保険料免除期間と合算対象期間を合算した期間が25年以上である場合に限る），④保険料納付済期間と保険料免除期間と合算対象期間を合算した期間が25年以上である人が死亡した場合に支給されますが，①または②の人については，死亡日前に国民年金の保険料を納めなければならない期間がある場合に次の(1)または(2)の保険料納付要件を満たしていなければなりません。

なお，国民年金の保険料を納めなければならない期間とは，死亡した月の前々月までの国民年金の被保険者期間のことですが，死亡日が平成３年５月１日前の場合は，死亡した月前の直近の基準月（１月，４月，７月，10月）の前月までの国民年金の被保険者期間です。

また，保険料納付要件を満たしているかどうかを確認する場合は，厚生年金保険の第３種被保険者である坑内員・船員の被保険者期間を国民年金の保険料納付済期間に算入する際に，昭和61年３月以前の実際の月数を３分の４倍したり，昭和61年４月から平成３年３月までの実際の月数を５分の６倍したりせず（308頁参照），これらの期間も実際の月数で計算します。

(1) 死亡日の前日において，国民年金の保険料納付済期間（305頁参照）と保険料免除期間（305頁参照。学生納付特例制度または納付猶予制度により保険料の全額免除をうけた期間のうち，保険料を追納しなかった期間を含む）とを合算した期間が，国民年金の保険料を納めなければならない期間の３分の２以上あること。つまり，保険料を滞納した期間が３分の１以下であること。

(2) 令和8年4月1日前に65歳未満で死亡した場合は，(1)の要件を満たさなくても，死亡日の前日において，直近1年間の国民年金の保険料を納めなければならない期間のうちに保険料の滞納がないこと。

■遺族の範囲

遺族基礎年金をうけることができる遺族は，死亡した人によって生計を維持されていた次の人です（時点はすべて死亡当時）。

(1) 死亡した人の配偶者であって，死亡した人によって生計を維持されていた(2)に該当した子と生計を同一にしていた人

(2) 死亡した人の18歳到達年度の末日（3月31日）までの子または20歳未満で1級・2級の障害の状態にある子

ただし，子に対する遺族基礎年金は，配偶者が遺族基礎年金をうけている間，または生計を同一にするその子の父か母がいる間は支給停止となります。

＊現に婚姻している子は，上記(1)，(2)の子として扱われません。また，死亡当時胎児であった子が生まれたときは，将来に向かって，その子は死亡当時，死亡した人によって生計を維持されていたものとみなされ，配偶者は死亡当時その子と生計を同一にしていたものとみなされます。

＊「配偶者」は，平成26年4月1日前に死亡日があるときには「妻」とされます。

■行方不明の場合も含む

「死亡」には，死亡の推定や失踪宣告が行われた場合も含まれます。

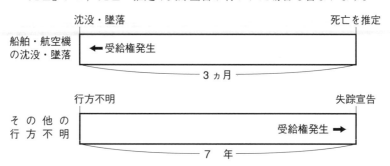

①沈没・墜落した船舶・航空機に乗っていた人あるいは②船舶・航空機に乗っていてその航行中に行方不明となった人の生死が3ヵ月間わからない場合や，①あるいは②の人の死亡が3ヵ月以内に明らかになったけれどもいつ死亡したのかがわからない場合は，①の人については沈没・墜落の日に，②の人については行方不明となった日に，その人は死亡したものと推定され，その日に受給権が発生します（死亡の推定）。

失踪宣告は，行方不明になってから7年間生死がわからないときに利害関係人の請求によって行われるもので，失踪宣告をうけた人はその7年が経過したときに死亡したものとみなされます。そこで，失踪宣告が行われた場合に遺族基礎年金の支給要件をそのままあてはめると，保険料納付要件と生計維持要件を満たすことが困難になるため，保険料納付要件と生計維持要件は，行方不明になった時点で判断することになっています。この場合でも，身分関係，年齢および障害の状態については，失踪宣告により死亡日とみなされた日（行方不明になってから7年が経過した日）で判断し，受給権が発生する日は失踪宣告により死亡日とみなされた日となります。

■遺族基礎年金の額

遺族基礎年金の額は，基本額に子の数に応じた額を加算したものです。

＜令和6年度の基本額＞

令和6年度の遺族基礎年金の基本額は，780,900円に改定率1.045をかけて得た額の100円未満を四捨五入した816,000円（配偶者が既裁定者の場合は改定率は1.042で基本額は813,700円，ただし配偶者が昭和31年度生まれの場合は816,000円）です。

●配偶者がうける遺族基礎年金の額

前頁(1)で述べたように，配偶者が遺族基礎年金の受給権を取得するためには，死亡した人と生計を同一にしていた子がいることが要件となります。配偶者がうける遺族基礎年金の額は基本額に「子の加算額」を加算したもので，そのような要件に該当する子が何人いるかによって異なります。

＜令和6年度の配偶者がうけるときの子の加算額＞

令和6年度の遺族基礎年金の子の加算額は，1人目・2人目については224,700円に新規裁定者の改定率1.045をかけて得た額の100円未満を四捨五

入した各234,800円。3人目以降については74,900円に新規裁定者の改定率1.045をかけて得た額の100円未満を四捨五入した各78,300円です。

	基本額	子の加算額	合計
子が1人のとき	816,000円	234,800円	1,050,800円
配偶者が既裁定者のとき	813,700円	234,800円	1,048,500円
子が2人のとき	816,000円	469,600円	1,285,600円
配偶者が既裁定者のとき	813,700円	469,600円	1,283,300円
子が3人のとき	816,000円	547,900円	1,363,900円
配偶者が既裁定者のとき	813,700円	547,900円	1,361,600円

＊子が4人以上のときは，子が3人のときの配偶者の額に1人につき78,300円を加算します。

＊配偶者が昭和31年度生まれの場合は上段の額となります。

●子がうける遺族基礎年金の額

　子がうける遺族基礎年金の額は，遺族基礎年金の受給権者である子が1人しかいない場合には，令和6年度の基本額の816,000円となります。

　遺族基礎年金の受給権者である子が複数いる場合には，1人の子がうける遺族基礎年金の額は，基本額に次の「子の加算額」を加算した額を，その子の数で割って得た額の1円未満を四捨五入した額となります。

＜令和6年度の子がうけるときの子の加算額＞

　令和6年度の子がうける場合の子の加算額は，2人目については234,800円。3人目以降については各78,300円です。

	基本額	子の加算額	合計	1人がうける額
1人のとき	816,000円	0円	816,000円	816,000円
2人のとき	816,000円	234,800円	1,050,800円	525,400円
3人のとき	816,000円	313,100円	1,129,100円	376,367円

＊子が4人以上いる場合の，1人の子がうける額は，3人のときの額に1人につき78,300円を加算した額を人数で割って得た額の1円未満を四捨五入した額です。

＜支給停止＞

　子に対する遺族基礎年金は，配偶者が遺族基礎年金をうけている間，または生計を同一にするその子の父または母がいる間は支給停止となります。

② 遺族厚生年金

⑴支給をうける条件

●遺族厚生年金は，所定の要件を満たす厚生年金保険の被保険者または被保険者であった人が死亡した場合に支給されます。受給権者が，子のある配偶者または子であれば，これらの遺族に遺族基礎年金も支給される場合があり，その場合には遺族厚生年金と遺族基礎年金を合わせてうけることとなります。

●遺族が，子のない配偶者，父母・孫・祖父母の場合には，遺族基礎年金は支給されず，遺族厚生年金のみが支給されます（夫・父母・祖父母については，55歳以上であることが必要）。

〈子のある配偶者の場合〉

遺 族 厚 生 年 金
遺 族 基 礎 年 金

〈子の場合〉

遺 族 厚 生 年 金
遺 族 基 礎 年 金

＊夫と子には，年齢制限などがあります。

〈子のない中高齢の妻の場合〉

遺 族 厚 生 年 金
中高齢の加算

〈その他の人の場合〉

遺 族 厚 生 年 金

■被保険者が死亡したときなどに支給

遺族厚生年金は，次のいずれかの場合に支給されます。

① 厚生年金保険の被保険者が死亡したとき

② 厚生年金保険の被保険者であった間に初診日がある病気・けがにより初診日から5年以内に死亡したとき

③　1級または2級の障害厚生年金の受給権者が死亡したとき

④　老齢厚生年金の受給権者または保険料納付済期間と保険料免除期間と合算対象期間を合算した期間が25年以上である人が死亡したとき

※④において，資格期間が25年以上であるかどうかを判断する際には，平成29年8月以後も，307頁の〈昭和5年4月1日以前に生まれた人の特例〉と310頁の〈共済組合の組合員期間の特例〉は資格期間短縮の特例として存続します。

　①または②の場合には，遺族基礎年金の保険料納付要件を満たしていなければなりません。遺族基礎年金の保険料納付要件は，国民年金の保険料を納めなければならない期間のうち，保険料を滞納した期間が3分の1以下であるか，直近1年間に保険料の滞納がない（令和8年4月1日前に65歳未満で死亡した場合に限る）ことが条件ですが，厚生年金保険の被保険者（老齢基礎年金等の受給権を有する65歳以上の人を除く）は同時に国民年金の第2号被保険者となり，その期間は国民年金の保険料納付済期間となりますので，①の場合には，国民年金の第1号被保険者で保険料を滞納していた人が厚生年金保険加入直後に死亡したような場合でない限り，保険料納付要件を満たすことになります。

＜短期と長期の遺族厚生年金＞

　前記の①〜③のいずれかに該当するものを「短期の遺族厚生年金」，④に該当するものを「長期の遺族厚生年金」と呼びます。

　短期と長期のいずれにも該当するときは短期の遺族厚生年金が支給されますが，請求時に遺族が希望すれば長期の遺族厚生年金が支給されます。

　なお，303頁の第1号から第4号までの複数の種別の厚生年金保険の期間がある人の場合，短期の遺族厚生年金は1つの年金のみが支給されますが，長期の遺族厚生年金は各実施機関から年金が支給されます。

■遺族の範囲

　遺族厚生年金をうけることができる遺族は，死亡した人によって生計を維持されていた次の人です（時点はすべて死亡当時）。

①　配偶者（妻には年齢制限はないが，夫は55歳以上であること）

②　子（18歳到達年度の末日までにあるか，または20歳未満で1級・2級

の障害の状態にあること）

③　父母（55歳以上であること）

④　孫（18歳到達年度の末日までにあるか，または20歳未満で1級・2級の障害の状態にあること）

⑤　祖父母（55歳以上であること）

※法律改正により，平成26年4月1日以後に死亡日があるときには子のある夫にも遺族基礎年金が支給されますが，遺族厚生年金の夫の年齢制限については，上記①のように改正が行われていません。ただし，遺族基礎年金の受給権がある夫については，60歳になるまでの遺族厚生年金の支給停止は法律改正によってなくなっています。

※現に婚姻している子と孫は除かれます。また，死亡当時胎児であった子が生まれたときは，将来に向かって，その子は死亡当時，死亡した人によって生計を維持されていたものとみなされます。

＊夫，父母，祖父母については，被保険者等が平成8年3月以前に死亡した場合には，これらの遺族が1級または2級の障害の状態であれば，死亡当時55歳未満であっても，そのときから遺族厚生年金が支給されます。

＜支給順位＞

遺族厚生年金をうける遺族の順位は，次のとおりです。

①　配偶者（妻または夫）と子

②　父母（配偶者も子もいない場合）

③　孫（配偶者も子も父母もいない場合）

④　祖父母（配偶者も子も父母も孫もいない場合）

なお，①の配偶者または子に遺族厚生年金の受給権が発生すると，遺産相続の場合とちがい，②以下の人には遺族厚生年金の受給権は発生しません。同様に②の父母に受給権が発生すると③以下の人に，③の孫に受給権が発生すると④の祖父母に受給権は発生しません。

また，遺族厚生年金をうけられる先順位者が受給権を失った場合でも，次順位の人が受給権を得る（転給）ということはありません。

＜支給停止＞

①　夫，父母または祖父母に支給される遺族厚生年金は，60歳になるまで支給停止となります（上記＊の遺族が1級または2級の障害の状態にあ

る間を除く)。ただし，遺族基礎年金の受給権がある夫については，支
給停止されません。

② 子に支給される遺族厚生年金は，配偶者が遺族厚生年金の受給権を
もっている間は支給停止されます。ただし，配偶者に支給される遺族厚
生年金が，遺族基礎年金の受給権のない夫が60歳未満であることによっ
て，あるいは次の③によって支給停止されているときは，子への遺族厚
生年金は支給停止されません。

③ 配偶者に支給される遺族厚生年金は，その額に438頁〈遺族基礎年金
をうけられないときの加算〉の額が加算されることも配偶者が遺族基礎
年金の受給権をもつこともない場合には，子が遺族基礎年金または438
頁〈遺族基礎年金をうけられないときの加算〉の額が加算された遺族厚
生年金の受給権をもつ間は，支給停止となります。

■旧制度の年金受給者が死亡したときなど

大正15年4月1日以前に生まれた人のうち，旧厚生年金保険法，旧船員
保険法または旧共済組合法の障害年金（1級・2級）の受給権者，昭和61
年4月1日前の厚生年金保険の被保険者であった間に発した病気・けがに
より初診日から5年以内に死亡した人，旧厚生年金保険法または旧共済組
合法の老齢・退職年金給付（通算年金を含む）の受給権者が，昭和61年4
月1日以後に死亡した場合は，新年金制度の遺族基礎年金が支給されます。
また，遺族厚生年金の支給要件についても，旧制度に関連する経過措置が
あります。

(2)支給される年金額

- ●遺族厚生年金の額は，報酬比例の年金額の４分の３に相当する額です。
- ●死亡当時40歳以上で子のない妻がうける遺族厚生年金には，40歳から65歳までの間，中高齢の加算があります。

〈子のある配偶者がうける場合〉

報酬比例の年金額	×	$\dfrac{3}{4}$

+ 遺族基礎年金(816,000円) + 子の加算額

＊夫には年齢制限があります。
＊上記の遺族基礎年金の額は，配偶者が既裁定者の場合は813,700円（昭和31年度生まれの場合は816,0000円）となります。

〈子がうける場合〉

報酬比例の年金額	×	$\dfrac{3}{4}$

+ 遺族基礎年金(813,700円) + ２人目以降の子の加算額

〈子のない中高齢の妻がうける場合〉

報酬比例の年金額	×	$\dfrac{3}{4}$	+	中高齢の加算

〈その他の人がうける場合〉

報酬比例の年金額	×	$\dfrac{3}{4}$

■報酬比例の年金額の4分の3相当額

　遺族厚生年金の額（遺族が，老齢厚生年金の受給権をもつ65歳以上の配偶者である場合（444頁参照）を除く）は，報酬比例の年金額の4分の3に相当する額（配偶者以外の複数の受給権者に支給される場合は，さらに，その受給権者の数で割って得た額）で，中高齢の子のない妻がうける場合には中高齢の加算または経過的寡婦加算が行われます。

＜遺族基礎年金をうけられないときの加算＞

　子（18歳到達年度の末日までの子または20歳未満で1級・2級の障害の状態にある子）のある配偶者，または子（同上）が，遺族厚生年金の受給権はもつけれども遺族基礎年金の受給権をもたない場合（1級・2級の障害厚生年金の受給権者が海外で国民年金に任意加入しないまま死亡したときなど）には，遺族基礎年金の基本額および子の加算額に相当する額が遺族厚生年金に加算されます。

■報酬比例の午金額

　遺族厚生年金の報酬比例の年金額は，335頁の60歳台前半の老齢厚生年金の報酬比例部分と同様に計算されます。

＊短期の遺族厚生年金（433・434頁の①〜③のいずれかに該当することによって支給される遺族厚生年金）では，被保険者期間の月数が300月（25年）未満であっても300月で計算されます。

＜従前額の保障＞

　遺族厚生年金の報酬比例の年金額には，60歳台前半の老齢厚生年金と同様，次の「本来水準の計算式」と「平成12年改正前の水準の計算式」の2つの式で計算された額のうち，いずれか高い方の額が支給される従前額の保障が行われています。

　なお，平成15年4月から「総報酬制」が導入されています。これに伴い，報酬比例の年金額は，総報酬制導入前（平成15年3月以前）の被保険者期間と，総報酬制導入後（平成15年4月以後）の被保険者期間についてそれぞれ計算し，これらを合算した額となります。

●本来水準の計算式

$$
\begin{pmatrix}
\text{平成15年3月以前の期}^{※1} \\
\text{間の平均標準報酬月額}
\end{pmatrix}
\times
\begin{matrix}
\text{生年月日に応じて}^{※3} \\
9.5\sim7.125/1000
\end{matrix}
\times
\begin{pmatrix}
\text{平成15年3月以前の}^{※7} \\
\text{被保険者期間の月数}
\end{pmatrix}
+
$$

$$
\begin{pmatrix}
\text{平成15年4月以後の期}^{※2} \\
\text{間の平均標準報酬額}
\end{pmatrix}
\times
\begin{matrix}
\text{生年月日に応じて}^{※4} \\
7.308\sim5.481/1000
\end{matrix}
\times
\begin{pmatrix}
\text{平成15年4月以後の}^{※7} \\
\text{被保険者期間の月数}
\end{pmatrix}
$$

●平成12年改正前の水準の計算式

$$
\left(
\begin{pmatrix}
\text{平成15年3月以前の期}^{※1} \\
\text{間の平均標準報酬月額}
\end{pmatrix}
\times
\begin{matrix}
\text{生年月日に応じて}^{※5} \\
10\sim7.5/1000
\end{matrix}
\times
\begin{pmatrix}
\text{平成15年3月以前の}^{※7} \\
\text{被保険者期間の月数}
\end{pmatrix}
+
\right.
$$

$$
\left.
\begin{pmatrix}
\text{平成15年4月以後の期}^{※2} \\
\text{間の平均標準報酬額}
\end{pmatrix}
\times
\begin{matrix}
\text{生年月日に応じて}^{※6} \\
7.692\sim5.769/1000
\end{matrix}
\times
\begin{pmatrix}
\text{平成15年4月以後の}^{※7} \\
\text{被保険者期間の月数}
\end{pmatrix}
\right)
$$

$$
\times \text{従前額改定率}1.041^{※8}
$$

※1　平成15年3月以前の期間の平均標準報酬月額

死亡した人について335頁の※1と同じ方法で計算します。

※2　平成15年4月以後の期間の平均標準報酬額

死亡した人について337頁の※2と同じ方法で計算します。

※3　生年月日に応じて9.5～7.125/1000

短期の遺族厚生年金（433・434頁の①～③のいずれかに該当することによって支給される遺族厚生年金）では，死亡した人の生年月日に関わらず1000分の7.125ですが，長期の遺族厚生年金（434頁の2行目の④に該当することによって支給される遺族厚生年金）では，死亡した人の生年月日に応じて333頁の表の「報酬比例部分の乗率①」です。

※4　生年月日に応じて7.308～5.481/1000

短期の遺族厚生年金では，死亡した人の生年月日に関わらず1000分の5.481ですが，長期の遺族厚生年金では，死亡した人の生年月日に応じて333頁の表の「報酬比例部分の乗率③」です。

※5　生年月日に応じて10～7.5/1000

短期の遺族厚生年金では，死亡した人の生年月日に関わらず1000分の7.5ですが，長期の遺族厚生年金では，死亡した人の生年月日に応じて333頁の表の「報酬比例部分の乗率②」です。

※6　生年月日に応じて7.692～5.769/1000

短期の遺族厚生年金では，死亡した人の生年月日に関わらず1000分の

5.769ですが，長期の遺族厚生年金では，死亡した人の生年月日に応じて333頁の表の「報酬比例部分の乗率④」です。

※7　被保険者期間の月数

死亡した人について338頁の※7と同じ方法で計算します。

※8　従前額改定率1.041

60歳台の老齢厚生年金と同じで，従前額改定率は1.041（死亡した人が昭和13年4月1日以前生まれのときは1.043）となります。

●被保険者期間の月数が300月に満たない場合

短期の遺族厚生年金では，被保険者期間の月数が300月未満のときは300月で計算されますが，平成15年3月以前と平成15年4月以後を合わせた全被保険者期間の月数が300月に満たないときは，「本来水準の計算式」と「平成12年改正前の水準の計算式」のそれぞれに「300月÷全被保険者期間の月数」をかけ，300月分に増額します。

●第3種被保険者期間がある人の平成15年3月以前に関する計算式

短期の遺族厚生年金では年金額計算の基礎となる被保険者期間の月数が300月以上の場合，長期の遺族厚生年金では年金額計算の基礎となる被保険者期間が20年以上もしくは中高齢者の期間短縮の特例15年～19年以上の場合で，それらの一部が第3種被保険者（坑内員・船員）としての被保険者期間である場合，平成15年3月以前の被保険者期間に関する報酬比例の年金額は，338頁と同じ方法で計算します。

■中高齢の加算

遺族基礎年金は子のない妻には支給されませんし，子のある妻でもすべての子が18歳到達年度の末日を経過する（障害の状態にある子については20歳になる）と遺族基礎年金は支給されなくなります。

そこで，夫の死亡当時の妻の年齢が40歳以上であれば，子のない妻がうける遺族厚生年金（長期の遺族厚生年金（434頁の2行目の④に該当することによって支給される遺族厚生年金）では，夫の厚生年金保険の被保険者期間が20年以上または中高齢者の期間短縮の特例15年～19年以上（308頁参照）である場合に限る）には，妻が65歳になるまでの間，加算が行われます（中高齢の加算）。

　また，妻が40歳になった当時，子がいるため遺族基礎年金をうけていた
場合は，すべての子が18歳到達年度の末日を経過し（障害の状態にある子
については20歳になり）遺族基礎年金をうけられなくなってから，妻が65
歳になるまでの間，子のない妻としてうける遺族厚生年金（長期の遺族厚
生年金については上と同じ）に中高齢の加算が行われます。

　なお，平成19年3月以前に受給権が発生した遺族厚生年金の場合，「40歳」
は「35歳」に置き換わり，「65歳になるまでの間」は「40歳以上65歳未満
である間」に置き換わります。

＜令和6年度の中高齢の加算額＞

　令和6年度の中高齢の加算額は，780,900円に新規裁定者の改定率1.045
をかけて得た額の100円未満を四捨五入した816,000円に，4分の3をかけ
て得た額の100円未満を四捨五入した612,000円です。

〈子のない妻の場合〉

〈子のある妻の場合〉

■経過的寡婦加算

　遺族厚生年金をうけている人が65歳に達すると，それまで遺族厚生年金
に加算されていた中高齢の加算は行われなくなります。

　経過的寡婦加算は，昭和61年3月31日に30歳以上であった昭和31年4月
1日以前に生まれた遺族厚生年金の受給権者である妻が65歳に達したとき
に，それまでの中高齢の加算に代えて加算するもので，これによって遺族
である65歳以上の妻には，一定水準の年金額が保障されています。

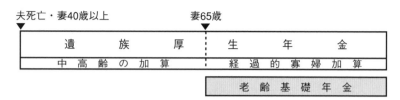

経過的寡婦加算の額は，対象者が昭和61年4月以後60歳に達するまで国民年金に加入した場合の老齢基礎年金の額に相当する額を合わせて満額の老齢基礎年金の4分の3となるようにという考え方で設定され，具体的には，下の式で計算されます。

なお，65歳以上ではじめて遺族厚生年金の受給権が発生した昭和31年4月1日以前生まれの妻についても経過的寡婦加算が行われますが，この場合も中高齢の加算と同様に，長期の遺族厚生年金では，夫の厚生年金保険の被保険者期間が20年以上または中高齢者の期間短縮の特例15年～19年以上であることが必要です。

※平成18年4月から，65歳以上の人について，遺族厚生年金と障害基礎年金または旧国民年金法の障害年金の併給が可能になっています（473・474頁参照）。これに伴い，平成18年4月から，遺族厚生年金の受給権者が障害基礎年金または旧国民年金法の障害年金の受給権をもつ間（障害基礎年金または障害年金が支給停止される間を除く）は，経過的寡婦加算額が支給停止されることになっています。

＜令和6年度の経過的寡婦加算額の計算式＞

令和6年度の経過的寡婦加算額は，次の式で計算された額の1円未満を四捨五入した額です。

$$\begin{array}{c}\text{前頁の中高齢の加算額}\\\text{と同様に算出した額}\\\text{610,300円}\end{array} - \begin{array}{c}\text{312頁の満額の}\\\text{老齢基礎年金}\\\text{813,700円}\end{array} \times \begin{array}{c}\text{次頁の表の生年}\\\text{月日に応じた}\\\text{寡婦の乗率}\end{array}$$

＊経過的寡婦加算額は，昭和31年4月1日以前生まれの人が支給対象となるため，経過的寡婦加算額を算出する際には既裁定者の改定率を使用することになり，令和6年度は前頁の中高齢の加算額と経過的寡婦加算額の基本額（昭和2年4月1日以前生まれの人の額）とが同額とはなりません。

●生年月日に応じた寡婦の乗率

寡婦の生年月日	乗率	寡婦の生年月日	乗率
昭2.4.1以前	0	昭16.4.2〜昭17.4.1	180/480
昭2.4.2〜昭3.4.1	12/312	昭17.4.2〜昭18.4.1	192/480
昭3.4.2〜昭4.4.1	24/324	昭18.4.2〜昭19.4.1	204/480
昭4.4.2〜昭5.4.1	36/336	昭19.4.2〜昭20.4.1	216/480
昭5.4.2〜昭6.4.1	48/348	昭20.4.2〜昭21.4.1	228/480
昭6.4.2〜昭7.4.1	60/360	昭21.4.2〜昭22.4.1	240/480
昭7.4.2〜昭8.4.1	72/372	昭22.4.2〜昭23.4.1	252/480
昭8.4.2〜昭9.4.1	84/384	昭23.4.2〜昭24.4.1	264/480
昭9.4.2〜昭10.4.1	96/396	昭24.4.2〜昭25.4.1	276/480
昭10.4.2〜昭11.4.1	108/408	昭25.4.2〜昭26.4.1	288/480
昭11.4.2〜昭12.4.1	120/420	昭26.4.2〜昭27.4.1	300/480
昭12.4.2〜昭13.4.1	132/432	昭27.4.2〜昭28.4.1	312/480
昭13.4.2〜昭14.4.1	144/444	昭28.4.2〜昭29.4.1	324/480
昭14.4.2〜昭15.4.1	156/456	昭29.4.2〜昭30.4.1	336/480
昭15.4.2〜昭16.4.1	168/468	昭30.4.2〜昭31.4.1	348/480

●令和6年度の経過的寡婦加算額

寡婦の生年月日	加算額	寡婦の生年月日	加算額
昭2.4.1以前	610,300円	昭16.4.2〜昭17.4.1	305,162円
昭2.4.2〜昭3.4.1	579,004円	昭17.4.2〜昭18.4.1	284,820円
昭3.4.2〜昭4.4.1	550,026円	昭18.4.2〜昭19.4.1	264,477円
昭4.4.2〜昭5.4.1	523,118円	昭19.4.2〜昭20.4.1	244,135円
昭5.4.2〜昭6.4.1	498,066円	昭20.4.2〜昭21.4.1	223,792円
昭6.4.2〜昭7.4.1	474,683円	昭21.4.2〜昭22.4.1	203,450円
昭7.4.2〜昭8.4.1	452,810円	昭22.4.2〜昭23.4.1	183,107円
昭8.4.2〜昭9.4.1	432,303円	昭23.4.2〜昭24.4.1	162,765円
昭9.4.2〜昭10.4.1	413,039円	昭24.4.2〜昭25.4.1	142,422円
昭10.4.2〜昭11.4.1	394,909円	昭25.4.2〜昭26.4.1	122,080円
昭11.4.2〜昭12.4.1	377,814円	昭26.4.2〜昭27.4.1	101,737円
昭12.4.2〜昭13.4.1	361,669円	昭27.4.2〜昭28.4.1	81,395円
昭13.4.2〜昭14.4.1	346,397円	昭28.4.2〜昭29.4.1	61,052円
昭14.4.2〜昭15.4.1	331,929円	昭29.4.2〜昭30.4.1	40,710円
昭15.4.2〜昭16.4.1	318,203円	昭30.4.2〜昭31.4.1	20,367円

■老齢厚生年金と遺族厚生年金の支給調整

<遺族が65歳以上である場合の支給調整>

　年金制度では，原則的には，支給事由の異なる給付を同時にうけること
はできず，受給権者の選択によりどれか一つの給付（同じ支給事由による
基礎年金と厚生年金は一つの給付とみなす）が支給され，他の給付は支給
停止となります（473頁参照）。

　ただし，この原則に対する例外として，65歳以上の遺族が老齢給付と遺
族給付の受給権をもつ場合には，老齢基礎年金の全部と老齢厚生年金の全
部が支給され，あわせて遺族厚生年金〔老齢厚生年金の額（加給年金額を
除く。遺族が厚生年金基金の加入員であった場合でも，基金代行部分（500
頁参照）を控除しない）に相当する部分は支給停止となる〕も支給されま
す。ここで，65歳以上の遺族のうち，遺族基礎年金をうけられる配偶者は，
これとは別に，遺族基礎年金＋遺族厚生年金という組み合わせを選んでう
けることもできます。

　なお，昭和17年4月1日以前生まれで平成19年3月以前に遺族厚生年金
をうけられるようになった65歳以上の遺族については，別の方法（平成19
年4月改正前の方法）で支給調整が行われ，次の①・②（遺族が配偶者で
ある場合には①～④）のうちどれか一つを選んでうけることになります。

①老齢基礎年金＋老齢厚生年金

②老齢基礎年金＋遺族厚生年金

③老齢基礎年金＋老齢厚生年金の2分の1（加給年金額は2分の1倍され
　ず全額が支給される）＋遺族厚生年金の3分の2

④遺族基礎年金＋遺族厚生年金

<65歳以上の配偶者がうける遺族厚生年金の額>

　遺族が，老齢厚生年金の受給権をもつ65歳以上の配偶者である場合（遺
族が同一の支給事由により遺族基礎年金の支給をうける場合および遺族が
昭和17年4月1日以前生まれで平成19年3月以前に遺族厚生年金をうけら
れるようになった場合を除く）には，その遺族厚生年金の額は，次の（A）
と（B）のうちいずれか高い方となります。ただし，前述の支給調整によ
り，実際に遺族厚生年金として支給されるのは，このように計算された遺

族厚生年金の額が老齢厚生年金の額（加給年金額を除く。遺族が厚生年金
基金の加入員であった場合でも，基金代行部分（500頁参照）を控除しない）
を上回る場合のその超過額に限られます。

（A）死亡した人の報酬比例の年金額×3/4

（B）(死亡した人の報酬比例の年金額×3/4)×2/3＋老齢厚生年金の額(加
　　　給年金額を除く。遺族が厚生年金基金の加入員であった場合でも，
　　　基金代行部分（500頁参照）を控除しない)×1/2

■遺族厚生年金額の計算例

　昭和40年４月２日生まれ，平成15年３月以前の厚生年金保険加入期間
11年，平成15年４月以後の厚生年金保険加入期間21年，平成15年３月以
前の期間の平均標準報酬月額370,000円，平成15年４月以後の期間の平均
標準報酬額480,000円の夫と令和６年４月15日に死別した子のない妻(57
歳)の場合（報酬比例の年金額は439頁の「本来水準の計算式」で計算さ
れると仮定します）

　子のない妻には遺族基礎年金は支給されませんが，厚生年金保険独自の
遺族厚生年金が支給されます。また，夫の厚生年金保険の被保険者期間が
20年以上あり，40歳以上で子のない妻ですから，65歳になるまで中高齢の
加算が行われます。

$$報酬比例の年金額×\frac{3}{4}＝（370,000円×\frac{7.125}{1000}×132月＋480,000円$$
$$×\frac{5.481}{1000}×252月）×\frac{3}{4}≒758,225円$$

中高齢の加算額＝612,000円

合計（遺族厚生年金の額）＝1,370,225円

※遺族厚生年金をうけている妻が65歳になり，自分の老齢基礎年金と老齢
　厚生年金をうけられるようになると，老齢基礎年金＋老齢厚生年金をう
　け，老齢厚生年金の額が，①夫の報酬比例の年金額×3/4または②夫の

報酬比例の年金額×3/4×2/3＋老齢厚生年金×1/2のうちいずれか高い方の額より少ない場合は，その差額を遺族厚生年金としてうけることになります。

(3)年金請求の手続

■年金請求書を年金事務所などへ提出

＜遺族厚生年金の受給権が発生する場合＞

遺族厚生年金の受給権が発生した人は「年金請求書（国民年金・厚生年金保険遺族給付）」を年金事務所などに提出します。

＜遺族基礎年金のみ受給権が発生する場合＞

遺族厚生年金の受給権は発生せず遺族基礎年金のみ受給権が発生した人のうち，①国民年金の第1号被保険者が死亡した場合には「年金請求書（国民年金遺族基礎年金）」を住所地の市区役所・町村役場に提出し，②国民年金の第3号被保険者が死亡した場合には「年金請求書（国民年金遺族基礎年金）」を年金事務所などに提出します。

■請求書に添付する書類等

①死亡した人の基礎年金番号通知書（年金手帳）または被保険者証（添えることができないときはその理由書），②戸籍謄本，③死亡診断書，死体検案書または検視調書に関する市区町村長の証明書，④請求する人が死亡した人と事実上婚姻関係と同様の事情にあったときは，その事実を明らかにすることができる書類，⑤請求する人が1級・2級の障害の状態にあるとき（死亡した人の妻，60歳以上の夫・父母・祖父母を除く）は，診断書および結核などの場合はレントゲンフィルム，⑥死亡した人に合算対象期間があるときは，そのことを明らかにすることができる書類，⑦死亡した人が公的年金をうけていた場合または請求者が公的年金をうけている場合はその年金証書等の写し，⑧世帯全員の住民票の写し，など。

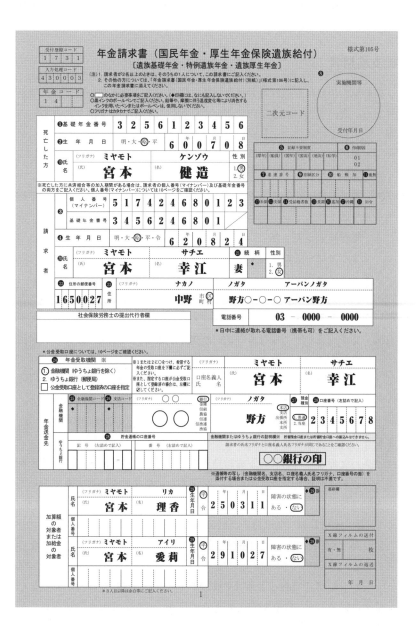

(4)支給期間・年金額の改定など

■支給期間

　遺族厚生年金は，被保険者または被保険者であった人が死亡した月の翌月から，次の(1)から(5)までのいずれかに該当した月まで支給されます。

(1)　受給権者が次のいずれかに該当したとき

　　①　死亡したとき

　　②　婚姻したとき

　　③　養子となったとき（直系血族および直系姻族の人の養子となったときを除く）

　　④　離縁によって，死亡した人と親族関係が終了したとき

(2)　子または孫が受給権者である場合は，(1)に該当したときのほか，次のいずれかに該当したとき

　　①　18歳到達年度の末日を経過したとき（1級または2級の障害の状態にあるときを除く）

　　②　18歳到達年度の末日を経過した後，1級または2級の障害の状態に該当しなくなったとき

　　③　20歳に達したとき（1級または2級の障害の状態にある子または孫）

(3)　父母，孫または祖父母が受給権者である場合は，(1)（孫については，(1)および(2)のいずれか）に該当したときのほか，被保険者等の死亡当時，胎児であった子が生まれたとき

(4)　夫，父母または祖父母が受給権者である場合（被保険者等が平成8年3月以前に死亡し，死亡当時夫，父母または祖父母が55歳未満で1級または2級の障害の状態にあることにより，受給権が発生した場合に限る。435頁参照）は，(1)（父母および祖父母については(1)および(3)のいずれか）に該当したときのほか，1級または2級の障害の状態に該当しなくなったとき

(5)　妻が受給権者である場合（平成19年4月1日以後に受給権が発生した場合に限る）は，(1)に該当したときのほか，次のいずれかに該当したとき

① 妻が，被保険者等の死亡当時30歳未満であり，同一の支給事由にもとづく遺族基礎年金の受給権を取得しない場合において，被保険者等の死亡日から起算して5年が経過したとき

② 妻が同一の支給事由にもとづく遺族基礎年金の受給権を取得し，妻の30歳到達日の前にその遺族基礎年金の受給権が消滅した場合において，遺族基礎年金の受給権が消滅した日から起算して5年が経過したとき

(6) 子のある配偶者が受給権者である場合は，すべての子が次のいずれかに該当したときに，遺族基礎年金の受給権を失い，遺族厚生年金のみが支給されるようになります。

① 死亡したとき

② 婚姻したとき

③ 配偶者以外の人の養子となったとき

④ 離縁によって，死亡した人の子でなくなったとき

⑤ 配偶者と生計を同じくしなくなったとき

⑥ 18歳到達年度の末日（3月31日）を経過したとき（1級または2級の障害の状態にあるときを除く）

⑦ 18歳到達年度の末日を経過した後，1級または2級の障害に該当しなくなったとき

⑧ 20歳に達したとき（1級または2級の障害の状態にある子）

*手続──受給権者が死亡したときは「国民年金・厚生年金保険・船員保険・共済年金・年金生活者支援給付金　年金受給権者死亡届」を，その他の原因（18歳到達年度の末日を経過したとき，および20歳に達したときを除く）で受給権がなくなったときは「遺族年金失権届」を，年金事務所などに提出します。

■年金額の改定

<配偶者がうける遺族基礎年金>

配偶者がうける遺族基礎年金について，次のいずれかに該当したために，子の加算額の対象となる子の数に増減が生じたときには，その増減に応じて，増減した月の翌月から年金額が改定されます。

(1) 増額改定

　受給権が発生した当時胎児であった子が生まれたとき

(2) 減額改定

　子が２人以上いる場合で，そのうちの１人を除いた子が449頁の(6)の①〜⑧のいずれかに該当したとき

＊**手続**——胎児であった子が生まれたときは「国民年金厚生年金保険遺族基礎厚生年金額改定請求書」を，子が前頁の(6)の①〜⑤および⑦のいずれかに該当したときは「加算額・加給年金額対象者不該当届」を，年金事務所などに提出します。

＜子がうける遺族基礎年金＞

　子がうける遺族基礎年金について，受給権をもつ子の数に増減が生じたときには，その増減に応じ，増減した月の翌月から年金額が改定されます。

＜配偶者以外がうける遺族厚生年金＞

　配偶者以外の受給権者に支給される遺族厚生年金について，受給権者の数に増減が生じたときは，その増減に応じて，増減した月の翌月から年金額が改定されます。

＜65歳以上の配偶者がうける遺族厚生年金＞

　遺族厚生年金の額は，老齢厚生年金の受給権をもち65歳以上の配偶者である遺族については445頁の（Ａ）と（Ｂ）のうちいずれか高い方の額となり，それ以外の遺族については438頁の方法で計算される額となります。したがって，65歳以上の配偶者に支給される遺族厚生年金の額は，①配偶者に老齢厚生年金の受給権が発生することによって，また②配偶者が以前から老齢厚生年金の受給権者であった場合でもその老齢厚生年金の額が退職時改定または70歳到達時改定（399頁参照）により改定されることによって，変動する場合があります。このような場合，①については配偶者に老齢厚生年金の受給権が発生した月の翌月から，②については配偶者の老齢厚生年金の額が改定された月から，遺族厚生年金の額が改定されます。

■業務上の理由で死亡した場合

　業務上の死亡についても，遺族厚生年金・遺族基礎年金が支給されます。業務災害または通勤災害が原因で死亡した人の遺族が労災保険で遺族

（補償）年金をうけることができるときは，遺族厚生年金・遺族基礎年金と労災保険の遺族（補償）年金との両方の給付をうけることができます。ただし，労災保険の遺族（補償）年金は所定の率で減額されます。

　また，業務上の死亡について，労働基準法の遺族補償をうけられるときは，遺族厚生年金・遺族基礎年金は6年間支給停止となり，7年目から支給されます。

＜参考＞特例遺族年金

　厚生年金保険の被保険者期間が1年以上であり，老齢基礎年金の資格期間を満たしていない人で，厚生年金保険の被保険者期間と旧令共済組合（386頁参照）の組合員期間とを合算した期間が20年以上である人が死亡した場合，その遺族が遺族厚生年金の受給権を取得しないときは，その遺族に特例遺族年金が支給されます。

　特例遺族年金の額は，60歳台前半の老齢厚生年金における定額部分と報酬比例部分を合算した額の2分の1に相当する額です。

◈ 沖縄の厚生年金保険の特例措置

　沖縄の厚生年金保険の被保険者は，制度発足が遅れたため（昭和45年１月１日発足），被保険者期間が短く年金額が本土と比較して低い状況になってしまいます。このため，次のような特例措置が設けられています。

■昭和４年４月１日以前に生まれた人の特例

　①昭和４年４月１日以前生まれで，②昭和45年１月１日に沖縄の厚生年金保険法による被保険者であり，③昭和45年１月１日前の５年間引き続き沖縄に住所があり，④昭和45年１月１日以後の厚生年金保険の被保険者期間が生年月日に応じて12年〜14年以上である人は，被保険者期間の月数が180月（15年）に達するまで，次の式で計算した特例納付保険料を，平成７年３月31日までの間に限り納めることができました。

$$基準標準報酬月額（昭和45年１月の標準報酬月額）\times \frac{92}{1000} \times 特例納付月数$$

　特例納付保険料を納めた人がうける老齢厚生年金については，次の特例加算額が報酬比例の年金額に加算されます。

$$特例加算額＝基準標準報酬月額 \times 4.329 \times \frac{9.5〜9.234}{1000} \times 特例納付月数$$

※上の式は，335頁の「本来水準の計算式」です。「平成12年改正前の水準の計算式」は別に定められています。
※上の式の「1000分の9.5〜9.234」は333頁の表の「報酬比例部分の乗率①」を参照。

■昭和14年４月１日以前に生まれた人の特例

　①昭和14年４月１日以前生まれで，②昭和45年４月１日に沖縄の厚生年金保険法による被保険者であり，③昭和45年４月１日前の９年間引き続き沖縄に住所があった人がうける60歳台前半の老齢厚生年金（厚生年金保険の被保険者期間が20年未満であるものに限る）については，９年〜１年の保険料免除期間があったものとみなされ（みなし免除期間＝311頁の表のA参照），その期間が年金額の計算に入れられることになっています。

　具体的には，次の式で計算した額が，本来の年金額に加算されます。なお，厚生年金保険の被保険者期間が20年未満であっても，中高齢者の期間短縮の特例（308頁参照）に該当することによって受給権が発生した場合は，対象外です。

$$813,700円 \times \frac{みなし免除期間の月数 \times 1/3}{加入可能年数（313頁の表参照） \times 12}$$

※上の式の813,700円は，780,900円に既裁定者の改定率1.042をかけて得た額の100円未満を四捨五入した額です。

■昭和20年4月1日以前に生まれた人の特例

　①昭和20年4月1日以前生まれで，②昭和45年1月1日～昭和47年5月14日に沖縄の厚生年金保険の被保険者であった期間があり，③昭和29年5月1日～昭和44年12月31日に旧厚生年金保険法の適用事業所に相当する沖縄の事業所等に使用されていた20歳以上の期間がある人は，次の式で計算した特別納付保険料を，平成12年3月31日までの間に限り納めることができました。

$$昭45.1～平7.3の標準報酬月額の平均額 \times \frac{82.5}{1000} \times 特別納付月数$$

　この特例措置は，平成18年4月から再度実施されることになりましたが，その際は，適用事業所相当事業所に使用されていた期間を有していても，本土に出向・転勤などの事情により，沖縄の厚生年金保険の被保険者期間を有していない次の人が対象とされました。

　①昭和20年4月1日以前生まれで，②沖縄の厚生年金保険の被保険者であった期間がなく，③昭和45年1月1日～昭和47年5月14日に沖縄以外の厚生年金保険の被保険者であった期間があり，④昭和29年5月1日～昭和44年12月31日に旧厚生年金保険法の適用事業所に相当する沖縄の事業所等に使用されていた20歳以上の期間がある人は，次の式で計算した特別納付保険料を，平成18年4月1日から平成23年3月31日までの間に限り納めることができました。

$$昭45.1～平7.3の標準報酬月額の平均額 \times \frac{91.37}{1000} \times 特別納付月数$$

　特別納付保険料を納めた人がうける老齢厚生年金については，次の特別加算額が報酬比例部分（報酬比例の年金額）に加算されます。

$$特別加算額＝平均標準報酬月額×\frac{9.5〜7.334}{1000}×特別納付月数$$

※上の式は，335頁の「本来水準の計算式」です。「平成12年改正前の水準の計算式」は別に定められています。

※上の式の「1000分の9.5〜7.334」は333頁の表の「報酬比例部分の乗率①」を参照。

◈ 短期在留外国人への脱退一時金

　公的年金制度は，日本に住むすべての人について国籍を問わず適用されています。滞在期間の短い外国人についても適用し，障害給付や遺族給付を行っていますが，老齢給付については資格期間を満たすことが困難であるため，保険料の負担と給付が結びつかないという問題がありました。

　そこで，国際的な年金通算協定の締結による最終的な解決が図られるまでの間の特例措置として，短期在留外国人が帰国した場合に脱退一時金が支給されます。

■支給をうける条件

　脱退一時金が支給される条件は，①厚生年金保険の被保険者期間（国民年金の脱退一時金の場合は，保険料納付済期間等の月数）が６ヵ月以上あり，②日本国籍をもたず，③国民年金の被保険者でなく，④老齢給付の資格期間を満たしていないことです。ただし，次のいずれかに該当するときは支給されません。

(1)　日本国内に住所があるとき

(2)　障害厚生年金や障害手当金の受給権を有したことがあるとき（国民年金の脱退一時金の場合は，障害基礎年金の受給権を有したことがあるとき）

(3)　最後に国民年金の被保険者資格を喪失した日（その日において日本国内に住所があった場合には，その日の後で初めて，日本国内に住所をもたなくなった日）から起算して２年が経過しているとき

■脱退一時金の額・計算方法

＜国民年金の脱退一時金＞

　国民年金の脱退一時金の額は，次の２つに応じて決定されます。

(1)　基準月──脱退一時金を請求する前の最後に国民年金の第１号被保険者の保険料を納付した月（半額免除などで保険料の一部を納付した月を含みます）。

(2)　第１号被保険者としての保険料納付済期間等の月数）──全額納付し

た月は1ヵ月，4分の1免除の月は4分の3ヵ月，半額免除の月は2分の1ヵ月，4分の3免除の月は4分の1ヵ月で，それぞれ計算された月数の総数。

脱退一時金の額は，基準月の属する年度における保険料の額に2分の1を乗じて得た額に，保険料納付済期間等の月数に応じて次表の中欄の数を乗じて得た額となります。

●基準月が令和6年4月から令和7年3月の場合

保険料納付済期間等の月数	支給額計算に用いる数	支給額
6月以上12月未満	6	50,940円
12月以上18月未満	12	101,880円
18月以上24月未満	18	152,820円
24月以上30月未満	24	203,760円
30月以上36月未満	30	254,700円
36月以上42月未満	36	305,640円
42月以上48月未満	42	356,580円
48月以上54月未満	48	407,520円
54月以上60月未満	54	458,460円
60月以上	60	509,400円

＜厚生年金保険の脱退一時金＞

厚生年金保険の脱退一時金の額は，次の式で計算された額となります。

> 厚生年金保険の脱退一時金の額＝平均標準報酬額[※1]×支給率[※2]

※1 平均標準報酬額

平均標準報酬額は，厚生年金保険の被保険者期間中の標準報酬月額と標準賞与額の総額を被保険者期間の月数で割って算出されますが，再評価は行われません。

なお，賞与額も報酬比例の年金額に反映されることになった総報酬制導入前の平成15年3月以前の被保険者期間がある場合，平成15年3月以前の標準報酬月額に1.3をかけて得た額を算出し，これに平成15年4月以後の標準報酬月額と標準賞与額とを合算した額を被保険者期間の総月数でわった額とされます。

※2　支給率

　支給率は，脱退一時金を請求する前の最後に厚生年金保険の被保険者の資格を喪失した月の前月（「最終月」といいます）の属する年の前年の10月の厚生年金保険の保険料率（最終月が１月から８月までである場合には，前々年の10月の保険料率）の２分の１の乗率に，被保険者期間の月数に応じて定められた次表の中欄の数を乗じて得た率（小数点以下第１位未満を四捨五入したもの）です。

●最終月が令和３年４月以降の場合

被保険者であった期間	支給額計算に用いる数	支給率
６月以上12月未満	6	0.5
12月以上18月未満	12	1.1
18月以上24月未満	18	1.6
24月以上30月未満	24	2.2
30月以上36月未満	30	2.7
36月以上42月未満	36	3.3
42月以上48月未満	42	3.8
48月以上54月未満	48	4.4
54月以上60月未満	54	4.9
60月以上	60	5.5

◈国民年金の独自給付

　国民年金の第1号被保険者を対象に支給される国民年金独自の給付として，付加年金，寡婦年金，死亡一時金があります。

■付加年金

<支給をうける条件>

　付加年金は，付加保険料（月額400円）納付済期間のある人が，老齢基礎年金の受給権を得たときに支給されます。

　ただし，付加保険料を納めることができるのは，第1号被保険者（任意加入被保険者を含み，保険料納付免除をうけている人，国民年金基金加入員を除く）だけです。

＊昭和61年4月1日前の付加保険料納付済期間は，第1号被保険者としての付加保険料納付済期間とみなされることになっています。

<年金額>

　次の式で計算した額です。

　200円×付加保険料納付済期間の月数

　なお，老齢基礎年金の繰上げ支給または繰下げ支給（318～321頁参照）をうける場合は，付加年金の支給もそれに合わせて，繰り上げまたは繰り下げられます。付加年金の額も，繰り上げまたは繰り下げた期間に応じて，一定の率で減額または増額が行われます。

■寡婦年金

<支給をうける条件>

　寡婦年金は，第1号被保険者（任意加入被保険者を含む）としての保険料納付済期間と保険料免除期間とを合算した期間が10年以上ある夫（学生納付特例期間・納付猶予期間以外の保険料免除期間または保険料納付済期間を有する者に限る）が死亡した場合に，死亡時に夫によって生計を維持され婚姻関係が10年以上継続していた妻に，夫の死亡月と妻の60歳到達月のうちどちらか遅い方の月の翌月から65歳到達月までの間支給されます。ただし，死亡した夫が老齢基礎年金または障害基礎年金（旧国民年金法の

障害年金（障害福祉年金を除く）をうけていた場合には，寡婦年金は支給されません。

＜年金額＞

夫がうけられたであろう，死亡月の前月までの第1号被保険者期間に関する老齢基礎年金の額の4分の3です。

＊大正15年4月1日以前に生まれた人の妻の場合は，旧国民年金法の寡婦年金が支給されます。寡婦年金の額は，夫がうけられたであろう老齢年金の額の4分の3になります。

＜請求の手続＞

年金請求書（国民年金寡婦年金）に大の基礎年金番号通知書または年金手帳（添えることができないときはその理由書），戸籍謄本，生計維持を証明する書類などを添えて，市区役所または町村役場へ提出します。

■死亡一時金

＜支給をうける条件＞

死亡一時金は，第1号被保険者（任意加入被保険者を含む）としての保険料納付済期間の月数，保険料4分の1免除期間の月数の3/4，保険料半額免除期間の月数の1/2，保険料4分の3免除期間の月数の1/4を合算した月数が36月以上である人が，老齢基礎年金または障害基礎年金（旧国民年金法の老齢年金，通算老齢年金，障害年金（障害福祉年金を除く），母子年金（母子福祉年金を除く），準母子年金（準母子福祉年金を除く），旧国民年金法の母子福祉年金・準母子福祉年金から裁定替えされた遺族基礎年金を含む）のいずれもうけたことがなく死亡したときに，その遺族に支給されます。

ただし，その人の死亡により遺族基礎年金をうけられる遺族がいる場合には，死亡一時金は支給されません。なお，その人の死亡により子が遺族基礎年金の受給権を取得した場合（その人の死亡により配偶者が遺族基礎年金の受給権を取得した場合を除く）であって，死亡時に生計を同一にするその子の父または母がいることによって遺族基礎年金が支給停止となる場合（432頁参照）には，死亡一時金は支給されますが，支給されるのは死亡した人の配偶者のみとなります。また，死亡一時金と寡婦年金の両方

をうけられる場合は，支給をうける人の選択によって，どちらか一つのみ
が支給されます。

＜遺族の範囲と支給順位＞

死亡一時金をうけられる遺族は，死亡した人の①配偶者，②子，③父母，
④孫，⑤祖父母または⑥兄弟姉妹で，死亡した人と生計を同一にしていた
人です。うけられる順序もこのとおりです。

＜金額＞

死亡月の前月までの第１号被保険者期間における，保険料納付済期間の
月数，保険料４分の１免除期間の月数の3/4，保険料半額免除期間の月数
の1/2，保険料４分の３免除期間の月数の1/4を合算した月数に応じて，次
のようになっています。

保険料納付済期間等	金　額
36月以上180月未満	120,000円
180月以上240月未満	145,000円
240月以上300月未満	170,000円
300月以上360月未満	220,000円
360月以上420月未満	270,000円
420月以上	320,000円

なお，死亡した人の付加保険料納付済期間が36月以上である場合には，
8,500円が加算されます。

＜請求の手続＞

国民年金死亡一時金請求書に，死亡した人の基礎年金番号通知書または
年金手帳（国民年金手帳），戸籍謄本，住民票の写し等を添えて，市区役
所または町村役場へ提出します。

◈ 国民年金基金

　国民年金基金は，自営業者等の第1号被保険者がゆとりのある老後をすごせるように，その老齢基礎年金に上乗せの年金を支給するものです。

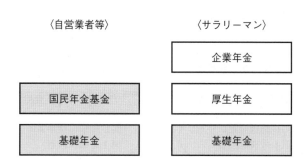

〈自営業者等〉　　　　　〈サラリーマン〉

	企業年金
国民年金基金	厚生年金
基礎年金	基礎年金

　国民年金基金には，同一の都道府県に住所のある人で組織される地域型国民年金基金と，同種の事業または業務に従事する人で組織される職能型国民年金基金があります。

＊平成25年4月から，60歳以上65歳未満の国民年金の任意加入者も国民年金基金に加入できることになっています。

■基金の設立

　国民年金基金は，国民年金の第1号被保険者（保険料納付免除をうけている人および農業者年金の被保険者を除く。以下次頁まで同じ）によって組織される公法人で，地域型と職能型の2種類があります。

＜地域型国民年金基金＞

　地域型国民年金基金（地域型基金）は，同一の都道府県に住所のある1,000人以上の第1号被保険者で組織され，各都道府県に一つずつ設立されることになっています。

＜職能型国民年金基金＞

　職能型国民年金基金（職能型基金）は，全国を通じた同種の事業または業務に従事する3,000人以上の第1号被保険者で組織され，それぞれの事

業または業務について一つずつ設立されることになっています。

　基金を設立しようとするときは，地域型基金の場合は設立委員（300人以上の加入資格のある人の申出にもとづいて，それらの人または年金の学識経験者のうちから厚生労働大臣が任命した人），職能型基金の場合は発起人（加入員になろうとする15人以上の人）が，規約を作成して創立総会を開き，厚生労働大臣の認可をうけなければなりません。

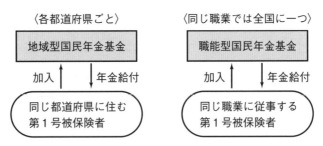

■国民年金基金の合併

　平成28年の法律改正によって，国民年金基金の吸収合併および吸収分割が可能となりました。これによって，平成31年４月１日から，全国47都道府県の地域型国民年金基金と22の職能型国民年金基金が合併して，全国国民年金基金が設立されました。合併の主な目的は次のとおりです。

①加入員や受給者の利便性の向上

　従来は都道府県を越えた住所移転や職業変更を行うたびに必要であった脱退・加入手続等が住所変更届だけで済むなど手続が大幅に簡素化され，加入員や受給者の利便性が高まります。

②事業運営基盤の強化

　各国民年金基金が合併して規模が大きくなることにより，運営基盤が安定化し，地域の人口変動，少子高齢化や産業構造の変化など，国民年金基金を取り巻く経済社会状況の変化にも柔軟に対応することができます。

③事業運営の効率化

　合併することによって，各国民年金基金が別々に行ってきた事務を集約することが可能となり，加入勧奨を統一的に全国展開するなど，業務を効率的に行うことができます。

■基金の運営と管理

　基金が行う事業の運営や管理については，規約できめられます。規約は設立のとき厚生労働大臣の認可をうけることになっていますが，規約を変更する場合にも厚生労働大臣の認可が必要です。

　基金では，議決機関および執行機関として，代議員会および理事会がおかれることになっています。

■加入員資格の得喪

＜資格の取得＞

　第1号被保険者は，その人の住所がある都道府県の地域型基金またはその人が従事する事業・業務の職能型基金に申出をすれば，その日から加入員になることができます。ただし，同時に二つ以上の基金へ加入することはできません。なお，基金に加入すると国民年金の付加保険料を納めることができなくなります。

＜資格の喪失＞

　加入員の資格は，次のいずれかに該当した日の翌日（(1)または(5)の場合は該当したその日，(4)の場合は保険料の納付を免除された月の初日）に喪失しますが，これ以外の理由での任意の脱退はできません。

(1)　国民年金の被保険者の資格を喪失したとき，または国民年金の第2号被保険者・第3号被保険者になったとき

(2)　地域型基金の加入員が加入していた基金の都道府県内に住所を有さなくなったとき

(3)　職能型基金の加入員が加入していた基金の事業または業務に従事しなくなったとき

(4)　国民年金の保険料の全部または一部の納付を免除されたとき

(5)　農業者年金の被保険者となったとき

(6)　加入していた基金が解散したとき

■掛金

　基金の加入員は，国民年金本体の保険料とは別に，基金が支給する年金・

● 支給される年金の種類

		型	支給開始年齢	支給期間	保証期間
1口目	終身年金	A	65歳	終身	15年
		B	65歳	終身	なし
2口目以降	終身年金	A	65歳	終身	15年
		B	65歳	終身	なし
	確定年金	Ⅰ	65歳	15年	15年
		Ⅱ	65歳	10年	10年
		Ⅲ	60歳	15年	15年
		Ⅳ	60歳	10年	10年
		Ⅴ	60歳	5年	5年

一時金に関する事業にあてるため，掛金を毎月納めることになっています。

　掛金の額は，各基金の規約によって定められますが，性別，加入員が選択する年金の型・口数および加入時の年齢によって異なります。掛金の上限は月額68,000円とされていますが，納付を免除されていた国民年金の保険料の全部を追納した加入員や，中高齢加入者については，所定の期間，この上限額が月額102,000円となる特例があります。

　なお，基金の掛金は国民年金本体の保険料と同様に，全額が所得税の社会保険料控除の対象となります。

■支給される年金・一時金

　基金が支給する年金の型は，各基金の規約で定められますが，基金に加入した人が必ず加入する1口目と，ゆとりがあればさらに加入する2口目以降に分かれています。1口目（35歳になるまでに加入した場合に支給される年金の基本額（月額）は2万円）は2種類の終身年金から，2口目以降（35歳になるまでに加入した場合に支給される年金の基本額（月額）は1口あたり1万円）は2種類の終身年金と5種類の確定年金から，それぞれ加入員が選択して組み合わせ，それによって年金額がきまります。

　終身年金Ａ型と確定年金については，加入員が年金受給前に死亡した場合には死亡時までの掛金納付期間などに応じた額で，加入員が年金受給開始後に死亡した場合には死亡後の残りの保証期間に応じた額で，遺族に遺族一時金が支給されます。

　終身年金Ｂ型については，年金を受給する前に死亡した場合に１万円の遺族一時金が遺族に支給されます。

　なお，基金の支給する年金には賃金や物価の変動による年金額の改定はありませんが，老齢基礎年金と同様に所得税の公的年金等控除の対象になります。

■国民年金基金連合会

　国民年金基金連合会（連合会）は，二つ以上の基金が発起人となり，厚生労働大臣の認可によって設立され，基金からの中途脱退者および解散した基金の加入員に対する年金・一時金の支給を共同して行うものです。各基金は，申出によって連合会の会員となります。

＜中途脱退者への年金＞

　基金から支給される年金の受給権を有する前に基金の加入員資格を喪失し，その基金の加入員期間が15年未満である人のことを中途脱退者といいます。中途脱退者またはその遺族への年金・一時金は，連合会から支給されることになっています。そのために必要な資金は，会員である基金が連合会に交付し，連合会は，この交付金を原資として年金・一時金を支給します。

　なお，解散した基金の年金・一時金の支給は，基金から徴収した責任準備金により連合会が行うことになっています。

5 旧法による年金

1 旧厚生年金保険法の年金

●旧厚生年金保険法の老齢年金・通算老齢年金は，①大正15年4月1日以前に生まれた人，②昭和61年3月31日に旧厚生年金保険法・旧船員保険法の老齢年金・通算老齢年金の受給権をもっていた人，または③昭和61年3月31日に共済組合の退職年金・減額退職年金の受給権をもっていた人を対象に支給されています。

●旧厚生年金保険法の障害給付・遺族給付は，昭和61年4月1日前に受給権が発生した人を対象に支給されています。

■老齢年金の額

老齢年金の額は，基本年金額に加給年金額を加算した額です。

①基本年金額

基本年金額は，定額部分と報酬比例部分を合算した額です。

＜定額部分＞

定額部分は，次の式で計算します。

定額単価（3,181円）×被保険者期間の月数

※令和6年度の定額単価の3,181円は，3,053円×既裁定者の改定率1.042（1円未満を四捨五入した額）で導かれます。

※被保険者期間の月数は，240月未満のときは240月，420月を超えるときは420月として計算。

＜報酬比例部分＞

報酬比例部分は，次の式で計算します。

$$平均標準報酬月額 \times \frac{9.5}{1000} \times 被保険者期間の月数$$

※上の式は，335頁の「本来水準の計算式」です。「平成12年改正前の水準

の計算式」は別に定められています。なお，後者の式では，「1000分の9.5」
の乗率は「1000分の10」となります。

※平均標準報酬月額は335頁の※1，被保険者期間の月数は338頁の※7と
　同様に計算します。

②加給年金額

　老齢年金の受給権発生時に生計を維持している，配偶者や，18歳到達年
度の末日までの子または旧厚生年金保険法の障害等級表1級・2級の障害
の状態にある子がいるときに，60歳台前半の老齢厚生年金の場合と同様の
額（343頁の表参照。ただし，この場合には配偶者加給年金額の特別加算
はありません）が支給されます。また，60歳台前半の老齢厚生年金の場合
と同様に，配偶者が344頁と同様の老齢厚生年金等の支給をうけられる間
は，配偶者についての加給年金額は支給停止となります。

■通算老齢年金の額

　通算老齢年金は，それぞれの制度から加入期間に見合った額が支給され
ます。

　厚生年金保険から支給される年金額は，前頁の基本年金額ですが，通算
老齢年金の場合，定額部分の被保険者期間の月数は，240月未満であって
も240月とみなされることはありません。

■障害給付の額

　障害年金，障害手当金の額は，次の式で計算した額です。

1級障害年金＝基本年金額×1.25＋加給年金額

2級障害年金＝基本年金額＋加給年金額

3級障害年金＝基本年金額×0.75（最低額保障あり）

障害手当金（一時金）＝基本年金額×1.5

※基本年金額については前頁参照。ただし，被保険者期間の月数は，定額
　部分・報酬比例部分ともに，240月未満のときは240月として計算。定額
　部分については420月を超えても420月として計算。

※加給年金額の額と対象者は，上記②の老齢年金と同様です。また，受給
　権発生後に加給年金額対象者を有したときの平成23年4月からの取扱い

は，上記②の子を含めて，419頁の障害厚生年金の配偶者と同様。

※令和6年度の3級の障害年金の最低保証額は，780,900円×新規裁定者
　の改定率1.045≒816,000円（100円未満を四捨五入した額）となります（既
　裁定者の場合は780,900円×既裁定者の改定率1.042≒813,700円，ただし
　昭和31年度生まれは新規裁定者と同額）。

■遺族給付の額

<遺族年金>

遺族年金の額は，次の式で計算した額です。

基本年金額×0.5（前記の3級の障害年金と同額の最低額保障あり）
　　＋加給年金額＋寡婦加算額

※基本年金額については466頁参照。ただし，被保険者期間の月数は，定
　額部分・報酬比例部分とも240月未満のときは240月として計算。定額部
　分については420月を超えても420月として計算。

※配偶者以外の複数の受給権者に支給する場合は，上記の額をその受給権
　者の数で割って得た額となる。

※加給年金額は，遺族基礎年金の子の加算額と同様（431・432頁参照）。

※令和6年度の寡婦加算額は，子が2人以上いる寡婦では，262,100円×
　新規裁定者の改定率1.045≒273,900円，子が1人の寡婦および60歳以上
　の子のない寡婦では，149,700円×新規裁定者の改定率1.045≒156,400円
　（いずれも100円未満を四捨五入した額）となります。

　　ただし，寡婦が他制度から旧法の老齢・障害給付をうけられる間は支
　給停止となります。

<通算遺族年金>

通算遺族年金では，故人が加入していたそれぞれの制度から加入期間に
見合った額が支給されます。厚生年金保険から支給される年金額は，「基
本年金額×0.5」となります。

※基本年金額については466頁参照。ただし，定額部分の被保険者期間の
　月数は，240月未満であっても240月とみなされることはありません。

2 旧国民年金法の年金

●旧国民年金法の老齢年金・通算老齢年金は，大正15年4月1日
以前に生まれた人，または昭和61年3月31日に他制度の老齢退職
給付の受給権をもっていた人を対象に支給されています。
●旧国民年金法の障害年金・遺族年金は，昭和61年4月1日前に
受給権が発生した人を対象に支給されています。

■老齢年金の額

①一般的な場合の年金額

2,606円×保険料納付済期間の月数＋2,606円×保険料免除期間の月数×1/3

※上の式の2,606円の令和6年度の単価は，2,501円×既裁定者の改定率
1.042（1円未満を四捨五入した額）で算出します。

※年金額には上限額が設けられていて，令和6年度の上限額は，780,900
円×既裁定者の改定率1.042≒813,700円（100円未満を四捨五入した額）
となります。

※付加保険料を納めた人については，次の式で計算した額が加算されます。
200円×付加保険料納付済期間の月数

②資格期間短縮の場合の年金額

資格期間が10年〜24年に短縮されている人がうける年金額は，①で計算
した額に次の式で計算した額が加算されます。

$$1,009円 \times （300-被保険者期間の月数）$$
$$\times \frac{保険料納付済期間の月数＋保険料免除期間の月数×1/2}{被保険者期間の月数}$$

※上の式の中の令和6年度の単価1,009円は，968円×既裁定者の改定率
1.042（1円未満を四捨五入した額）で算出します。

③5年年金の額

保険料納付済期間 5 年でうけられる 5 年年金の令和 6 年度の額は，403,800円×既裁定者の改定率1.42≒420,800円（100円未満を四捨五入した額）となります。

④特例支給の老齢年金の額

保険料納付済期間が 1 年以上あり，保険料納付済期間と保険料免除期間を合わせた期間が生年月日に応じて 4 年 1 ヵ月～ 7 年 1 ヵ月以上ある人に支給される特例支給の老齢年金の額は，前頁の①と同様に計算されますが，大正 5 年 4 月 1 日以前に生まれた人の場合は，①の式中，「2,606円」は「3,910円」となります。

※上記の「3,910円」は，3,752円×既裁定者の改定率1.042（ 1 円未満を四捨五入した額）で算出します。

＜繰上げ支給・繰下げ支給＞

老齢年金は65歳から支給されることになっていますが，老齢年金の資格期間を満たした人が60歳以上であれば，65歳前であっても，請求することにより，その人の希望した年齢から老齢年金の支給をうけることができます。なお，この場合の年金額は，希望する年齢に応じて一定の率（319頁の「旧減額率」を参照）で減額されます。

また，65歳からの支給を先に延ばして70歳までの希望する年齢から支給をうけることもできます。なお，この場合の年金額は，繰下げの申出をしたときの年齢に応じて一定の率（321頁の「旧増額率」を参照）で増額されます。

■通算老齢年金の額

通算老齢年金は，それぞれの制度から加入期間に見合った額が支給されます。

国民年金から支給される年金額は，前頁の①と同様に計算しますが，明治44年 4 月 1 日以前に生まれた人の場合は，①の式中，「2,606円」は「3,910円」となります。また，繰上げ支給についても，老齢年金の場合と同様に行うことができます。

※上記の「3,910円」は，3,752円×既裁定者の改定率1.042（ 1 円未満を四捨五入した額）で算出します。

■障害年金の額

障害年金の額は，子の加算額を含めて障害基礎年金の場合と同額です（408頁参照）。

※受給権発生後に加算額対象者の子を有したときの平成23年4月からの取扱いは，408頁の障害基礎年金の場合と同様となっています。

■老齢福祉年金の額

老齢福祉年金は，老齢年金をうけるための資格期間を満たせない人に支給されるものです。

令和6年度の老齢福祉年金の額は，400,100円×既裁定者の改定率1.042≒416,900円（100円未満を四捨五入した額）となります。

ただし，受給権者本人，配偶者，扶養義務者の所得が一定額を超える場合は，全額または一部が支給停止となります。

6 併給の調整など

●年金制度では，基礎年金と厚生年金——上下一体で一人一年金を支給することを原則としています。二つ以上の厚生年金の受給権があるときには，受給権者の選択によって，そのうち一つの年金を支給し，他の年金は支給停止されます。その場合に，基礎年金の受給権もあるときは，支給される厚生年金と同一の支給事由による基礎年金も支給されます。

●ただし，この原則に対する例外として，65歳以上の人は，障害基礎年金と老齢厚生年金または遺族厚生年金とをあわせてうけることができます。また，65歳以上の人は，老齢基礎年金＋老齢厚生年金と遺族厚生年金（老齢厚生年金の額に相当する部分は支給停止）とをあわせてうけることができます。

●また，現在の制度の年金と旧制度の年金の両方の受給権がある場合は，受給権者の選択によって，どちらか一つの年金が支給されます。

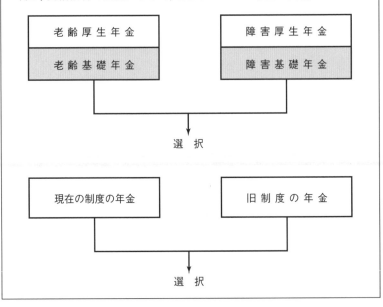

■上下一体で一人一年金

　年金制度では，基礎年金と厚生年金——上下一体で一人一年金を支給することを原則としています。

　したがって，たとえば，障害基礎年金と障害厚生年金をうけている人が，老齢基礎年金と老齢厚生年金をうけられるようになっても，障害給付と老齢給付を同時にうけることはできず，どちらかの給付を選択することになります。また，障害厚生年金と老齢基礎年金というように，支給事由が異なる基礎年金と厚生年金を組み合わせてうけることはできません。

　ただし，平成18年4月から，65歳以上の人は，障害基礎年金と老齢厚生年金または遺族厚生年金（経過的寡婦加算額は支給停止）との組み合わせを選択することが可能になっています。なお，そのうち，障害基礎年金と老齢厚生年金との組み合わせを選択した場合，障害基礎年金で子の加算額が加算されていれば，老齢厚生年金ではその子についての加給年金額は支給停止となります。

　また，平成19年4月から，65歳以上の人が老齢給付と遺族給付の受給権をもつ場合には，老齢基礎年金の全部と老齢厚生年金の全部が支給され，あわせて遺族厚生年金（老齢厚生年金の額に相当する部分は支給停止となる）も支給されるという組み合わせを選択することが可能になっています（444頁参照）。

＊**手続**——年金請求と同時に年金の選択を行う場合は，「年金受給選択申出書」とその添付書類を年金請求書といっしょに提出します。

　　また，年金請求と同時でない場合は，「年金受給選択申出書」とその添付書類のみを年金事務所などに提出します。

■旧制度との調整

　旧制度の年金をうけている人が，現在の制度の年金をうけられるようになった場合は，原則として，現在の制度の考え方で併給の調整が行われます。たとえば，旧厚生年金保険法の障害年金をうけている人が，現在の制度の老齢基礎年金・老齢厚生年金をうけられるようになったときは，いずれか一つが支給されますが，ひとまず障害年金をうけている間は老齢基礎年金・老齢厚生年金は支給停止され，老齢基礎年金・老齢厚生年金をうけようとするときに，その旨を申し出て選択します。

　また，現在の制度の年金給付をうけている人が，旧制度の年金給付をうけるようになった場合も，同様の併給の調整が行われます。たとえば，現在の制度の障害基礎年金と障害厚生年金をうけている人が，旧厚生年金保険法の老齢年金をうけられるようになった場合は，ひとまず障害基礎年金・障害厚生年金をうけている間は老齢年金は支給停止されますが，旧制度の年金をうけるか，新制度の年金をうけるかを受給権者が選択することになります。

　ただし，例外的に，次のように併給をうけることができます。

(1)　65歳以上であれば，老齢基礎年金は，旧厚生年金保険法の遺族年金または通算遺族年金と併給されます。

(2)　65歳以上であれば，老齢厚生年金は，旧国民年金法の障害年金と併給されます。

(3)　65歳以上であれば，遺族厚生年金は，旧国民年金法の老齢年金，通算老齢年金または障害年金と併給されます（旧国民年金法の障害年金と併給される遺族厚生年金については，経過的寡婦加算額が支給停止）。

(4)　65歳以上であれば，旧厚生年金保険法の老齢年金または通算老齢年金は，遺族厚生年金と併給されますが，その場合には，旧厚生年金保険法の老齢年金または通算老齢年金の額の2分の1に相当する部分が支給停止となります。

　なお，上記のいずれの場合も，65歳前は，一般原則による一年金選択が適用されます。

(1)	(3)	(4)
(旧)厚年・遺族年金	(新)遺族厚生年金	(新)遺族厚生年金
(新) 老齢基礎年金	(旧)国年・老齢年金	(旧)厚年・老齢年金×$\frac{1}{2}$

■受給権者の申出による支給停止

　年金が支給停止となるのは，上記のように，受給権者が他の年金の支給をうけることを選択した場合などですが，このほかに，受給権者の申出によっても年金が支給停止となります（平成19年4月より）。

　具体的には，受給権者の申出がなくてもその全額が支給停止となっている年金については，支給停止となるよう受給権者が申し出ることはできません。それ以外の年金について支給停止となるよう受給権者が申し出た場合に，年金の全額が支給停止となります（受給権者の申出がなくてもその年金の一部が支給停止となっていれば，残りの部分が受給権者の申出により支給停止となります）。

　受給権者の申出により年金が支給停止となっていても，いつでも将来の支給分に限り受給権者はその申出を撤回することができます。

＜他制度による所得保障との支給調整＞

　年金の受給権者が，それに相当する所得保障を他制度からもうけられる場合，年金による所得保障と他制度による所得保障とが重複しないように，他制度の方で所得保障の支給を調整することがあります。他制度の方で所得保障の支給を調整する際には，年金が受給権者の申出により支給停止となっていても，年金の支給は停止されていないものとみなされます。

　例えば，業務災害が原因で死亡した人の遺族が遺族厚生年金と遺族補償年金（労災保険）の両方をうけることができる場合，遺族補償年金は遺族厚生年金の支給額に応じて減額されます（450頁参照）。遺族補償年金の額を算定する際には，遺族厚生年金が遺族の申出により全額支給停止となっていても，遺族厚生年金の支給は停止されていないものとみなされます。したがって，遺族厚生年金が遺族の申出により全額支給停止となっていても，遺族補償年金は減額されることになります。

7 未支給給付など

(1) 未支給給付

　国民年金・厚生年金保険の給付のうち，受給権者の死亡によりまだ受給権者に支給されていないものは，一定範囲の遺族が自らの名で請求することができます。

　この給付は，たとえば，死亡した受給権者にまだ支給されていない老齢厚生年金があるとしますと，その受給権が遺族にそのまま引き継がれるというものではなく，未支給となった分について，一時金のかたちで支給されるものです。

　未支給給付をうけることができる遺族の範囲と順位は，次のとおりです。

(1) 遺族の範囲——受給権者の死亡当時生計を同一にしていた配偶者，子，父母，孫，祖父母，兄弟姉妹またはこれらの者以外の三親等内の親族（甥・姪，子の配偶者，おじ・おば，曾孫・曾祖父母またはこれらの者の配偶者等）。

＊平成26年３月以前に死亡したときの遺族の範囲は，配偶者，子，父母，孫，祖父母または兄弟姉妹となります。

(2) 支給をうけられる順位 —— (1)の順序です。

＜支給をうける手続＞

(1) 給付をうけている人が死亡したことによって請求する場合は，「国民年金・厚生年金保険・船員保険・共済年金・年金生活者支援給付金 未支給年金・未支払給付金請求書」を年金事務所などに提出します。添付書類は，①戸籍謄本，②生計同一に関する証明書，③死亡した受給権者の年金証書などです。

(2) 受給権者が給付を請求する前に死亡したことによって請求する場合は，「国民年金・厚生年金保険・船員保険・共済年金・年金生活者支援給付金 未支給年金・未支払給付金請求書」に，給付の「年金請求書」をそえて，年金請求書の提出先に提出します。添付書類は，(1)と同じです。

(2) 過払いの年金

　年金受給権者が死亡したため，年金の受給権が消滅したのに，誤って年金の支払いが行われた場合は，過払いの年金を返還しなければなりません。

　この場合，返済義務者に支給すべき年金給付があるときは，年金給付を過払いの返還に充当することになります。

　また，国民年金の年金給付の支給を停止して厚生年金保険の年金給付を支給すべき場合に，厚生年金保険の年金給付を支給すべき事由が発生した月の翌月以後の分として国民年金の年金給付の支払いが行われた場合は，その支払われた国民年金の年金給付は厚生年金保険の年金給付の内払いとみなされます。反対に，厚生年金保険の年金給付の支給を停止して国民年金の年金給付を支給すべき場合に，国民年金の年金給付を支給すべき事由が発生した月の翌月以後の分として厚生年金保険の年金給付の支払いが行われた場合は，その支払われた厚生年金保険の年金給付は国民年金の年金給付の内払いとみなされます。

(3)　給付の制限

　次のような場合には，厚生年金保険・国民年金の給付の全部または一部が制限されます。

(1)　故意に障害またはその直接の原因となった事故を発生させたとき──障害給付は支給されません。

(2)　障害基礎年金・障害厚生年金の受給権者や，加給年金額や加算額の対象となる子が，正当な理由がなくて保険者の診断を拒んだとき──全部または一部の支給停止。

(3)　偽りその他不正な手段により給付をうけたとき──うけた金額に相当する額の全部または一部が徴収されます。

(4)　被保険者または被保険者であった人を故意に死亡させたとき，あるいは被保険者または被保険者であった人の死亡前にその死亡によって遺族給付の受給権者となるべき人を故意に死亡させたとき──遺族給付は支給されません。

(5)　正当な理由がないのに保険者が行う書類等の提出命令や質問に応じないとき──全部または一部の支給停止。

(4) 受給権の保護

厚生年金保険・国民年金の給付をうける権利は，他人に譲り渡したり，担保にしたりすることはできません。

(5) 老齢年金の税金（令和6年分）

老齢年金（①老齢基礎年金，②国民年金の付加年金，③老齢厚生年金および④厚生年金基金の老齢年金給付など）は所得税法の雑所得として所得税の対象となります。そして，日本年金機構などは，これらの年金を支払う際に所得税を源泉徴収し，国に納めることになっています。

所得税には各種所得控除が設けられていますが，源泉徴収の際にこの所得控除をうけられるように，老齢年金の支払いをうける人はあらかじめ扶養親族等申告書を提出しなければなりません。

＜源泉徴収される人＞

上記の源泉徴収・納税・扶養親族等申告書提出は，その年中に支払われる年金額がその年の最初の支払日の前日の現況において158万円（国の老齢年金の場合であり，65歳未満の人は108万円）未満である人については必要ありません。なお，65歳以上であるかどうかは，その年の12月31日の年齢によって判定されます。したがって，令和3年に源泉徴収等が必要であるかどうかを判定する際に，昭和31年1月1日以前に生まれた人は65歳以上の人として扱われることになります。

＜扶養親族等申告書＞

年額158万円（65歳未満の人は108万円）以上の老齢年金をうける人は，扶養親族等申告書に必要事項を記入して日本年金機構に提出（郵送）しなければなりません。この申告書の用紙は，毎年9月ごろに日本年金機構から年金受給者に送られてきます。

＜はじめは年金請求時に申告＞

老齢年金の請求を行うときは，年金請求書の「公的年金等の受給者の扶養親族等申告書」欄に記載して申告することになっています。

＜所得税の源泉徴収税額と控除額＞

扶養親族等申告書を提出した人の老齢年金から源泉徴収される所得税の

額は，次の計算式により求められます。

源泉徴収税額＝（年金支給額－社会保険料－各種控除額）×合計税率
（5.105%）

●各種控除額

対　象	控除の種類	月割控除額（1ヵ月あたり）
受給者全員	公的年金等控除，基礎控除相当	・65歳未満の人…1ヵ月分の年金支払額×25％＋65,000円（最低90,000円） ・65歳以上の人…1ヵ月分の年金支払額×25％＋65,000円（最低135,000円）
控除対象配偶者がいる場合	配偶者控除 ――または――	32,500円
	老人控除対象配偶者相当	40,000円
控除対象扶養親族がいる場合（16歳以上）	扶養控除 ――または――	32,500円×人数
	特定扶養親族控除 ――または――	52,500円×人数
	老人扶養親族控除	40,000円×人数
受給者本人，同一生計配偶者，扶養親族が障害者の場合	普通障害者控除 ――または――	22,500円×人数
	特別障害者控除 ――または――	35,000円×人数
	同居特別障害者控除	62,500円×人数
受給者本人が寡婦，ひとり親の場合	寡婦控除 ――または――	22,500円
	ひとり親控除	30,000円

※1　計算式の社会保険料とは，年金から源泉徴収される国民健康保険料額（または後期高齢者医療保険料額）および介護保険料額の合計額をいいます。

※2　控除対象配偶者とは，受給者と生計を同一にする配偶者（青色事業専従者に該当して給与の支払いをうける人等を除く）で，年間の合計所得金額が48万円以下である人（同一生計配偶者）のうち，合計所得金額が1,000万円以下の居住者の配偶者をいいます。

※3　老人控除対象配偶者とは，70歳以上の配偶者をいいます。

※4　控除対象扶養親族とは，受給者と生計を同一にする16歳以上の親族（青色事業専従者に該当して給与の支払いをうける人等を除く）で，年間の合計所得金額が48万円以下である人をいいます。

※5　特定扶養親族とは，19歳以上23歳未満の控除対象扶養親族をいいま

す。

※6　老人扶養親族とは，70歳以上の控除対象扶養親族をいいます。

※7　障害者とは，身体障害者手帳に身体上の障害がある者として記載されるなど所得税法施行令で定められた障害者をいいます。

※8　特別障害者とは，身体障害者手帳に身体上の障害の程度が1級または2級である者として記載されるなど所得税法施行令で定められた重度の障害者をいいます。

※9　障害者控除は，扶養親族が年少扶養親族（16歳未満）である場合においても適用されます。

※10　同居特別障害者控除は，控除対象配偶者または扶養親族のうち，特別障害者に該当し，受給者本人，その配偶者または受給者本人と生計を同一にするその他の親族のいずれかとの同居を常況としている人がいる場合適用されます。

※11　寡婦とは，夫と死別・離婚した，あるいは夫の生死が不明になった人で，扶養親族あるいは生計を同一にする子（総所得金額等が48万円以下）のいる女性，または夫と死別した，あるいは夫の生死が不明になった人で合計所得金額が500万円以下の女性をいいます。

※12　ひとり親とは，配偶者と死別・離婚した，あるいは配偶者の生死が不明になった人で，生計を同一にする子（総所得金額等が48万円以下）がいて，かつ合計所得金額が500万円以下である人をいいます。

　なお，税制改正に伴って，令和2年分以降の扶養親族等申告書については，提出した場合と提出しなかった場合で所得税率に差がなくなりました。そのため，各種控除に該当しない人（受給者本人が障害者・寡婦・ひとり親等に該当せず，控除対象となる配偶者または扶養親族がいない人）は，扶養親族等申告書を提出する必要はなくなりました。

　扶養親族等申告書を提出しなかった人の源泉徴収される所得税額は次の計算式により求められます。

　源泉徴収税額＝（年金支給額－社会保険料－控除額）×合計税率
　　　　　　　（5.105％）

＜確定申告＞

　2ヵ所以上の年金支払者から受給している人や，年金以外に給与等の収

入がある人などは，確定申告が必要となる場合があります（くわしくは税務署で指導をうけます）。

　また，確定申告が必要でない場合でも，源泉徴収の際に控除をうけることができないため源泉徴収税額が納めすぎとなる場合は，その額の還付をうけるための確定申告を行うことができます。

　公的年金等の収入金額が400万円以下で，公的年金等に係る雑所得以外の所得金額が20万円以下の場合などは，確定申告は不要です。ただし，扶養親族等の人数が増加した場合や生命保険料控除や医療費控除などをうけようとする場合には，所得税の還付をうけるために確定申告をすることができます。

　なお，老齢年金に関する源泉徴収票は，翌年の1月に日本年金機構から発行されます。

＜年金からの住民税の徴収＞

　平成21年10月支給分から，個人住民税における公的年金からの特別徴収制度が導入されています。対象は，65歳以上の老齢基礎年金等の受給者で，年金保険者が公的年金等に係る住民税を天引きし，市区町村に直接納入することになります。なお，源泉徴収票には住民税額は記載されません。

(6) 不服の申立て

厚生労働大臣による被保険者の資格，標準報酬または保険給付に関する処分に不服がある人は，社会保険審査官に対して審査請求をし，その決定に不服がある場合には，社会保険審査会に対して再審査請求をすることができます。

上記の審査請求をした日から2ヵ月以内に決定がないときは，審査請求人は，社会保険審査官が審査請求を棄却したものとみなすことができます。

厚生労働大臣による保険料その他徴収金の賦課もしくは徴収の処分または保険料の督促や滞納処分に不服がある場合は，社会保険審査会に対して審査請求をすることができます。

なお，厚生労働大臣による処分の取消しの裁判所への訴えは，その処分についての審査請求に対する社会保険審査官の決定を経た後でなければ，提起することができません。

一方，303頁の第2号から第4号までの各号の厚生年金被保険者については，その被保険者の資格または保険給付に関する処分に不服がある場合，被保険者の種別に応じて次に定めるところに審査請求をすることができます。

① 第2号厚生年金被保険者　国家公務員共済組合法に規定する国家公務員共済組合審査会
② 第3号厚生年金被保険者　地方公務員等共済組合法に規定する地方公務員共済組合審査会
③ 第4号厚生年金被保険者　私立学校教職員共済法に規定する日本私立学校振興・共済事業団の共済審査会

＜書面による教示＞

平成17年4月から，行政庁の行う処分については，処分の相手方に対し，不服申立てができる旨やその期間などを書面で教示しなければならないことになりました。これに伴い，厚生年金保険・国民年金に関する処分についても同様に，社会保険審査官および社会保険審査会への審査請求等に関して書面で教示することが必要となっています。

8 複数種別の厚年期間があるとき

(1) 65歳からの老齢厚生年金の年金額に関する特例

■65歳からの老齢厚生年金の受給権者および年金額の特例

　2つ以上の種別の厚生年金被保険者期間を有する人の老齢厚生年金については，第1号から第4号までの各号の厚生年金被保険者期間ごとにその受給権の有無をみることになります。そして，老齢厚生年金の年金額の計算は，第1号から第4号までの各号の厚生年金被保険者期間ごとに区分して行われます。

　また，退職時改定による被保険者資格の喪失をみる場合にも，第1号から第4号までの各号の厚生年金被保険者の種別ごとに資格喪失の時期をみることになります。

■65歳からの老齢厚生年金の加給年金額の特例

　2つ以上の種別の厚生年金被保険者期間を有する人の老齢厚生年金の加給年金額については，その人の2つ以上の厚生年金被保険者期間を合算し，1つの厚生年金被保険者期間のみを有するものとみなし，加給年金額の支給要件の規定が適用されます。

　この場合，加給年金額は，次のように，第1号から第4号までの各号の厚生年金被保険者期間のうちの1つの期間を計算の基礎とする老齢厚生年金の額に加算されます。

(1)　最初に受給権を取得した厚生年金被保険者期間にもとづく老齢厚生年金に加算される。

(2)　老齢厚生年金の受給権を同時に取得した場合は，最も長い厚生年金被保険者期間にもとづく老齢厚生年金に加算される。

(3)　最も長い厚生年金被保険者期間が2つ以上ある場合には，第1号厚生年金被保険者期間，第2号厚生年金被保険者期間，第3号厚生年金被保険者期間，第4号厚生年金被保険者期間という順位で加算される。

■65歳からの老齢厚生年金の支給の繰下げの特例

　2つ以上の種別の厚生年金被保険者期間を有する人が老齢厚生年金の支給の繰下げを申し出る場合には，1つの厚生年金被保険者期間にもとづく老齢厚生年金に対する支給の繰下げの申出は，他の厚生年金被保険者期間にもとづく老齢厚生年金に対する支給の繰下げの申出と同時に行わなければなりません。

■65歳からの老齢厚生年金の支給停止の特例

　2つ以上の種別の厚生年金被保険者期間を有する人に対して老齢厚生年金の支給停止の規定（65歳からの在職老齢年金）を適用する場合には，第1号から第4号までの各号の厚生年金被保険者期間を計算の基礎とするそれぞれの老齢厚生年金の額を合算して得た額を12で除して得た額を「合算基本月額」とし，総報酬月額相当額と「合算基本月額」との合計額を支給停止調整額（50万円）と比較します。

　総報酬月額相当額と「合算基本月額」との合計額が支給停止調整額を超える場合の支給停止基準額は，次のように計算します。なお，この支給停止基準額の算出にあたって，1つの種別の厚生年金被保険者期間を計算の基礎とする老齢厚生年金の額を12で除して得た額を，上記「合算基本月額」と区別するために「1期間基本月額」と呼ぶことにします。

$$\text{支給停止基準額} = (\text{総報酬月額相当額} + \text{合算基本月額} - 50\text{万円})$$
$$\times (\text{1期間基本月額} \div \text{合算基本月額}) \times \frac{1}{2} \times 12$$

　この計算式で「1期間基本月額」を「合算基本月額」で除して得た率を乗じるのは，2つ以上の種別の厚生年金被保険者期間にもとづくそれぞれの老齢厚生年金の支給停止額を，それぞれの老齢厚生年金の額に応じて按分して算出するためです。

　この支給停止基準額が，その種別の厚生年金被保険者期間を計算の基礎とする老齢厚生年金の額以上であるときは，その種別の厚生年金被保険者期間を計算の基礎とする老齢厚生年金の全部の支給が停止されます。

　また，配偶者に対する加給年金額は，配偶者が，その年金額の計算の基礎となる被保険者期間の月数が240以上である老齢厚生年金をうけられる

ときには支給停止されます。この場合の240月以上の被保険者期間というのは，その人に２つ以上の種別の厚生年金被保険者期間がある場合には２つ以上の種別の厚生年金被保険者期間を合算し，１つの種別の厚生年金被保険者期間のみを有するものとみなしたものです。

(2)　障害厚生年金および遺族厚生年金に関する特例

■障害厚生年金・障害手当金の額の特例

障害厚生年金の受給権者であって，その障害の障害認定日において２つ以上の種別の厚生年金被保険者期間を有する人に支給される障害厚生年金の額は，その人の２つ以上の厚生年金被保険者期間を合算し，１つの厚生年金被保険者期間のみを有するものとみなして，障害厚生年金の額の計算およびその支給停止に関する規定その他の規定が適用されます。

同様に，障害手当金の受給権者であって，その障害に係る障害認定日において２つ以上の厚生年金被保険者期間を有する人に係る障害手当金の額も，障害厚生年金の額と同様に計算されます。

■遺族厚生年金の額の特例

２つ以上の種別の厚生年金被保険者期間を有していた人の遺族に支給される遺族厚生年金の額は，短期の遺族厚生年金の場合と長期の遺族厚生年金の場合とで計算の仕方が異なります。

まず，短期の遺族厚生年金の場合には，死亡した人が有していた２つ以上の厚生年金被保険者期間を合算し，１つの厚生年金被保険者期間のみを有していたものとみなして遺族厚生年金の額の計算およびその支給停止に関する規定等が適用されます。

他方，長期の遺族厚生年金の場合には，遺族厚生年金は第１号から第４号までの各号の厚生年金被保険者期間ごとに支給されます。そして，それぞれの遺族厚生年金の額は，死亡した人が有していた２つ以上の厚生年金被保険者期間を合算し，１つの厚生年金被保険者期間のみを有していたものとみなして計算した遺族厚生年金の額を，それぞれ１つの厚生年金被保

険者期間を計算の基礎として計算した額に応じて按分した額となります。

　なお，中高齢の加算額は，次のように，第1号から第4号までの各号の厚生年金被保険者期間のうち1つの厚生年金被保険者期間を計算の基礎とする遺族厚生年金の額に加算されます。

(1)　最も長い厚生年金被保険者期間にもとづく遺族厚生年金に加算される。

(2)　最も長い期間が2つ以上ある場合には，第1号厚生年金被保険者期間，第2号厚生年金被保険者期間，第3号厚生年金被保険者期間，第4号厚生年金被保険者期間という順位で加算される。

　また，経過的寡婦加算額は，以下の方法で加算されます。

(1)　その遺族が65歳に達する日の前日において中高齢の加算額が加算された第1号から第4号までの各号の厚生年金被保険者期間のうち1つの期間にもとづく遺族厚生年金の受給権者であった場合には，その厚生年金被保険者期間にもとづく遺族厚生年金に加算される。

(2)　その遺族が遺族厚生年金をうける権利を取得した当時65歳以上であった場合には，第1号から第4号までの各号の厚生年金被保険者期間のうち最も長い期間にもとづく遺族厚生年金に加算される。

(3)　最も長い期間が2つ以上ある場合には，第1号厚生年金被保険者期間，第2号厚生年金被保険者期間，第3号厚生年金被保険者期間，第4号厚生年金被保険者期間の順位で，加算される遺族厚生年金が決められる。

(3)　離婚分割・第3号分割に関する特例

■離婚分割に関する特例

　2つ以上の種別の厚生年金被保険者期間を有する人について，厚生年金の離婚分割の規定を適用する場合には，第1号から第4号までの各号の厚生年金被保険者期間のうち1つの厚生年金被保険者期間に係る標準報酬についての離婚分割の請求は，他の厚生年金被保険者期間に係る標準報酬についての離婚分割の請求と同時に行わなければなりません。

　この場合，2つ以上の種別の厚生年金被保険者期間は合算して1つの種

別の厚生年金被保険者期間のみを有するものとみなしたうえで，標準報酬の離婚分割の請求が行われ，請求すべき按分割合が定められ，第1号から第4号までの各号の厚生年金被保険者期間ごとに標準報酬が改定または決定され，そして標準報酬が改定または決定された人に対する保険給付の支給要件等の特例が各号の厚生年金被保険者期間ごとに適用されます。

■第3号分割に関する特例

2つ以上の種別の厚生年金被保険者期間を有する人について，厚生年金の第3号分割の規定を適用する場合には，第1号から第4号までの各号の厚生年金被保険者期間のうち1つの厚生年金被保険者期間に係る標準報酬についての第3号分割の請求は，他の厚生年金被保険者期間に係る標準報酬についての第3号分割の請求と同時に行わなければなりません。

この場合，2つ以上の種別の厚生年金被保険者期間を合算して1つの種別の厚生年金被保険者期間のみを有するものとみなしたうえで，第3号分割の請求および離婚分割の請求が行われ，第1号から第4号までの各号の厚生年金被保険者期間ごとに標準報酬が改定または決定され，そして標準報酬が改定または決定された人に対する保険給付の支給要件等の特例が各号の厚生年金被保険者期間ごとに適用されます。

(4)　60歳台前半の老齢厚生年金等に関する特例

■老齢厚生年金の支給繰上げの特例

2つ以上の種別の厚生年金被保険者期間を有する人が老齢厚生年金の繰上げ支給を請求する場合には，その2つ以上の厚生年金被保険者期間のうち1つの厚生年金被保険者期間にもとづく老齢厚生年金についてだけ支給繰上げの請求を行うのでなく，他の厚生年金被保険者期間にもとづく老齢厚生年金についても同時に支給繰上げの請求を行わなければなりません。

請求により，老齢厚生年金の繰上げ支給は第1号から第4号までの各号の厚生年金被保険者期間ごとに行われます。

■繰上げ支給の老齢厚生年金と基本手当等との調整の特例

　２つ以上の種別の厚生年金被保険者期間を有する人が老齢厚生年金の繰上げ支給を請求する場合には，第１号から第４号までの各号の厚生年金被保険者期間ごとに基本手当との調整および高年齢雇用継続給付との調整が行われます。

　また，この場合，在職老齢年金の支給調整は，上述した２つ以上の種別の厚生年金被保険者期間を有する人について適用される65歳からの老齢厚生年金の支給停止の特例（484頁）のとおりに行われます。

■60歳台前半の老齢厚生年金の適用

　２つ以上の種別の厚生年金被保険者期間を有する人について60歳台前半の老齢厚生年金の支給要件をみる場合には，第１号から第４号までの各号の厚生年金被保険者期間ごとに支給要件が適用されます。

　ただし，60歳台前半の老齢厚生年金の支給要件の１つである，１年以上の厚生年金保険の被保険者期間をみる場合には，その人の２つ以上の種別の厚生年金被保険者期間を合算して１つの種別の厚生年金被保険者期間のみを有するものとみなします。

　この場合，第１号から第４号までの各号の厚生年金被保険者期間ごとに60歳台前半の老齢厚生年金の額の計算の特例（長期加入者の特例など）および在職老齢年金による支給調整の規定が適用されます。

＜在職老齢年金の支給調整＞

　第１号から第４号までの各号の厚生年金被保険者期間のうち２つ以上の厚生年金被保険者期間を有する60歳台前半の老齢厚生年金の受給権者が被保険者である日が属する月においては，その人の総報酬月額相当額と第１号から第４号までの各号の厚生年金被保険者期間を計算の基礎とするそれぞれの老齢厚生年金の額を合算して得た額を12で除して得た額（「合算基本月額」）との合計額を支給停止調整額（50万円）と比較します。総報酬月額相当額と「合算基本月額」との合計額が支給停止調整額を超える場合の支給停止基準額は，次のように計算します。（この支給調整のしくみは，令和４年４月から484頁の65歳からの老齢厚生年金の支給停止のしくみと

同じものとなっています。)

なお，1つの種別の厚生年金被保険者期間にもとづく老齢厚生年金の額を12で除して得た額を，上記の「合算基本月額」と区別するために「1期間基本月額」と呼ぶことにします。

> 支給停止基準額＝（総報酬月額相当額＋合算基本月額－50万円）
> ×（1期間基本月額÷合算基本月額）×$\frac{1}{2}$×12

この計算式で「1期間基本月額」を「合算基本月額」で除して得た率を乗じるのは，2つ以上の種別の厚生年金被保険者期間にもとづくそれぞれの老齢厚生年金の支給停止額を，それぞれの老齢厚生年金の額に応じて按分して算出するためです。

この支給停止基準額が，その種別の厚生年金被保険者期間を計算の基礎とする老齢厚生年金の額以上であるときは，その種別の厚生年金被保険者期間を計算の基礎とする老齢厚生年金の全部の支給が停止されます。

また，配偶者に対する加給年金額は，配偶者が，その年金額の計算の基礎となる被保険者期間の月数が240以上である老齢厚生年金をうけられるときには支給停止されます。この場合の240月以上の被保険者期間というのは，その人に2つ以上の種別の厚生年金被保険者期間がある場合には2つ以上の種別の厚生年金被保険者期間を合算し，1つの種別の厚生年金被保険者期間のみを有するものとみなしたものです。

■経過的な繰上げ支給の老齢厚生年金の特例

2つ以上の種別の厚生年金被保険者期間を有する人が，経過的な繰上げ支給の老齢厚生年金を請求する場合には，2つ以上の厚生年金被保険者期間のうち1つの厚生年金被保険者期間にもとづく老齢厚生年金についてだけ支給繰上げの請求を行うのでなく，他の厚生年金被保険者期間にもとづく老齢厚生年金についても同時に支給繰上げの請求を行わなければなりません。

2つ以上の種別の厚生年金被保険者期間を有する人が経過的な繰上げ支給の老齢厚生年金の請求を行うと，その支給は第1号から第4号までの各号の厚生年金被保険者期間ごとに行われます。

このうち，在職老齢年金による支給調整は，65歳未満であれば，前述し

た２つ以上の種別の厚生年金被保険者期間を有する人について適用される60歳台前半の老齢厚生年金の支給停止のとおりに行われます。

■脱退一時金の特例

　２つ以上の種別の厚生年金被保険者期間を有する人に支給される脱退一時金（日本国籍を有しない人に対する脱退一時金）の支給要件をみる場合は，その人の２つ以上の厚生年金被保険者期間を合算して１つの厚生年金被保険者期間のみを有するものとみなします。

　ただし，脱退一時金の額は，第１号から第４号までの各号の厚生年金被保険者期間ごとに計算されます。

9 企業年金

(1) 企業年金の種類

●年金制度には，公的年金（国民年金・厚生年金保険）や国民年金基金のほかに，企業の事業主が従業員のために実施する企業年金があります。法律で定められている企業年金には，①厚生年金基金，②確定給付企業年金，③確定拠出年金の３種類があります。

●確定給付企業年金は，事業主と従業員との間で給付の内容の取り決めを行い，従業員が高齢になって取り決められた内容で給付をうけることができるように，所定の基準に従って運営される年金制度です。

●確定拠出年金は，事業主または個人が拠出した資金の運用を個人が自己の責任で指図し，高齢になってその結果に基づいた給付をうけることができるように，所定の基準に従って運営される年金制度です。

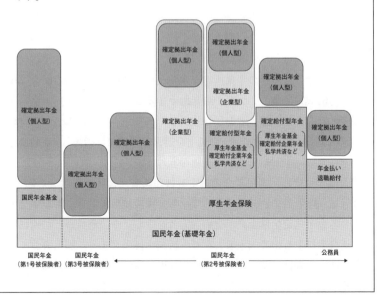

■確定給付企業年金

　確定給付企業年金は,厚生年金保険の適用事業所の事業主が実施します。加入者はその事業所の厚生年金保険被保険者です。事業主は定期的に掛金を拠出し，加入者は高齢になったときに年金（老齢給付金）の支給をうけます。確定給付企業年金には，基金型と規約型の2種類があります。

　基金型では，その事業所とは別に法人（企業年金基金）が設立され，資金の積み立てや給付の支給は基金で行われます。基金は，信託会社や生命保険会社などに積立金の運用を委託します。規約型では，その事業所とは別に法人が設立されることはなく，事業主が直接，信託会社や生命保険会社などに積立金の管理運用や給付の支給の事務を委託します。

　給付の種類には，老齢給付金（年金）と脱退一時金がありますが，規約で定めた場合にはさらに障害給付金（年金または一時金）や遺族給付金（年金または一時金）も支給されます。掛金は，事業主が拠出しますが，規約で定めた場合には加入者がその一部を負担することもできます。

■確定拠出年金

　確定拠出年金は，厚生年金保険の適用事業所の事業主（企業型年金）または国民年金基金連合会（個人型年金）が実施します。給付の種類には，老齢給付金（年金），障害給付金（年金），死亡一時金があります。

　企業型年金では，その事業所の厚生年金保険被保険者である60歳（規約により，61歳〜65歳のいずれかの年齢とすることもできます）未満の人が加入者となります。加入者および加入者であった人は，自らへの給付のための積立金（個人別管理資産）の運用を運営管理機関に指図し，高齢になったときに年金（老齢給付金）の支給をうけます。

　個人型年金では，国民年金の第1号被保険者（保険料免除者を除く）・第3号被保険者および60歳未満の厚生年金保険被保険者（企業型年金・厚生年金基金・確定給付企業年金の加入者を除く）や公務員などが国民年金基金連合会に申し出て加入者となり，掛金を拠出します。加入者および加入者であった人は，個人別管理資産の運用を運営管理機関に指図し，高齢になったときに年金（老齢給付金）の支給をうけます。

(2) 厚生年金基金の目的と組織

●厚生年金基金とは，国が運営している厚生年金保険の業務の一部を民間に移し，職場の特殊性を活かしながら，厚生年金保険より手厚い年金を支給する目的でつくられた制度です。

●基金は，厚生年金保険の給付のうち，老齢厚生年金（65歳前にうける場合は報酬比例部分）の一部を国に代わって給付します（老齢年金給付）。その他の厚生年金および基礎年金は国が支給します。

●基金の給付には，老齢年金給付のほかに脱退一時金があり，また，遺族給付金，障害給付金の支給を行うこともできます。

〈60歳台前半の老齢厚生年金の場合〉

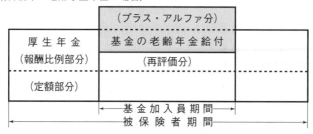

〈65歳以後にうける場合〉

■存続厚生年金基金

「公的年金制度の健全性及び信頼性の確保のための厚生年金保険法等の一部を改正する法律（平成25年法律第63号）」によって，平成26年４月１

日を施行日として厚生年金保険法の一部が改正され，厚生年金基金および企業年金連合会に係る規定が削除されています。

　ただし，上記の改正法による改正前の厚生年金保険法の規定により設立された厚生年金基金であってこの改正法の施行の日（平成26年4月1日）に現に存在するものは，同日以後も「存続厚生年金基金」としてなお存続することとされています。

　また，年金給付等積立金の額が責任準備金相当額を下回っている存続厚生年金基金が一定の要件を満たして解散する場合，責任準備金相当額の減額および納付の猶予を5年間の時限措置として認めるなど，この改正に伴う経過措置が規定されています。

■厚生年金基金の設立

　厚生年金基金は，厚生年金保険の適用事業所の事業主および被保険者によって組織されます。基金は，事業所単位に単独でまたは共同して設立されます。基金の設立形態としては，一つの企業で設立する単独設立，資本系列などにある企業が共同して設立する連合設立，同種同業の企業または一定地域の主に中小企業が共同して設立する総合設立があります。

■加入員は厚生年金保険・国民年金と基金に加入

　厚生年金基金が設立されたときは，その事業所に使用される厚生年金保険の被保険者は，すべてその基金の加入員となります。すなわち，基金を設立するかどうかは任意ですが，いったん設立されると，強制加入となるわけです。

　基金の加入員は，同時に厚生年金保険の被保険者でもあり，厚生年金保険と基金の両方に加入しています。また，厚生年金保険の被保険者は原則，国民年金の第2号被保険者になりますので，基金の加入員は，国民年金と厚生年金保険と基金の三つの制度に同時に加入していることになります。

＜報酬標準給与・賞与標準給与＞

　厚生年金基金の給付や掛金の額の計算の基礎となる標準給与は，厚生年金保険の標準報酬月額・標準賞与額に準じた報酬標準給与・賞与標準給与制をとることになっています。しかし，その範囲や額については，かなら

ずしも標準報酬月額・標準賞与額と同一でなくてもよく，企業の実情によっ
て一定の範囲内（最高等級の報酬標準給与の月額は650,000円以上，賞与
標準給与の額の最高限度は1,500,000円以上）で弾力的な取扱いができるこ
とになっています。

■基金は規約にもとづいて運営

　厚生年金基金が行う事業の運営や管理は，すべて規約にもとづいて行わ
れます。規約は，設立のときに厚生労働大臣の認可をうけなければならな
いものですが，これには，①設立事業所の名称・所在地，②代議員会，③
役員，④加入員，⑤標準給与，⑥年金給付・一時金給付，⑦積立金の管理・
運用に関する契約，⑧掛金とその負担区分，⑨事業年度・財務などに関す
る事項を規定することになっており，これらのうち重要な事項を変更する
場合にも，厚生労働大臣の認可が必要です。

　基金の意志決定機関および執行機関として，代議員会および役員がおか
れます。

代議員会―――規約の変更，予算，決算などを決める議決機関です。その
　　構成は，事業主と加入員の代表が半数ずつ選出されます。

役員―――役員として理事と監事が置かれ，代議員会で決められたことを
　　実行します。理事は代議員のなかから互選により選出されることになっ
　　ており，事業主と加入員の側から半数ずつで構成されます。

(3) 厚生年金基金の掛金と厚生年金保険の保険料

●厚生年金基金加入員（被保険者）および事業主は，それぞれ厚生年金保険（国）の保険料の半額を負担しますが，保険料額は一定割合（免除保険料率）分低くなっています。そして，同時に，それぞれ基金の掛金の半額（基金の規約で定めることによって，加入員の負担額が免除保険料額の半額以上であるという条件のもとで事業主の負担割合を増やすことが可能）も負担します。

〈基金加入員でない厚生年金保険被保険者の場合〉

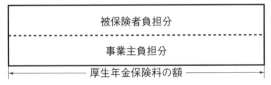

〈基金加入員である厚生年金保険被保険者の場合〉

■基金に納める掛金と免除保険料率

　厚生年金基金の掛金の額は，加入員が事業主からうける報酬（報酬標準給与の額）・賞与（賞与標準給与の額）に，基金が定める掛金率を乗じるなどして算定されます。

　掛金の額のうち，免除保険料額（厚生年金保険被保険者として決定される標準報酬月額および標準賞与額にそれぞれ免除保険料率を乗じて得た額）が，基金代行部分の費用にあてる部分です。免除保険料率は，1000分

の24から1000分の50までの27段階のうちから，基金ごとに定められます。これは，加入員の年齢構成等により各基金の代行部分の費用が異なるためです。

　加入員と事業主はそれぞれ掛金の半額を負担し，事業主が加入員負担分と事業主負担分を合わせた掛金を基金に納めます。ただし，基金の規約の定めによって，加入員の負担額が免除保険料額の半額以上であるという条件のもとで，事業主の負担割合が半分を超える場合があります。

■国に納める保険料

　厚生年金基金加入員（被保険者）の厚生年金保険（国）の保険料率は，基金未加入の厚生年金保険被保険者の保険料率よりも，免除保険料率だけ低くなっています。この保険料を，被保険者（加入員）と事業主が折半で負担し，事業主が厚生年金保険（国）に納めます。

(4) 厚生年金基金の給付

●厚生年金基金加入員が老齢厚生年金をうけられるようになったときは，国からは老齢厚生年金が支給され，基金からは老齢年金給付が支給されます。

●国が支給する報酬比例の年金額（報酬比例部分）は，第1号厚生年金被保険者期間について計算した年金額から，基金加入員期間について再評価前の標準報酬月額・標準賞与額を用いて計算した額を控除した額です。

なお，老齢基礎年金は基金加入員であったかどうかに関係なく国が支給します。同様に，60歳台前半の老齢厚生年金の定額部分も国から支給されます。

プラスアルファ
●60歳台前半の老齢厚生年金の報酬比例部分の一部 ●65歳から支給される老齢厚生年金の一部

基金が支給する年金

●60歳台前半の老齢厚生年金の定額部分 ●老齢基礎年金　　　　　　　　　　など
●障害基礎年金・障害厚生年金・障害手当金 ●遺族基礎年金・遺族厚生年金　　　など

国が支給する年金

●基金の給付には，そのほかに，加入員が脱退した場合に支給される脱退一時金があります。また，基金が規約で支給することを定めている場合には，加入員または加入員であった人が死亡したときには遺族給付金が支給され，初診日に加入員であった人が障害の状態になったときには障害給付金が支給されます。

■基金の老齢年金給付は基金代行部分プラスアルファ

厚生年金基金が支給する老齢年金給付の額は，基金が規約を作成し，厚生労働大臣の認可をうけて決まるもので，基金によって異なりますが，基金加入員期間について再評価前の標準報酬月額・標準賞与額を用いて計算した報酬比例の年金額（報酬比例部分）（基金代行部分）に，プラスアルファを加えた額とされています。基金が支給する老齢年金給付の水準については，基金代行部分の3.23倍が努力目標として設定されています。

老齢年金給付の額の算定の基礎となる基金加入員期間には，規約により，基金設立前の勤務期間や，他の適用事業所に使用されていた期間の全部または一部を算入することができます。また，加入員であった全期間の平均標準給与の額以外に，一定期間の平均標準給与の額や退職直前の報酬標準給与の額を老齢年金給付の額の算定の基礎にすることができるなど，弾力的な算定方法が認められています。

■標準報酬月額・標準賞与額の再評価分は国が支給

老齢厚生年金では，平均標準報酬月額・平均標準報酬額を計算する際には過去の標準報酬月額・標準賞与額を近年の賃金水準に再評価することになっています（335頁参照）が，この再評価によって増える部分は国（厚生年金保険）から支給されることになっています。

なお，大正15年4月2日以後に生まれた人が65歳に達すると，老齢基礎年金と老齢厚生年金が支給されることになりますが，定額部分と老齢基礎年金との差額を支給する経過的加算額（389頁参照）についても国が老齢厚生年金の一部として支給することになります。

■国から支給される報酬比例の年金額

厚生年金基金加入員期間がある人に国から支給される老齢厚生年金の,報酬比例の年金額(報酬比例部分)は,基金代行部分を控除した額となります。基金代行部分は,昭和15年4月2日以後生まれの人(平成12年4月1日前に老齢厚生年金の受給権が発生した人を除く)については,次のように計算されます。

基金代行部分①
平15.3以前の基金加入員期間の平均標準報酬月額(再評価なし) $\times \dfrac{9.5}{1000} \sim \dfrac{7.125}{1000}$(生年月日に応じて) $\times$ 平15.3以前の基金加入員期間の月数 $+$ 平15.4以後の基金加入員期間の平均標準報酬額(再評価なし) $\times \dfrac{7.308}{1000} \sim \dfrac{5.481}{1000}$(生年月日に応じて) $\times$ 平15.4以後の基金加入員期間の月数

<老齢厚生年金の繰下げ支給をうける場合>

老齢厚生年金の繰下げ支給(395頁参照)をうりる場合には,老齢厚生年金に繰下げ加算額が加算されるのと同様に,基金代行部分は,上記の式によって計算される額(基金代行部分①)に次の「基金代行部分における繰下げ加算額②」を加算した額となります。

基金代行部分における繰下げ加算額② $=$ 式①によって計算される額(老齢厚生年金の受給権発生月の前月までの期間にもとづいて計算) $\times$ 平均支給率(※1) $\times$ 増額率(※3)

※1　「平均支給率」とは,【老齢厚生年金の受給権発生月(老齢厚生年金の受給権発生月から老齢厚生年金の繰下げ申出月までの期間が10年(平成29年3月31日以前に老齢厚生年金の受給権を取得した人は5年,以下同じ)を超える場合には,老齢厚生年金の繰下げ申出日の10年前の日が属する月)の翌月から老齢厚生年金の繰下げ申出月までの各月の支給率(※2)の合計】を【老齢厚生年金の受給権発生月の翌月から老齢厚生年金の繰下げ申出月までの月数】で割って得られる率です。

※2　「支給率」とは,在職中でない月については1であり,在職中である月については,【502頁の「65歳からの在職老齢年金」の支給調整において基金の老齢年金給付が支給停止され得る額】を【式①によって計算される額(老齢厚生年金の受給権発生月の前月までの期間にもとづいて計算)】で割って得られる率を1から差し引いて得られる率です。

※3　「増額率」とは,0.7%に老齢厚生年金の受給権発生月から老齢厚生年金の繰下げ申出月の前月までの月数(120ヵ月(平成29年3月31日以前に老齢厚生年金の受給権を取得した人は60ヵ月)が限度)を乗じて得られる率です。

■基金加入員であった人の在職老齢年金

<60歳台前半の在職老齢年金（345頁参照）>

　厚生年金基金加入員期間をもつ人が在職中に国からうける，60歳台前半の老齢厚生年金と65歳前の経過的な繰上げ支給の老齢厚生年金の支給調整は，次のように行われます。（60歳台前半の在職老齢年金のしくみは令和4年4月から65歳からの在職老齢年金と同じしくみになっています。）

⑴　国から支給される老齢厚生年金の額（加給年金額を除く）と基金代行部分を合計し，その月額を基本月額とします。この基本月額と総報酬月額相当額との合計額が支給停止調整開始額を超えた月について，老齢厚生年金だけをうける場合と同じしくみ（345頁参照）で支給停止基準額が計算されます。

⑵　加給年金額を除く老齢厚生年金は，支給停止基準額までが支給停止となります。

⑶　加給年金額は，支給停止基準額の月額が⑴の基本月額以上である場合に全額支給停止となります。

※雇用保険の高年齢雇用継続給付がうけられる場合の支給停止基準額は，359頁の①～③の調整額を加えたものとなります。

※基金の老齢年金給付の支給停止は各基金が規約で定めますが，プラスアルファ部分と，支給停止基準額が老齢厚生年金の額（加給年金額を除く）を超えた場合のその超えた額との合計までが支給停止となることがあります。

※障害者あるいは長期加入者の年金額の特例に該当する人（昭和16年4月2日以後昭和24年4月1日以前生まれの男子または昭和21年4月2日以後昭和29年4月1日以前生まれの女子であって，327頁の定額部分の支給開始年齢到達後である場合を除く）が，再就職して厚生年金保険の被保険者となった場合には，まず定額部分と加給年金額が全額支給停止となり，国から支給される報酬比例部分と基金代行部分との合計額の月額を基本月額として，老齢厚生年金だけをうける場合と同じしくみ（345頁参照）で国からの報酬比例部分について支給停止基準額がきめられます。国からの報酬比例部分は支給停止基準額までが支給停止となり，基金の老齢年金給付は，プラスアルファ部分と，支給停止基準額が国からの報酬比例部分を超えた場合のその超えた額との合計までが支給停止となることがあります。

＜65歳からの在職老齢年金（392頁参照）＞

厚生年金基金加入員期間をもつ人が在職中に国からうける，65歳からの老齢厚生年金（繰上げ支給の老齢厚生年金を含む）の支給調整は，次のように行われます。

(1) 国から支給される老齢厚生年金の額（経過的加算額，加給年金額および繰下げ加算額を除く）と500頁の基金代行部分①を合計し，その月額を基本月額とします。この基本月額と総報酬月額相当額との合計額が支給停止調整額を超えた月について，老齢厚生年金だけをうける場合と同じしくみ（392頁参照）で支給停止基準額が計算されます。

(2) 経過的加算額，加給年金額および繰下げ加算額を除く老齢厚生年金は，支給停止基準額までが支給停止となります。

(3) 加給年金額は，支給停止基準額の月額が(1)の基本月額以上である場合に全額支給停止となります。経過的加算額および繰下げ加算額は全額支給されます。

※基金の老齢年金給付の支給停止は各基金が規約で定めますが，プラスアルファ部分と，支給停止基準額が老齢厚生年金の額（経過的加算額，加給年金額および繰下げ加算額を除く）を超えた場合のその超えた額との合計までが支給停止となることがあります。

■老齢年金給付以外の基金の給付

脱退一時金は，厚生年金基金の規約で定めるところにより，加入員が脱退した場合に支給されます。

遺族給付金は，基金の規約で定めるところにより，加入員または加入員であった人が死亡した場合に，その遺族（配偶者，子，父母，孫，祖父母，兄弟姉妹，その他の親族のうち規約で定める人）に支給されます。

障害給付金は，規約で支給することを定めている場合に，初診日に加入員であった人が，障害認定日に厚生年金保険の障害等級表の1級～3級の範囲内の障害の状態にあるときに支給されます。また，事後重症（411頁参照），基準傷病による障害（425頁参照）の場合にも支給されます。

■基金の中途脱退者の老齢年金給付

厚生年金基金の加入員資格を喪失し，その基金の加入員であった期間が一定期間に満たない中途脱退者については，その基金の加入員であった期間に見合う老齢年金給付は，企業年金連合会から支給されるしくみになっています。これは，基金が中途脱退者に対する老齢年金給付の支給義務を連合会に移転（将来の老齢年金給付の現価相当額を連合会に交付）するものです。

なお，退職前と再就職後で勤務先の企業年金制度（厚生年金基金・確定給付企業年金・確定拠出年金）が異なっていても，年金積立金を移換することが可能な場合があります。

＜解散した基金の老齢年金給付も連合会から＞

厚生年金基金は，代議員会で解散の議決が行われ厚生労働大臣の認可をうけると解散することになっています。この場合，解散した基金の加入員であった期間に見合う老齢年金給付は，連合会から支給されます。これは，解散した基金が，加入員であった人に対する老齢年金給付の支給義務を連合会に移転（連合会が，解散した基金の加入員であった人に対して老齢年金給付を支給するために積み立てるべき責任準備金に相当する額を，解散した基金から徴収）するものです。

＜確定給付企業年金へ移行するときの代行返上＞

厚生年金基金は，厚生労働大臣の認可をうけて，確定給付企業年金の企業年金基金へ移行することができます（移行により厚生年金基金は消滅）。また，厚生年金基金のすべての設立事業所の事業主が規約型確定給付企業年金を実施する場合は，厚生労働大臣の認可をうけて，厚生年金基金が支給する老齢年金給付のうち，基金代行部分以外のプラスアルファ部分の支給義務を厚生年金基金から規約型確定給付企業年金の実施事業主に移転させることができます（移転により厚生年金基金は解散します）。これら移行・移転後の基金代行部分の支給義務は，消滅・解散した厚生年金基金から国に移転することとなります（厚生年金基金から国への代行返上）。

10 旧公企体・農林共済組合員の経過措置

> 平成9年4月から日本たばこ産業共済組合・日本鉄道共済組合・日本電信電話共済組合（以下，旧公共企業体共済組合）が，平成14年4月から農林漁業団体職員共済組合（以下，農林共済組合）が，それぞれ厚生年金保険に統合されています。これに伴って，さまざまな経過措置がとられています。

(1) 厚生年金保険に関する経過措置

■厚生年金保険の被保険者資格を取得する人

＜旧公共企業体共済組合の組合員であった人＞

　昭和7年4月2日以後生まれで，平成9年3月31日に旧公共企業体共済組合の組合員であって，平成9年4月1日に改正前の国家公務員等共済組合法（平成8年改正法による改正前の国家公務員等共済組合法）に規定する適用法人（日本たばこ産業株式会社，日本電信電話株式会社，旅客鉄道会社等）または指定法人（適用法人と業務・資本その他について密接な関係があるものとして旧大蔵大臣の指定をうけた法人）の事業所または事務所のうち厚生年金保険の適用事業所に使用されていた人は，平成9年4月1日に厚生年金保険の被保険者資格を取得します。

＜農林共済組合の組合員であった人＞

　昭和7年4月2日以後生まれで，平成14年3月31日に農林共済組合の組合員であって，平成14年4月1日に農林漁業団体等（農業協同組合法・森林組合法・水産業協同組合法・農林中央金庫法・農業災害補償法・漁船損害等補償法・土地改良法・農業委員会等に関する法律・農業信用保証保険法・中小漁業融資保証法・たばこ耕作組合法・漁業生産調整組合法・漁業災害補償法・真珠養殖等調整暫定措置法にもとづいて設立された法人，㈳全国農業共済協会，㈳中央畜産会，㈳中央酪農会議，㈶農林年金福祉団，廃止前の農林共済組合）の事業所または事務所のうち厚生年金保険の適用

事業所に使用されていた人は，平成14年4月1日に厚生年金保険の被保険者資格を取得します。

■厚生年金保険の被保険者期間に関する経過措置

＜旧公共企業体共済組合の組合員であった人＞

(1) 旧公共企業体共済組合の組合員であった期間（脱退一時金の支給をうけた場合は，その計算の基礎となった期間を除く）は，第1号厚生年金被保険者であった期間とみなされます。

(2) 第1号厚生年金被保険者であった期間とみなされた旧公共企業体共済組合の組合員であった期間のうち，昭和61年3月31日までの旧船員組合員であった期間について厚生年金保険の被保険者期間を計算する場合には，その期間に3分の4を乗じます。

(3) 第1号厚生年金被保険者であった期間とみなされた旧公共企業体共済組合の組合員であった期間のうち，昭和61年4月1日から平成3年3月31日までの新船員組合員であった期間について厚生年金保険の被保険者期間を計算する場合には，その期間に5分の6を乗じます。

＜農林共済組合の組合員であった人＞

農林共済組合の組合員であった期間（脱退一時金の支給をうけた場合は，その算定の基礎となった期間を除く）は，第1号厚生年金被保険者であった期間とみなされます。

■共済組合員期間の標準報酬月額

＜旧公共企業体共済組合の組合員であった人＞

平成9年3月までの旧公共企業体共済組合組合員期間の各月の標準報酬月額（昭和61年3月までの各月の標準報酬月額は，昭和61年4月前5年間の平均俸給月額に，実在職期間に応じた補正率を乗じて得た額）は，厚生年金保険の標準報酬月額とみなされます。

＜農林共済組合の組合員であった人＞

平成14年3月までの農林共済組合組合員期間の各月の標準給与の月額（昭和61年3月までの各月の標準給与の月額は，昭和34年1月～昭和61年3月の各月の標準給与の月額に期間ごとに定められた率を乗じた額を平均

した額（470,000円が上限）)は，厚生年金保険の標準報酬月額とみなされます。

■老齢厚生年金の額の計算の特例

＜旧公共企業体共済組合の組合員であった人＞

(1)　平成９年３月31日に次の年金の受給権をもっていた人については，その年金額計算の基礎となった旧公共企業体共済組合の組合員期間（①の年金の受給権をもっていた人については，旧公共企業体共済組合の組合員期間にひき続く厚生年金保険の被保険者期間（504頁の経過措置により被保険者資格を取得した人の被保険者期間で，その人がその被保険者資格を喪失するまでの間のものに限る）を含む）は，老齢厚生年金の額の計算の基礎とされません。

①　旧公共企業体共済組合が支給する退職共済年金

②　旧公共企業体共済組合が支給する退職年金，減額退職年金

(2)　平成９年３月31日に下記①〜③のいずれかに該当した人（上記①または②の年金の受給権をもっていた人と，下記(1)または(2)に該当した人で，平成９年４月１日から60日以内に旧公共企業体共済組合の組合員期間を老齢厚生年金の額の計算の基礎とすることを希望する旨を社会保険庁長官に申し出た人を除く）については，旧公共企業体共済組合の組合員期間は，老齢厚生年金の額の計算の基礎とされません。

①　勧奨等の退職により退職共済年金の繰上げ支給をうけられる人のうち，平成７年６月30日以前に退職した日本電信電話共済組合の組合員または平成２年４月１日前に退職した日本たばこ産業共済組合・日本鉄道共済組合の組合員

②　昭和15年７月１日以前生まれで退職共済年金の繰上げ支給をうけられる人のうち，日本電信電話共済組合の組合員（平成９年３月31日以前に退職した人を含む）または平成２年４月１日前に退職した日本たばこ産業共済組合・日本鉄道共済組合の組合員（①に該当する人を除く）

③　60歳台前半の老齢厚生年金の受給権のある人（①，②に該当する人を除く）

＜農林共済組合の組合員であった人＞

⑴　平成14年3月31日に次の年金の受給権をもっていた人については，その年金額算定の基礎となった農林共済組合の組合員期間（①の年金の受給権をもっていた人については，農林共済組合の組合員期間にひき続く厚生年金保険の被保険者期間（504頁の経過措置により被保険者資格を取得した人の被保険者期間で，その人がその被保険者資格を喪失するまでの間のものに限る）を含む）は，老齢厚生年金の額の算定の基礎とされません。

①　農林共済組合が支給する退職共済年金

②　農林共済組合が支給する退職年金，減額退職年金

③　農林共済組合が支給する通算退職年金（平成14年3月31日に老齢厚生年金の受給権をもっていた場合に限る）

⑵　平成14年3月31日に下記①または②のいずれかに該当した人（上記①〜③の年金の受給権をもっていた人と，下記①に該当した人で平成14年4月1日から60日以内に農林共済組合の組合員期間を老齢厚生年金の額の算定の基礎とすることを希望する旨を社会保険庁長官に申し出た人を除く）については，農林共済組合の組合員期間は，老齢厚生年金の額の算定の基礎とされません。

①　勧奨等の退職により退職共済年金の繰上げ支給をうけられる人（下記②に該当する人を除く）

②　60歳台前半の老齢厚生年金の受給権のある人

■障害厚生年金の特例

＜旧公共企業体共済組合の組合員であった人＞

⑴　第1号厚生年金被保険者であった期間とみなされた旧公共企業体共済組合の組合員であった期間に初診日のある病気・けがで，平成9年4月1日以後の障害認定日に障害等級表の1級，2級または3級に該当する障害の状態にあるときは，障害厚生年金が支給されます。

⑵　旧公共企業体共済組合の組合員であった期間をもち平成8年改正法による改正前の国家公務員等共済組合法による障害共済年金または旧国家公務員等共済組合法による障害年金の受給権をもっていたことがある人

のうち，①平成9年4月1日においてもその受給権をもち続けている人については，同一の病気・けがによる障害について事後重症（411頁参照）により障害厚生年金の受給権が発生することはなく，②平成9年4月1日においてその受給権をもっていない人については，同一の病気・けがで，平成9年4月1日に障害等級表の1級，2級または3級に該当する障害の状態にあるとき，または平成9年4月2日から65歳になるまでの間に障害等級表の1級，2級または3級に該当する障害の状態になったときは，本人の請求により，その請求の翌月分から障害厚生年金が支給されます。

＜農林共済組合の組合員であった人＞

(1) 第1号厚生年金被保険者であった期間とみなされた農林共済組合の組合員であった期間に初診日のある病気・けがで，平成14年4月1日以後の障害認定日に障害等級表の1級，2級または3級に該当する障害の状態にあるときは，障害厚生年金が支給されます。

(2) 農林共済組合の障害共済年金・障害年金の受給権をもっていたことがある人のうち，①平成14年4月1日においてもその受給権をもち続けている人については，同一の病気・けがによる障害について事後重症（411頁参照）により障害厚生年金の受給権が発生することはなく，②平成14年4月1日においてその受給権をもっていない人については，同一の病気・けがで，平成14年4月1日に障害等級表の1級，2級または3級に該当する障害の状態にあるとき，または平成14年4月2日から65歳になるまでの間に障害等級表の1級，2級または3級に該当する障害の状態になったときは，本人の請求により，その請求の翌月分から障害厚生年金が支給されます。

■遺族厚生年金の特例

＜旧公共企業体共済組合の組合員であった人＞

第1号厚生年金被保険者であった期間とみなされた旧公共企業体共済組合の組合員であった期間をもち，次に該当する人が，平成9年4月1日以後に死亡したときは，その遺族に遺族厚生年金が支給されます（(1)については，遺族基礎年金の保険料納付要件を満たす必要があります）。

(1) 旧公共企業体共済組合の組合員であった期間に初診日のある病気・けがで，その組合員資格（504頁の経過措置による厚生年金保険の被保険者資格を含む）を喪失した後に初診日から5年以内に死亡した人（組合員資格喪失後平成9年4月1日前に国家公務員共済組合または地方公務員共済組合の組合員資格を取得した人を除く）

(2) 改正前の国家公務員等共済組合法（平成8年改正法による改正前の国家公務員等共済組合法）による障害共済年金または旧国家公務員等共済組合法による障害年金の受給権者（障害等級表の1級または2級に該当する障害の状態にある人に限る）

(3) 改正前の国家公務員等共済組合法による退職共済年金または旧国家公務員等共済組合法による退職年金・減額退職年金・通算退職年金の受給権者または平成9年3月31日に減額退職年金以外のこれらの年金の資格期間を満たしている人

なお，この場合，遺族が夫，父母，祖父母であるときは，435頁の＊の「平成8年3月」は「平成19年3月」と，448頁の(4)の「平成8年3月」は「平成19年3月」と，それぞれ読み替えます。

＜農林共済組合の組合員であった人＞

第1号厚生年金被保険者であった期間とみなされた農林共済組合の組合員であった期間をもち，次に該当する人が，平成14年4月1日以後に死亡したときは，その遺族に遺族厚生年金が支給されます（(1)については，遺族基礎年金の保険料納付要件を満たす必要があります）。

(1) 第1号厚生年金被保険者であった期間とみなされた農林共済組合の組合員であった期間に初診日のある病気・けがで，その組合員資格を喪失した後に初診日から5年以内に死亡した人

(2) 農林共済組合の障害共済年金・障害年金の受給権者（障害等級表の1級または2級に該当する障害の状態にある人に限る）

(3) 農林共済組合の退職共済年金・退職年金・減額退職年金・通算退職年金の受給権者または平成14年3月31日に減額退職年金以外のこれらの年金の資格期間を満たしている人

なお，この場合，遺族が夫，父母，祖父母であるときは，435頁の＊の「平成8年3月」は「平成24年3月」と，448頁の(4)の「平成8年3月」は「平

成24年３月」と，それぞれ読み替えます。

(2)　保険料率

日本たばこ産業株式会社の適用事業所に使用される厚生年金保険の被保険者の保険料率は，平成21年８月までは1000分の155.50で，平成21年９月から厚生年金保険の一般の被保険者と同じ保険料率（80頁参照）になっています。

旅客鉄道会社等の適用事業所に使用される厚生年金保険の被保険者の保険料率は，平成21年８月までは1000分の156.90で，平成21年９月から厚生年金保険の一般の被保険者と同じ保険料率になっています。

農林漁業団体等の適用事業所に使用される厚生年金保険の被保険者の保険料率は，次のとおりです。

①平成17年９月～平成18年８月……1000分の150.58

②平成18年９月～平成19年８月……1000分の154.12

③平成19年９月～平成20年８月……1000分の157.66

④平成20年９月……1000分の161.20

⑤平成20年10月以後……厚生年金保険の一般の被保険者と同じ保険料率

11 年金担保貸付事業に代わる事業

　年金担保貸付事業は，令和3年度末に新規貸付の申込受付が終了すると同時に廃止されました。年金担保貸付事業に代わる事業として，新たに生活福祉資金貸付制度と自立相談支援機関が創設されています。

■生活福祉資金貸付制度

　生活福祉資金貸付制度とは，日常生活を送るうえでまたは自立生活に資するために，一時的に必要であると見込まれる費用を貸し付ける制度です。
　利用対象者は以下の人たちとなります。

・低所得世帯：必要な資金を他から借り受けることが困難な世帯（市町村民税非課税程度）
・障害者世帯：身体障害者手帳，療育手帳，精神障害者保健福祉手帳の交付を受けている人（現在，障害者総合支援法によるサービスを利用している等，これと同程度と認められる人を含みます）の属する世帯
・高齢者世帯：65歳以上の高齢者の属する世帯（日常生活上，療養または介護を要する高齢者等で，一定の収入要件があります）
　受付窓口は，居住地域の市区町村社会福祉協議会です。

■自立相談支援機関

　自立相談支援機関の利用対象者は，生活に困りごとや不安を抱えている人です。支援内容は，相談の内容に応じて，どのような制度やサービスが必要かを一緒に考え，具体的な問題の解決に向けた計画を作成することによって支援を行います。

　また，必要に応じて，より具体的に収支状況の改善に向けた家計改善支援事業（家計管理に関する支援，滞納の解消や各種給付制度等の利用に向けた支援，債務整理に関する支援，貸付のあっせん等）の利用を案内します。

　受付窓口は，居住地域の自立相談支援機関です。

12 年金生活者支援給付金

■低所得高齢者・障害者等に福祉的な給付を支給

　令和元年10月に「年金生活者支援給付金の支給に関する法律」が施行されました。これによって，所得の低い高齢者や障害者などに，次の福祉的な年金が支給されることになりました。

○所得の額が一定の基準（所得基準額）を下回る老齢基礎年金の受給者に，305頁の国民年金の保険料納付済期間と保険料免除期間を基礎とする次の①と②を合算した月額の「老齢年金生活者支援給付金」が支給されます。

① 給付基準額（令和6年度は5,310円）×保険料納付済期間の月数/480

② 老齢基礎年金の満額×保険料免除期間（学生納付特例または納付猶予による保険料免除期間を除く）の月数×1/6（保険料1/4免除期間については1/12）÷480÷12

○所得の逆転が生じないよう，所得基準額を上回る一定の範囲の人には上記①に準じた「補足的老齢年金生活者支援給付金」が支給されます。

○一定の障害基礎年金または遺族基礎年金受給者に，「障害年金生活者支援給付金」または「遺族年金生活者支援給付金」が支給されます（令和6年度の支給額：月額5,310円（1級の障害基礎年金受給者は月額6,638円））。

○支援給付金の支払い事務は日本年金機構が行い，年金と同様2ヵ月ごとに支給されます。

＊「所得基準額」は，老齢基礎年金の満額を勘案して政令で定められます。

＊「給付基準額」は物価の変動に応じて毎年度改定されます。

児童手当
労働保険
年金委員・健康保険委員

1 児童手当の要点

平成24年度から「子ども手当」に代わって新たな「児童手当」が支給されています。

児童手当は，父母その他の保護者が子育てについての第一義的責任を有するという基本的認識の下に，児童を養育している者に児童手当を支給することにより，家庭等における生活の安定に寄与するとともに，次代の社会を担う児童の健やかな成長に資することを目的としています。

平成22年4月から「子ども手当」が創設され，中学校修了までの子どもに1人当たり月額13,000円（平成23年10月からは月額10,000円～15,000円）が支給されました（平成24年3月まで）。

平成24年4月から実施されている児童手当では，23年10月からの子ども手当と同様の額が支給されており（24年6月分から所得制限を実施），その費用の一部として子ども・子育て支援法（平成26年度まで「児童手当法」）にもとづく事業主拠出金が充てられることになっています。

1 運営

児童手当制度は，国の責任において運営されますが，事業主の拠出金の徴収事務は年金事務所（各種共済組合法の適用をうけている団体等については，その共済組合）が行うことになっています。児童手当をうける資格の認定と，その支給の窓口は市町村になっています。

2 費用の負担

児童手当の支給に要する費用は，それぞれのグループごとに次の割合で負担します（負担割合は平成24年度から）。この場合の被用者とは，厚生年金保険および各種共済組合の加入者（国家公務員，地方公務員を除く）をいいます。

被用者の3歳未満に対する費用	事業主$\frac{7}{15}$，国$\frac{16}{45}$，都道府県$\frac{4}{45}$，市町村$\frac{4}{45}$
被用者の3歳以上中学校修了前に対する費用	国$\frac{2}{3}$，都道府県$\frac{1}{6}$，市町村$\frac{1}{6}$
被用者および公務員以外の者に対する費用	国$\frac{2}{3}$，都道府県$\frac{1}{6}$，市町村$\frac{1}{6}$
公務員に対する費用	国，地方自治体がそれぞれ負担

〔事業主拠出金〕

　事業主拠出金は，児童手当の受給者の有無にかかわらず厚生年金保険などの年金保険の適用事業主のすべてが拠出することになっています。拠出金の額は，厚生年金保険などの保険料（掛金）の計算の基礎となる標準報酬月額・標準賞与額に一定の拠出金率を掛けて計算しますが，拠出金率は，毎年度の被用者の児童手当をまかなうのに必要な率として，政令で定められることになっています。

　令和6年4月からの事業主拠出金率は1000分の3.6（令和5年度1000分の3.6）となっています。

■厚生年金保険の保険料といっしょに納入

　事業主の拠出金は，厚生年金保険の保険料といっしょに所定の金融機関等に納入することになっています。毎月，年金事務所から，保険料の納入告知書に児童手当の拠出金の額を書き入れて通知されますから，この通知をもとに，保険料といっしょに納入します。

　なお，私立学校教職員共済制度に加入している学校の拠出金は，日本私立学校振興・共済事業団が徴収したうえ政府に納付することとされています。

　このように，児童手当の拠出金は，ひろく社会保障のための拠出金である

という点で，年金保険などの保険料と共通の性格をもっていますが，児童の養育という保険事故になじみにくい恒常的な支出に対処するものであること，拠出と給付に直接的な相関関係がないこと等において，いわゆる社会保険料とは異なる面をもっています。

　このような拠出金を年金保険の保険料と同様に賦課し，納入してもらうこととしたのは，事業主の便宜と政府の徴収事務簡素化のためです。

③ 児童手当の支給

■受給資格

　児童手当は，中学校修了前の児童または中学校修了前の児童を含む2人以上の児童を養育している父母等に支給されます。

　（児童とは18歳到達年度の末日までの者であって日本国内に住所を有するものまたは留学その他一定の理由で日本国内に住所を有しないものをいいます。）

　ここにいう養育とは，父または母の場合は，児童を監護（監督保護）し，かつ，生計を同一にしていることが要件となっており，父母以外の場合は，監護のほか，生計同一の代わりに生計維持が要件となっています。

■支給される額

支給される金額は次のとおりです。

(1)所得制限額未満である者

①３歳未満　月額15,000円

②３歳以上小学校修了前（第１子・第２子）　月額10,000円

③３歳以上小学校修了前（第３子以降）月額15,000円

④中学生　月額10,000円

(2)所得制限額以上である者

月額5,000円（当分の間の特例給付）

所得制限額は，960万円（夫婦・子ども２人世帯）を基準に設定（政令で規定）されています（令和４年10月から1,200万円以上は特例給付の対象外）。

■子ども手当の事項を継承

児童手当では，平成23年度までの子ども手当で実施されていた次の規定も継承されています。

(1)児童に対しても国内居住要件を設け

る（留学中の場合等を除く）

(2)児童養護施設に入所している児童等についても施設の設置者等に支給する形で手当を支給

(3)保育料を手当から直接徴収できるしくみ，学校給食費等を本人同意により手当から納付できるしくみ

■市町村長等に認定の請求

児童手当は，支給要件に該当すれば自動的に支給されるものではありません。支給をうけるためには，住所地または施設の所在地の市町村長に請求して，児童手当の受給資格の認定をうける必要があります。児童手当は，この認定の請求をした月の翌月から，支給をうける要件がなくなった月まで支給されます。

■公務員は勤務先の役所から

国家公務員，地方公務員については，それぞれ国，地方自治体において受給資格の認定および支給が行われます。

2 労働保険の要点

1 労働保険の適用と保険料

■労働保険の適用など

労働保険とは，労災保険（労働者災害補償保険）と雇用保険を総称したことばです。両保険の適用関係・保険料の申告・納付の手続等は，一般の事業については，両保険分をまとめて一元的に処理されています。

<労働保険の目的>

労災保険は，業務災害または通勤災害によって労働者が負傷したり，病気になったり，死亡したりした場合に，迅速・公正な保護をするために必要な保険給付等を行うことによって，病気・けがにかかった労働者または死亡した労働者の遺族の生活の安定を図ることを目的としています。

雇用保険は，失業した場合に，労働者の生活の安定を図るための給付（求職者給付）と，求職活動を容易にする等その就職を促進するための給付（就職促進給付）を行います。そのほか教育訓練給付や雇用継続給付があり，また，事業主に対する助成・援助や労働

福祉施設の運営なども行っています。

<労働保険の保険者と現業事務>

労働保険の保険者は政府（厚生労働省）で，その現業事務を取り扱う出先機関は，都道府県労働局，労働基準監督署，公共職業安定所です。

<適用事業と給付の対象者>

適用事業（強制適用）は，労災保険，雇用保険ともに，労働者を使用するすべての事業です。また，平成22年1月から，船員保険の労災保険に相当する部分（職務上疾病・年金部門）および雇用保険に相当する部分（失業部分）が，それぞれ，労災保険および雇用保険に統合されています。

なお，労災保険は，労働者以外の人は対象になりませんが，中小企業事業主，大工・左官などの一人親方等およびその家族従業者，海外の事業に派遣される労働者等は，申請により特別加入できます。

雇用保険では，短時間労働者や派遣労働者も対象になるほか，一定の要件に該当する日雇労働者は日雇労働被保険者になります。また，平成29年1月からは，65歳以上の労働者も高年齢被保険者となっており，令和4年1月か

■適用関係の主な手続

ケース	届・申告書	提 出 期 限 等
適用事業に該当した場合	保険関係成立届 概算保険料申告書	保険関係成立の日から10日以内。概算保険料申告書は50日以内に概算保険料を添えて提出
事業の種類，名称，所在地などに変更があった場合	名称，所在地等変更届	変更日の翌日から10日以内
事業主が行う事務につき代理人を選任または解任した場合	代理人選任・解任届	そのつど
事業を廃止した場合	確定保険料申告書 雇用保険適用事業所廃止届 雇用保険被保険者資格喪失届	事業を廃止した日の翌日から50日以内。雇用保険適用事業所廃止届と雇用保険被保険者資格喪失届は10日以内に提出

〔雇用保険のみの手続〕

ケース	届・申告書	提 出 期 限
適用事業に該当した場合	雇用保険適用事業所設置届と雇用保険被保険者資格取得届	設置の日の翌日から10日以内（設置届），該当日の属する月の翌月10日まで（資格取得届）
従業員を新規採用した場合	雇用保険被保険者資格取得届	雇用開始日の属する月の翌月10日まで
被保険者が退職したり，死亡した場合	雇用保険被保険者資格喪失届	被保険者でなくなった日の翌日から10日以内
被保険者を同一の事業主の一の事業所から他の事業所に転勤させた場合	雇用保険被保険者転勤届	その事実のあった日の翌日から10日以内
被保険者証をなくしたり，破ってしまった場合	雇用保険被保険者証再交付申請書	そのつど（被保険者証の番号は一生不変）
被保険者区分に変更があったとき	雇用保険被保険者区分変更届	変更のあった日の属する月の翌月10日まで

らは，複数事業所に雇用される65歳以上の労働者がそのうち２つの事業所での労働時間を合計して一定の要件を満たせば被保険者（マルチ高年齢被保険者）となることができます。

給付の対象者は，労災保険では適用事業所に使用される労働者と特別加入者，雇用保険では適用事業所に使用される労働者（被保険者）です。

■労働保険の保険料

労災保険と雇用保険の保険料は，労働保険料としてまとめて納付します。労働保険料には，一般保険料（一般の事業），第１種・第２種・第３種特別加入保険料（特別加入者），印紙保険料（日雇労働被保険者）があります。

＜一般保険料の額と負担割合＞

一般保険料の額は，事業主がその事業で使用する全労働者に支払う賃金総額にその事業に適用される一般保険料率（労災保険率＋雇用保険率で，労災保険率はうら表紙参照）を乗じて得た額です。なお，高年齢労働者〔年度初日において64歳以上の人（平成29年１月からの高年齢被保険者を含む）〕については，令和２年３月まで雇用保険料が免除されていましたが，令和２年４月から一般被保険者と同様に雇用保険料の納付が必要になります。

賃金とは，労働の対償として事業主が労働者に支払うものをすべてさします。賃金はもちろん，超過勤務手当，扶養手当，通勤手当などすべてこの範囲に入ります。ただし，出張旅費，退職金，各種の見舞金など実費弁償的あるいは恩恵的なものは除かれます。

労働保険料の労使負担割合は，労災保険については，一般保険料のうち労災保険率に応じる部分の額の全額を事業主が負担します。

雇用保険では，一般保険料のうち雇用保険率1000分の15.5（清酒製造業などは1000分の17.5，建設業は1000分の18.5）に応じる部分の額の15.5分の６（1000分の17.5または18.5の事業については17.5分の７または18.5分の７）を被保険者が負担し，その額の15.5分の9.5（1000分の17.5または18.5の事業については17.5分の10.5または18.5分の11.5）を事業主が負担するのが原則です。

労働保険料を納付する義務は事業主が負っていますので，事業主は自分の負担分と雇用保険の被保険者の負担分とを合わせて納付します。

＜一般保険料の納め方＞

労働保険料のうち一般保険料は，保険料の算定の対象となる期間の初めに概算額を申告・納付し，その期間が終ってから確定額を申告し，過不足を精算するしくみをとっています。

申告・納付の窓口は，銀行（日本銀

行の本店・支店や，日本銀行の代理店・歳入代理店に該当する市中銀行。），郵便局，都道府県労働局または労働基準監督署です。電子申告・電子納付することもできます。

※令和2年4月から，**資本金1億円超など特定の法人は電子申請が義務化されています。**

○概算保険料の納め方

通常，保険年度（毎年4月1日から翌年の3月31日まで）ごとに，使用する全労働者に支払う賃金総額の見込額（見込額が前年度の賃金総額の100分の50以上100分の200以下であるときは，前年度の賃金総額）に一般保険料率を乗じて得た額（概算保険料）を，6月1日から7月10日までに，「概算・確定保険料／石綿健康被害救済法一般拠出金保険料申告書」に添えて，所定の納付書により申告・納付します。

なお，高年齢労働者については雇用保険料が令和2年3月まで免除されますので，その年度に高年齢労働者を使用する場合は，上記の額から高年齢労働者の賃金総額の見込額（見込額が前年度の賃金総額の100分の50以上100分の200以下であるときは前年度の賃金総額）に雇用保険率を乗じて得た額を減じた額を申告・納付します。

○増加概算保険料の納め方

労働者数の増加などの理由で，賃金総額の見込額が，すでに納付した概算保険料の算定基礎となった賃金総額の見込額よりも大幅に増加し，所定の要件に該当したときには，その増加額にもとづき計算した増加概算保険料を申告・納付しなければなりません。

○確定保険料の納め方

通常，保険年度ごとに，その年度にその事業で実際に使用した全労働者に支払った賃金総額に一般保険料率を乗じて得た額（確定保険料）を，翌年度の6月1日から7月10日までに申告し，過不足を精算します。

〔労災保険におけるメリット制〕

労働者数100人以上の継続事業や，確定保険料の額または請負金額が一定額以上である有期事業など特定の事業については，事業主の負担の公平を図るとともに，事業主の災害防止努力を促進する意味から，メリット制の適用があり，その事業ごとの災害率（業務災害に関する，保険給付および特別支給金の合計額と労働保険料の額との割合）により，労災保険率あるいは確定保険料の額が一定の範囲内で引き上げ，または引き下げられます。

＜一般拠出金の申告・納付＞

労働保険の確定保険料とあわせて，石綿（アスベスト）健康被害者の救済に充てるための一般拠出金の申告・納付も必要です。対象は，すべての労災保険適用事業所の事業主です（特別加入者や雇用保険のみ適用の事業主は除きます）。一般拠出金の料率は1000分

の0.02で，メリット制の適用はありません。

2 労災保険の給付

種　類	うけられる条件	給付の内容	手　続
病気・けがをしたとき 療養補償給付 （療養給付）	病気・けがをしたときは労災病院や労災保険指定病院等で必要な医療を治るまでうけられる。〔療養の給付〕	必要な医療等（健康保険の入院時食事療養・訪問看護等を含む）を無料でうけられる。健康保険の一部負担金（標準負担額・基本利用料）に相当するものはない。通勤災害は原則として一部負担金200円を休業給付から控除。	「療養（補償）給付たる療養の給付請求書」を医療機関を経由して労働基準監督署に提出。
	やむを得ず上記以外の医療機関にかかった場合はたてかえ払いをし、払いもどしをうける。〔療養の費用の支給〕		「療養（補償）給付たる療養の費用請求書」に、事業主と医師の証明をうけ、労働基準監督署に提出。
欠勤したとき 休業補償給付 （休業給付）	療養のため4日以上会社を休み賃金が支給されないとき、休業4日目から支給。	1日につき給付基礎日額の60%。このほかに1日20%の休業特別支給金も支給。	「休業（補償）給付支給請求書」等に事業主と医師の証明をうけ、労働基準監督署に提出。
長期療養をするとき 傷病補償年金 （傷病年金）	病気・けがが1年6ヵ月たっても治らない場合は、休業（補償）給付に代えて年金を支給。	障害の程度に応じて給付基礎日額の245日～313日分を支給。〔特別支給金、特別年金も支給〕	「傷病の状態等に関する届」に医師の診断書・資料を添えて、労働基準監督署に提出。
障害が残ったとき 障害補償給付 （障害給付）	病気・けがが治って身体に障害が残ったとき、障害の程度に応じて年金または一時金を支給。	障害の程度に応じて年金（給付基礎日額の131日～313日分）、一時金（同56日～503日分）。〔特別支給金,特別年金、特別一時金も支給〕	「障害（補償）給付支給請求書」に医師の診断書・資料を添えて、労働基準監督署に提出。

＊障害（補償）年金または傷病（補償）年金をうけることができ、その年金の支給事由となっている一定程度の障害により常時または随時必要な介護をうけているとき、障害の程度や介護費用の額に応じて介護（補償）給付を支給（「介護（補償）給付支給請求書」に医師の診断書等を添えて、労働基準監督署に提出）。

種　　　類	うけられる条件	給付の内容	手　　　続
死亡したとき 遺族補償給付 （遺族給付）	①遺族（補償）年金　受給資格は配偶者・子・父母・孫・祖父母・兄弟姉妹の順。 ②遺族（補償）一時金　年金の受給資格のある遺族がいないとき支給。	年金は，受給資格者の数に応じて給付基礎日額の153日〜245日分。一時金は，原則，給付基礎日額の1000日分。〔特別支給金，特別年金，特別一時金も支給〕	「遺族（補償）年金（一時金）支給請求書」に死亡診断書，受給資格者全員の戸籍謄本（抄本）等を添えて，労働基準監督署に提出。
葬祭を行ったとき 葬　　祭　　料 （葬祭給付）	死亡した労働者の葬祭を行う人に支給。	一定額に給付基礎日額の30日分を加えた額か給付基礎日額の60日分のいずれか高い方の額を支給。	「葬祭料（葬祭給付）請求書」に死亡診断書を添えて，労働基準監督署に提出。

＊種類欄の（　）内は通勤災害に関する給付。

＊給付基礎日額――原則として，災害発生の日以前3ヵ月間に支払われた賃金の総額を，その期間の総日数で割って算定する。ただし，このように算定することが適当でないと認められる場合には，政府が算定する額が給付基礎日額となる。

＊業務上の事由によって脳血管疾患または心臓疾患が発生しているかどうかを調べる健康診断（一次健康診断）で，異常の所見があると診断された労働者に対して，脳血管疾患または心臓疾患の症状の有無を確認するためのさらなる健康診断（二次健康診断）と，これらの疾患の発生の予防のための保健指導（特定保健指導）が行われる（二次健康診断等給付）。

■労災保険と厚生年金保険等との調整

　同一の事由により障害基礎年金・障害厚生年金あるいは遺族基礎年金・遺族厚生年金が支給される場合の労災保険の年金給付や休業（補償）給付の額は，その種類ごとに政令で定められている一定の率を乗じて減額されます。

■社会復帰促進等事業

　①労災病院，②労災リハビリテーション作業所，③外科後処置，④義肢や補装具などの支給，⑤特別支給金，⑥労災就学等援護費，⑦在宅介護支援制度，⑧労働災害防止対策，⑨健康診断センター，⑩未払賃金の立替払いなどの事業が，被災労働者とその家族のために行われています。

③ 雇用保険の給付

■求職者給付

種　　類	う　け　ら　れ　る　条　件
基　本　手　当	①定年退職・自己都合退職等により失業した場合は，離職の日以前2年間に被保険者期間が通算して12ヵ月以上あるときに，②特定受給資格者（倒産・解雇等により失業した受給資格者），特定理由離職者（有期契約労働者の労働契約が更新されなかったために失業した離職者や正当な理由のある自己都合退職により失業した離職者）については，離職の日以前1年間に被保険者期間が通算して6ヵ月以上あるときに，下記の所定給付日数の範囲内で支給。離職したときは，公共職業安定所に離職票を提出し，受給資格者証の交付をうける。さらに4週間に1回公共職業安定所に出頭して失業の認定をうける。

所定給付日数（失業8日目から支給）

被保険者として雇用された期間▶			1年未満	1年以上5年未満	5年以上10年未満	10年以上20年未満	20年以上
下記以外	定年退職・自己都合退職などの場合		–	90日		120日	150日
	特定受給資格者・特定理由離職者の場合※1	30歳未満	90日	120日	180日		–
		30歳以上35歳未満	90日	120日※2	180日	210日	240日
		35歳以上45歳未満	90日	150日※2	180日	240日	270日
		45歳以上60歳未満	90日	180日	240日	270日	330日
		60歳以上65歳未満	90日	150日	180日	210日	240日
身障者等の就職困難者		45歳未満	150日	300日			
		45歳以上65歳未満	150日	360日			

※1　特定理由離職者の場合は，離職の日が平成21年3月31日〜29年3月31日（雇い止めにより離職した特定理由離職者は令和7年3月31日）の場合に限る。また，雇用情勢が悪い地域に居住する人については，令和7年3月31日まで所定給付日数が60日延長され，災害等により離職した特定受給資格者等については，一定の要件を満たせば，所定給付日数を超えて基本手当が支給される。

※2　平成29年4月からの日数（3月31日までは90日）。

＊被保険者が，自己の責めに帰すべき重大な理由により解雇されたり，正当な理由なく自己の都合により退職した場合は，1ヵ月以上3ヵ月以内の間で定められた期間は，基本手当を支給しない(給付制限)。ただし，受給資格者が公共職業安定所長の指示した公共職業訓練等を受講する場合，その受講開始日以後の期間について給付制限を解除。

高年齢求職者給　付　金	65歳以降に失業した場合，高年齢求職者給付金（被保険者期間1年未満は基本手当30日分，1年以上は50日分）を支給。

基　本　手　当　日　額

　基本手当日額は，被保険者の賃金日額に応じて次のようにきめられる。

　基本手当日額＝賃金日額×賃金日額に応じた率（60歳未満50％〜80％）

　賃金日額は，被保険者が離職した日の直前の6ヵ月間（被保険者期間として計算された期間に限り，育児休業給付金の支給をうけた期間を除く）に支払われた税込みの賃金総額を180で割って算定する（年齢区分別の上限あり）。ただし，臨時に支払われるもの，3ヵ月をこえる期間ごとに支払われるものは，算定の対象から除く。

　賃金日額に応じた率は，次のとおり（令和5年8月1日〜）。

賃金日額▶　　　　　　　▼給付率	2,746円以上5,110円未満	5,110円以上11,300円以下	11,300円超12,580円以下	12,580円超
60歳未満	80%	80%〜50%		50%
60歳〜64歳	80%	80%〜45%	45%	

　賃金日額の年齢別上限，年齢別・賃金日額別の給付率の設定による基本手当日額の上限は次のようになる（令和5年8月1日〜）。

年　齢　区　分	賃金日額上限額	基本手当日額上限額
〜29歳	13,890円	6,945円
30歳〜44歳	15,430円	7,715円
45歳〜59歳	16,980円	8,490円
60歳〜64歳	16,210円	7,294円

＊賃金日額の下限は2,746円（基本手当日額の下限額は2,196円）。

＊失業期間中に内職収入を得た場合，収入（1日相当額）から1,331円を控除した額と基本手当日額の合計が賃金日額の80％をこえるとき，こえる額だけ基本手当日額は減額となる。

＜基本手当の支給期間＞

　基本手当の支給をうけられる期間は，離職後原則1年間に限られている。ただし，定年などの理由で離職したときは，最大2年60日に受給期間が延長される。また，妊娠，出産，育児，病気・けが等のやむを得ない事情で引き続き30日以上職業に就くことができない人の場合は，申請により4年以内の範囲で求職活動ができるまで受給期間が延長される。

■その他の求職者給付

種　　類	う　け　ら　れ　る　条　件	給　付　の　内　容
技能習得手当	基本手当の受給資格者が公共職業安定所の指示により，公共職業訓練等をうけたとき。	受講手当，通所手当。
寄　宿　手　当	基本手当の受給資格者が公共職業安定所の指示で公共職業訓練等をうけるため，その人により生計を維持されている同居親族と別居して寄宿するとき。	寄宿手当。
傷　病　手　当	基本手当の受給資格者が離職後，公共職業安定所へ出頭して求職の申込みをした後に，病気やけがで働くことができないとき。	所定給付日数から基本手当の支給日数を差し引いた日数を限度として，基本手当の日額に相当する額の傷病手当。
短期雇用者の求職者給付	短期雇用特例被保険者が離職前1年間に被保険者期間6ヵ月以上のとき。	基本手当日額40日分相当の特例一時金を支給。
日雇労働者の求職者給付	日雇労働被保険者が，失業月前2ヵ月間に通算26日分以上の印紙保険料を納めているとき。	納めた保険料の等級と日数で計算された日額の日雇労働求職者給付金を支給。

■就職促進給付

種　　類	う　け　ら　れ　る　条　件
就業促進手当（就業促進手当のほかに，移転費，求職活動支援費がある。）	①常用雇用等以外の形態で就業した人に基本手当の支給残日数が所定給付日数の3分の1以上かつ45日以上ある場合には就業日ごとに就業手当が，②安定した職業に就いた人に基本手当の支給残日数が所定給付日数の3分の1以上ある場合には再就職手当が，それぞれ支給される。 ①就業手当の額 　基本手当日額×30% 　1日当たりの支給額の上限は1,887円（60歳以上65歳未満は1,525円） ②再就職手当の額 　基本手当日額×基本手当の支給残日数×60%〔支給残日数が所定給付日数の3分の2以上の場合は70%〕 　基本手当日額の上限は6,290円（60歳以上65歳未満は5,085円） ※安定した職業に就いた人が，再就職後賃金が離職前賃金より低下した場合は，6ヵ月間職場に定着することを条件に，基本手当の支給残日数の40%を上限として，低下した賃金の6ヵ月分を一時金として再就職手当に追加的に給付する。

■雇用継続給付

種類	う け ら れ る 条 件	給 付 の 内 容
高年齢雇用継続給付	被保険者として雇用された期間が5年以上の被保険者が，60歳到達時点の賃金または基本手当の基礎となった賃金に比べて75％未満かつ月370,452円（令和5年8月1日〜）未満の賃金で就労しているとき。60歳以降基本手当を受給しないで雇用が継続している場合は＜高年齢雇用継続基本給付金＞として，基本手当受給後に60歳以上で再就職した場合は＜高年齢再就職給付金＞として支給。ただし，右段により算定される給付額が2,196円以下であるときは，支給されない。	(1)賃金が60歳到達時点の賃金または基本手当の基礎となった賃金の61％以下の場合——賃金の15％相当額 (2)賃金が60歳到達時点の賃金または基本手当の基礎となった賃金の61％超75％未満の場合——賃金に15％から一定の割合で逓減する率を乗じた額 ただし，給付額と賃金額の合計の上限額は月370,452円（令和5年8月1日〜）で，これをこえる場合はその分給付額を減額。 ＜高年齢雇用継続基本給付金＞ 60歳到達月から65歳到達月まで支給。 ＜高年齢再就職給付金＞ 基本手当の支給残日数が200日以上のとき2年間，100日以上200日未満のとき1年間を限度に65歳到達まで支給。
育児休業給付	1歳（雇用の継続のためにとくに必要と認められる場合は1歳6ヵ月（平成29年10月から最長2歳））未満の子を養育するため育児休業をした被保険者について，育児休業開始前2年間にみなし被保険者期間が12月以上あるとき。 ※パパ・ママ育休プラスの場合，子が1歳2ヵ月に達するまで（最大1年支給） ※令和4年10月から，①育児休業の分割取得，②産後パパ育休に対応した給付を実施	＜育児休業給付金＞ 休業開始時賃金日額の67％（休業開始6ヵ月経過後は50％）相当額に支給日数を乗じた額。ただし，休業期間中に賃金をうけるときは，それが休業開始前賃金の①13％（6ヵ月経過後30％）超80％未満の場合は賃金と給付金の合計額が休業開始前賃金の80％をこえた額を減額，②80％以上の場合は支給されない。
介護休業給付	(1)配偶者，父母，子，配偶者の父母または(2)(1)に準ずる者（同居かつ扶養している祖父母，兄弟姉妹，孫）の介護を行うために休業した被保険者について，介護休業開始前2年間にみなし被保険者期間が12月以上あるとき。	＜介護休業給付金＞ 休業開始時賃金日額の67％相当額に支給日数を乗じた額（対象家族1人につき最大3回・計93日を限度）。ただし，休業期間中に賃金をうけるときは，それが休業開始時賃金の①13％超80％未満の場合は賃金と給付金の合計額が休業開始時賃金の80％をこえた額を減額，②80％以上の場合は支給されない。

■教育訓練給付

う け ら れ る 条 件	給 付 の 内 容
厚生労働大臣の指定する教育訓練を開始した日またはその前1年間に雇用保険の被保険者であった者が,その教育訓練を修了し,支給要件期間（原則的には,訓練開始日以前の,同一の事業主に引き続き被保険者として雇用された期間が該当）が3年（初めて支給をうけようとする人は1年）以上ある場合に,〈教育訓練給付金〉を支給。	支払った教育訓練経費の20%（給付上限10万円）。2年以上（2回目以降は3年以上）被保険者期間がある人が,中期的なキャリア形成を支援するため,専門的・実践的な教育訓練として厚生労働大臣が指定する講座をうける場合は50%（資格取得等のうえで就職に結びついた場合は20%を追加）を原則2年間（資格につながる場合等は最大3年間）支給（年間の給付上限56万円）。 ※45歳未満の離職者が上記の教育訓練を受講する場合,訓練中に離職前賃金にもとづき算出した額（基本手当の80%）の教育訓練支援給付金を給付（暫定措置）。

■その他の各種事業

事業縮小で労働者を休業させる事業主や,離職する労働者の再就職を促進するために必要な措置を講ずる事業主を助成・援助します（雇用安定事業）。職業訓練の助成・援助・実施により労働者の能力の開発・向上を図ります（能力開発事業）。

■短時間労働等の取扱い

パートタイマーなどの短時間労働者や派遣労働者については,①週所定労働時間が20時間以上で,②雇用期間の見込みが31日以上の人は,雇用保険の適用をうけます。

＜基本手当の受給要件＞

資格と受給要件は一般被保険者と同様です。

＜基本手当の所定給付日数＞

一般被保険者の基本手当（523頁参照）と同様です。

3 年金委員・健康保険委員

●従来，被保険者や事業主に対し社会保険に関する指導・相談をし，制度の広報宣伝，その他社会保険事業の円滑な運営を積極的に推進するため，社会保険委員制度が設けられていましたが，平成22年1月，社会保険庁の廃止と日本年金機構の発足にともない，社会保険委員は，「年金委員」として再編されました。

また，健康保険事業の推進を目的とした指導・相談・広報を行う「健康保険委員」の制度が設けられています。

1 年金委員

■年金委員とは

年金委員は，厚生労働大臣から委嘱をうけて，政府が管掌する厚生年金や国民年金の事業について，会社や地域で啓発，相談，助言などの活動を行います。年金制度について広く国民に周知するとともに，年金制度への理解と信頼を深めるための普及啓発活動を行います。

■年金委員の種類

年金委員は，活動の範囲により「職域型」と「地域型」の2つに区分されます。

「職域型」は主に厚生年金保険加入の企業内，「地域型」は自治会などの地域において活動します。

(1)職域型年金委員

主に勤めている会社（厚生年金保険の適用事業所）内で活動する年金委員です。

勤め先で一定期間，年金に関する事務を経験し，年金制度についての知識をお持ちの方について，事業主が管轄の年金事務所に推薦書を提出し，厚生労働大臣が委嘱することとされています。

①職域型年金委員の概要

職域型年金委員は，年金制度について広く国民に知っていただくとともに，制度への理解と信頼を深めていただくため，会社においての普及啓発活動を行うために設置されました。

被保険者数に応じて以下のように1〜2名設置されます。

・厚生年金保険の適用事業所のうち，300人以上の被保険者がいる事業所…2名以上

・厚生年金保険の適用事業所のうち，

300人未満の被保険者がいる事業所…1名以上

令和2年3月末時点で，全国で約11万2千人が職域型年金委員として委嘱されています。

②報酬

奉仕的な民間協力員として活動します。活動に伴う旅費等については支給されますが，報酬はありません。

③任期

なし

④職域型年金委員の活動内容

新入社員に対する年金制度の概要説明や社内での年金制度の周知，定年退職予定者に対する年金受給手続の相談，助言等を行っています。

(2)地域型年金委員

主に自治会などの地域において活動する年金委員です。国又は地方公共団体の職員として年金事務に従事したことがある方，又は自治会長，民生・児童委員，社会保険労務士を務めた経験のある方等について，市町村等が管轄の年金事務所に推薦書を提出し，厚生労働大臣が委嘱することとされています。

①地域型年金委員の概要

地域型年金委員は，年金制度について広く国民に知っていただくとともに，制度への理解と信頼を深めていただくため，地域においての普及・啓発活動を行うために設置されました。令和2年3月末時点で，全国で約4千7百人の方が地域型年金委員として委嘱されています。

②報酬

奉仕的な民間協力員として活動します。活動に伴う旅費等については支給されますが，報酬はありません。

③任期

3年（更新可）

④地域型年金委員の活動内容

町内会での年金相談や，地域が開催する研修会等での年金に関する講師等を行っています。

2 健康保険委員（健康保険サポーター）

■健康保険委員（健康保険サポーター）とは

協会けんぽの健康保険事業について，事業主・加入者の皆さまのご協力による事業の推進を図るため，広報・相談・健康保険事業の推進・モニター等にご協力いただく被保険者を健康保険委員（健康保険サポーター）として，各都道府県支部長が委嘱しています。

■健康保険委員の役割

健康保険委員は，事業主・加入者の皆さまと協会けんぽの距離を縮める橋

渡し的役割を担っています。

(1)広報

　協会けんぽからの健康保険事業に関する各種情報について，事業主および加入者への周知広報の協力。

(2)相談

　健康保険に関する申請の手続き等について，加入者からの相談への対応。

(3)健康保険事業の推進

　事業主や加入者へ健診の受診を勧めること，健康づくりや生活習慣病予防に関する啓発など協会けんぽの各種事業への推進および協力。

(4)モニター

　協会けんぽが実施する健康保険事業の運営やサービス等に関する提言など。

■健康保険委員の表彰制度

　協会けんぽの健康保険事業等の推進について，協力している健康保険委員の永年の活動や功績等に対して，感謝の意を表し，健康保険事業の円滑な推進を図ることを目的として「健康保険委員表彰制度」が実施されています。

■日本年金機構・年金事務所・事務センター一覧

1　「札幌東」など地名のみのものは，「札幌東年金事務所」の略です。
2　「電話」欄は原則として，２つ以上あっても１つだけ記載しました。
3　事務センターには封筒にセンター名と郵便番号を記載するだけで書類を郵送できます。

日本年金機構・ 年金事務所等	所　　在　　地		電　　話
日本年金機構	東京都杉並区高井戸西3-5-24	〒168-8505	03(5344)1100
北　海　道	北海道事務センター	〒003-8572	
札幌東	札幌市白石区菊水1-3-1-1	〒003-8530	011(832)0830
札幌西	札幌市中央区北３条西11-2-1	〒060-8585	011(271)1051
札幌北	札幌市北区北24条西6-2-12	〒001-8585	011(717)8917
新さっぽろ	札幌市厚別区厚別中央２条6-4-30	〒004-8558	011(892)1631
函　館	函館市千代台町26-3	〒040-8555	0138(31)9086
旭　川	旭川市宮下通2-1954-2	〒070-8505	0166(25)5606
釧　路	釧路市栄町9-9-2	〒085-8502	0154(25)1521
室　蘭	室蘭市海岸町1-20-9	〒051-8585	0143(24)5061
苫小牧	苫小牧市若草町2-1-14	〒053-8588	0144(37)3500
岩見沢	岩見沢市９条西3	〒068-8585	0126(25)1570
小　樽	小樽市富岡1-9-6	〒047-8666	0134(33)5026
北　見	北見市高砂町2-21	〒090-8585	0157(25)8703
帯　広	帯広市西１条南1	〒080-8558	0155(21)1511
稚　内	稚内市末広4-1-28	〒097-8510	0162(33)7011
砂　川	砂川市西４条北5-1-1	〒073-0192	0125(52)3890
留　萌	留萌市大町3	〒077-8533	0164(43)7211
青　森　県	仙台広域事務センター	〒980-8461	
青　森	青森市中央1-22-8 日進青森ビル１・２階	〒030-8554	017(734)7495
む　つ	むつ市小川町2-7-30	〒035-0071	0175(22)4947
八　戸	八戸市城下4-10-20	〒031-8567	0178(44)1742
弘　前	弘前市外崎5-2-6	〒036-8538	0172(27)1339
岩　手　県	仙台広域事務センター	〒980-8461	
盛　岡	盛岡市松尾町17-13	〒020-8511	019(623)6211
花　巻	花巻市材木町8-8	〒025-8503	0198(23)3351
二　戸	二戸市福岡字川又18-16	〒028-6196	0195(23)4111
一　関	一関市五代町8-23	〒021-8502	0191(23)4246
宮　古	宮古市太田1-7-12	〒027-8503	0193(62)1963

日本年金機構・ 年金事務所等		所　在　地		電　話
宮　城　県		仙台広域事務センター	〒980-8461	
	仙台東	仙台市宮城野区宮城野3-4-1	〒983-8558	022(257)6111
	仙台南	仙台市太白区長町南1-3-1	〒982-8531	022(246)5111
	仙台北	仙台市青葉区宮町4-3-21	〒980-8421	022(224)0891
	石　巻	石巻市中里4-7-31	〒986-8511	0225(22)5115
	古　川	大崎市古川駅南2-4-2	〒989-6195	0229(23)1200
	大河原	柴田郡大河原町字新南18-3	〒989-1245	0224(51)3111
秋　田　県		仙台広域事務センター	〒980-8461	
	秋　田	秋田市保戸野鉄砲町5-20	〒010-8565	018(865)2392
	鷹　巣	北秋田市花園町18-1	〒018-3312	0186(62)1490
	大　曲	大仙市大曲通町6-26	〒014-0027	0187(63)2296
	本　荘	由利本荘市表尾崎町21-2	〒015-8505	0184(24)1111
山　形　県		仙台広域事務センター	〒980-8461	
	山　形	山形市あかねケ丘1-10-1	〒990-9515	023(645)5111
	寒河江	寒河江市大字西根字石川西345-1	〒991-0003	0237(84)2551
	新　庄	新庄市五日町字宮内225-2	〒996-0001	0233(22)2050
	鶴　岡	鶴岡市錦町21-12	〒997-8501	0235(23)5040
	米　沢	米沢市金池5-4-8	〒992-8511	0238(22)4220
福　島　県		仙台広域事務センター	〒980-8461	
	東北福島	福島市北五老内町3-30	〒960-8567	024(535)0141
	平	いわき市平字童子町3-21	〒970-8501	0246(23)5611
	相　馬	相馬市中村字桜ケ丘69	〒976-8510	0244(36)5172
	郡　山	郡山市桑野1-3-7	〒963-8545	024(932)3434
	白　河	白河市郭内115-3	〒961-8533	0248(27)4161
	会津若松	会津若松市追手町5-16	〒965-8516	0242(27)5321
茨　城　県		埼玉広域事務センター	〒330-8530	
	水戸南	水戸市柳町2-5-17	〒310-0817	029(227)3278
	水戸北	水戸市大町2-3-32	〒310-0062	029(231)2283
	土　浦	土浦市下高津2-7-29	〒300-0812	029(825)1170
	下　館	筑西市菅谷1720	〒308-8520	0296(25)0829
	日　立	日立市幸町2-10-22	〒317-0073	0294(24)2194
栃　木　県		高崎広域事務センター	〒370-8533	
	宇都宮西	宇都宮市下戸祭2-10-20	〒320-8555	028(622)4281
	宇都宮東	宇都宮市元今泉6-6-13	〒321-8501	028(683)3211
	栃　木	栃木市城内町1-2-12	〒328-8533	0282(22)4131
	大田原	大田原市本町1-2695-22	〒324-8540	0287(22)6311

日本年金機構・ 年金事務所等		所　在　地		電　話
	今　市	日光市中央町17-3	〒321-1293	0288(88)0082
群　馬　県		高崎広域事務センター	〒370-8533	
	前　橋	前橋市国領町2-19-12	〒371-0033	027(231)1719
	桐　生	桐生市錦町2-11-19	〒376-0023	0277(44)2311
	高　崎	高崎市栄町10-1	〒370-8567	027(322)4299
	渋　川	渋川市石原143-7	〒377-8588	0279(22)1614
	太　田	太田市小舞木町262	〒373-8642	0276(49)3716
埼　玉　県		埼玉広域事務センター	〒330-8530	
	浦　和	さいたま市浦和区北浦和5-5-1	〒330-8580	048(831)1638
浦和川口分室		川口市本町4-1-8川口センタービル13階	〒332-0012	048(227)2362
	大　宮	さいたま市北区宮原町4-19-9	〒331-9577	048(652)3399
	熊　谷	熊谷市桜木町1-93	〒360-8585	048(522)5012
熊谷加須分室		加須市三俣2-1-1加須市役所2階	〒347-0009	0480(62)8061
	川　越	川越市脇田本町8-1U_PLACE5階	〒350-1196	049(242)2657
	所　沢	所沢市上安松1152-1	〒359-8505	04(2998)0170
	春日部	春日部市中央1-52-1 　　春日部セントラルビル4・6階	〒344-8561	048(737)7112
	越　谷	越谷市弥生町16-1 　　越谷ツインシティBシティ3階	〒343-8585	048(960)1190
	秩　父	秩父市上野町13-28	〒368-8585	0494(27)6560
新　潟　県		埼玉広域事務センター	〒330-8530	
	新潟東	新潟市中央区新光町1-16	〒950-8552	025(283)1013
	新潟西	新潟市中央区西大畑町5191-15	〒951-8558	025(225)3008
	長　岡	長岡市台町2-9-17	〒940-8540	0258(88)0006
	上　越	上越市西城町3-11-19	〒943-8534	025(524)4113
	柏　崎	柏崎市幸町3-28	〒945-8534	0257(38)0568
	三　条	三条市興野3-2-3	〒955-8575	0256(32)2820
	新発田	新発田市新富町1-1-24	〒957-8540	0254(23)2128
	六日町	南魚沼市六日町字北沖93-17	〒949-6692	025(716)0008
長　野　県		埼玉広域事務センター	〒330-8530	
	長野南	長野市岡田町126-10	〒380-8677	026(227)1284
	長野北	長野市吉田3-6-15	〒381-8558	026(244)4100
	岡　谷	岡谷市中央町1-8-7	〒394-8665	0266(23)3661
	伊　那	伊那市山寺1499-3	〒396-8601	0265(76)2301
	飯　田	飯田市宮の前4381-3	〒395-8655	0265(22)3641
	松　本	松本市鎌田2-8-37	〒390-8702	0263(25)8100
	小　諸	小諸市田町2-3-5	〒384-8605	0267(22)1080

日本年金機構・ 年金事務所等		所　在　地		電　話
東　京　都		東京広域事務センター	〒135-8071	
	新　宿	新宿区新宿5-9-2 ヒューリック新宿五丁目ビル3～8階	〒160-8601	03(3354)5048
	千代田	千代田区三番町22	〒102-8337	03(3265)4381
	中　央	中央区明石町8-1 聖路加タワー1・16階	〒104-8175	03(3543)1411
	港	港区浜松町1-10-14 住友東新橋ビル3号館1～3階	〒105-8513	03(5401)3211
	杉　並	杉並区高円寺南2-54-9	〒166-8550	03(3312)1511
	中　野	中野区中野2-4-25	〒164-8656	03(3380)6111
	上　野	台東区池之端1-2-18 いちご池之端ビル	〒110-8660	03(3824)2511
	文　京	文京区千石1-6-15	〒112-8617	03(3945)1141
	墨　田	墨田区立川3-8-12	〒130-8586	03(3631)3111
	江　東	江東区亀戸5-16-9	〒136-8525	03(3683)1231
	江戸川	江戸川区中央3-4-24	〒132-8502	03(3652)5106
	品　川	品川区大崎5-1-5高徳ビル2階	〒141-8572	03(3494)7831
	大　田	大田区南蒲田2-16-1 テクノポートカマタセンタービル3階	〒144-8530	03(3733)4141
	渋　谷	渋谷区神南1-12-1	〒150-8334	03(3462)1241
	目　黒	目黒区上目黒1-12-4	〒153-8905	03(3770)6421
	世田谷	世田谷区世田谷1-30-12	〒154-8512	03(6844)3871
三軒茶屋相談室		世田谷区太子堂4-1-1キャロットタワー13階	〒154-0004	03(6805)6367
	池　袋	豊島区南池袋1-10-13 荒井ビル3・4階	〒171-8567	03(3988)6011
	北	北区上十条1-1-10	〒114-8567	03(3905)1011
	板　橋	板橋区板橋1-47-4	〒173-8608	03(3962)1481
	練　馬	練馬区石神井町4-27-37	〒177-8510	03(3904)5491
	足　立	足立区綾瀬2-17-9	〒120-8580	03(3604)0111
	荒　川	荒川区東尾久5-11-6	〒116-8904	03(3800)9151
	葛　飾	葛飾区立石3-7-3	〒124-8512	03(3695)2181
	立　川	立川市錦町2-12-10	〒190-8580	042(523)0352
	青　梅	青梅市新町3-3-1 宇源ビル3・4階	〒198-8525	0428(30)3410
	八王子	八王子市南新町4-1	〒192-8506	042(626)3511
	武蔵野	武蔵野市吉祥寺北町4-12-18	〒180-8621	0422(56)1411
	府　中	府中市府中町2-12-2	〒183-8505	042(361)1011
千　葉　県		東京広域事務センター	〒135-8071	
	千　葉	千葉市中央区中央港1-17-1	〒260-8503	043(242)6320

日本年金機構・ 年金事務所等	所　在　地		電　話
千葉茂原分室	茂原市千代田町1-6 　茂原サンヴェルプラザ1階	〒297-0023	0475(23)2530
幕　張	千葉市花見川区幕張本郷1-4-20	〒262-8501	043(212)8621
船　橋	船橋市市場4-16-1	〒273-8577	047(424)8811
市　川	市川市市川1-3-18 　京成市川ビル3階（市川グランドホテル同ビル）	〒272-8577	047(704)1177
松　戸	松戸市新松戸1-335-2	〒270-8577	047(345)5517
木更津	木更津市新田3-4-31	〒292-8530	0438(23)7616
佐　原	香取市佐原ロ2116-1	〒287-8585	0478(54)1442
佐原成田分室	成田市花崎町828-11 　スカイタウン成田2階	〒286-0033	0476(24)5715
神 奈 川 県	神奈川事務センター	〒220-8557	
鶴　見	横浜市鶴見区鶴見中央4-33-5 　TG鶴見ビル2・4階	〒230-8555	045(521)2641
港　北	横浜市港北区大豆戸町515	〒222-8555	045(546)8888
港北青葉台分室	横浜市青葉区つつじが丘36-10 　第8進栄ビル1階	〒227-0055	045(981)8211
横浜中	横浜市中区相生町2-28	〒231-0012	045(641)7501
横浜西	横浜市戸塚区川上町87-1 　ウエルストン1ビル2階	〒244-8580	045(820)6655
横浜南	横浜市南区宿町2-51	〒232-8585	045(742)5511
川　崎	川崎市川崎区宮前町12-17	〒210-8510	044(233)0181
高　津	川崎市高津区久本1-3-2	〒213-8567	044(888)0111
平　塚	平塚市八重咲町8-2	〒254-8563	0463(22)1515
厚　木	厚木市栄町1-10-3	〒243-8688	046(223)7171
相模原	相模原市南区相模大野6-6-6	〒252-0388	042(745)8101
相模原中央分室	相模原市中央区相模原6-22-9 　朝日相模原ビル1階	〒252-0231	042(753)1553
小田原	小田原市浜町1-1-47	〒250-8585	0465(22)1391
横須賀	横須賀市米が浜通1-4Flos 横須賀	〒238-8555	046(827)1251
藤　沢	藤沢市藤沢1018	〒251-8586	0466(50)1151
山 梨 県	東京広域事務センター	〒135-8071	
甲　府	甲府市塩部1-3-12	〒400-8565	055(252)1431
竜　王	甲斐市名取347-3	〒400-0195	055(278)1100
大　月	大月市大月町花咲1602-1	〒401-8501	0554(22)3811
静 岡 県	名古屋広域事務センター	〒460-8565	
静　岡	静岡市駿河区中田2-7-5	〒422-8668	054(203)3707
清　水	静岡市清水区巴町4-1	〒424-8691	054(353)2233
浜松東	浜松市中央区天竜川町188	〒435-0013	053(421)0192

日本年金機構・ 年金事務所等	所　在　地		電　話
浜松西	浜松市中央区高町302-1	〒432-8015	053(456)8511
沼　津	沼津市日の出町1-40	〒410-0032	055(921)2201
三　島	三島市寿町9-44	〒411-8660	055(973)1166
島　田	島田市柳町1-1	〒427-8666	0547(36)2211
掛　川	掛川市久保1-19-8	〒436-8653	0537(21)5524
富　士	富士市横割3-5-33	〒416-8654	0545(61)1900
愛　知　県	名古屋広域事務センター	〒460-8565	
大曽根	名古屋市東区東大曽根町28-1	〒461-8685	052(935)3344
中　村	名古屋市中村区太閤1-19-46	〒453-8653	052(453)7200
鶴　舞	名古屋市中区富士見町2-13	〒460-0014	052(323)2553
熱　田	名古屋市熱田区伝馬2-3-19	〒456-8567	052(671)7263
笠　寺	名古屋市南区柵下町3-21	〒457-8605	052(822)2512
昭　和	名古屋市昭和区桜山町5-99-6 桜山駅前ビル	〒466-8567	052(853)1463
名古屋西	名古屋市西区城西1-6-16	〒451-8558	052(524)6855
名古屋北	名古屋市北区清水5-6-25	〒462-8666	052(912)1213
豊　橋	豊橋市弧口町3-06	〒441-8603	0532(33)4111
岡　崎	岡崎市朝日町3-9	〒444-8607	0564(23)2637
一　宮	一宮市新生4-7-13	〒491-8503	0586(45)1418
瀬　戸	瀬戸市共栄通4-6	〒489-8790	0561(83)2412
半　田	半田市西新町1-1	〒475-8601	0569(21)2375
豊　川	豊川市金屋町32	〒442-8605	0533(89)4042
刈　谷	刈谷市寿町1-401	〒448-8662	0566(21)2110
豊　田	豊田市神明町3-33-2	〒471-8602	0565(33)1123
三　重　県	名古屋広域事務センター	〒460-8565	
津	津市桜橋3-446-33	〒514-8522	059(228)9112
四日市	四日市市十七軒町17-23	〒510-8543	059(353)5515
松　阪	松阪市宮町17-3	〒515-8973	0598(51)5115
伊　勢	伊勢市宮後3-5-33	〒516-8522	0596(27)3601
尾　鷲	尾鷲市林町2-23	〒519-3692	0597(22)2340
岐　阜　県	名古屋広域事務センター	〒460-8565	
岐阜北	岐阜市大福町3-10-1	〒502-8502	058(294)6364
岐阜南	岐阜市市橋2-1-15	〒500-8381	058(273)6161
多治見	多治見市小田町4-8-3	〒507-8709	0572(22)0255
大　垣	大垣市八島町114-2	〒503-8555	0584(78)5166
美濃加茂	美濃加茂市太田町2910-9	〒505-8601	0574(25)8181

日本年金機構・ 年金事務所等		所　在　地		電　話
	高　山	高山市花岡町3-6-12	〒506-8501	0577(32)6111
富　山　県		金沢広域事務センター	〒920-8626	
	富　山	富山市牛島新町7-1	〒930-8571	076(441)3926
	高　岡	高岡市中川園町11-20	〒933-8585	0766(21)4180
	魚　津	魚津市本江1683-7	〒937-8503	0765(24)5153
	砺　波	砺波市豊町2-2-12	〒939-1397	0763(33)1725
石　川　県		金沢広域事務センター	〒920-8626	
	金沢南	金沢市泉が丘2-1-18	〒921-8516	076(245)2311
	金沢北	金沢市三社町1-43	〒920-8691	076(233)2021
	小　松	小松市小馬出町3-1	〒923-8585	0761(24)1791
	七　尾	七尾市藤橋町酉部22-3	〒926-8511	0767(53)6511
大　阪　府		大阪広域事務センター	〒541-8533	
	大手前	大阪市中央区本町4-3-9 本町サンケイビル10・11階	〒541-0053	06(6271)7301
	今　里	大阪市東成区大今里西2-1-8	〒537-0014	06(6972)0161
	天　満	大阪市北区天神橋4-1-15	〒530-0041	06(6356)5511
	淀　川	大阪市淀川区西中島4-1-1 日清食品ビル2・3階	〒532-8540	06(6305)1881
	福　島	大阪市福島区福島8-12-6	〒553-8585	06(6458)1855
	堀　江	大阪市西区北堀江3-10-1	〒550-0014	06(6531)5241
	天王寺	大阪市天王寺区悲田院町7-6	〒543-8588	06(6772)7531
	貝　塚	貝塚市海塚305-1	〒597-8686	072(431)1122
	難　波	大阪市浪速区敷津東1-6-16	〒556-8585	06(6633)1231
	城　東	大阪市城東区中央1-8-19	〒536-8511	06(6932)1161
	東大阪	東大阪市永和1-15-14	〒577-8554	06(6722)6001
	吹　田	吹田市片山町2-1-18	〒564-8564	06(6821)2401
	守　口	守口市京阪本通2-5-5市役所7階	〒570-0083	06(6992)3031
	市　岡	大阪市港区磯路3-25-17	〒552-0003	06(6571)5031
	玉　出	大阪市住之江区新北島1-2-1 オスカードリーム4階	〒559-8560	06(6682)3311
	平　野	大阪市平野区喜連бе

6-2-78 | 〒547-8588 | 06(6705)0331 |
	八　尾	八尾市桜ケ丘1-65	〒581-8501	072(996)7711
	豊　中	豊中市岡上の町4-3-40	〒560-8560	06(6848)6831
	枚　方	枚方市新町2-2-8	〒573-1191	072(846)5011
	堺　東	堺市堺区南瓦町2-23	〒590-0078	072(238)5101
	堺　西	堺市西区浜寺石津町西4-2 18	〒592-8333	072(243)7900
兵　庫　県		兵庫事務センター	〒651-8514	

日本年金機構・年金事務所等	所　在　地	〒	電　話
三　宮	神戸市中央区江戸町93 栄光ビル3・4階	650-0033	078(332)5793
須　磨	神戸市須磨区磯馴町4-2-12	654-0047	078(731)4797
東　灘	神戸市東灘区住吉宮町1-11-17	658-0053	078(811)8475
兵　庫	神戸市兵庫区駅前通1-3-1	652-0898	078(577)0294
姫　路	姫路市北条1-250	670-0947	079(224)6382
尼　崎	尼崎市東難波町2-17-55	660-0892	06(6482)4591
明　石	明石市鷹匠町12-12	673-8512	078(912)4983
西　宮	西宮市津門大塚町8-26	663-8567	0798(33)2944
豊　岡	豊岡市泉町4-20	668-0021	0796(22)0948
加古川	加古川市加古川町北在家2602	675-0031	079(427)4740
京　都　府	京都事務センター	600-8642	
上　京	京都市北区小山西花池町1-1 サンシャインビル2・3階	603-8522	075(415)1165
中　京	京都市中京区土手町通竹屋町 下ル鉾田町287	604-0902	075(251)1165
下　京	京都市下京区間之町通 下珠数屋町上ル榎木町308	600-8154	075(341)1165
京都南	京都市伏見区竹田七瀬川町8-1	612-8558	075(644)1165
京都西	京都市右京区西京極南大入町81	615-8511	075(323)1170
舞　鶴	舞鶴市南田辺50-8	624-8555	0773(78)1165
奈　良　県	大阪広域事務センター	541-8533	
奈　良	奈良市芝辻町4-9-4	630-8512	0742(35)1371
大和高田	大和高田市幸町5-11	635-8531	0745(22)3531
桜　井	桜井市大字谷88-1	633-8501	0744(42)0033
福　井　県	大阪広域事務センター	541-8533	
福　井	福井市手寄2-1-34	910-8506	0776(23)4518
武　生	越前市新町5-2-11	915-0883	0778(23)1126
敦　賀	敦賀市東洋町5-54	914-8580	0770(23)9904
滋　賀　県	大阪広域事務センター	541-8533	
大　津	大津市打出浜13-5	520-0806	077(521)1126
草　津	草津市西渋川1-16-35	525-0025	077(567)2220
彦　根	彦根市外町169-6	522-8540	0749(23)1112
和　歌　山　県	大阪広域事務センター	541-8533	
和歌山東	和歌山市太田3-3-9	640-8541	073(474)1841
和歌山西	和歌山市関戸2-1-43	641-0035	073(447)1660
田　辺	田辺市朝日ケ丘24-8	646-8555	0739(24)0432

日本年金機構・ 年金事務所等	所　　在　　地		電　　話
田辺新宮分室	新宮市谷王子町456-1 亀屋ビル1階	☎647-0016	0735(22)8441
鳥　取　県	岡山広域事務センター	☎700-8501	
鳥　取	鳥取市扇町176	☎680-0846	0857(27)8311
米　子	米子市西福原2-1-34	☎683-0805	0859(34)6111
倉　吉	倉吉市山根619-1	☎682-0023	0858(26)5311
島　根　県	岡山広域事務センター	☎700-8501	
松　江	松江市東朝日町107	☎690-8511	0852(23)9540
出　雲	出雲市塩冶町1516-2	☎693-0021	0853(24)0045
浜　田	浜田市原井町908-26	☎697-0017	0855(22)0670
岡　山　県	岡山広域事務センター	☎700-8501	
岡山東	岡山市中区国富228	☎703-8533	086(270)7925
岡山西	岡山市北区昭和町12-7	☎700-8572	086(214)2163
倉敷東	倉敷市老松町3-14-22	☎710-8567	086(423)6150
倉敷西	倉敷市玉島1952-1	☎713-8555	086(523)6395
津　山	津山市田町112-5	☎708-8504	0868(31)2360
高　梁	高梁市旭町1393-5	☎716-8668	0866(21)0570
広　島　県	広島広域事務センター	☎730-8602	
広島東	広島市中区基町1-27	☎730-8515	082(228)3131
広島西	広島市西区商工センター2-6-1 NTTコムウェア広島ビル1階	☎733-0833	082(535)1505
広島南	広島市南区皆実町1-4-35	☎734-0007	082(253)7710
福　山	福山市旭町1-6	☎720-8533	084(924)2181
呉	呉市宝町2-11	☎737-8511	0823(22)1691
呉東広島分室	東広島市西条栄町10-27 栄町ビル1階	☎739-0015	082(493)6301
三　原	三原市円一町2-4-2	☎723-8510	0848(63)4111
三　次	三次市十日市東3-16-8	☎728-8555	0824(62)3107
備後府中	府中市府中町736-2	☎726-0005	0847(41)7421
山　口　県	広島広域事務センター	☎730-8602	
山　口	山口市吉敷下東1-8-8	☎753-8651	083(922)5660
下　関	下関市上新地町3-4-5	☎750-8607	083(222)5587
徳　山	周南市新宿通5-1-8	☎745-8666	0834(31)2152
宇　部	宇部市港町1-3-7	☎755-0027	0836(33)7111
岩　国	岩国市立石町1-8-7	☎740-8686	0827(24)2222
萩	萩市江向323-1	☎758-8570	0838(24)2158
徳　島　県	高松広域事務センター	☎760-8524	

日本年金機構・ 年金事務所等	所　在　地		電　話
徳島北	徳島市佐古三番町12-8	〒770-8522	088(655)0200
徳島南	徳島市山城西4-45	〒770-8054	088(652)1511
阿波半田	美馬郡つるぎ町貞光字馬出50-2	〒779-4193	0883(62)5350
香　川　県	高松広域事務センター	〒760-8524	
高松西	高松市錦町2-3-3	〒760-8553	087(822)2840
高松東	高松市塩上町3-11-1	〒760-8543	087(861)3866
善通寺	善通寺市文京町2-9-1	〒765-8601	0877(62)1662
愛　媛　県	高松広域事務センター	〒760-8524	
松山西	松山市南江戸3-4-8	〒790-8512	089(925)5105
松山東	松山市朝生田町1-1-23	〒790-0952	089(946)2146
新居浜	新居浜市庄内町1-9-7	〒792-8686	0897(35)1300
今　治	今治市別宮町6-4-5	〒794-8515	0898(32)6141
宇和島	宇和島市天神町4-43	〒798-8603	0895(22)5440
高　知　県	高松広域事務センター	〒760-8524	
高知東	高知市桟橋通4-13-3	〒781-9556	088(831)4430
高知西	高知市旭町3-70-1	〒780-8530	088(875)1717
南　国	南国市大そね甲1214-6	〒783-8507	088(864)1111
幡　多	四万十市中村東町2-4-10	〒787-0023	0880(34)1616
福　岡　県	福岡広域事務センター	〒812-8579	
博　多	福岡市博多区博多駅東3-14-1 　　T-Building HAKATA EAST 4・5階	〒812-8540	092(474)0012
東福岡	福岡市東区馬出3-12-32	〒812-8657	092(651)7967
中福岡	福岡市中央区大手門2-8-25	〒810-8668	092(751)1232
西福岡	福岡市西区内浜1-3-7	〒819-8502	092(883)9962
南福岡	福岡市南区塩原3-1-27	〒815-8558	092(552)6112
久留米	久留米市諏訪野町2401	〒830-8501	0942(33)6192
小倉南	北九州市小倉南区下曽根1-8-6	〒800-0294	093(471)8873
小倉北	北九州市小倉北区大手町13-3	〒803-8588	093(583)8340
直　方	直方市知古1-8-1	〒822-8555	0949(22)0891
八　幡	北九州市八幡西区岸の浦1-5-5	〒806-8555	093(631)7962
大牟田	大牟田市大正町6-2-10	〒836-8501	0944(52)5294
大　分　県	福岡広域事務センター	〒812-8579	
大　分	大分市東津留2-18-15	〒870-0997	097(552)1211
別　府	別府市西野口町2-41	〒874-8555	0977(22)5111
佐　伯	佐伯市女島字源六分9029-5	〒876-0823	0972(22)1970
日　田	日田市淡窓1-2-75	〒877-8585	0973(22)6174

日本年金機構・ 年金事務所等		所　在　地		電　話
佐　賀　県		福岡広域事務センター	〒812-8579	
	佐　賀	佐賀市八丁畷町1-32	〒849-8503	0952(31)4191
	唐　津	唐津市千代田町2565	〒847-8501	0955(72)5161
	武　雄	武雄市武雄町大字昭和43-6	〒843-8588	0954(23)0121
長　崎　県		福岡広域事務センター	〒812-8579	
	長崎南	長崎市金屋町3-1	〒850-8533	095(825)8701
	長崎北	長崎市稲佐町4-22	〒852-8502	095(861)1354
	佐世保	佐世保市稲荷町2-37	〒857-8571	0956(34)1189
	諫　早	諫早市栄田町47-39	〒854-8540	0957(25)1662
熊　本　県		福岡広域事務センター	〒812-8579	
	熊本西	熊本市中央区千葉城町2-37	〒860-8534	096(353)0142
	熊本東	熊本市東区東町4-6-41	〒862-0901	096(367)2503
	八　代	八代市萩原町2-11-41	〒866-8503	0965(35)6123
	本　渡	天草市東町2-21	〒863-0033	0969(24)2112
	玉　名	玉名市松木11-4	〒865-8585	0968(74)1612
宮　崎　県		福岡広域事務センター	〒812-8579	
	宮　崎	宮崎市天満2-4-23	〒880-8588	0985(52)2111
	延　岡	延岡市大貫町1-2978-2	〒882-8503	0982(21)5424
	都　城	都城市一万城町71-1	〒885-8501	0986(23)2571
	高　鍋	児湯郡高鍋町大字蚊口浦5105-1	〒884-0004	0983(23)5111
鹿　児　島　県		福岡広域事務センター	〒812-8579	
	鹿児島北	鹿児島市住吉町6-8	〒892-8577	099(225)5311
	鹿児島南	鹿児島市鴨池新町5-25	〒890-8533	099(251)3111
	川　内	薩摩川内市平佐町2223	〒895-0012	0996(22)5276
	加治木	姶良市加治木町諏訪町113	〒899-5292	0995(62)3511
	鹿　屋	鹿屋市寿3-8-19	〒893-0014	0994(42)5121
	奄美大島	奄美市名瀬塩浜町3-1	〒894-0035	0997(52)4341
沖　縄　県		福岡広域事務センター	〒812-8579	
	那　覇	那覇市壺川2-3-9	〒900-0025	098(855)1111
	浦　添	浦添市内間3-3-25	〒901-2121	098(877)0343
	コ　ザ	沖縄市胡屋2-2-52	〒904-0021	098(933)2267
	名　護	名護市東江1-9-19	〒905-0021	0980(52)2522
	平　良	宮古島市平良字下里791	〒906-0013	0980(72)3650
	石　垣	石垣市登野城55-3	〒907-0004	0980(82)9211

■全国健康保険協会本部・支部一覧

支 部 名	所　　在　　地	電　　話
北　海　道	札幌市北区北10条西3-23-1　〒001-8511 THE PEAK SAPPORO	011(726)0352
青　　　森	青森市長島2-25-3　〒030-8552 ニッセイ青森センタービル	017(721)2799
岩　　　手	盛岡市中央通1-7-25　〒020-8508 朝日生命盛岡中央通ビル	019(604)9009
宮　　　城	仙台市青葉区国分町3-6-1　〒980-8561 仙台パークビル	022(714)6850
秋　　　田	秋田市旭北錦町5-50　〒010-8507 シティビル秋田	018(883)1800
山　　　形	山形市幸町18-20　〒990-8587 JA山形市本店ビル	023(629)7225
福　　　島	福島市栄町6-6　〒960-8546 ユニックスビル	024(523)3915
茨　　　城	水戸市南町3-4-57　〒310-8502 水戸セントラルビル	029(303)1500
栃　　　木	宇都宮市泉町6-20　〒320-8514 宇都宮DIビル	028(616)1691
群　　　馬	前橋市本町2-2-12　〒371-8516 前橋本町スクエアビル	027(219)2100
埼　　　玉	さいたま市大宮区錦町682-2　〒330-0000 大宮情報文化センター(JACK大宮)	048(658)5919
千　　　葉	千葉市中央区新町3-13　〒260-8645 日本生命千葉駅前ビル	043(382)8311
東　　　京	中野区中野4-10-2　〒164-8540 中野セントラルパークサウス	03(6853)6111
神　奈　川	横浜市西区みなとみらい4-6-2　〒220-8538 みなとみらいグランドセントラルタワー	045(270)8431
新　　　潟	新潟市中央区東大通2-4-4　〒950-8513 日生不動産東大通ビル	025(242)0260
富　　　山	富山市奥田新町8-1　〒930-8561 ボルファートとやま	076(431)6155
石　　　川	金沢市南町4-55　〒920-8767 WAKITA金沢ビル	076(264)7200
福　　　井	福井市大手3-7-1　〒910-8541 福井県繊協ビル	0776(27)8301
山　　　梨	甲府市丸の内3-32-12　〒400-8559 甲府ニッセイスカイビル	055(220)7750
長　　　野	長野市南長野西後町1597-1　〒380-8583 長野朝日八十二ビル	026(238)1250
岐　　　阜	岐阜市橋本町2-8　〒500-8667 濃飛ニッセイビル	058(255)5155
静　　　岡	静岡市葵区呉服町1-1-2　〒420-8512 静岡呉服町スクエア	054(275)2770
愛　　　知	名古屋市中村区名駅1-1-1　〒450-6363 JPタワー名古屋	052(856)1490
三　　　重	津市栄町4-255　〒514-1195 津栄町三交ビル	059(225)3311

支　部　名	所　　在　　地		電　　話
滋　　　賀	大津市梅林1-3-10 滋賀ビル	〒520-8513	077(522)1099
京　　　都	京都市下京区四条通麩屋町西入立売東町28-2 大和証券京都ビル	〒600-8522	075(256)8630
大　　　阪	大阪市西区靱本町1-11-7 信濃橋三井ビル	〒550-8510	06(7711)4300
兵　　　庫	神戸市中央区磯上通7-1-5 三宮プラザEAST	〒651-8512	078(252)8701
奈　　　良	奈良市大宮町7-1-33 奈良センタービル	〒630-8535	0742(30)3700
和　歌　山	和歌山市六番丁5 和歌山六番丁801ビル	〒640-8516	073(421)3100
鳥　　　取	鳥取市今町2-112 アクティ日ノ丸総本社ビル	〒680-8560	0857(25)0050
島　　　根	松江市殿町383 山陰中央ビル	〒690-8531	0852(59)5139
岡　　　山	岡山市北区本町6-36 第一セントラルビル	〒700-8506	086(803)5780
広　　　島	広島市東区光町1-10-19 日本生命広島光町ビル	〒732-8512	082(568)1011
山　　　口	山口市小郡下郷312-2 山本ビル第3	〒754-8522	083(974)0530
徳　　　島	徳島市八百屋町2-11 ニッセイ徳島ビル	〒770-8541	088(602)0250
香　　　川	高松市鍛冶屋町3 香川三友ビル	〒760-8564	087(811)0570
愛　　　媛	松山市千舟町4-6-3 アヴァンサ千舟	〒790-8546	089(947)2100
高　　　知	高知市本町4-1-24 高知電気ビル新館	〒780-8501	088(820)6010
福　　　岡	福岡市博多区上呉服町10-1 博多三井ビルディング	〒812-8670	092(283)7621
佐　　　賀	佐賀市駅南本町6-4 佐賀中央第一生命ビル	〒840-8560	0952(27)0611
長　　　崎	長崎市大黒町9-22 大久保大黒町ビル本館	〒850-8537	095(829)6000
熊　　　本	熊本市中央区辛島町5-1 日本生命熊本ビル	〒860-8502	096(240)1030
大　　　分	大分市金池南1-5-1 ホルトホール大分(MNCタウン)	〒870-8570	097(573)5630
宮　　　崎	宮崎市橘通東1-7-4 第一宮銀ビル	〒880-8546	0985(35)5364
鹿　児　島	鹿児島市山之口町1-10 鹿児島中央ビル	〒892-8540	099(219)1734
沖　　　縄	那覇市旭町114-4 おきでん那覇ビル	〒900-8512	098(951)2211
本　　　部	新宿区四谷1-6-1 YOTSUYA TOWER	〒160-8507	03(6680)8871

■街角の年金相談センター一覧

1 年金事務所では，来訪者との直接面談・電話による相談・照会を受けています。
2 街角の年金相談センター（＊はオフィス）では，対面による年金相談を行っています（電話による年金相談は受け付けておりません）。

街角の年金相談 センター名称	所　在　地	電　話
北　海　道		
札 幌 駅 前	〒060-0001 札幌市中央区北１条西2-1 札幌時計台ビル４階	011(221)2250
麻　　　生	〒001-0038 札幌市北区北38条西4-1-8	011(708)7087
青　森　県		
青　　森＊	〒030-0802 青森市本町1-3-9ニッセイ青森本町ビル10階	017(735)5228
岩　手　県		
盛　　岡＊	〒020-0022 盛岡市大通3-3-10七十七日生盛岡ビル４階	019(626)4102
宮　城　県		
仙　　　台	〒980-0803 仙台市青葉区国分町3-6-1仙台パークビル２階	022(262)5527
秋　田　県		
秋　　田＊	〒010-8506 秋田市東通仲町4-1秋田拠点センターALVE　２階	018(834)5512
山　形　県		
酒　　　田	〒998-0044 酒田市中町1-13-8	0234(22)4554
福　島　県		
福　　　島	〒960-8131 福島市北五老内町7-5 i・s・M37(イズム37)２階	024(531)3838
茨　城　県		
水　　　戸	〒310-0021 水戸市南町3-4-10水戸FFセンタービル１階	029(231)6541
土　　　浦	〒300-0037 土浦市桜町1-16-12リーガル土浦ビル３階	029(825)2300
群　馬　県		
前　　　橋	〒379-2147 前橋市亀里町1310群馬県JAビル３階	027(265)0023
埼　玉　県		
大　　　宮	〒330-0854 さいたま市大宮区桜木町2-287 大宮西口大栄ビル３階	048(647)6721
川　　越＊	〒350-1123 川越市脇田本町16-23川越駅前ビル８階	049(291)2820
草　　　加	〒340-0022 草加市瀬崎1-9-1谷塚コリーナ２階	048(920)7922
千　葉　県		
千　　　葉	〒260-0027 千葉市中央区新田町4-22サンライトビル１階	043(241)1165
船　　　橋	〒273-0005 船橋市本町1-3-1フェイスビル７階	047(424)7091
柏	〒277-0005 柏市柏4-8-1柏東口金子ビル１階	04(7160)3111
市　　川＊	〒272-0034 市川市市川1-7-6愛愛ビル３階	047(329)3301
東　京　都		
新　　　宿	〒160-0023 新宿区西新宿1-7-1松岡セントラルビル８階	03(3343)5171
町　　　田	〒194-0021 町田市中町1-2-4日新町田ビル５階	042(720)2101
立　　　川	〒190-0012 立川市曙町2-7-16鈴春ビル６階	042(521)1652
国　分　寺	〒185-0021 国分寺市南町2-1-31青木ビル2階	042(359)8451
大　　　森	〒143-0023 大田区山王2-8-26東辰ビル５階	03(3771)6621
八　王　子＊	〒192-0081 八王子市横山町22-1エフ・ティービル八王子３階	042(631)5370
足　　立＊	〒120-0005 足立区綾瀬2-24-1ロイヤルアヤセ２階	03(5650)5200
江　戸　川＊	〒132-0024 江戸川区一之江8-14-1交通会館一之江ビル３階	03(5663)7527

街角の年金相談 センター名称	所　在　地	電　話
練　　　馬*	〒178-0063 練馬区東大泉6-52-1	03(5947)5670
武　蔵　野*	〒180-0006 武蔵野市中町1-6-4三鷹山田ビル3階	0422(50)0475
江　　　東*	〒136-0071 江東区亀戸2-22-17日本生命亀戸ビル5階	03(5628)3681
神 奈 川 県		
横　　　浜	〒220-0011 横浜市西区高島2-19-12スカイビル18階	045(451)5712
戸　　　塚	〒244-0816 横浜市戸塚区上倉田町498-11 　　　　　第5吉本ビル3階	045(861)7744
溝 ノ 口	〒213-0001 川崎市高津区溝口1-3-1ノクティプラザ1　10階	044(850)2133
相 模 大 野	〒252-0303 相模原市南区相模大野3-8-1 　　　　　小田急相模大野ステーションスクエア1階	042(701)8515
藤　　　沢*	〒251-0052 藤沢市藤沢496藤沢森井ビル6階	0466(55)2280
厚　　　木*	〒243-0018 厚木市中町3-11-18Flos厚木6階	046(297)3481
新 横 浜*	〒222-0033 横浜市港北区新横浜2-5-10楓第2ビル3階	045(471)5300
新 潟 県		
新　　　潟	〒950-0087 新潟市中央区東大通2-3-26プレイス新潟6階	025(244)9246
富 山 県		
富　　　山	〒930-0010 富山市稲荷元町2-11-1 　　　　　アピアショッピングセンター2階	076(444)1165
石 川 県		
金　　　沢	〒920-0804 金沢市鳴和1-17-30	076(253)2222
長 野 県		
長　　　野	〒380-0935 長野市中御所45-1山王ビル1階	026(226)8580
上　　　田*	〒386-0025 上田市天神1-8-1上田駅前ビルパレオ6階	0268(25)4425
岐 阜 県		
岐　　　阜	〒500-8891 岐阜市香蘭2-23オーキッドパーク西棟3階	058(254)8555
静 岡 県		
静　　　岡	〒422-8067 静岡市駿河区南町18-1サウスポット静岡2階	054(288)1611
沼　　　津	〒410-0801 沼津市大手町3-8-23ニッセイスタービル4階	055(954)1321
浜　　　松*	〒435-0044 浜松市中央区西塚町200サーラプラザ浜松5階	053(465)2360
愛 知 県		
名 古 屋	〒453-0015 名古屋市中村区椿町1-16井門名古屋ビル2階	052(453)0061
栄	〒460-0008 名古屋市中区栄4-2-29 　　　　　JRE名古屋広小路プレイス8階	052(242)2340
三 重 県		
津*	〒514-0036 津市丸之内養正町4-1森永三重ビル1階	059(224)8612
福 井 県		
福　　　井*	〒910-0858 福井市手寄1-4-1アオッサ(AOSSA)2階	0776(26)6070
滋 賀 県		
草　　　津	〒525-0026 草津市渋川1-1-50近鉄百貨店草津店5階	077(564)4311
京 都 府		
宇　　　治	〒611-0031 宇治市広野町西裏54-2	0774(43)1511
京　　　都*	〒615-8073 京都市西京区桂野里町17ミュー阪急桂(EAST)5階	075(382)2606
大 阪 府		
天 王 寺	〒543-0054 大阪市天王寺区南河堀町10-17 　　　　　天王寺北NKビル2階	06(6779)0651
吹　　　田	〒564-0082 吹田市片山町1-3-1メロード吹田2番館10階	06(6369)4800
堺　　　東	〒590-0077 堺市堺区中瓦町1-1-21堺東八幸ビル7階	072(238)7661

街角の年金相談 センター名称	所　在　地	電　話
枚　　方	〒573-0032 枚方市岡東町5-23 アーバンエース枚方ビル２階	072(843)6646
城　　東	〒536-0005 大阪市城東区中央1-8-24東洋プラザ蒲生ビル１階	06(6930)5601
東　大　阪	〒577-0809 東大阪市永和1-18-12NTT西日本東大阪ビル１階	06(6736)6571
豊　　中	〒560-0021 豊中市本町1-1-3豊中高架下店舗南ブロック１階	06(6844)8391
な　か　も　ず	〒591-8025 堺市北区長曽根町130-23堺商工会議所会館１階	072(258)4701
兵　庫　県		
北　須　磨	〒654-0154 神戸市須磨区中落合2-2-5名谷センタービル7階	078(795)3455
尼　　崎	〒661-0012 尼崎市南塚口町2-1-2-208 塚口さんさんタウン２番館２階	06(6424)2884
姫　　路	〒670-0961 姫路市南畝町2-53ネオフィス姫路南１階	079(221)5127
西　　宮*	〒663-8035 西宮市北口町1-2アクタ西宮東館１階	0798(69)0030
奈　良　県		
奈　　良	〒630-8115 奈良市大宮町4-281新大宮センタービル１階	0742(36)6501
和　歌　山　県		
和　歌　山*	〒640-8331 和歌山市美園町3-32-1 損保ジャパン和歌山ビル１階	073(424)5603
岡　山　県		
岡　　山	〒700-0032 岡山市北区昭和町4-55	086(251)0052
広　島　県		
広　　島	〒730-0015 広島市中区橋本町10-10広島インテスビル１階	082(227)1391
福　　山	〒720-0065 福山市東桜町1-21エストパルク６階	084(926)7951
山　口　県		
防　　府	〒747-0035 防府市栄町1-5-1ルルサス防府２階	0835(25)7830
香　川　県		
高　　松*	〒760-0028 高松市鍛冶屋町３香川三友ビル５階	087(811)6020
徳　島　県		
徳　　島*	〒770-0841 徳島市八百屋町2-11ニッセイ徳島ビル８階	088(657)3081
愛　媛　県		
松　　山*	〒790-0005 松山市花園町1-3日本生命松山市駅前ビル５階	089(931)6120
福　岡　県		
北　九　州	〒806-0036 北九州市八幡西区西曲里町2-1黒崎テクノプラザⅠ-1階	093(645)6200
大　分　県		
中　　津*	〒871-0058 中津市豊田町14-3中津市役所別棟２階	0979(22)6311
佐　賀　県		
鳥　　栖*	〒841-0052 鳥栖市宿町1118.鳥栖市役所南別館１階	0942(82)0222
長　崎　県		
長　　崎*	〒852-8135 長崎市千歳町2-6いわさきビル５階	095(842)5121
熊　本　県		
熊　　本	〒860-0806 熊本市中央区花畑町4-1太陽生命熊本第２ビル３階	096(206)2444
宮　崎　県		
宮　　崎*	〒880-0902 宮崎市大淀4-6-28宮交シティ２階	0985(63)1066
鹿　児　島　県		
鹿　児　島*	〒892-0825 鹿児島市大黒町2-11南星いづろビル６階	099(225)0131

■年金に関する電話での問い合わせ

<ねんきんダイヤル>

　年金相談に関する一般的な問い合わせは「ねんきんダイヤル」（0570−05−1165＜ナビダイヤル＞，050で始まる電話からは（東京）03−6700−1165＜一般電話＞）。受付時間は，月〜金曜日の午前8：30〜午後5：15（月曜（月曜が祝日の場合は翌日以降の開所日初日）は午後7：00まで），第2土曜日の午前9：30〜午後4：00です。祝日（第2土曜日を除く）・12月29日〜1月3日は利用できません。

<予約受付専用電話>

　来訪相談の予約は「予約受付専用電話」（0570−05−4890＜ナビダイヤル＞，050で始まる電話からは（東京）03−6631−7521＜一般電話＞）。受付時間は，月〜金曜日（平日）午前8：30〜午後5：15です。土日祝日・12月29日〜1月3日は利用できません。

<ねんきん定期便・ねんきんネット専用番号>

　「ねんきん定期便」「ねんきんネット」に関する問い合わせは専用番号0570−058−555＜ナビダイヤル＞，050で始まる電話からは（東京）03−6700−1144＜一般電話＞。受付時間は，月〜金曜日の午前8：30〜午後5：15（月曜（月曜が祝日の場合は翌日以降の開所日初日）は午後7：00まで），第2土曜日の午前9：30〜午後4：00です。祝日（第2土曜日を除く）・12月29日〜1月3日は利用できません。

<ねんきん加入者ダイヤル>

　年金の加入に関する一般的な問い合わせは「ねんきん加入者ダイヤル」。国民年金加入者向けは0570−003−004＜ナビダイヤル＞，050で始まる電話からは（東京）03−6630−2525＜一般電話＞。事業所，厚生年金加入者向けは0570−007−123＜ナビダイヤル＞，050で始まる電話からは（東京）03−6837−2913＜一般電話＞。受付時間は，月〜金曜日の午前8：30〜午後7：00，第2土曜日の午前9：30〜午後4：00です。祝日（第2土曜日を除く）・12月29日〜1月3日は利用できません。

■地方厚生(支)局一覧　(各局の麻薬取締部は略)

地方厚生（支）局	電　話	地方厚生（支）局	電　話
北海道厚生局		年　金　調　整　課	048 (740) 0714
北海道札幌市北区北8条		健　康　福　祉　課	048 (740) 0744
西2-1-1　〒060-0808	011 (709) 2311	（養成施設 (所) 担当）	048 (740) 0823
総　　務　　課	内線 3974	医　　事　　課	048 (740) 0754
企　画　調　整　課	内線 3972	薬　事　監　視　指　導　課	048 (740) 0800
年　金　管　理　課	内線 3951	食　品　衛　生　課	048 (740) 0761
健　康　福　祉　課	内線 3921	地域包括ケア推進課	048 (740) 0793
医　　事　　課	内線 3947	保　　険　　課	048 (740) 0772
食　品　衛　生　課	内線 3963	企　業　年　金　課	048 (740) 0782
地域包括ケア推進課	内線 3934	管　　理　　課	048 (740) 0811
保　険　年　金　課	内線 3984	医　　療　　課	048 (740) 0815
管　　理　　課	011 (796) 5155	調　　査　　課	048 (740) 0811
医　　療　　課	011 (796) 5105	特　別　指　導　第　一　課	048 (740) 0816
調　　査　　課	011 (796) 5159	特　別　指　導　第　二　課	048 (740) 0817
年　金　審　査　課	内線 3988	社会保険審査事務室	0570 (03) 1865
社会保険審査官室	内線 3927	年　金　審　査　課	048 (600) 0730
東北厚生局		（埼玉県さいたま市	
宮城県仙台市青葉区花京		中央区新都心2-1	
院1-1-20　〒980-8426		〒330 9710）	
総　　務　　課	022 (726) 9260	**東海北陸厚生局**	
企　画　調　整　課	022 (726) 9266	愛知県名古屋市東区白壁	
年　金　管　理　課	022 (208) 5330	1-15-1　〒461-0011	
管　　理　　課	022 (206) 5215	※愛知県名古屋市中区三の丸	
医　　療　　課	022 (206) 5216	2-2-1　〒460-0001	
調　　査　　課	022 (208) 5332	総　　務　　課	052 (971) 8831
指　導　監　査　課	022 (206) 5217	企　画　調　整　課	052 (959) 5860
健　康　福　祉　課	022 (726) 9261	健　康　福　祉　課	052 (959) 2061
医　　事　　課	022 (726) 9263	医　　事　　課	052 (971) 8836
食　品　衛　生　課	022 (726) 9264	食　品　衛　生　課	052 (959) 2836
地域包括ケア推進課	022 (206) 6935	地域包括ケア推進課	052 (959) 2847
保　険　年　金　課	022 (726) 9265	保　険　年　金　課	052 (959) 2062
社　会　保　険　審　査　官	022 (208) 5331	年　金　指　導　課※	052 (228) 7168
年　金　審　査　課	022 (208) 8730	年　金　調　整　課※	052 (228) 7169
（宮城県仙台市青葉		年　金　審　査　課※	052 (950) 3790
区本町3-2-23		管　　理　　課※	052 (228) 6192
〒980-0014）		医　　療　　課※	052 (228) 6193
関東信越厚生局		調　　査　　課※	052 (228) 6194
埼玉県さいたま市中央区		指　導　監　査　課※	052 (228) 6179
新都心1-1　〒330-9713		社　会　保　険　審　査　官※	0570 (666) 445
総　　務　　課	048 (740) 0711	**近畿厚生局**	
企　画　調　整　課	048 (740) 0830	大阪府大阪市中央区大手	
年　金　指　導　課	048 (740) 0712	前4-1-76　〒541-8556	

地方厚生（支）局	電話
※大阪府大阪市中央区農人橋1-1-22 ☎540-0011	
総務課	06(6942)2241
企画調整課	06(6942)2413
管理課	06(6942)2248
医療課	06(6942)2414
調査課	06(7711)9012
指導監査課	06(7663)7666
（指導第2グループ）	
特別指導第一課	06(7711)9003
特別指導第二課	06(7711)9004
年金指導課	06(7711)9005
年金調整課	06(7711)9006
健康福祉課※	06(4791)7311
（養成施設担当）※	06(6942)2383
医事課※	06(6942)2492
薬事監視指導課※	06(6942)4096
食品衛生課※	06(4791)7312
地域包括ケア推進課※	06(7711)9020
保険課※	06(4791)7313
企業年金課※	06(4791)7314
社会保険審査官※	06(7711)8001
指導監査課※	06(7663)7663
（業務グループ別）	～7665
年金審査課	06(6941)2308
（大阪府大阪市中央区大手前4-1-67 ☎540-0008）	
中国四国厚生局	
広島県広島市中区上八丁堀6-30 ☎730-0012	
※広島県広島市中区鉄砲町7-18 ☎730-0017	
総務課	082(223)8181
企画調整課	082(223)8245
管理課	082(223)8262
医療課	082(223)8225
調査課	082(223)8189
指導監査課	082(223)8209
健康福祉課※	082(223)8264
医事課※	082(223)8204
食品衛生課※	082(223)8291
地域包括ケア推進課※	082(223)8280
保険年金課※	082(223)8244
年金管理課※	082(223)0065
年金審査課※	082(209)6675

地方厚生（支）局	電話
社会保険審査官※	082(223)0070
四国厚生支局	
香川県高松市サンポート3-33 ☎760-0019	
※香川県高松市サンポート2-1 ☎760-0019	
総務課	087(851)9565
企画調整課	087(851)9565
管理課	087(851)9501
医療課	087(851)9502
調査課	087(851)9501
指導監査課	087(851)9593
年金管理課※	087(851)9510
年金審査課※	087(851)9571
健康福祉課※	087(851)9566
地域包括ケア推進課※	087(851)9578
保険年金課※	087(851)9562
社会保険審査官室※	087(851)9564
九州厚生局	
福岡県福岡市博多区博多駅前3-2-8 ☎812-0011	
※福岡県福岡市博多区博多駅東2-10-7 ☎812-0013	
総務課	092(707)1115
企画調整課	092(707)1121
年金指導課	092(707)1132
年金調整課	092(707)1133
管理課	092(707)1122
医療課	092(707)1123
調査課	092(707)1138
指導監査課	092(707)1125
社会保険審査官	092(707)1135
健康福祉課※	092(432)6781
医事課※	092(472)2366
食品衛生課※	092(432)6782
地域包括ケア推進課※	092(432)6784
保険年金課※	092(432)6783
年金審査課	092(473)7035
（福岡県福岡市博多区博多駅東2-10-35 ☎812-0013）	
沖縄分室	098(853)7350
（沖縄県那覇市樋川1-15-15 ☎900-0022）	

■各地方厚生（支）局・都道府県事務所等一覧

地方厚生(支)局	事務所等の名称(注)	所　在　地	電　話
北海道厚生局	医　　療　　課	〒060-0808 札幌市北区北8条西2-1-1	011(796)5105
東北厚生局	青　森　事　務　所	〒030-0801 青森市新町2-4-25	017(724)9200
	岩　手　事　務　所	〒020-0024 盛岡市菜園1-12-18	019(907)9070
	指導監査課(宮城)	〒980-8426 仙台市青葉区花京院1-1-20	022(206)5217
	秋　田　事　務　所	〒010-0951 秋田市山王7-1-4	018(800)7080
	山　形　事　務　所	〒990-0041 山形市緑町2-15-3	023(609)0140
	福　島　事　務　所	〒960-8021 福島市霞町1-46	024(503)5030
関東信越厚生局	茨　城　事　務　所	〒310-0061 水戸市北見町1-11	029(277)1316
	栃　木　事　務　所	〒320-0043 宇都宮市桜5-1-13	028(341)8486
	群　馬　事　務　所	〒371-0024 前橋市表町2-2-6	027(896)0488
	指導監査課(埼玉)	〒330-9727 さいたま市中央区新都心2-1	048(851)3060
	千　葉　事　務　所	〒260-0024 千葉市中央区中央港1-12-2	043(382)8101
	東　京　事　務　所	〒163-1111 新宿区西新宿6-22-1	03(6692)5119
	神奈川事務所	〒231-0003 横浜市中区北仲通5-57	045(270)2053
	新　潟　事　務　所	〒950-0088 新潟市中央区万代2-3-6	025(364)1847
	山　梨　事　務　所	〒400-0031 甲府市丸の内1-1-18	055(209)1001
	長　野　事　務　所	〒380-0846 長野市旭町1108	026(474)4346
東海北陸厚生局	富　山　事　務　所	〒930-0085 富山市丸の内1-5-13	076(439)6570
	石　川　事　務　所	〒920-0024 金沢市西念3-4-1	076(210)5140
	岐　阜　事　務　所	〒500-8114 岐阜市金竜町5-13	058(249)1822
	静　岡　事　務　所	〒424-0825 静岡市清水区松原町2-15	054(355)2015
	指導監査課(愛知)	〒460-0001 名古屋市中区三の丸2-2-1	052(228)6179
	三　重　事　務　所	〒514-0033 津市丸之内26-8	059(213)3333
近畿厚生局	福　井　事　務　所	〒910-0019 福井市春山1-1-54	0776(25)5373
	滋　賀　事　務　所	〒520-0044 大津市京町3-1-1	077(526)8114
	京　都　事　務　所	〒604-8153 京都市中京区烏丸通四条上ル笋町691	075(256)8681
	指導監査課(大阪)	〒541-8556 大阪市中央区大手前4-1-76 〒540-0011 大阪市中央区農人橋1-1-22	06(7663)7663 〜7666
	兵　庫　事　務　所	〒651-0073 神戸市中央区脇浜海岸通1-4-3	078(325)8925
	奈　良　事　務　所	〒630-8115 奈良市大宮町1-1-15	0742(25)5520
	和歌山事務所	〒640-8143 和歌山市二番丁3	073(421)8311
中国四国厚生局	鳥　取　事　務　所	〒680-0842 鳥取市吉方109	0857(30)0860
	島　根　事　務　所	〒690-0841 松江市向島町134-10	0852(61)0108
	岡　山　事　務　所	〒700-0907 岡山市北区下石井1-4-1	086(239)1275
	指導監査課(広島)	〒730-0012 広島市中区上八丁堀6-30	082(223)8209
	山　口　事　務　所	〒753-0094 山口市野田35-1	083(902)3171
四国厚生支局	徳　島　事　務　所	〒770-0941 徳島市万代町3-5	088(602)1386
	指導監査課(香川)	〒760-0019 高松市サンポート3-33	087(851)9593
	愛　媛　事　務　所	〒790-0066 松山市宮田町188-6	089(986)3156
	高　知　事　務　所	〒780-0850 高知市丸ノ内1-3-30	088(826)3116
九州厚生局	指導監査課(福岡)	〒812-0011 福岡市博多区博多駅前3-2-8	092(707)1125
	佐　賀　事　務　所	〒840-0801 佐賀市駅前中央3-3-20	0952(20)1610
	長　崎　事　務　所	〒850-0033 長崎市万才町7-1	095(801)4201
	熊　本　事　務　所	〒862-0971 熊本市中央区大江3-1-53	096(284)8001
	大　分　事　務　所	〒870-0016 大分市新川町2-1-36	097(535)8061
	宮　崎　事　務　所	〒880-0816 宮崎市江平東2-6-35	0985(72)8880
	鹿児島事務所	〒890-0068 鹿児島市東郡元町4-1	099(201)5801
	沖　縄　事　務　所	〒900-0022 那覇市樋川1-15-15	098(833)6006

（注）医療課及び指導監査課については，地方厚生（支）局本局内の組織である。

社会保険のてびき

昭和38年12月1日	初 版 発 行	
昭和58年1月5日	20 版 発 行	
平成3年4月1日	30 版 発 行	
平成11年4月9日	40 版 発 行	
平成12年4月25日	41 版 発 行	
平成13年3月30日	42 版 発 行	
平成14年4月10日	43 版 発 行	
平成15年5月26日	44 版 発 行	
平成16年4月23日	45 版 発 行	
平成17年4月15日	46 版 発 行	
平成18年4月17日	47 版 発 行	
平成18年9月6日	48 版 発 行	
平成19年4月23日	49 版 発 行	
平成20年4月25日	50 版 発 行	
平成21年4月24日	51 版 発 行	
平成22年4月20日	52 版 発 行	
平成23年4月25日	53 版 発 行	
平成24年4月25日	54 版 発 行	
平成25年4月15日	55 版 発 行	
平成26年4月15日	56 版 発 行	
平成27年4月17日	57 版 発 行	
平成28年4月20日	58 版 発 行	
平成29年4月17日	59 版 発 行	
平成30年4月17日	60 版 発 行	
平成31年4月17日	61 版 発 行	
令和2年4月17日	62 版 発 行	
令和3年4月30日	63 版 発 行	
令和4年4月25日	64 版 発 行	
令和5年4月17日	65 版 発 行	
令和6年4月25日	66 版 発 行	

（定価は表紙に表示）

発 行 者　　谷 野 浩 太 郎

発行所　社 会 保 険 研 究 所

東京都千代田区内神田2-15-9
The Kanda 282 〒101-8522
電話03（3252）7901（代）
URL https://www.shaho.co.jp

印刷／製本・宮嶋印刷
ISBN978-4-7894-2036-5

落丁・乱丁本はおとりかえします
（不許複製）

労 災 保 険 率 表

（令和6年4月1日適用）

事業の種類の分類	事業の種類	労災保険率
林業	林業	1000分の52
漁業	海面漁業（定置網漁業又は海面魚類養殖業を除く。）	1000分の18
	定置網漁業又は海面魚類養殖業	1000分の37
鉱業	金属鉱業、非金属鉱業（石灰石鉱業又はドロマイト鉱業を除く。）又は石炭鉱業	1000分の88
	石灰石鉱業又はドロマイト鉱業	1000分の13
	原油又は天然ガス鉱業	1000分の2.5
	採石業	1000分の37
	その他の鉱業	1000分の26
建設事業	水力発電施設、ずい道等新設事業	1000分の34
	道路新設事業	1000分の11
	舗装工事業	1000分の9
	鉄道又は軌道新設事業	1000分の9
	建築事業（既設建築物設備工事業を除く。）	1000分の9.5
	既設建築物設備工事業	1000分の12
	機械装置の組立て又は据付けの事業	1000分の6
	その他の建設事業	1000分の15
製造業	食料品製造業※	1000分の5.5
	繊維工業又は繊維製品製造業	1000分の4
	木材又は木製品製造業	1000分の13
	パルプ又は紙製造業	1000分の7
	印刷又は製本業	1000分の3.5
	化学工業	1000分の4.5
	ガラス又はセメント製造業	1000分の6
	コンクリート製造業	1000分の13
	陶磁器製品製造業	1000分の17
	その他の窯業又は土石製品製造業	1000分の23
	金属精錬業（非鉄金属精錬業を除く。）	1000分の6.5
	非鉄金属精錬業	1000分の7
	金属材料品製造業（鋳物業を除く。）	1000分の5
	鋳物業	1000分の16
	金属製品製造業又は金属加工業（洋食器、刃物、手工具又は一般金属製造業及びめっき業を除く。）	1000分の9
製造業	洋食器、刃物、手工具又は一般金物製造業（めっき業を除く。）	1000分の6.5
	めっき業	1000分の6.5
	機械器具製造業（電気機械器具製造業、輸送用機械器具製造業、船舶製造又は修理業及び計量器、光学機械、時計等製造業を除く。）	1000分の5
	電気機械器具製造業	1000分の3
	輸送用機械器具製造業（船舶製造又は修理業を除く。）	1000分の4
	船舶製造又は修理業	1000分の23
	計量器、光学機械、時計等製造業（電気機械器具製造業を除く。）	1000分の2.5
	貴金属製品、装身具、皮革製品等製造業	1000分の3.5
	その他の製造業	1000分の6
運輸業	交通運輸事業	1000分の4
	貨物取扱事業（港湾貨物取扱事業及び港湾荷役業を除く。）	1000分の8.5
	港湾貨物取扱事業（港湾荷役業を除く。）	1000分の9
	港湾荷役業	1000分の12
電気、ガス、水道又は熱供給の事業	電気、ガス、水道又は熱供給の事業	1000分の3
船舶所有者の事業	船舶所有者の事業	1000分の42
その他の事業	農業又は海面漁業以外の漁業	1000分の13
	清掃、火葬又はと畜の事業	1000分の13
	ビルメンテナンス業	1000分の6
	倉庫業、警備業、消毒又は害虫駆除の事業又はゴルフ場の事業	1000分の6.5
	通信業、放送業、新聞業又は出版業	1000分の2.5
	卸売業・小売業、飲食店又は宿泊業	1000分の3
	金融業、保険業又は不動産業	1000分の2.5
	その他の各種事業	1000分の3

※平成27年4月1日から「たばこ等製造業」は「食料品製造業」に統合